Nord- und Mittel-England

John Sykes

Inhalt

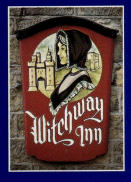

Ein Reiseland für Individualisten

Nord- und Mittelengland im Schnelldurchgang	10
Die Landschaften: Ein Zusammenwirken von Mensch und Natur	12
Das Wetter	15
Die Bevölkerung	16
›Echte Briten‹ und Zuwanderer aus dem Commonwealth	16
An Englishman's Home is his Castle	18
Das englische Dorf	20
Thema Der rote Klassiker	21
Die feine englische Art? – Umgangsformen auf der Insel	23
Der Jahreskalender: Feste und Feiertage	24
Zu jeder Mahlzeit Frühstück: Die englische Küche	26
Thema Von roten Löwen und ehrlichen Juristen: Pub Signs	28
Das historische und kulturelle Erbe	30
Zeittafel zur Geschichte	30
Kurzer Streifzug durch die englische Architekturgeschichte	35
Die Aristokratie und ihre Häuser	36
Kontroverse um die National Parks	38
Überall Gärten	39
Thema Im Zeichen des Eichenblatts – Der National Trust	40
Thema Kultur oder Kommerz?	44
Industriedenkmäler	46
Die Kanäle	47
Dampfnostalgie: Im Mutterland der Eisenbahn	52

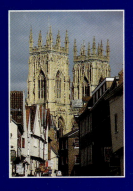

Reisen in Nord- und Mittelengland

Von Oxford und Stratford-upon-Avon bis zur walisischen Grenze

Thema	Das Phänomen Oxbridge	60
Oxford		62
	Museen in Oxford	66
Tipp	Pub Lunch mit Ale	67
Ein Ausflug nach Blenheim Palace		69
Stratford-upon-Avon		71
Thema	»Nicht ohne Recht« – Der Ruhm des William Shakespeare	72
Ausflüge ins Umland von Stratford		78
	Warwick	78
Thema	Fürst Pückler zu Besuch in England	81
	Umgebung von Warwick	82
	Im Tal des Avon bis Tewkesbury	82
Die Cotswolds		84
	Cheltenham	86
	Eine Fahrt durch die Cotswolds	86
Thema	Lechlade – Porträt eines Dorfes	90
Die Domstädte Gloucester und Worcester		93
	Gloucester	93
	Die Malvern Hills	95
	Worcester	97
Die walisische Grenze		98
	Das Wye-Tal	98
	Ludlow	100
	Shrewsbury	101
Tipp	Ironbridge Gorge	102

Der Nordwesten

Chester 106

Liverpool: Zwei Gesichter einer Stadt 110
Thema Die Beatles und der ›Mersey-Beat‹ 114
Thema Das härteste Pferderennen der Welt 117

Manchester 119
Thema L. S. Lowry: Maler des Volks 120
Ausflüge von Manchester und Liverpool 123
Tipp Nordwestengland für Gourmets 124
Thema Eine schöne Fabrik – Quarry Bank Mill 126
Thema Blackpool: Urlaub für die Arbeiter, Arbeit für die Politiker 131

Der Lake District 132
Thema Das Leben auf einer Schaffarm 134
Sehenswertes im Lake District 138
Tipp Hardknott Pass und Wasdale Head 143
Carlisle 145
Tipp Stilvoll auf See und Schiene 144

Der Nordosten

Hadrian's Wall und die schottische Grenze 148
Entlang Hadrian's Wall 148
Die schottische Grenze 152
Tipp Familiensitze mit Tradition: Wallington und Beasley 153
Berwick-upon-Tweed 153

Die Küste von Northumberland 155
Lindisfarne 155
Burgen entlang der Küste 156
Tipp Kippers zum Frühstück 157

Newcastle-upon-Tyne 162
Ausflug in die Umgebung von Newcastle 164

Juwel im Nordosten: Durham 165

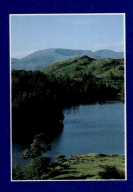

Yorkshire

Das nördliche Pennine-Gebirge und die Yorkshire Dales   170
Teesdale und Weardale   170
Thema Die verlassenen Bleibergwerke   172
Yorkshire Dales National Park   172
Thema Middleham Castle   176
Am Rande des Nationalparks   177
Tipp Romantische Ruinen: Die Abteien von Yorkshire   179

North York Moors und die Küste von Yorkshire   180
Die North York Moors   180
Die Küste   182
Tipp Castle Howard   185
Tipp Abstecher nach Beverley   186

York: Historische Hauptstadt des Nordens   187

Die Wollstädte von West Yorkshire   193
Leeds   193
Ausflüge in die Umgebung von Leeds   194
Am Rand der Yorkshire Moors   196
Tipp Harry Ramsden's, Tempel des Nationalgerichts   197
Thema Ein tragisches Stück Literaturgeschichte: Die Brontës   198
Bradford   200

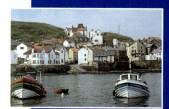

Mittelengland

The Peak District   204
Thema Eine eiserne Lady: Bess of Hardwick   210

Die Töpfereien von Stoke-on-Trent   212
Ausflüge in die Umgebung   214
Tipp Little Moreton Hall   215

Birmingham und die West Midlands	216
Das Stadtzentrum	216
Außerhalb des Zentrums	218
Ausflüge von Birmingham	219
Thema Wer war Robin Hood?	222
Nottingham und Umgebung	223
Nottingham	223
Tipp Real Ale	225
Ausflüge in die Umgebung	227
Die Domstadt Lincoln	228
Von Lincoln nach Peterborough	234
Von Peterborough bis Stamford	238

East Anglia

King's Lynn	242
Ausflüge von King's Lynn	244
Der Mensch und die Landschaft:	
Fens, Breckland und Broads	246
Fenland	246
Das Breckland	249
Thema Die Feuersteingruben Grime's Graves	250
Die Norfolk Broads	252
Norwich	255
Stadtrundgang	255
Museen in Norwich	259
Thema Die Aquarellmaler der Norwich-Schule	262
Eine Tour durch Suffolk	263
Thema Kleine Pilgerfahrt für Freunde der Malerei: Auf den Spuren von Constable und Gainsborough	266
Bury St. Edmunds	269
Cambridge	271

Tipps & Adressen

Adressen und Tipps von Ort zu Ort	284
Reiseinformationen von A bis Z	342
Abbildungsnachweis	361
Register	362

Verzeichnis der Karten und Pläne

Die berühmtesten Herrenhäuser	37
Das Netz der mittelenglischen Kanäle	50
Stadtplan Oxford	63
Von Oxford nach Blenheim Palace	69
Stadtplan Stratford-upon-Avon	74
Ausflüge von Stratford, die Cotswolds	77
Gloucester und Worcester, walisische Grenze	96
Stadtplan Chester	107
Stadtplan Liverpool	111
Stadtplan Manchester	122
Ausflüge von Manchester und Liverpool	125
Der Lake District	139
Der Nordosten	150
Stadtplan Newcastle-upon-Tyne	162
Ausflüge in die Umgebung von Newcastle	165
Nördliche Pennines, Yorkshire Dales	171
North York Moors, Küste v. Yorkshire	181
Stadtplan York	188/189
Stadtplan Leeds	194
Die Wollstädte von West Yorkshire	195
Peak District und Region Stoke-on-Trent	205
Stadtplan Birmingham	216/217
Die Umgebung von Birmingham	219
Stadtplan Nottingham	223
Die Umgebung von Nottingham	227
Stadtplan Lincoln	228
Von Lincoln nach Peterborough	235
Stadtplan King's Lynn	243
Fens, Breckland und Broads	244
Die Norfolk Broads	252
Stadtplan Norwich	258
Eine Tour durch Suffolk	264
Stadtplan Bury St. Edmunds	269
Stadtplan Cambridge	272

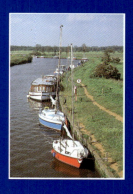

Ein Reiseland für Individualisten

Nord- und Mittelengland im Schnelldurchgang

Fläche:
England 130 000 km², davon 82 000 in Nord- und Mittelengland

Bevölkerung:
Vereinigtes Königreich von England, Wales, Schottland und Nordirland 59 Mio., davon 49 Mio. in England. Das Gebiet Nord- und Mittelengland hat eine Bevölkerung von ca. 25 Mio. Um die Städte Birmingham, Manchester, Liverpool, Leeds und Newcastle-upon-Tyne befinden sich die fünf größten englischen Ballungszentren nach London.

Ethnische Minderheiten:
Ca. 3,5 Mio. (Großbritannien) oder 6 % der Bevölkerung, darunter 2 % afro-karibischer und 3 % asiatischer Herkunft. Die zahlenmäßig stärkste Gruppe aus Asien: Inder, gefolgt von Pakistanis, Bangladeshis und Chinesen.

Religion:
Die Amtskirche Church of England hat mittlerweile weniger aktive Mitglieder als die römisch-katholische Kirche. Neben den Angehörigen anderer protestantischer Kirchen (wie Methodisten und Reformierten) sowie Juden gibt es unter den Einwanderergruppen viele Muslime, Hindus, Sikhs und andere.

Wirtschaft:

Der Niedergang traditioneller Zweige erschwert eine einfache Übersicht. Arbeiteten jeweils etwa 1 Mio. Briten im Jahr 1900 im Kohlebergbau und in der Textilindustrie, waren es im Jahr 2000 nur noch 15000 in den Bergwerken und 160000 in den Textilfabriken. Die meisten Briten sind im Dienstleistungssektor beschäftigt, und nicht mal ein Viertel des Bruttosozialprodukts entfällt auf die Industrie. Diese Entwicklung sowie die Bedeutung guter Verkehrsverbindungen zu Europa hat die Landesteile um London begünstigt und zu einem deutlichen Nord-Süd-Gefälle geführt. Die höchsten Arbeitslosenraten Englands sind – mit Ausnahme einiger sozialer Brennpunkte Londons – in den Ballungszentren Nord- und Mittelenglands zu finden.

Ein Beispiel englischen Traditionsbewusstseins: der rote Briefkasten

Staat und Politik:

Konstitutionelle Monarchie. Im Parlament verfügen die beiden großen Parteien seit Jahrzehnten abwechselnd über die absolute Mehrheit. Die Labour-Partei stellte die Regierung in den Jahren 1945–51, 1964–70, 1974–79 und seit 1997. Sonst regierten in den letzten 60 Jahren die Konservativen, ohne dass die dritte Kraft, heute genannt Liberal Democrats, die Rolle eines Zünglein an der Waage spielen konnte. Die starke Zentralmacht lässt den Regionen und Kommunen keine große Bedeutung zukommen. 1974 wurde die tausend Jahre alte Aufteilung des Landes in Grafschaften *(shires* oder *counties)* stark modifiziert. Seitdem gibt es *Metropolitan Counties* für die Ballungszentren West Midlands, Greater Manchester, Merseyside, Tyne and Wear, Cleveland und Humberside.

Geografie:

Weniger als 1% der Fläche Englands sind von Wasser bedeckt. 7% sind bewaldet, davon 80% Nadelholzplantagen. Die längsten Flüsse: Severn (354 km), Themse (352 km) und Trent (275 km). Größter See: Windermere (18 km lang). Höchster Berg: Scafell Pike (977 m) im Lake District. Das Pennine-Gebirge erreicht eine Höhe von knapp über 600 m mit den drei Gipfeln Ingleborough, Whernside und Pen-y-Ghent in Yorkshire sowie Kinder Scout im Peak District.

National Parks:

Lake District, Northumbria, North York Moors, Yorkshire Dales, Peak District, Norfolk Broads.

Die Landschaften:
Ein Zusammenwirken von Mensch und Natur

Die Vielfalt der Landschaftstypen Nord- und Mittelenglands macht die Region zu einem abwechslungsreichen Urlaubsland. Das Pennine-Gebirge bildet ein Rückgrat, das sich von der Landesmitte bis zur schottischen Grenze zieht. Dort breiten sich die Berge aus: Zur Westküste hin die Erhebung von Cumbria und die Cheviot-Kette entlang der Grenze in Richtung Nordosten. Auf beiden Seiten des Hochlands und südlich davon, zwischen der walisischen Grenze und der Ostküste, liegen niedrige Hügel und Flusstäler mit fruchtbarem Ackerland und historische Städte, die das Ziel vieler England-Besucher sind.

Zu der topografischen Vielfalt kommen die unterschiedlichen geologi-

schen Verhältnisse und die Einwirkungen des Menschen. Im Bergland wechseln sich Sandstein und Kalkstein ab, aber auch Schiefer und Gestein vulkanischen Ursprungs kommen vor. Diese Verhältnisse prägen nicht nur die Formen der Landschaft, wie zum Beispiel die Kalksteinhöhlen in den Nationalparks der Yorkshire Dales und des Peak District oder die schroffen Felsformationen der Berge von Cumbria, sondern auch die Architektur der Dörfer und Städte. Die Verwendung von Naturstein oder Putz oder Verkleidung verleiht jeder Gegend, in der guter Baustein vorhanden ist, eine eigene Identität. In anderen Teilen Englands herrschen Fachwerkbauten vor, zum Beispiel in Chester und Shrewsbury.

Die Tätigkeit des Menschen in der Land- und Forstwirtschaft verändert schon seit Jahrtausenden das Gesicht der Landschaft. Die Rodung der Wälder, die einst das Land bedeckten, war in vielen Gegenden schon während der Eisenzeit weit fortgeschritten. Heute gibt es kein großes zusammenhängendes Gebiet mit Laubwald mehr. Die Aufforstung mit Nadelbäumen, hauptsächlich im Gebirge, hat jedoch im 20. Jh. den Waldbestand wieder erheblich erweitert.

Dieser Band beschäftigt sich mit zwei Dritteln der Landesfläche Englands. Darunter sind dicht besiedelte Gebiete mit einer wohlhabenden Bevölkerung wie Ostengland und die Cotswolds, die mehr mit der Region um London gemeinsam haben als mit den Industriezentren des Nordens, aber auch wilde, einsame Landschaften.

Der **Westen** des Landes wird bestimmt durch grüne Täler. Die Flüsse Severn – der längste Großbritanniens – und Wye entspringen in den walisischen Bergen und entwässern die westlichen Landesteile. Hier liegen die Domstädte Gloucester, Worcester und Hereford. Ackerbau und Milchwirtschaft herrschen vor, und man sieht viel Fachwerk, wie in Shrewsbury und weiter nördlich in Chester.

Die **Cotswold-Hügel** nördlich der oberen Themse sind für ihr gutes Baumaterial bekannt, und der schöne Cotswold-Stein prägt das Bild vieler Dörfer und Marktstädte. Der so genannte Kalksteingürtel zieht sich nordöstlich der

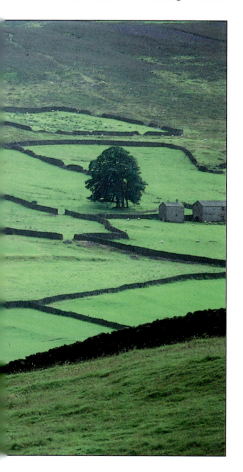

In den Yorkshire Dales

Cotswolds auf einer Diagonale über den Peak District bis zur Küste von Yorkshire und macht sich in den Bauten fast jeden Orts bemerkbar. Am Rande der Cotswolds liegen zwei der am meisten besuchten Städte Englands: **Stratford-upon-Avon,** der Geburtsort von William Shakespeare und **Oxford,** die vorwiegend aus Cotswold-Stein gebaute Universitätsstadt an der Themse.

Im Hochland von **Nordengland** ist die Schafzucht die am meisten verbreitete Form der Landwirtschaft, was zur Folge hat, dass das Erscheinungsbild der nordenglischen Berge vielfach durch grüne, baumlose Hänge und Feldmauern aus Naturstein geprägt ist. Die höchsten Berge sind im Nordwesten, im Seengebiet **Lake District,** anzutreffen. Die **Pennine-Kette** bietet auf ihrer gesamten Länge gute Gelegenheiten zu interessanten Wanderungen, etwa über die Torfmoore im Peak District und die Kalksteinformationen der Yorkshire Dales. **Yorkshire,** die größte Grafschaft Englands, ist nicht nur landschaftlich überaus reizvoll, sondern besitzt auch viele historische Stätten. Die Flüsse, die im Pennine-Gebirge entspringen, fließen in der Ebene um **York,** der alten Hauptstadt des Nordens, zusammen.

Cambridge, das Gegenstück zu Oxford im östlichen Landesteil, ist ebenfalls seit Jahrhunderten ein Zentrum der Gelehrsamkeit mit einer bemerkenswerten Konzentration von historischen Gebäuden. Nördlich von Cambridge liegt das ehemalige Sumpfgebiet **The Fens** und die etwas verschlafene, rustikale Grafschaft **Lincolnshire** um die Stadt Lincoln, eine römische Gründung mit einer der schönsten Kathedralen des Landes. Östlich von Cambridge erstreckt sich das fruchtbare Agrarland von **Norfolk** und **Suffolk,** seit jeher dicht besiedelt und reich an Kulturschätzen.

Die **Ballungszentren Nord- und Mittelenglands** sind nicht in erster Linie Ziel von Touristen, bieten aber imposante Architektur, interessante Industrie-, Technologie- und Kunstmuseen und ein reges kulturelles Leben. Das bevölkerungsreichste Gebiet liegt im Nordwesten, um Manchester und Liverpool, weitere im Nordosten und Newcastle-upon-Tyne, im Westen von Yorkshire und in den Midlands. Man unterscheidet zwischen den West Midlands, dem Gebiet um Birmingham und den East Midlands. Von den East Midland-Städten ist Nottingham die sehenswerteste.

Man ist nirgends weiter als 100 km von der **Küste** entfernt. Um Whitby in Yorkshire ragen die Klippen fast 200 m hoch auf. Relativ menschenleer ist die Küste von Northumberland mit ihren Burgen, Steilhängen und schönen Sandstränden. Dünen und Watt findet man im Westen nördlich von Liverpool, im Osten um den Meerbusen The Wash und an der Küste von Norfolk und Suffolk.

Obwohl England vor tausend Jahren politisch vereinigt wurde und ethnisch relativ homogen ist, bestehen Unterschiede und Rivalitäten zwischen den Regionen. Das hat geschichtliche sowie wirtschaftliche Gründe. Die Nordengländer blicken misstrauisch auf die politische und gesellschaftliche Elite in Südengland. Zwischen einer blühenden Stadt wie Norwich im Osten und Textilstädten des Nordens, etwa Bradford, liegen Welten. Dennoch, ob Hoch- oder Flachland, von der Nähe zu London oder zu Schottland geprägt, alle Regionen haben eines gemeinsam: Das Land ist mit schönen Marktstädten, Dörfern, Herrensitzen, Burgen und anderen Zeugnissen einer bewegten Geschichte übersät. Liebhaber von Natur und Kultur kommen gleichermaßen auf ihre Kosten.

Das Wetter

»Drei schöne Tage und ein Gewitter.« So beschrieb Charles II., der über zehn Jahre im französischen Exil verbrachte, den Sommer in seinem Königreich. Das Wetteramt in London meldet von November bis Januar durchschnittlich 15 Tage Niederschlag pro Monat und elf bis dreizehn Tage in allen anderen Monaten. Eine trockene Jahreszeit existiert also nicht. Die Realität ist jedoch viel komplizierter, als irgendeine Statistik zeigen kann, denn das vom Golfstrom beeinflusste Wetter ist vor allem unbeständig, mit vielen, oft kurzen Regenschauern. Ein Tag mit Niederschlag kann deshalb auch einige Stunden Sonnenschein bieten.

Man behauptet, England habe kein Klima, sondern nur Wetter. Außerdem gibt es beträchtliche regionale Unterschiede. Im Westen der Insel, insbesondere in den Bergen, ist das Klima feucht, da die vorherrschenden Winde Wolken vom Atlantik mitbringen. Der Osten ist wesentlich trockener, und den geringsten Niederschlag weist East Anglia auf. Mit 440 cm jährlich wird die höchste Niederschlagsmenge in den Bergen des Lake District, am kleinen See Styhead Tarn, registriert. Dagegen fallen im trockensten Ort des Landes, Great Wakering in der Grafschaft Essex, nur 49 cm Regen. Zum Vergleich: In Bonn sind es 66 cm Niederschlag jährlich. Die Temperatur weist ein Nord-Süd-Gefälle auf, das vom Meereseinfluss überlagert wird. Am Meer ist es, verglichen mit anderen Landesteilen, im Sommer kühler, im Winter wärmer. Die durchschnittliche Temperatur in allen Regionen, die in diesem Band behandelt werden, beträgt zwischen 15 und 17 Grad im Juli (Bonn 18,5 Grad) und im Januar 3 bis 4 Grad (Bonn 2 Grad) Celsius. Das Klima ist also von milden Wintern und kühlen Sommern gekennzeichnet.

Man sollte sich auf alles vorbereiten und auf die Wettervorhersagen achten. Wenn man Glück hat, ist es viel trockener und wärmer als erwartet. Wenn man Pech hat, dann mögen folgende Überlegungen ein wenig trösten: Bei einem trockenen Klima wäre die Landschaft nicht so wunderbar grün, die berühmten englischen Gärten nicht so duftend und schön. Ständig heiterer Himmel brächte die wechselnden Stimmungen, die vor allem in den Bergen und an der Küste zu erleben sind, nie zur Geltung; große Maler wie Turner und Constable hätten keine Inspiration in vorbeiziehenden Wolken gefunden. Oft hört der Regen schnell wieder auf. Wenn er länger anhält, findet man in jeder Gegend eine interessante überdachte Sehenswürdigkeit.

Die Bevölkerung

›Echte‹ Briten und Zuwanderer aus dem Commonwealth

Jahrhundertelang war die Bevölkerung von England im Vergleich zu anderen europäischen Ländern relativ homogen. Die Römer fanden Stämme vorwiegend keltischer Herkunft vor, als sie im ersten Jahrhundert unserer Zeitrechnung die Insel eroberten. Nach ihrem Abzug kamen im 5. und 6. Jh. Angeln und Sachsen von der Nordwestküste des Festlands, die sich teils mit der romano-keltischen Bevölkerung mischten und sie teils in die Berge von Wales, Südwestengland und Schottland zurückdrängten. Im 9. Jh. besetzten dänische Wikinger die östliche Landeshälfte und Teile des Nordwestens. Ortsnamen und regionale Akzente deuten noch auf diesen nordischen Einfluss hin, aber die Basis der modernen englischen Sprache ist angelsächsisch. Die Normannen, ein Französisch sprechendes Volk nordischer Abstammung, das von dem Herzogtum der Normandie aus im Jahre 1066 England eroberte, hatten einen wichtigen Einfluss auf die Sprache. Diese letzte erfolgreiche Invasion einer fremden Macht verursachte jedoch keine bedeutende Einwanderungswelle. Der normannische Adel bildete nur die Oberschicht.

Im Mittelalter holten die Könige Flamen ins Land, um die Textilindustrie aufzubauen, ab dem 16. Jh. kamen religiös Verfolgte, meist protestantische Holländer und französische Hugenotten, aber erst im 19. Jh. siedelte eine große neue Immigrantengruppe, die Iren, in England. Schließlich kamen in den beiden letzten Generationen Einwanderer aus verschiedenen Teilen des ehemaligen britischen Weltreichs: Inder, Pakistanis, Bangladeshis, Hongkong-Chinesen und Schwarze aus der Karibik. Sie hatten einen entscheidenden Einfluss auf das soziale Gefüge und die Kultur des Landes. Mitte der 90er Jahre lag der Anteil der in Großbritannien geborenen Angehörigen dieser ethnischen Gruppen bereits bei 50 %. Als Beispiel sei die Entwicklung in der Stadt Bradford genannt, die knapp eine halbe Million Einwohner zählt. 90 000 von ihnen gehören ethnischen Minderheiten an, die meisten davon sind Moslems vom indischen Subkontinent und ihre in Yorkshire geborenen Kinder. Sie kamen nach Bradford, um in den Textilfabriken zu arbeiten. Der Niedergang dieser Industrie führte zu Arbeitslosigkeit in allen Bevölkerungsgruppen und verstärkte die auf kulturelle Unterschiede zurückzuführenden Rassenspannungen. Weiße Eltern in Schulen mit einem hohen Anteil asiatischer Kinder äußern Angst vor »Überfremdung«. Andererseits lehnen manche moslemische Eltern es ab, Mädchen und Jungen gemeinsam unterrichten zu lassen. Immer wieder kam es zu negativen Schlagzeilen. Nach dem Todesurteil 1989 des iranischen Ajatollah Khomeini gegen den Schriftsteller Salman Rushdie wurden Exemplare von Rushdies Buch »Die Satanischen Verse«, das als blasphemisch angesehen wurde, in den Straßen von Bradford verbrannt. Im mehrheitlich vom Immigranten bewohnten Stadtteil Manningham gab es 1995 drei Nächte lang Krawalle, im Jahr 2000 Gewalt zwischen den dominanten asiatischen Gruppen und der kleineren afro-karibischen Gemeinde. Andererseits gilt gerade Manningham als Beispiel für die erfolgreiche Integration von Immigranten, da die Im-

Straßenszene in Bradford

migranten am Wirtschaftswachstum der 1990er Jahre teilnahmen und viele kleine Betriebe gründeten. Zwei Drittel der britischen »Corner Shops«, die fast rund um die Uhr geöffnet haben, werden von Mitgliedern ethnischer Minderheiten, vor allem Asiaten, betrieben. Nicht selten fallen ihre Kinder durch sehr gute Leistungen in den Schulen und Universitäten auf, und immer mehr asiatische Geschäftsleute sind wohlhabend geworden. Afro-karibische Einwanderer hatten weniger wirtschaftlichen Erfolg, doch auch diese Gruppe hat am zunehmenden Wohlstand partizipiert, so dass schwarze Viertel wie Handsworth in Birmingham und Toxteth in Liverpool im Jahr 2000 nicht mehr so akute soziale Brennpunkte waren wie in den 1980er Jahren, als Jugendliche dort kaum Berufschancen hatten.

1987 wurden zum ersten Mal vier Parlamentsmitglieder aus Immigrantengruppen gewählt, alle für die Labour-Partei. 1992 stieg die Zahl auf sechs, darunter ein Konservativer; 1997 auf neun, wieder alle Labour. Eine proportionale Vertretung der Minderheiten würde eine Zahl von über 30 Parlamentsmitgliedern bedeuten. Am Anfang des neuen Millenniums ist die Regierung bemüht, nicht nur die politische Repräsentanz ethnischer Minderheiten zu erhöhen, sondern auch eine viel beklagte Diskriminierung in Polizei und Justiz zu bekämpfen. Die Wahrscheinlichkeit verhaftet zu werden, ist für Schwarze siebenmal höher als der Durchschnitt der Gesamtbevölkerung. Studien belegen aber, dass Schwarze keinesfalls eine überdurchschnittliche Kriminalität aufweisen. Als Antwort darauf sollen mehr Polizisten aus den ethnischen Minderheiten rekrutiert werden – eine Aufgabe, die viele Jahre dauern wird.

Diejenigen, die der wachsenden Zahl von nicht-angelsächsischen Staatsbürgern kritisch gegenüberstehen, übersehen den Beitrag dieser Volksgruppen zum kulturellen Leben der Nation. Dazu zählt die Musik der Jamaikaner, die ihre Reggae-Tradition aus der Karibik mitbrachten. Schon länger sind viele erfolgreiche britische Leichtathleten Farbige, und in den letzten Jahren kamen immer mehr Fußball- und Cricketspieler der ersten Profi-Liga und der Nationalmannschaft aus dieser Bevölkerungsgruppe. Die Gastronomie der Insel hat von der indischen und der chinesischen Küche erheblich profitiert.

Schließlich ist man auf die Arbeitskraft der Immigranten angewiesen. Viele gehen schlecht bezahlten Beschäftigungen nach. Andererseits sind in Berufszweigen wie der Medizin gut ausgebildete Immigranten überproportional vertreten. So gehören knapp ein Viertel der britischen Ärzte und auch der Kellner in

Restaurants ethnischen Minderheiten an. Vieles deutet auf eine allmähliche Integration hin. Ende des 20. Jh. hatten annähernd die Hälfte aller verheirateten afro-karibischen und 20% der asiatischen Männer eine Ehefrau aus einer anderen ethnischen Gruppe. Immer mehr verbringen ihren Urlaub in Großbritannien – früher sparte man, um die Familienheimat zu besuchen. Ghettos und ausgesprochene Rassenkrawalle wie in den USA hat es in England nie gegeben. Obwohl die Problematik sicher eine harte Prüfung gesellschaftlicher Toleranz bleiben wird, gibt es heute mehr Gründe zur Zuversicht als vor einer Generation.

Zwei Immigranten, die im Norden Englands leben, schildern im Folgenden ihre Meinung:

Dr. Vipin Trivedi kam 1968 nach dem Abschluss seines Medizinstudiums in Indien nach England. Er lebt in Southport, einer Stadt mit 80 000 Einwohnern an der Nordwestküste bei Liverpool und besitzt dort ein geräumiges Einfamilienhaus in einem besseren Wohnviertel. Seine Frau, auch Ärztin, lernte er während des Studiums kennen. Nach ihrer Ankunft in Großbritannien arbeiteten die Trivedis zunächst in Aberdeen. Mit großem Einsatz ist es ihnen gelungen, eine florierende Familienpraxis in Southport aufzubauen. Trotz der viel diskutierten Versorgungsengpässe des britischen Gesundheitswesens meint Vipin Trivedi, dass kein anderes Land England vorzuziehen sei, da man sich dort immer noch mehr um alte und kranke Menschen und Kinder kümmere als anderswo. Beide Töchter, die Privatschulen im Süden des Landes besuchten, haben fast ihr ganzes Leben in England verbracht und kennen Indien nur von Besuchen. Aber als die ältere Tochter im Jahr 2000 einen weißen Engländer heiratete, feierte man nach Tradition der Brahminen mit einer 7-stündigen Trauungszeremonie.

Daphne Graham kam 1961 von Jamaika nach Manchester. Ihre Geschwister hatten dort schon Arbeit gefunden und verhalfen ihr zu einer Stelle in einer Großwäscherei. Nach ihrer Heirat begann sie eine Ausbildung als Krankenschwester, aber die Geburt ihrer beiden Kinder verhinderte den Abschluss, so dass sie heute nur als Hilfskrankenschwester arbeiten kann. Mit ihrem Mann, der ein Taxi besitzt und ebenfalls aus Jamaika stammt, bewohnt sie die Hälfte eines Doppelhauses in einer Straße, wo Schwarze, Weiße und Asiaten nebeneinander leben. Daphne sind weiße Nachbarn, die sie für ruhiger hält, lieber als die Menschen aus der Karibik. Obwohl sie die britische Staatsbürgerschaft erworben hat, wird England nie ihre Heimat sein. Sie vermisst vor allem die Sonne, da es in Manchester viel regnet, auch frisches Obst, Gemüse und Fleisch wie in der Karibik. Daphne meint, Vorurteile gegenüber Schwarzen seien weniger verbreitet als vor dreißig Jahren, aber: »Es ist nicht unser Land«.

An Englishman's Home is his Castle

Zwei Drittel aller britischen Staatsbürger wohnen im Eigenheim. Überall fällt diese Vorliebe für ein eigenes Haus auf, denn man sieht in englischen Städten keine Reihen von Mehrfamilienhäusern mit vier und fünf Stockwerken, sondern ganze Viertel mit kleinen Einfamilien- oder Doppelhäusern: die *Suburbs,* die jede Stadt umringen. Beliebt sind ruhige Vororte, wo es Bäume an den Straßen und ausreichend große Grundstücke mit Platz für eine Garage und einen kleinen Garten vor sowie einen größeren hinter

dem Haus gibt. Eine niedrige Hecke oder Mauer begrenzt den Garten zur Straße, damit Passanten sehen, wie gut die Blumenbeete gepflegt sind. Hinten liebt man es privater mit Bäumen und Zaun, aber diese sind nicht so hoch, als dass es unmöglich wäre, ein Schwätzchen mit dem Nachbarn zu halten.

So wird das Aussehen der Städte von dem Wunsch nach einem schönen Eigenheim bestimmt. Auf dem Weg vom Land ins Zentrum durchfährt man Viertel mit Doppelhäusern und Villen, mitunter sehr aufwendigen Bauten aus dem 19. Jh. in einer bunten Mischung der Stile. Auch für Neubauten werden historisierende Stilformen bevorzugt. Seit den späten 1980er Jahren erscheinen wieder Häuser mit Fenstern und Holzverkleidung, die auf Fachwerk und die Tudor-Zeit anspielen, während komfortablere Reihenhäuser näher am Stadtzentrum in Anlehnung an das georgianische Zeitalter mit kleinen Fensterscheiben und Giebeln über den Türen ausgestattet werden. Hauptsache, es sieht nicht zu modern aus, sondern gemütlich, familiengerecht, mit einem Hauch von *Old England*.

Die Devise lautet nicht ›Häusle baue‹, sondern kaufen. Die meisten neu errichteten Häuser sind Fertigbauten. In jedem Stadtteil sind an der Hauptstraße die Büros der Immobilienmakler zu sehen, manchmal mehrere in einem kleinen Ort, und in fast jeder Straße stehen ihre »For Sale«-Schilder. Man kauft ein Haus selten für das ganze Leben. Ein junges Paar leistet sich sobald wie möglich ein kleines Reihenhaus. Wenn das Einkommen steigt und die wachsende Familie mehr Platz braucht, wird etwas Größeres gekauft, vielleicht die Hälfte eines Doppelhauses, ein *semi-detached*. Beruflich Erfolgreiche beziehen irgendwann ein frei stehendes Einfamilienhaus, ein *detached house*, in einem vornehmen Viertel. Wenn sie alt sind, verkaufen sie es möglicherweise wieder und erwerben eine kleine, praktische Eigentumswohnung. Durch diesen ständigen Umsatz machen die Makler ein gutes Geschäft und werden von allen Seiten als Schwindler und Blutsauger beschimpft.

Warum wollen so viele Engländer ihr Eigenheim? Finanziell schien es immer sinnvoller, eine Hypothek abzuzahlen, als sein Geld dem Vermieter zu geben. Immobilienpreise sind fast stets gestiegen, weshalb der Kauf eines Hauses eine günstige Kapitalanlage darstellte. Die Privatisierung staatlicher Betriebe in den 80er und 90er Jahren sowie die zunehmende Bedeutung einer privaten Altersvorsorge führten dazu, dass immer mehr Briten Aktien oder Rentenversicherungen erwarben, und die früheren großzügigen Steuervergünstigungen für Wohneigentum wurden stark reduziert. Trotzdem gilt weiterhin der Besitz eines Hauses als wichtige finanzielle Absicherung.

Auch der englische Hang zum Individualismus spielt eine Rolle. Schon im späten Mittelalter war die Möglichkeit, Privateigentum zu erwerben, in England weiter entwickelt als anderswo. Die intellektuellen, religiösen, politischen und wirtschaftlichen Traditionen der folgenden Jahrhunderte betonten die Unabhängigkeit des Einzelnen. In der ersten Hälfte des 20. Jh. erfüllte sich die Mittelschicht ihren Traum vom Eigenheim. Seit 1950 macht zunehmender Wohlstand den Kauf eines kleinen Hauses auch für die meisten Arbeiter möglich. Laut Umfragen will die überwältigende Mehrheit der Engländer ein eigenes Haus, das mit Geborgenheit und Freiheit assoziiert wird. Innerhalb der eigenen vier Wände will man seinen individuellen Freiraum genießen. Es gilt also der Spruch, »An Englishman's home is his castle«, und der Reisende wird kaum übersehen, dass er sich in einem Land aufhält, in dem es millionenfach kleine Privatburgen gibt.

Das englische Dorf

Jeder, der durch England fährt, wird vom Charme der vielen kleinen und unbekannten Orte eingefangen werden. Das englische Dorf hat viele Gesichter: Es erstreckt sich entlang einer Hauptstraße oder gruppiert sich um einen Anger, den *village green.* Es sieht in jeder Region anders aus, da die vorhandenen Baumaterialien von Gegend zu Gegend unterschiedlich sind. Kalkstein, Sandstein, Granit, Schiefer, Backstein, Fachwerk, Stroh- und Reetdächer spiegeln Geologie und Natur der umliegenden Landschaft wider.

So verschieden die Formen des Dorfes sind, Stadtbewohner haben einen gemeinsamen Traum von der Dorfidylle. Demnach besteht das ideale Dorf aus einigen Straßen, die weder breit noch gerade sind, mit hübschen kleinen Cottages, Häuschen mit stets blühenden Vorgärten und Kletterrosen an den Wänden. Den Mittelpunkt des Dorfes bilden eine ehrwürdige Kirche, der Pub, das Postamt, die Schule und der Dorfladen. Außerhalb steht das große Haus des Gutsherrn oder Squire, der neben Priester, Arzt, Wirt und Dorftrottel zu den Hauptpersönlichkeiten der Gemeinde zählt. Einzelne Bestandteile dieses Traumes sind in der Realität überall anzutreffen. Auch wenn die idealisierte ländliche Gesellschaft, die beispielsweise Agatha Christie in ihren Detektivromanen schilderte, nie existierte, kommen die Orte sehr häufig äußerlich dem Idealtypus nahe.

Die Pfarrkirchen der Church of England gibt es fast in jedem Dorf, obwohl der Pfarrer jetzt oft mehr als eine Gemeinde betreut. Die Kirchtürme kündigen aus der Ferne die Siedlung an. Stilistisch herrscht die Gotik des Mittelalters vor, auch wenn die Bauten über

Der rote Klassiker

Ein beliebtes englisches Wahrzeichen ist vielerorts verschwunden. Die alte Telefonzelle wurde überall durch billige, viereckige Kästen der privatisierten British Telecom ersetzt. Auch Bürgerproteste können nicht verhindern, dass ein wertvolles Stück Architekturgeschichte verloren geht. Nach einem Wettbewerb 1925 entschied sich die Royal Fine Art Commission für den Entwurf von Sir Giles Gilbert Scott. Scott ist für zwei Bauwerke berühmt: die anglikanische Kathedrale in Liverpool und das unter Denkmalschutz stehende Kohlekraftwerk in Battersea, London. Im Laufe der Jahre änderte er Einzelheiten seines ersten Entwurfs für die Telefonzelle, aber die Grundzüge blieben gleich. Der kleine, aber zugleich monumental wirkende rote Kasten zeigte klassizistische Stilelemente – Sockel, Giebel und eine flache Kuppel – und wohlproportionierte Fenster in Tür und Seitenwänden. Solide und beruhigend, ein zuverlässiger alter Bekannter, verschönerte er die Umwelt und erntete von Anfang an viel Lob. Paarweise wie Wachsoldaten vor öffentlichen Gebäuden aufgestellt, passten die Zellen auch zu der eindrucksvollsten Architektur. Im Laufe von 40 Jahren wurden 60 000 der kleinen Meisterwerke aus Gusseisen und Teakholz gebaut, bis 1968 ein neuer Entwurf realisiert wurde. Es sollte aber noch schlimmer kommen: 1985 begann British Telecom alle alten Telefonzellen zu ersetzen. Dennoch wird Scotts rote *Telephone Box* nie völlig verschwinden. Viele wurden in den ausländischen Partnerstädten englischer Gemeinden aufgestellt oder in Amerika als Duschkabinen verkauft. In England stehen bislang 1200 Telefonzellen unter Denkmalschutz.

viele Generationen erweitert und verändert wurden. Spuren der Vorgängerbauten aus angelsächsischer und normannischer Zeit finden sich häufig, da viele Dörfer weit über tausend Jahre alt sind. Monumente in den Kirchen erzählen die Familiengeschichte des örtlichen Kleinadels – die jungen Offiziere, die im Dienste ihres Monarchen in Indien, auf den Schlachtfeldern des Ersten Weltkriegs oder auf See starben –, während Grabmäler auf den wie Gärten gepflegten Friedhöfen lapidar über das Leben der weniger Einflussreichen berichten. In einem größeren alten Haus in der Nähe, das einen Namen wie »The Old Rectory« trägt, wohnt der Pfarrer. Das neben der Kirche wichtigste Gebäude ist sicherlich der Pub; wenn man Glück hat, einer mit altertümlichem Flair, einem Kaminfeuer, *local characters,* die an der Theke schwatzen und einem herzlichen Wirt. Sehr oft steht das große Haus des Squire, dessen Familie die ländliche Gesellschaft bis ins 20. Jh. hinein führte, an der Stelle, wo sich das Familienhaus im Mittelalter befand und wird heute noch von den Nachfahren der Gutsherren, die hier zu Shakespeares Zeiten residierten, bewohnt. Manchmal wurde das Haus abgerissen, vielleicht sind Neureiche oder ein Hotel eingezogen.

Viele der attraktivsten Dörfer werden von Besucherströmen überlaufen oder ersticken im Autoverkehr. Eine große Anzahl von ländlichen Eisenbahnstrecken wurde in den 1960er Jahren stillgelegt, und diejenigen, die kein Auto besitzen, können weniger Buslinien als vor 30 Jahren benutzen. Andere Dörfer verlieren ihre Identität, wenn wohlhabende Neuankömmlinge die alten Einwohner verdrängen. Hauspreise steigen und werden für die jungen Einheimischen unerschwinglich. Reiche Londoner kaufen Wochenendhäuschen. Zwischen Zuwanderern und Alteingesessenen entsteht eine Kluft, jede Gruppe frequentiert einen anderen Pub. Dorfschulen und kleine Geschäfte schließen. Der Ort bleibt hübsch und verschlafen, so wie es

Kersey in Suffolk – ein typisch englisches Dorf

die Neuen gerne haben, das Dorfleben verkümmert. Ob dies alles eintritt, hängt von der Lage, Größe und Attraktivität des Dorfes und von den wirtschaftlichen Verhältnissen der Gegend ab. Viele Dörfer haben noch eine Schule, ein Geschäft und einen Pub, können noch eine Cricket-Mannschaft aufstellen und die Kirche am Heiligabend füllen.

Wer vorhat, mit Besuchen in Oxford, Stratford-upon-Avon, Warwick Castle und York die vermeintlichen Rosinen aus dem Kuchen zu picken und damit das Land ›abzuhaken‹, wird vieles verpassen. Um tiefere Eindrücke in das Leben der Menschen auf der Reise durch England zu gewinnen, lohnt es sich in jedem Falle, von der Autobahn abzufahren, auf einer kleinen Straße die Landschaft zu genießen und in Pub oder Kirche oder auf einem kurzen Spaziergang die Atmosphäre eines alten Dorfes einzuatmen.

Die feine englische Art? – Umgangsformen auf der Insel

Gibt es sie, die feine englische Art? Viele Besucher aus dem Ausland empfinden die Engländer als ausgesprochen höflich – was mit offener Gastfreundlichkeit, aber auch mit kühler Zurückhaltung in Verbindung gebracht wird. Im Verhalten und Temperament bestehen, wie in anderen Ländern, beträchtliche Unterschiede zwischen verschiedenen Regionen und gesellschaftlichen Gruppen. Viele im Süden des Landes betrachten die Nordengländer als weniger kultiviert. Die Menschen in Yorkshire gelten als direkt, die Bewohner von Liverpool oder Newcastle-upon-Tyne als warmherzig, aber ungehobelt. Im Gegenzug halten die Nordengländer ihre Landsleute aus dem Süden für hochnäsig. Trotz aller Unterschiede gibt es einige Verhaltensregeln, die man bei Reisen in England allgemein beachten sollte.

Es ist kein Mythos, dass Engländer an Bushaltestellen und in Geschäften eine ordentliche Schlange bilden. Gespräche werden tatsächlich mit einem kurzen Austausch über das Wetter eröffnet, da das Thema unverfänglich ist und es dazu immer etwas Neues zu berichten gibt. Wer eine Begegnung mit der Frage »How are you?« beginnt, erwartet eine sehr kurze Antwort gefolgt von einer höflichen Rückfrage – nicht aber eine echte Auskunft über das seelische oder gesundheitliche Befinden des Gesprächspartners. Richtig ist auch, dass bestimmte Höflichkeitsfloskeln im täglichen Sprachgebrauch häufiger verwendet werden als im Deutschen: insbesondere »please«, »thank you« und »sorry«. Es gibt Engländer, die unaufhörlich »Sorry« sagen, anscheinend ohne Anlass. Es wurde sogar behauptet, ein Gentleman der alten Schule sei daran zu erkennen, dass er sich auch dann entschuldigt, wenn man ihm einen heftigen Tritt gegen das Schienbein verpasst.

Zweifel an den feinen Sitten kommen allerdings auf, wenn man sich – wie im überfüllten Pub üblich – zur Theke drängeln und mit einem Geldschein winken muss, um bedient zu werden. Aber auch hier sind Regeln zu beachten. Man bestellt nicht für sich alleine, sondern gibt nacheinander für alle in der Gruppe eine Runde aus. Im Restaurant sucht man die Aufmerksamkeit der Bedienung nicht mit einem »Hallo«-Ruf, sondern mit »Excuse me!«. Wird man bei Engländern zu Hause eingeladen, werden die üblichen Gastgeschenke gern gesehen – Blumen oder ein Andenken aus der Heimat, wie etwa deutscher Wein, der in England viel getrunken wird. Wer im eigenen Land gute Manieren hat, wird auch in England nicht unangenehm auffallen.

Der Jahreskalender: Feste und Feiertage

Die sehenswerten Veranstaltungen sind regional recht unterschiedlich. Religiöse Feste und Feiertage mit geschichtlichem oder patriotischem Hintergrund werden kleiner geschrieben als in den meisten europäischen Ländern. Dafür findet man ein breites Angebot an Brauchtum, Jahrmärkten und kulturellen Veranstaltungen (s. Tipps von Ort zu Ort ab S. 384). **Weihnachten** ist, wie in anderen Ländern, eine Familienfeier – zumindest ab dem 1. Weihnachtstag, in England dem Tag der Bescherung. Heiligabend wird eher karnevalistisch als besinnlich gefeiert und ist für Pubs der umsatzstärkste Tag des Jahres. **Silvester** ist ein ausgesprochener Party-Abend. **Karneval** wird seit Jahrhunderten nicht mehr gefeiert. Als Überrest aus früheren Zeiten bleibt der Brauch, am Karnevalsdienstag, dem *Shrove Tuesday* oder *Pancake Day,* Pfannkuchen zu essen.

Ostern ist ein langes freies Wochenende mit Feiertagen am Karfreitag und am Ostermontag. In vielen Orten finden Veranstaltungen in Zusammenhang mit Ostereiern statt, wie Wettrennen oder das Rollen der Eier einen Hang hinunter. Obwohl *Mayday* eine lange Tradition hat, wird am **1. Mai** normal gearbeitet, da dieser Tag als sozialistisch angehaucht gilt. Statt dessen sind der erste und letzte Montag im Mai Feiertage. Bei manchen örtlichen Kirchenfesten oder Frühlingsfeiern sieht man das rustikale *Morris dancing.* Zu Akkordeonmusik tanzen Gruppen von Männern mit Glöckchen am Armband und schwenken dabei Stäbe und Taschentücher.

Eine bunte Vielfalt von **Sommerveranstaltungen** bietet dem Besucher Einblicke in die Lebensweise der Engländer. Sehr beliebt sind die *Flower Shows* und *Agricultural Shows,* die überall anzutreffen sind. Für Blumenzüchter, Obst- und Gemüsebauern gehört eine solche Show zu den Höhepunkten des Jahres. In riesigen Zelten werden die größten Kartoffeln und die schönsten Rosen stolz präsentiert und mit Goldmedaillen ausgezeichnet. Die großen Shows, oft *County Show* genannt, sind eine Mischung aus Jahrmarkt, Verkaufsmesse und Kirmes, häufig mit weiteren Attraktionen wie Fallschirmspringen, Feuerwerk, Reitturnieren. Weitere beliebte Ereignisse im Sommer sind *Carnivals,* örtliche Festtage mit Parade und Kirmes, und Umzüge in historischem Kostüm – Schlachten des Bürgerkriegs im 17. Jh. werden von Civil War Societies gerne nachgestellt – sowie Oldtimer-Autotreffen und *Steam Days,* Zusammenkünfte von Liebhabern restaurierter Dampfmaschinen. Solche Veranstaltungen finden oft im Park eines Herrenhauses statt. Krönender Abschluss des Sommers ist der Feiertag am **letzten Montag im August,** der mit den längsten Verkehrsstaus des Jahres begangen wird.

In den letzten Jahren wurde **Halloween,** die Nacht der Hexen und Geister am 31. Oktober, wiederbelebt. Kinder ziehen mit Laternen und Masken von Haus zu Haus. Der 5. November heißt **Guy Fawkes Day** oder auch *Bonfire Night.* Am 5. November 1605 versuchte Guy Fawkes, Anführer einer Gruppe von katholischen Regimegegnern, König und Parlament in die Luft zu sprengen. Das Misslingen dieses Vorhabens galt zur damaligen Zeit als Anlass zur Freude und wird heute noch mit großem Feuerwerk und dem Verbrennen einer Strohpuppe (›Guy‹) auf einem Scheiterhaufen gefeiert.

Junge Morris Dancers *vor Blenheim Palace*

Zu jeder Mahlzeit Frühstück: Die englische Küche

Es ist nichts Neues, dass die englische Küche schlechte Kritiken erhält. Ein italienischer Reisender des 17. Jh., der in seiner Heimat gastronomische Vielfalt und religiöse Uniformität gewohnt war, berichtete entsetzt über die protestantische Insel, dort gebe es 500 Sekten und nur eine Soße. Leider stimmt es immer noch, dass das Preis-Leistungs-Verhältnis im internationalen Vergleich manchmal enttäuschend ist. Das bedeutet jedoch nicht, dass man in England schlecht essen muss, zumal, wenn man Stärken und Schwächen der britischen Küche beachtet. Englische Restaurants haben an Qualität und Auswahl heute viel mehr zu bieten als vor zwanzig Jahren, da Auslandsurlaub und die Küche von Einwanderern den Geschmack der Briten positiv beeinflusst haben. Zu einem entsprechenden Preis findet man in jeder Region vorzügliche Gastronomie. Wer preiswert essen will, holt am besten vor Ort Empfehlungen ein.

Zwei besondere Mahlzeiten, English Breakfast und Afternoon Tea, sollten unbedingt probiert werden. Mit **English Breakfast** nimmt der Urlaubstag auf jeden Fall kulinarisch einen guten Anfang. Wenn man richtig Appetit hat, besteht Breakfast aus Orangensaft, Cornflakes oder Müsli, *bacon and egg* – gebratenem Schinken mit Spiegelei – und Tomaten, vielleicht auch Würstchen, Champignons und gebackenen Bohnen *(baked beans)* und schließlich viel Toast mit Orangenmarmelade, damit man auf das Mittagessen verzichten kann. Außer am Wochenende essen Engländer selten ein so umfangreiches Frühstück, aber Gasthäuser und Hotels bieten es fast immer an. Besucher, denen das alles zu viel ist, können *Continental Breakfast*, d. h. Toast und Marmelade, bestellen. Der Schriftsteller Somerset Maugham meinte, in England sollte man zu jeder Mahlzeit Breakfast bestellen.

Wer am Nachmittag nach deutscher Art Kaffee trinken und Sahnetorte verzehren will, wird sicherlich nicht fündig, aber es gibt andere Genüsse. **Afternoon Tea,** ein alter Brauch der Oberschicht, besteht traditionell aus kleinen, dünn geschnittenen Butterbroten und Kuchen, dazu reichlich Mengen einer guten Teesorte, vielleicht Earl Grey. Das Sandwich, ein wichtiger englischer Beitrag zur Esskultur, wurde laut Überlieferung zuerst im 18. Jh. für den gleichnamigen Grafen zubereitet. Der Earl of Sandwich wollte einen deftigen Imbiss, der ihn nicht vom Spieltisch ablenkte. In den Cafés bestellt man zum Nachmittagstee verschiedene getoastete Backwaren, *Teacakes, Crumpets* oder *Muffins,* die mit Butter und Marmelade bestrichen gegessen werden. Englischer Kuchen ist oft sehr gut, besonders der *Fruit Cake.* Wer Kaffee bestellt, kann sich nicht immer darauf verlassen, dass er Bohnenkaffee bekommt. Pulverkaffee befindet sich zwar auf dem Rückzug, aber um sicher zu sein, achte man darauf, ob *real coffee* angeboten wird. Tee ist preiswerter, besonders wenn man *a pot of tea for two* bestellt, da es dann eine große Kanne mit Tee und eine zweite mit heißem Wasser zum Nachgießen gibt. Die beste Mahlzeit der Nachmittagsküche heißt **Cream Tea** und besteht aus *Scones* (s. Rezept) mit Erdbeermarmelade und Schlagsahne.

Für diejenigen, die zwischen Breakfast and Afternoon Tea noch Hunger verspüren, sei ein **Pub Lunch** empfohlen. Pub Lunch ist weder teuer noch anspruchsvoll, sondern eher solide Hausmannskost. Ein beliebter Imbiss heißt *Ploughman's Lunch* (*ploughman* = Pflüger), eigentlich Brot und Käse, mit etwas Salat und einer pikanten Beigabe zurechtgemacht. Rustikal geht es weiter mit *Shepherd's Pie,* Rindergehacktem unter einer Schicht von Kartoffelpüree im Ofen überbacken, auch keine *haute cuisine,* aber eben typisch englisch. Ein Pub Lunch bietet oft gute Salate mit Quiche, kaltem Braten oder Fisch. Schottischer Lachs wird relativ viel gegessen, auch im Pub zum Salat und schmeckt sehr gut pochiert *(poached).*

Die heimischen Käsesorten verdienen viel mehr Anerkennung im Ausland. Cheddar und Stilton, ein blauer Schimmelkäse, sind die bekanntesten, aber die Auswahl ist wesentlich größer. Cheshire-, Lancashire- und Wensleydale-Käse sind typisch für den Norden, während in Mittelengland vorzügliche Zubereitungen wie der Red Leicester mit Walnüssen oder Cotswold-Käse mit Schnittlauch hergestellt werden.

Eine Stärke der englischen Küche sind Pies. Eine Pie ist ein gefüllter Mürbe- oder Blätterteigkuchen mit Boden und Deckel, der als Hauptgericht oder als Nachtisch gegessen wird. Die Füllung kann aus Fleisch bestehen, wie bei *Steak and Kidney Pie* (Rindfleisch mit Niere) und *Pork Pie* oder auch Obst. Besonders beliebt ist *Apple Pie,* aber auch Rhabarber, Stachelbeeren und andere Obstsorten werden verwendet. Als Nachtisch wird die Pie mit Sahne oder heißer Vanillesoße *(custard)* gegessen.

Die in Deutschland bekanntesten englischen Gerichte sind wahrscheinlich Roast Beef und **Plum Pudding.** Letzteres ist eine Weihnachtsspezialität, die in

Cream Tea with Fruit Scones

Zutaten: 250 g Mehl
1 Teelöffel Backpulver
$^1/_2$ Teelöffel Salz
50 g Butter
2 Esslöffel Zucker
150 ml Milch
50 g Korinthen oder
anderes getrocknetes
Obst

Mehl, Salz und Backpulver mischen. Butter mit den Fingerspitzen in die Mischung einbringen. Zucker unterrühren. Obst in die Mischung geben. Milch dazugießen, zusammenrühren und kurz kneten. Teig 1,5 cm dick ausrollen. Kreise von 5 cm Durchmesser ausstechen. 15–20 Minuten bei 225 Grad backen.

Die Menge reicht für 10 Scones, die zum Nachmittagstee mit Butter oder Schlagsahne und Erdbeermarmelade besonders gut schmecken.

Gewicht und Aussehen einer Kanonenkugel ähnelt, aber bei guter Vorbereitung vorzüglich schmeckt. Hauptzutaten sind Mehl, Butter, getrocknetes Obst und Branntwein. Der Pudding muss stundenlang in einem Tuch gekocht werden. Deshalb bereiten die meisten Engländer ihren Pudding nicht selber zu, sondern kaufen ihn fertig. Ein Pudding aus einem besseren Geschäft ist ein gutes Urlaubsmitbringsel; die billigen taugen lediglich als Kanonenkugel. Neben anderen heißen Pudding-Sorten gibt es verschiedene kalte Desserts. *Summer Pudding* wird aus Brot und rotem Obst, ähnlich wie rote Grütze, gemacht.

Von roten Löwen und ehrlichen Juristen: Pub Signs

Auf der Reise durch England lohnt es sich, auf die Namen von Pubs zu achten. Manche Gaststätten sind mehrere Jahrhunderte alt und tragen seit ihrer Gründung denselben Namen. Die Schilder, die diese Namen darstellen, zeigen Humor und Einfallsreichtum.

Der häufigste Name ist *The Red Lion*, der wie *The Eagle*, *The White Horse*, *The Green Dragon* und viele andere von heraldischen Wappen stammt.

Das Schild des King's Head Inn zeigt das Konterfei von König Charles I., des 1649 enthaupteten Königs

Manche Wirte zeigen ihre Königstreue mit Namen wie *The Crown* oder *The King's Head*. Nach der Thronbesteigung von Charles II., der sich in einem Eichenbaum versteckte, um die Armee der Parlamentarier unter Oliver Cromwell zu entkommen, wurde der Name *Royal Oak* beliebt. Häufig sind auch Tiernamen, die aber nicht von besonderer Tierliebe zeugen, denn *The Cock* bezieht sich auf Hahnenkämpfe, während *The Bull* und *The Bear* an den grausamen Sport erinnern, Hunde auf Stiere oder Bären zu hetzen. Viele große ›Inns‹ an den alten Hauptstraßen besitzen Innenhöfe mit Pferdeställen und tragen Namen, die auf die Tage, in denen man noch mit Kutschen fuhr, zurückgehen: *The Coach and Horses*, zum Beispiel oder *The Horse and Groom* (Pferd und Stallknecht). Zu den ungewöhnlichen Namen zählen *The Snooty Fox* (der hochnäsige Fuchs); *The Cat and Fiddle* (Katze und Geige); *The Honest Lawyer* (der ehrliche Jurist), dessen Schild einen enthaupteten Mann im Talar eines Juristen zeigt, der seinen Kopf in der Hand trägt und *The Waltzing Weasel* (das Walzer tanzende Wiesel). Sport, Könige und andere berühmte Persönlichkeiten, Berufe und Schlachten sind in den Pubnamen ebenfalls vertreten, wobei moderne Verbindungen nicht fehlen: *The Henry Royce* in Manchester weist darauf hin, dass die Herren Rolls und Royce sich in dieser Stadt kennen lernten.

In der Chinatown von Manchester findet man ausgezeichnete China-Restaurants

Im Urlaub begegnet man eher **Roast Beef** als Plum Pudding. Der Ausbruch des so genannten »Rinderwahns« verminderte kurzfristig den Konsum von Roastbeef, aber die Liebe der Briten zum Sonntagsbraten, ob von Rind, Schwein oder Lamm, hat bisher jeden Lebensmittelskandal überdauert. Engländer essen Fleisch öfter *medium* oder durchgebraten als ›englisch‹. Der Braten ist meistens das Beste an dieser traditionellen Mahlzeit. Gemüse wird oft zerkocht, und es werden immer noch zu wenig Kräuter verwendet. Zwei Braten-Spezialitäten sind bekannt: Zum Rinderbraten isst man *Yorkshire Pudding*, kurz gebratene kleine Teigküchlein aus Mehl und Milch, und zum Lammfleisch gibt es Minzsoße aus frischen, gehackten Minzblättern in Essig.

Die meisten Restaurants auf der Insel bieten gar keine englische Küche.

Neben französischen und italienischen Lokalen (die Pizza-Ketten, die auf jeder Hauptstraße ihre Filialen haben, sind zu meiden) gibt es sehr viele chinesische und indische Restaurants. Die Qualität der chinesischen Restaurants ist im Allgemeinen höher als in Deutschland, und manche gehören durchaus zur Spitzenklasse: Berühmt ist Chinatown in London, aber auch im chinesischen Viertel von Manchester finden sich ausgezeichnete Restaurants. Die indische Küche ist überall vertreten und erfreut sich besonders als »Takeaway« (zum Mitnehmen) großer Beliebtheit. Nicht alle Gerichte sind scharf gewürzt (in diesem Zusammenhang kann man sich eine böse Überraschung ersparen, wenn man weiß, dass *hot* auf der Speisekarte nicht auf ein warmes, sondern auf ein pikantes Gericht hinweist). Indische Restaurants sind meistens preiswert.

Das historische und kulturelle Erbe

Zeittafel zur Geschichte

ca. 8000 v. Chr. Ende der letzten Eiszeit

ca. 5000 v. Chr. Der Meeresspiegel steigt, der Ärmelkanal entsteht: Der europäische Kontinent wird von Großbritannien ›abgeschnitten‹.

bis 3000 v. Chr. Übergang von der Kultur der Jäger und Sammler zum Ackerbau. Steinkreise wie in Stonehenge entstehen.

ca. 1900 v. Chr. Einwanderungswelle und Beginn der Bronzezeit.

Ab 600 v. Chr. Einwanderung keltischer Stämme, die ab ca. 400 v. Chr. Eisenwaffen und -werkzeug einführen.

55 v. Chr. Militärische Expedition Julius Caesars, um Unterstützung der britischen Kelten für die Festlandkelten zu verhindern.

43 n. Chr. Beginn der römischen Eroberung, die in Mittelengland bis zum Jahr 61 abgeschlossen ist. Wichtigste Ereignisse sind die Unterdrückung der Rebellion der Königin Boudica in East Anglia und die Einnahme der Druideninsel Anglesey.

Ab 121 Errichtung der Mauer *Hadrian's Wall,* da es den Römern nicht gelingt, den nördlichen Teil der Insel, das heutige Schottland, zu unterwerfen.

2.–3. Jh. Durch den Bau von Militärstraßen und -lagern ist die römische Herrschaft auch in Nordengland gesichert. Bedeutendste Stützpunkte der Legionen im Norden sind Chester und York. Blüte der Städte und der Landwirtschaft. Gloucester und Lincoln erhalten den Status »Colonia« (Siedlung von Veteranen mit Rechten eines römischen Bürgers).

Ab 300 Die Überfälle der Sachsen entlang der Küste und Pikten und Schotten aus dem Norden nehmen zu. Um 410 ziehen die römischen Legionen ab.

450–550 Angeln, Sachsen und Jüten aus Nordwesteuropa drängen die römisch-keltische Bevölkerung in das Bergland im Westen und Norden zurück (Zeit des legendären König Artus). Die Angeln gründen drei Königreiche: Mercia in Mittelengland, Northumbria und East Anglia.

597 Missionierung der Angelsachsen durch die römische Kirche; Gründung der Erzbistümer Canterbury und York.

628 Taufe des Königs Edwin von Northumbria. Ausbreitung des Christentums im Norden. Edwins Nachfolger Oswald entscheidet sich für den aus Island und Schottland eingeführten keltischen christlichen Ritus.

664 Auf der Synode von Whitby fällt die Entscheidung für die römische Kirche. In den folgenden 100 Jahren erlebt Northumbria als führendes Königreich der Insel eine kulturelle Blüte. Missionare aus Northumbria bekehren germanische Stämme auf dem europäischen Festland.

ca. 790 Die Angriffe der Wikinger beginnen. Zerstörung der Klöster von Northumbria.

865–870 Dänische Wikinger erobern Nord- und Mittelengland.

871–899 König Alfred der Große von Wessex (Südwestengland) beendet den dänischen Vormarsch. Das Land ist zweigeteilt: Nordöstlich der Römerstraße von Chester nach London besteht das dänische Reich.

1066 Der Herzog der Normandie leitet die Invasion von England, besiegt den angelsächsischen König Harold in der Schlacht von Hastings und wird als William I. König von ganz England. Die Normannen schlagen den Widerstand der Angelsachsen brutal nieder und bauen Burgen und Befestigungen. Eine nordfranzösischen Dialekt sprechende Oberschicht übernimmt die Macht in Kirche und Staat und errichtet ein straffes Feudalsystem.

1204 John Lackland (›ohne Land‹) verliert die (Festlands-)Normandie an die französische Krone.

1215 Ein Aufstand der Barone zwingt König John zur Anerkennung ihrer Rechte mit der Magna Charta, die als Beginn einer freiheitlichen Tradition angesehen wird.

1265 Erstes Parlament mit Vertretern der Städte, d. h. Beteiligung von Nicht-Adeligen am politischen Geschehen. Entstehung des Unterhauses.

1277–1283 Edward I. erobert Wales.

1290 Pogrome und Vertreibung der Juden.

1296 Der Feldzug von Edward I. gegen Schottland ist der Auftakt zu jahrhundertelang andauernden Grenzkriegen.

1327 Königin Isabella und ihr Liebhaber lassen Edward II. ermorden.

1337–1453 Der Hundertjährige Krieg gegen Frankreich. Das Herzogtum Aquitaine ist noch im Besitz der englischen Krone. Darüber hinaus erhebt Edward III. Anspruch auf den französischen Thron. Die Engländer siegen 1346 (Crécy) und nach erneuter Invasion unter Henry V. 1415 bei Agincourt, werden aber ab 1429 endgültig aus Frankreich vertrieben (Johanna von Orléans). Nur Calais verbleibt im Besitz der englischen Krone. Finanzielle Not zwingt die Könige, zwecks Steuererhebung die Parlamente öfter einzuberufen und stärkt so den Einfluss des Unterhauses.

1348 Eine Pestepidemie *(The Black Death)* reduziert die Bevölkerung um mindestens ein Drittel.

1381 Bauernaufstand *(The Peasants' Revolt)*.

1399 Richard II. wird entthront, später ermordet.

1400–1408 Aufstand der Waliser unter Owen Glyndwr.

1455–1485 Die ›Rosenkriege‹ zwischen den Häusern Lancaster und York enden mit der Niederlage des Yorkisten Richard III. in der Schlacht von Bosworth und der Thronbesteigung der Tudor-Dynastie.

1477 William Caxton gründet die erste englische Buchdruckerei in London.

1509–1547 Regierungszeit von Henry VIII. Er heiratet sechsmal. Weil der Papst seine Ehe mit Katharina von Aragon nicht annullieren will, vollzieht er den Bruch mit Rom und erklärt sich zum Oberhaupt der Kirche in England. Beginn der Reformation, Auflösung aller Klöster im Lande und Verteilung ihrer immensen Reichtümer an staatstreue Adlige.

1553–1558 Mary I. (›Bloody Mary‹) versucht eine Gegenreformation. Prominente Reformatoren werden verbannt, Protestanten verfolgt.

1558–1603 Das Elisabethanische Zeitalter ist eine Zeit kultureller Blüte: Shakespeare, Raleigh, Marlowe, Spenser in der Literatur, in der Musik der Komponist William Byrd. Sir Francis Drake umsegelt die Welt, erste amerikanische Kolonien.

1587 Gefahr einer spanischen Invasion. Elizabeth I. lässt ihre katholische Rivalin Maria Stuart, die in Schottland entthront wurde und in England Zuflucht suchte, hinrichten.

1588 Der Sieg über die spanische Flotte (›Armada‹) sichert die protestantische Thronfolge.

Elizabeth I. (ʼArmada-Porträtʼ, 1588), Gemälde von Marcus Geeraerts d. J.

1603 Elizabeth I. stirbt unverheiratet, das schottische Königshaus Stuart übernimmt die Regentschaft.

1605 Der *Gunpowder Plot* scheitert, ein Versuch katholischer Verschwörer, König und Parlament in die Luft zu sprengen.

1642–1648 Nach Kontroversen zwischen Charles I. und dem von der puritanischen Partei dominierten Unterhaus kommt es zum Bürgerkrieg. Oliver Cromwell führt das Heer der Parlamentarier zum Sieg.

1649 Charles I. wird enthauptet.

1649–1660 England ist Republik (»The Commonwealth«). Regime der Puritaner. Cromwell regiert 1653–1658 als Lord Protector.

1660 Restauration der Stuart-Dynastie Charles II. und James II. sind bestrebt, die Macht der Monarchie auf Kosten des Parlaments auszudehnen.

1688 Der Widerstand gegen den Katholizismus und die absolutistischen Machtansprüche der Stuarts gipfelt in der *Glorious Revolution*. Bestätigung der konstitutionellen Monarchie: der Hochadel setzt James II. ab und bietet dem niederländischen Statthalter William of Orange den Thron an.

1707 Vereinigung der Königreiche und Parlamente von England und Schottland.

1714 Königin Anne stirbt kinderlos, Thronfolge der Kurfürsten von Hannover.

1721–42 Unter Sir Robert Walpole, der als erster Premierminister gilt, kehrt politische Stabilität ein.

1763 Im Siebenjährigen Krieg erhält England Kanada und Teile Indiens.

Ab 1760 Die jahrzehntelange Expansion des Handels und der Landwirtschaft bildet die Basis für die Frühindustrialisierung. Bau von Kanälen, Mechanisierung der Textilindustrie, verbesserte Technologie in der Eisenindustrie. Anhaltendes Bevölkerungswachstum.

1769 James Watt patentiert die Dampfmaschine.

1783 Nach einem verlorenen Krieg erkennt England die Unabhängigkeit der amerikanischen Kolonien an.

1793–1815 Koalitionskriege gegen Frankreich. Die Vorherrschaft der königlichen Kriegsmarine ermöglicht die Erweiterung britischer Macht in Indien und die Gründung neuer Kolonien, z. B. in Australien.

1805 Schlacht von Trafalgar: Nelson besiegt die französisch-spanische Flotte und beendet die Gefahr einer französischen Invasion.

1807 Abschaffung des Sklavenhandels.

1815 Schlacht von Waterloo: Wellington und Blücher besiegen Napoleon. Manchester hat sich zur ersten Industriestadt der Welt entwickelt. Elende Slumviertel entstehen, der Verlust von Arbeitsplätzen durch Mechanisierung führt zu sozialen Unruhen.

Ab 1825 Der Bau von Eisenbahnnetzes gibt der Industrialisierung neue Impulse.

1832 *Great Reform Act:* erste Ausdehnung des Wahlrechts, zugunsten des Mittelstands, aber nicht der Arbeiterschaft.

1838 Gründung der Chartisten-Bewegung, die für das allgemeine Wahlrecht streitet (1867 und 1884 wird es weiter ausgedehnt). Erste Gesetze regeln die Arbeitsbedingungen in den Fabriken, Beginn einer Gewerkschaftsbewegung.

Ab 1840 Der Manchester-Liberalismus fordert freien Handel.

1848 Marx und Engels veröffentlichen in London »Das Manifest der kommunistischen Partei«. Revolutionen erschüttern die kontinentaleuropäischen Monarchien, verschonen aber England.

1880 Einführung der Schulpflicht.

1897 Beim 60-jährigen Thronjubiläum von Queen Victoria scheint Britannien auf dem Gipfel der Weltmacht, doch der Einfluss des Inselreichs geht im Vergleich zu dem Deutschlands und der USA bereits zurück. Zum Empire gehören u. a. Indien und Ceylon, weite Teile von Afrika, Birma und Malaysia, Inseln in der Karibik und im Pazifik. Kanada, Australien und Neuseeland verwalten sich weitgehend selbst.

1914–18 Erster Weltkrieg.

1918 Allgemeines Wahlrecht (für Frauen erst ab 30 Jahren). Soziale Unruhen in der Nachkriegszeit gipfeln 1926 im Generalstreik. Die 1906 gegründete Labour-Partei verdrängt allmählich die Liberalen als Gegner der Konservativen.

1921 Unabhängigkeit Irlands (Nordirland ausgenommen).

1939–45 Zweiter Weltkrieg.

1940 Winston Churchill wird Premierminister. Die *Battle of Britain* gegen die deutsche Luftwaffe beginnt: Bombenangriffe (›Blitz‹) auf englische Städte.

1945 Churchill wird abgewählt, eine Labour-Regierung beginnt die Verstaatlichung der Industrie und den Aufbau eines sozialen Netzes.

1947 Unabhängigkeit Indiens.

1952 Erster britischer Atombombenversuch.

1956 Das Scheitern der gemeinsamen anglo-französischen Militärexpedition nach Suez signalisiert das Ende der britischen Großmachtstellung.

60er Jahre Beatles und Rolling Stones, England wird Fußballweltmeister, Auflösung des Empires weitgehend abgeschlossen.

1968 Beginn der Unruhen in Nordirland.
1973 Beitritt Großbritanniens zur EG.
1979–1990 Margaret Thatcher Premierministerin. Periode des wirtschaftlichen Umbruchs, Privatisierung, hohe Arbeitslosigkeit, soziale Polarisierung.
1982 Falkland-Krieg.
1985 Der erbitterte Streik der Bergarbeiter endet nach einem Jahr erfolglos.
1992 Der Beitritt zum EU-Währungssystem wird rückgängig gemacht.
1994 Eröffnung des Kanaltunnels: die 7000-jährige ›Isolation des Kontinents‹ von Großbritannien ist beendet.
1997 ›New Labour‹ unter Premierminister Tony Blair löst die 18 Jahre während Herrschaft der Konservativen ab. Schottland und Wales erhalten eigene Parlamente, die englischen Regionen jedoch nicht.
2000 Nach anhaltendem wirtschaftlichem Wachstum blickt das Vereinigte Königreich eher zuversichtlich in das neue Millennium. Das Ansehen der Monarchie scheint drei Jahre nach dem Tod von Prinzessin Diana wieder erstarkt. Die Beziehung Großbritanniens zur EU gehört zu den großen Themen.

Beim deutschen Luftangriff auf Coventry im November 1940 wurde die Kathedrale zerstört

Kurzer Streifzug durch die englische Architekturgeschichte

Die Geschichte der Architektur in England beginnt mit Zeugnissen aus **prähistorischer Zeit.** In allen Teilen des Landes finden sich Spuren einer frühen Zivilisation, wie Erdwälle auf Anhöhen und kleinere Grabhügel. Das bekannteste Megalith-Monument, Stonehenge, liegt in Südengland und fällt nicht in das Gebiet dieses Bandes. Sehenswert sind aber der kleinere Steinkreis von Castlerigg bei Keswick im Lake District (s. S. 138) und die Feuersteingrube Grime's Graves in East Anglia (s. S. 250 f.).

Die eindrucksvollste Hinterlassenschaft aus der **Römerzeit** in England ist zweifellos der Hadrian's Wall (s. S. 148 ff.). Diese Schutzmauer erstreckt sich mit einer Kette von starken Festungen von der Irischen See im Westen bis zur Ostküste. Andere römische Bauwerke sind meist nur noch als Ruinen erkennbar, wie in den Städten York, Chester und Cirencester. Eine seltene Ausnahme bildet das erhaltene Stadttor von Lincoln, Newport Arch (s. S. 232).

Der Begriff **Anglo-Saxon** bezeichnet die Periode vom 6. Jh. bis 1066. Es verbleiben wenige, meist etwas primitive Beispiele der angelsächsischen Architektur. Erwähnenswert sind Zeugnisse der Blüte monastischer Kultur im alten Königreich von Northumbria: die Kirchen in Jarrow und Monkwearmouth sowie die Krypten der Kirche von Hexham (s. S. 151) und der Kathedrale von Ripon (s. S. 177 f.).

Die englische Form der Romanik, die Einflüsse aus der Normandie aufweist, heißt **Norman** und umfasst den Zeitraum von 1066 bis ca. 1200. Erkennungsmerkmale sind Rundbogen und schweres Mauerwerk. Zu den schönsten Beispielen zählen die Kathedralen von Durham, Norwich und Peterborough.

Das gotische Zeitalter hat in England eigenständige Formen hervorgebracht, die sich oft von den kontinentaleuropäischen Gotik unterscheiden. Die **Gotik** wird in England in verschiedene Perioden unterteilt, beginnend mit *Early English* (ca. 1170–1240). Lanzettfenster und gebündelte Säulen um die Arkaden im Innenraum sind Merkmale dieses Stils. Beispiele sind das Schiff von Lincoln Cathedral und die Querhäuser von York Minster. Die Architektur der folgenden Periode, *Decorated* (ca. 1240–1330), erkennt man an den mehrbahnigen Fenstern mit reichem Maßwerk. Zu der großen Formenvielfalt dieser Epoche gehören geometrische, eher gradlinige Entwürfe, aber auch kurvenreiche Fassaden wie die von York Minster. *Perpendicular* ist der Name einer Stilrichtung, die ab ca. 1330 in Erscheinung trat und bis ins 16. Jh. bestimmend blieb. Fenster und Wandflächen werden von einem gitterartigen Netzwerk überzogen, es entstanden fantasievolle Gewölbeformen. Ein frühes Beispiel ist der Chor der Kathedrale von Gloucester, ein spätes die atemberaubende King's College Chapel in Cambridge. Unzählige Pfarrkirchen bezeugen die Dominanz dieses Stils.

Tudor bezeichnet korrekterweise die Regierungszeit der gleichnamigen Dynastie (1484–1603), in der der *Perpendicular*-Stil fortbestand und die ersten Renaissance-Einflüsse erkennbar sind. Im Volksmund bedeutet »Tudor« das allgegenwärtige schwarz-weiße Fachwerk, sowohl das ›echte‹ wie auch die viktorianische Version. In der zweiten Hälfte der Tudor-Periode (*Elizabethan*, 1558–1603) ließ der Hochadel großartige Herrensitze wie Hardwick Hall (s. S. 209 f.) und Burghley House (s. S. 238 f.) errichten. *Jacobean* nennt man die Bauwerke aus

Architekturgeschichte

der Regierungszeit von König James I. 1603–25.

Im 17. und im 18. Jh. setzte sich der Barock-Stil in England nicht durch, obwohl Bauwerke wie Blenheim Palace (s. S. 69) von diesem Stil beeinflusst wurden. Statt dessen herrschen klassizistische Stilrichtungen vor und prägen die **Georgian** (1720–1820) bzw. **Regency** (1810–30) Epochen. In dieser Zeit entstanden die meisten großen Herrensitze, manche davon im **Palladianischen Stil,** dessen Architekten sich von den Werken des Andrea Palladio, eines italienischen Baumeisters des 16. Jh., inspirieren ließen. Gute Beispiele für den eleganten *Regency*-Stil sind die Stadthäuser der Kurorte Cheltenham und Leamington Spa.

Victorian, ca. 1830–1900, ist von einer Vielfalt von historisierenden Stilen wie neugotisch, neuromanisch und klassizistisch geprägt. Ein Spaziergang durch das Zentrum jeder Industriestadt sowie einzelne Gebäude in allen historischen Orten und Marktstädten zeigen die Erscheinungen des eklektischen viktorianischen Geschmacks.

Die Aristokratie und ihre Häuser

Was bedeutet es, Ende des 20. Jh. Herzog zu sein? Von der königlichen Familie abgesehen, gibt es 26 Träger dieses ranghöchsten Titels, die mit wenigen Ausnahmen reiche Männer sind. Dabei spielt Grundbesitz noch eine wichtige Rolle. Infolge der erhöhten Steuern und niedrigen Mieten der 20er und 30er Jahre ist die Größe der ausgedehnten Ländereien des 19. Jh. zwar erheblich geschrumpft, aber verschwunden sind sie nicht. Die 19 Herzöge, die Land im Vereinigten Königreich besitzen

(weitere vier haben ihren Besitz im Ausland und drei sind ohne Grundbesitz) nennen durchschnittlich 23 000 ha Land ihr eigen. Vieles davon befindet sich in unwirtschaftlichen Regionen Schottlands, aber dem Herzog von Westminster, einem der reichsten Engländer, gehören die feinsten Stadtteile Londons.

Die hohe Erbschaftssteuer hat zur Folge, dass nur noch wenige Familien ihre Herrenhäuser ausschließlich privat nutzen. Wenn ein historisches Bauwerk für das Publikum geöffnet wird, erhalten die Besitzer steuerliche Erleichterungen. Sie können noch relativ ungestört in einem Flügel ihres Hauses wohnen, wie zum Beispiel die Herzöge von Devonshire und Marlborough in Chatsworth House und Blenheim Palace. Eintrittsgelder decken jedoch nur 20 bis 50 % der Unterhaltskosten. Den Rest erwirtschaften Ackerbau und Viehzucht, Andenkenläden, Privatzoos und unzählige Sonderveranstaltungen: Old-Timer-Treffen, Sportereignisse wie Springturniere oder Wassersport auf dem See im Park, Antikmessen, Ritterturniere usw. Ein Herrensitz mit Gut ist ein mittelständisches Familienunternehmen. Die Bewohner der Dörfer Pilsley und Edensor bei Chatsworth sind fast ausschließlich Angestellte des Herzogs von Devonshire oder Pensionäre. Der Herzog von Marlborough leitet ein Unternehmen, das in fünf Sparten gegliedert ist: Palastverwaltung, Landwirtschaft, Forstwirtschaft, Gärten und Wild. Andere Familiensitze, große Aristokratenpaläste sowie kleinere Landhäuser, wurden unter der Bedingung, dass eine Wohnung der Familie vorbehalten bleibt, dem National Trust vermacht.

So überlebt die englische Aristokratie mit beschränktem Einfluss. Sie verlässt sich auf den Grundsatz, der sich in der

Vergangenheit bewährt hat: Privileg vor Macht. Die Großen des Landes passten sich immer an und überstanden so die Reformation, die Regierungszeit Cromwells und der Puritaner, die Absetzung der Stuart-Dynastie und die Thronbesteigung des neuen Königshauses aus Hannover 1714. Im 18. Jh., dem goldenen Zeitalter des Adels, wurden die absolutistischen Ansprüche des Königshauses zurückgewiesen und die gesellschaftlichen Veränderungen der industriellen Revolution, die die Vormachtstellung des Adels beenden sollten, zeigten erst im 19. Jh. durchgreifende politische Auswirkungen. Beginnend mit der ersten Ausdehnung des Wahlrechts im Jahre 1832 bis zum Ersten Weltkrieg musste die Aristokratie langsam ihre politische Macht abtreten. Im Oberhaus des Parlaments sitzen seit 1999 nicht mehr alle erblichen Lords. Sie wählen aus ihren Reihen 75 Vertreter, die gegenüber den vom Premierminister auf Lebenszeit ernannten *Life Peers* eine kleine Minderheit stellen. Den Familien des Hochadels bleiben noch ihr Reichtum, obwohl dieser im Vergleich zu früheren Epochen abgenommen hat, und ein hoher gesellschaftlicher Status. Als Beispiel sei der Marquess of Cholmondely (sprich: Tschummli), Jahrgang 1960, erwähnt. 1990 erbte er seinen Titel, 118 Mio. Pfund und den verantwortungsvollen Posten des Lord Great Chamberlain, dessen Hauptaufgabe es ist, in der Prozession für die jährliche Parlamentseröffnung rückwärts zu gehen, sein Gesicht

Die berühmtesten Herrenhäuser

Der Herrensitz Kedleston Hall (Derbyshire) ist heute der Öffentlichkeit zugänglich

dem Monarchen zugewandt. Interessant sind die Aristokraten noch für die Klatschspalten der Zeitungen, nicht zuletzt, weil der Hochadel Beziehungen zur königlichen Familie unterhält.

Für die Touristen, die gnädig gegen Entgelt in ehrwürdige Familiensitze Einlass finden, gehört ein solcher Besuch zu den unerlässlichen Erlebnissen einer England-Reise. Die Aristokratenschlösser sind mehr als nur Bauwerke, sie sind in Gärten und Parklandschaft eingebettete Gesamtkunstwerke. Dazu gehören die Stuckdecken, Holzschnitzereien, Stilmöbel, Ahnenbilder, Sammlungen von Silber, Glas, Keramik und den anderen über Jahrhunderte gesammelten Objekten genauso wie die Räume der Diener, die Ställe und die Küche, die in manchen Häusern noch samt Einrichtung zu sehen sind. Die in diesem Band beschriebenen Herrenhäuser weisen unterschiedlichste Stilrichtungen auf, neben mittelalterlichen Burgen, Renaissance-Palästen, Barock-Schlössern und klassizistischen Häusern finden sich auch mittelalterlich inspirierte Fantasieburgen der Viktorianer. Außer einem der berühmten Herrensitze sollte man auch eines der Landhäuser des niederen Adels besichtigen. Diese besitzen oft viel mehr Charme und Geschmack als die großen, protzigen Paläste und sind in allen Landesteilen dicht gesät.

Kontroverse um die National Parks

Sechs der insgesamt acht englischen National Parks liegen in der in diesem Band beschriebenen Region: die Norfolk Broads, der Lake District, der Peak District, Northumbria, die Yorkshire Dales und die North York Moors. Die beiden anderen sind Dartmoor und Exmoor im Südwesten. Die Gebiete, denen seit 1949 dieser Status verliehen wurde, müssen einen hohen Anteil an ›offener Landschaft‹, das heißt an Bergen, Heide,

Moor, unbebauter Küste usw. aufweisen. Agrarland, mit Ausnahme von minderwertigem Weideland, darf nicht überwiegen. Die intensiv kultivierten, tiefer liegenden Grafschaften im Süden wurden deshalb nicht gewählt. Grund und Boden der Parks wurde nicht verstaatlicht. Erhebliche Flächen gehören dem National Trust und dem Forstamt *(Forestry Commission)*, aber der größte Teil befindet sich weiterhin in Privatbesitz. Im Gegensatz zu den weitgehend unbesiedelten amerikanischen National Parks wohnen in den englischen seit Jahrhunderten Menschen, die ihren normalen Tätigkeiten nachgehen. Die Freiheit der Grund- und Hausbesitzer, ihr Eigentum nach Belieben zu nutzen, unterliegt strengeren Bestimmungen als anderswo, und die Verwaltungsbehörden haben die Aufgabe, den Besuchern die Schönheit der Parks zu erschließen. Sie organisieren Informationszentren, Park-, Camping- und Picknickplätze, Wanderwege und Naturlehrpfade.

Der Erfolg des Programms, allen Besuchern Zugang zu den National Parks zu verschaffen, bringt auch Probleme mit sich. Die beliebtesten Flecken, wie Langdale im Lake District und Edale im Peak District, sind an manchen Sommertagen überlaufen. Die Bauern beschweren sich, dass Feldmauern und Ernte beschädigt werden und Vieh von den Hunden der Besucher erschreckt wird. Der Verkehr staut sich, Abfallkörbe quellen über, Wanderwege werden so stark frequentiert, dass die Berghänge erodieren. Es ist sogar schon vorgekommen, dass Zufahrtsstraßen zu Teilen des Lake District gesperrt wurden, weil sie keine Autos mehr aufnehmen konnten. Der Versuch, die Schönheit der Natur sowohl zu erschließen als auch zu schützen, gleicht einer Gratwanderung. Mittlerweile versuchen die Parkbehörden, die Aufmerk-

samheit der Touristen von den berühmtesten Stellen auf ebenso reizvolle, aber weniger bekannte zu lenken.

Die Befugnisse der Parkverwaltung, Baumaßnahmen zu verhindern, sind ein weiteres schwieriges Thema. Grundbesitzer, deren Erträge aus der Landwirtschaft gering sind, wollen diversifizieren. Mit Feriendörfern, Seilbahnen auf die Berge und Jachthäfen am Ufer der Seen lässt sich viel Geld verdienen, aber ohne Einschränkungen wären die Folgen verheerend. Umweltschützer fordern für das Baugenehmigungsverfahren eine Umkehrung der Beweislast. Ihrer Meinung nach müssten die Antragsteller nachweisen, dass ihre Pläne dem Landschaftsbild nicht schaden. Der Verband der Grundbesitzer dagegen klagt, die Behörden hätten zu viel Macht und blockierten einfache, umweltverträgliche Maßnahmen wie den Umbau einer Scheune in eine Unterkunft. Andererseits verhindern Grundbesitzer durch ihren Einfluss im Oberhaus des Parlaments die Ausweitung des Wegerechts, da sie befürchten, dass die Tierzucht und die Jagd auf Moorhühner, eine geschätzte Einnahmequelle, durch Wanderer gestört werden.

Es wird mit Sicherheit nicht möglich sein, alle Beteiligten zufrieden zu stellen. Ausländische Besucher sollten sich jedoch nicht abschrecken lassen. In allen National Parks sind Ruhe und unverdorbene Natur, Täler ohne Staus und Berge mit wenigen Wanderern zu finden. Besonders in Northumberland und im nördlichen Pennine-Gebirge kann man in herrlicher Landschaft allein sein.

Überall Gärten

Zu den wesentlichen englischen Beiträgen zur Zivilisation zählt ohne Zweifel

Im Zeichen des Eichenblatts: Der National Trust

Viele der schönsten Herrenhäuser, Landschaftsgärten und Industriedenkmäler sowie ausgedehnte Flächen schutzwürdiger Landschaft gehören der Organisation, die sich als Hüter des nationalen Kulturgutes das Eichenblattsymbol gewählt hat. Der National Trust, 1895 als eingetragener Verein gegründet, besitzt 250 historische Gebäude, darunter viele Herrenhäuser mitsamt Parks und Kunstschätzen, ganze historische Dörfer, Windmühlen, Pubs und 130 Gärten. Mit 2 Millionen Mitgliedern und über 10 Millionen Besuchern jährlich ist der Trust eine wahre Massenbewegung, dessen hundertjähriges Bestehen 1995 als Ereignis von nationaler Bedeutung gefeiert wurde. Zu den Angestellten des Trust, dessen Etat über 350 Millionen DM jährlich beträgt, gehören Architekten, Kunsthistoriker und -restauratoren, Förster, Archäologen, Gärtner, Liegenschaftsverwalter und Experten für alle Aspekte der Landschaftspflege. Die Hälfte der 248000 Hektar Grund, die sich im Besitz des Trust befinden, wird an Landwirte verpachtet, die verpflichtet sind, traditionelle Methoden der Landwirtschaft anzuwenden. Ohne solche Pflege würden Lebensräume, die über Jahrhunderte entstanden sind, verschwinden. Diese Ländereien wurden zum Teil dem Trust vermacht, wie beispielsweise die zu Herrenhäusern gehörenden Güter, oder wurden – finanziert durch Spendenaktionen – wegen ihrer ökologischen Bedeutung gekauft.

In früheren Jahren musste sich der Trust den Vorwurf gefallen lassen, sich zu sehr um ›tote‹ Kultur, also um die Gartenbaukunst. Napoleon soll die Engländer verächtlich als Krämervolk bezeichnet haben; Volk von Gärtnern wäre eher richtig. Die Gartentradition der Insel ist zum Teil auf das Klima zurückzuführen. Der Winter ist kurz und, außer in den Bergen, mild. Im Sommer muss der Rasen zwar häufig gesprengt werden, aber das wechselhafte, oft kühle Wetter trocknet die Gärten nicht aus. Es gab auch andere Gründe für die Gartenliebe der Engländer. Die Aristokratie besaß im 18. Jh. die finanziellen Mittel, um große Landschaftsgärten zu gestalten. Diese Tradition wurde nicht durch Krieg oder Revolution unterbrochen, sondern sickerte im 19. Jh. in andere soziale Schichten durch. Der hohe Anteil an Eigenheimen und die Bevorzugung von kleinen Ein- bis Zweifamilienhäusern bedeutet, dass viele Engländer einen eigenen, wenn auch oft bescheidenen Garten besitzen. Auf dem Lande und in Dörfern gedeiht der *cottage garden*, ein intensiv bepflanztes, blühendes Paradies um ein kleines Haus. Der tradi-

museale Seite der alten Herrensitze, zu kümmern, während andere Aspekte des nationalen Kulturguts vernachlässigt wurden. Die Kritik trifft längst nicht mehr zu. Mit Mitgliedsbeiträgen und Spenden werden Moore, Dünen und Heidelandschaften wiederhergestellt, Naturschutzgebiete geschaffen, erosionsgeschädigte Pfade in den Bergen repariert, Bäume gepflanzt, vom Aussterben bedrohte Schafrassen gerettet. Fast 1000 km Küste mit Klippen, Stränden und Dünen wurden für nachfolgende Generationen gesichert. Auch um die Kultur des einfachen Mannes kümmert sich der Trust. Mr. Straw's House in Worksop nahe Nottingham wird als Beispiel eines einfachen Wohnhauses der 1930er Jahre samt Einrichtung im Originalzustand bewahrt. Medienwirksamer war der Erwerb von 20 Forthlin Road in Liverpool, einem typischen Reihenhaus der 1950er Jahre. Dort wuchs Paul McCartney auf.

Eintrittsgelder und die Einnahmen der Andenkenläden und *Tea Shops* decken die Unterhaltskosten selbst in viel besuchten Häusern nicht, und der Trust ist auf die Spenden von Natur- und Kunstliebhabern angewiesen. Aristokratische Dynastien, die angesichts hoher Erbschaftssteuer ihre Familiensitze aufgeben mussten, vermachten diese an den Trust, der aber solche Schenkungen nur annehmen kann, wenn gleichzeitig die Mittel zum Erhalt eines historischen Hauses gewährleistet sind. Da die Besitztümer des Trust durch parlamentarisches Gesetz unveräußerlich sind, besteht keine Möglichkeit, einen Teil zu verkaufen, um andere Kulturgüter besser zu erhalten.

Der National Trust und die Organisation ›English Heritage‹, die dem Umweltministerium untersteht und die die meisten Burgen, Abteiruinen und vorgeschichtlichen Denkmäler des Landes verwaltet, bieten Urlaubern eine zeitlich begrenzte Eintrittskarte zu mehr als 500 historischen Stätten. Der *Great British Heritage Pass,* der über Britain Direct (s. S. 352) zu beziehen ist, macht sich schnell bezahlt. Eine Alternative ist die Urlaubsmitgliedschaft beim National Trust. Man kann sie beim Eintritt zu einer der Sehenswürdigkeiten des Trust in England erwerben. Sie lohnt sich bereits nach vier bis fünf Besuchen.

tionelle Cottage-Garten ist ein ungezwungenes, jedoch geplantes Durcheinander von Zier- und Nutzpflanzen: Blumen, Kletterpflanzen an den Mauern, Gemüsebeete sowie Obstbäume und -sträucher. Gartenbesuche gehören zu den beliebtesten Freizeitbeschäftigungen der Engländer, denn das Angebot an öffentlich zugänglichen Gärten ist in allen Landesteilen reichhaltig.

Viele der bekanntesten Gärten gehören zu den großen Herrenhäusern. Es waren die Gärtner des Hochadels, die im 18. Jh. den ersten spezifisch englischen Beitrag zur Gartenkunst leisteten, den Landschaftsgarten. Vorher herrschten französische, holländische und italienische Einflüsse vor. Gartengestaltung war formell, Hecken, Teiche, Wege und Blumenrabatten waren geometrisch angeordnet. Der Landschaftsgarten dagegen betonte natürliche Formen. Es war die Aufgabe des Gärtners, sich die natürlichen Gegebenheiten des Landes zunutze zu machen, der Natur zu noch größerer Vollkommenheit zu verhelfen.

Eins der ersten Beispiele für diese neue Form der Gartengestaltung ist **Rousham Park** bei Oxford, wo der ursprüngliche Plan von William Kent (um 1735) weitgehend erhalten ist. Kent arbeitete mit den Formen von Tal und Hügel, verschönerte die Konturen mit Baumgruppen und verzichtete darauf, den Fluss Cherwell in einen Kanal zu verwandeln. Die auf ferne Tempel und Ruinen gerichteten Blicke der Besucher verbanden den eigentlichen Garten mit der umliegenden Landschaft. Auch die Erfindung des Ha-Ha, einer im Graben versteckten Mauer an der Parkgrenze, verwischte die Grenzen zum umliegenden Gelände.

Eine noch ehrgeizigere Anlage, an der Kent mitwirkte, war **Stowe.** Dieser Park von 200 ha Größe gilt als das größte Kunstwerk von England. Er befindet sich 5 km nordwestlich von Buckingham, über die A 422 zu erreichen. Buckingham liegt westlich der erst vor 20 Jahren entstandenen Stadt Milton Keynes, etwa 90 km nordwestlich von London. In den 20er Jahren des 18. Jh. entstand der erste Entwurf für Stowe, ein noch formaler Garten, den Kent ein Jahrzehnt später in ein »Elysisches Gefilde« umwandelte, in dem Brücken einen natürlich anmutenden Fluss überspannten. Einige Tempel mit Büsten und Statuen erinnern an antike Tugenden und moderne englische Helden, denn der frühe Landschaftsgarten vertrat auch eine politische Idee, nämlich eine Betonung des freiheitlichen Gedankens gegenüber den steifen Barockgärten, die den französischen Absolutismus symbolisierten. Chefgärtner in Stowe war der berühmteste aller Landschaftsgärtner, Lancelot ›Capability‹ Brown. Brown erhielt den Beinamen aufgrund seiner Gewohnheit, seinen adligen Mäzenen gegenüber die wunderbaren Möglichkeiten, *capabilities,* ihrer Parks zu preisen. Er gestaltete den Grundbesitz um Dutzende von Schlössern neu. Seine künstlerischen Mittel sind Schattierungen von Grün, die im Wechselspiel zwischen Wiesen und sorgfältig platzierten Baumgruppen entstehen und Seen, die sich um Hügel schlängeln und ausbreiten, um Abendrot, Wolken, Tempel, Brücken und Bäume widerzuspiegeln. Zu den bekanntesten von Brown gestalteten Parks gehören die von **Blenheim Palace,**

Der Park von Chatsworth House

Chatsworth House, Warwick Castle und **Burghley House** (s. S. 69, 207 f., 78 und 238 f.). Seine Arbeit prägte das Gesicht der englischen Landschaft: Er zerstörte dabei viele Gärten der älteren, formellen Art. Einer, der unverändert blieb, ist der Garten von **Levens Hall** (s. S. 139) bei Kendal, am südlichen Rande des Lake District, den ein Schüler des großen französischen Gärtners Le Notre im 17. Jh. schuf. Im letzten Viertel des 18. Jh. entwickelte sich die Gartenkunst in neue Richtungen. Browns Nachfolger Humphrey Repton führte Blumenrabatten und Terrassen am Haus wieder ein. Anhänger der Bewegung des Pittoresken kreierten Anlagen, die wilder und felsiger wirkten als die gezähmte Natur, die die vorige Generation geschaffen hatte. Zu dieser Gattung gehört der Quarry Garden (Steinbruchgarten) von **Belsay Castle** (s. S. 153) in Northumberland, nordwestlich von Newcastle-upon-Tyne. Der Hang zum Malerischen und Romantischen führte mancherorts zu Exzessen wie dem Bau von Eremita-

Kultur oder Kommerz? – die Vermarktung von ›Heritage‹

Heritage – so lautet ein Lieblingswort der englischen Touristikbranche. Damit ist das gesamte kulturelle Erbe der Nation gemeint, einschließlich Königshaus und Aristokratie, Kathedralen, Burgen und Dörfern, Natur und Landschaft, Denkmälern der Steinzeit und der Industriellen Revolution, Shakespeare und der literarischen Tradition, Musik, Bräuchen und dem Pub. Der Patriotismus der Engländer ist unkompliziert und selbstverständlich, man ist stolz auf die Geschichte und die Leistungen des eigenen Volks. Auf kulturellem Gebiet kommt dies ohne übertriebenen Ernst zum Ausdruck. Heritage bietet angenehme Anlässe für einen Sonntagsausflug und lässt sich gut mit dem Besuch eines *Tea Shops* verbinden.

Der Tourismus ist ein bedeutender Wirtschaftsfaktor, der mit den Einkaufszentren um die Kaufkraft der Konsumenten konkurriert, zahlungskräftige Besucher aus dem Ausland lockt und Arbeitsplätze schafft. Die Kommerzialisierung des Kulturguts hängt aber nicht nur mit der zunehmenden Freizeit und dem gestiegenen Einkommen der Verbraucher zusammen, sondern hat durchaus auch einen politischen Hintergrund. Die Sparmaßnahmen und die Privatisierungswelle der 1980er und 90er Jahre trafen nicht nur die Industrie, sondern bedeuteten auch weniger Subventionen für Theater und Museen. Sie wurden so gezwungen, sich um Sponsoren aus der Wirtschaft zu bemühen und sich besser zu vermarkten.

Die Auswirkungen sind auf verschiedenen Gebieten zu beobachten. Adlige versuchen seit vielen Jahren, den Unterhalt ihrer Herrensitze mit Eintrittsgeldern zu decken. Afternoon Tea in den umgebauten Stallungen und der Verkauf von Andenken aller Art ergänzen diese Einnahmen. Sogar der Buckingham-Palast öffnet seine Tore für Besucher. Spitzenreiter unter den nicht-königlichen Residenzen mit über 750 000 Besuchern jährlich ist Warwick Castle, das Lord Brooke, der achte Graf von Warwick, 1978 an den Madame-Tussaud-Konzern verkaufte. Besucher zahlen im Sommer über £ 10 Eintrittsgeld, um Folterkammer, Wachsfiguren und eine Rekonstruktion des mittelalterlichen Burgbetriebs anhand von beweglichen Modellen mit audiovisuellen Effekten zu ›erleben‹.

Neue Attraktionen setzen großen technischen Aufwand ein, um die Vergangenheit zu rekonstruieren. Das Jorvik Centre in York und die Tales of Robin Hood in Nottingham befördern Besucher in einer Art Kirmesfahrt an Kulissen vorbei, die mit Ton- und Videoeffekten sowie den künstlich erzeugten Gerüchen der Küche, Stallung und Kloake belebt werden. Ähnliche Darstellungen gibt es von der Römer-

Warwick Castle, heute im Besitz des Madame-Tussaud-Konzerns, zieht mit seinen vielfältigen Attraktionen Scharen von Besuchern an

zeit in Chester, der Geschichte der Universität in Oxford und dem mittelalterlichen Klosterleben in Shrewsbury. So werden die Unterschiede zwischen Kultur und Disneyland verwischt. Was zu trocken klingt, wird kurzerhand umbenannt und muss sich besucherfreundlicher gestalten. Die ehemalige ›Königliche Kommission für Historische Denkmäler und Alte Bauwerke‹ heißt nun schlicht ›English Heritage‹. Die Stadt Newcastle-upon-Tyne taufte das Museum of Science and Engineering in ›Newcastle Discovery‹ um. Die Kommerzialisierung von Kultur macht nicht einmal vor den Kathedralen halt, die teilweise Eintrittsgeld verlangen und einen *Tea Shop* oder Andenkenladen eingerichtet haben.

Obwohl vielfach Kritik an dieser Entwicklung laut wird, ist nicht alles negativ zu bewerten. Hat man weniger von dem Besuch eines Herrensitzes, wenn man anschließend einen ›mittelalterlichen‹ Briefbeschwerer oder eine Gewürzmischung nach traditionellem Glühweinrezept kauft? Der National Trust, die Museen und die Kathedralen sind auf solche Einnahmequellen angewiesen, um ihre wichtigen Aufgaben erfüllen zu können. Es spricht vieles dafür, dass die Museen, die lieber Bildschirme und interaktive Displays für Kinder als Gegenstände in Vitrinen anbieten, Bildung effektiver vermitteln, weil sie auch unterhalten. ›Infotainment‹ setzt oberflächliches Entertainment nicht immer an die Stelle echter Information. Das Jorvik Centre und die Tales of Robin Hood, die unter Mitwirkung von Archäologen und Historikern entstanden, sind keine reinen Unterhaltungsbetriebe. Die Freilichtmuseen in Dudley, Beamish und Ironbridge Gorge, die das Handwerk vergangener Zeiten vorführen und Szenen des täglichen Lebens darstellen, gehören zu den guten Vorbildern. Und der Besucher aus dem deutschsprachigen Raum, der zu einer englischen Ausstellung einen informativen Band in einer lesergerechten Länge erhält, anstatt eines Katalogs von mehreren hundert Seiten, in dem sich Kunsthistoriker mit einem ausgiebigen Fußnotenapparat ausgetobt haben, mag sich darüber freuen, dass die Briten ihre Kultur nicht zu ernst nehmen.

gen mit bezahlten Einsiedlern, deren ungewaschene Erscheinung und langen Haare eine schaurige Überraschung für feine Besucher bereiteten.

Ab 1800 wurden immer mehr exotische Pflanzen kultiviert: Schon 1789 kamen die ersten Dahlien aus Mexico, dann neue Rosenzüchtungen aus China, Fuchsien aus Südamerika, ab 1830 Rhododendren aus Amerika und dem Himalaya. Auch fremdartige architektonische Formen erschienen in Gestalt von chinesischen Pagoden und Gartenhäuschen im islamischen oder im Hindu-Stil. **Biddulph Grange** in Staffordshire, nördlich von Stoke-on-Trent, ist ein Beispiel für den viktorianischen Stilpluralismus.

Am Ende des 19. Jh. kündigte sich ein einfacherer Stil an, der vom Cottage-Garten beeinflusst war und bis heute besteht. Intimere Gärten mit einer üppigen, farblich abgestimmten Blumenpracht in einem architektonischen Rahmen zeigen Geschmack ohne Protz. **Hidcote Manor Garden** im Cotswold-Gebiet (s. S. 87) ist einer der beliebtesten Gärten dieser Tradition.

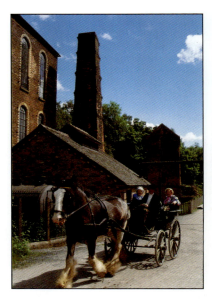

Im Freilichtmuseum von Ironbridge Gorge in Coalbrookdale fühlt man sich ins 19. Jh. zurückversetzt

Industriedenkmäler

Was hat Nord- und Mittelengland zu bieten, das man woanders nicht sehen kann? Schöne Küsten, ehrwürdige Domstädte und herrliche Wanderlandschaften gibt es auch in anderen Teilen der britischen Inseln und in anderen Ländern. Einzigartig in Vielfalt und Qualität ist aber das Angebot an sehenswerten Industriedenkmälern in den nördlichen Gebieten Englands.

Nordengland war die Wiege der Industriellen Revolution, Manchester im ausgehenden 18. Jh. die erste Industriestadt der Welt. Der Besuch eines der vielen Museen mit Zeugnissen dieser Zeit ist für das Verständnis einer Region, die von der Frühindustrialisierung geprägt wurde, sehr wertvoll – nicht jedoch als trockene Geschichtsstunde, sondern als unterhaltsamer Ausflug, weil englische Museen im Allgemeinen besucherfreundlich gestaltet sind.

Wer vor zwanzig Jahren eine Stadt wie etwa Halifax in Yorkshire oder Stoke-on-Trent als lohnendes Touristenziel bezeichnet hätte, hätte als Exzentriker gegolten. Tatsächlich aber haben beide Städte durch eine attraktive Präsentation ihrer Vergangenheit, im Falle von Halifax die Herstellung von Wolltuch, in Stoke-on-Trent von Keramik, auf sich aufmerksam gemacht. Die ehemals schmutzigen, verkommenen Städte haben ein neues Gesicht erhalten. Und mancherorts liegen Industriemuseen

nicht in der Stadt, sondern inmitten von
schöner Landschaft, weil die ersten, auf
Wasserkraft angewiesenen Fabriken in
Tälern am Rande der Hügel entstanden.

Das Angebot für den Besucher umfasst Anlagen unterschiedlicher Größe
in allen Landesteilen. In den bekanntesten Museen und Freilichtmuseen findet
man Vorführungen von alten Herstel-
lungs- und Handwerkspraktiken und
sorgfältig restaurierte Maschinerie in
zum Teil prächtigen Bauten – die Industriellen sahen ihre Fabriken gern als
Tempel, Paläste, neue Weltwunder. Für
einen ganztägigen Ausflug, der auch
Kindern viel Interessantes bietet, empfehlen sich folgende Ziele: in der Region
um Birmingham das Ironbridge Gorge
Museum bei Telford (s. S. 102 f.), bei
Manchester die Quarry Bank Mill (s. S.
126 ff.) oder Wigan Pier (s. S. 129), im
Nordosten das Beamish Open Air Museum (s. S. 164), in West Yorkshire das
Leeds Industrial Museum Armley Mills
(s. S. 194) oder die Piece Hall (s. S. 196 f.)
von Halifax. Einen Besuch unter Tage
bietet das National Coal Mining Museum for England (s. S. 196).

Reizvoll sind auch die zahlreichen
Wind- und Wassermühlen, Dampfmaschinen und Museen, die den traditionellen Handwerks- und Industriezweig
einer Stadt oder einer Region darstellen.
Als Beispiele seien die südlich von Manchester gelegene Stadt Macclesfield, ein
Zentrum der Seidenindustrie und die
Stadt Keswick im Lake District erwähnt,
wo sich ein Museum befindet, das die
Herstellung von Bleistiften thematisiert
(Cumberland Pencil Museum). Zum industriellen Erbe des Landes gehören
auch die beiden für Touristen erschlossenen Verkehrssysteme, die die frühe
Entwicklung der englischen Industrie ermöglichten: die Kanäle und das Eisenbahnnetz.

Die Kanäle

Die ruhige, langsame Art, eine Tour
durch das ländliche Mittelengland zu gestalten, ist der Urlaub auf einem Kanal-
boot. Der Gegensatz zu den deutschen
Wasserwegen könnte nicht größer sein:
In England findet man keine modernen,
geraden Kanäle, auf denen kleine Ausflugsboote von schnellen, schweren
Lastkähnen bedrängt werden.

Geschichte des Kanalbaus
Mit wenigen Ausnahmen wurden die
englischen Kanäle zwischen 1760 und
1840 gebaut. Sie entsprachen schon im
Eisenbahnzeitalter den Bedürfnissen
des modernen Güterverkehrs nicht
mehr und sind jetzt fast ausschließlich
Urlaubern und Ausflüglern überlassen.
200 Jahre nach ihrem Bau scheinen sie
ein natürlicher Bestandteil der Landschaft geworden zu sein. Bäume und
Sträucher wachsen am Treidelpfad und
Schilf am Ufer. Auf langen Strecken
fährt man nur durch Weidelandschaft,
vorbei an Rindern und Schafen. Es gibt
mal ein paar Cottages am Ufer oder
einen Pub und ein kleines Geschäft dort,
wo eine Straße den Kanal überquert,
aber selbst die Dörfer liegen meist abseits des Kanals. Die Brücken und Häuschen der Schleusenwärter sind verwittert und bemoost. Die Kanäle sind ein
Überbleibsel des Old England, in dem
die Ungeduld des 20. Jh. keinen Platz
hat, denn schon 20 km täglich sind eine
gute Leistung. Im Durchschnitt kommt
alle 3 km eine Schleuse, und die Höchstgeschwindigkeit beträgt meist 4 Meilen
(6,4 km) pro Stunde.

Das Netz der Kanäle verbindet die
Flüsse Themse und Severn im Süden
mit Trent, Mersey und Humber im Norden und ist dicht genug, um kürzere und
längere Rundreisen zu ermöglichen.

Boote unterschiedlichster Bauweise können in vielen Arten gemietet werden, aber der Lieblingstyp der Kanalurlauber ist sicherlich das lange, schmale *Narrow Boat*. Die ersten Kanäle hatten enge Schleusen mit einer Breite von nur 2,20 m, um den Wasserverlust, der bei jeder Durchfahrt entsteht, zu verringern. Folglich wurden auch die Boote schmal gebaut, dafür aber bis zu 21 m lang. Bis zur Mitte des 20. Jh. beförderten sie Güter und hatten als Wohnraum eine sehr kleine, 3 oder 4 m lange Kajüte im Heck.

Alte *Narrow Boats* sind noch vereinzelt zu sehen, aber die meisten wurden in den letzten 30 Jahren im alten Stil nachgebaut, bunte, fröhliche Farben überwiegen, die beliebtesten Motive sind Blumen und Burgen, verschnörkelte Beschriftungen und Muster mit geknoteten Seilen. Keiner kennt den Ursprung dieser Verzierung, die auch auf den Wasserkannen und Eimern an Deck erscheint. Es heißt, Ähnlichkeiten mit der Kunst der Zigeuner sind zufällig, obwohl die Menschen, die ehemals ihre Boote so schmückten, das fahrende Volk der Binnengewässer waren. Die *Narrow Boat People* bildeten eine Gesellschaft für sich. Sie misstrauten dem Leben auf dem festen Land und heirateten untereinander, denn keine fremde Braut wollte das harte, beengte Leben auf den Kanälen teilen.

In hügeligem Gelände mussten Tunnels gebaut werden, die keinen Platz für einen Treidelpfad boten. So entstand ein besonders anstrengender Beruf: das *Legging*. Bevor Boote mit Dampfmaschinen oder Dieselmotoren angetrieben wurden, mussten Kanalfahrer sich am Tunneleingang von ihren Pferden trennen und mit eigener Kraft den Kahn vorantreiben. Man legte ein Brett quer über den Bug und ›lief‹, auf dem Rücken liegend, krebsartig mit den Füßen gegen die Tunnelwände gestemmt. Diese schwere Arbeit war gefährlich, da man leicht den Halt verlor und in das Wasser

Kanalidylle in Oxfordshire

Urlaub auf dem Trent and Mersey Canal

zwischen Tunnelwand und Boot fiel. Auf manchen Strecken arbeiteten hauptberufliche *Leggers*. Als 1871 die Eigentümer der Grand Junction Canal Dampfboote einführten, wurde ein 75-Jähriger pensioniert, der 44 Jahre ›Beinarbeit‹ im Dunkeln hinter sich hatte.

Die Jahre nach dem letzten Weltkrieg brachten das Ende des Güterverkehrs auf den Kanälen, aber die Errungenschaften der großen Ingenieure, die das Kanalsystem schufen, sind erhalten. Die Kanäle des 18. Jh., besonders die Werke von James Brindley (1716–72), waren Wunder ihrer Zeit. Brindley baute den ersten Kanal des Industriezeitalters, um Kohle aus den Bergwerken des Herzogs von Bridgwater nach Manchester zu befördern. Der Aquädukt, mit dem er 1761 den Fluss Irwell überbrückte, rief Erstaunen hervor, und Neugierige reisten aus allen Teilen des Landes an, um zu sehen, wie Kähne in 12 m Höhe von Pferden über den Fluss geschleppt wurden. Dieser erste Aquädukt des Bridgewater Canal steht nicht mehr, aber Boote befahren noch den Nachfolgebau, eine Meisterleistung viktorianischer Ingenieure. Die Kanalstrecke über den damals neuen Manchester Ship Canal wurde auf eine mit Schleusentoren abzuriegelnde Schwingbrücke gebaut, die geöffnet wird, damit Ozeanschiffe mit hohen Masten von der Mersey-Mündung nach Manchester gelangen können.

Aus Kostengründen wurden die ersten Kanäle mit möglichst wenigen Schleusen, Dämmen und Tunneln gebaut. Sie schlängeln sich deshalb um Hügel herum und erreichen ihr Ziel auf Umwegen. Die darauf folgende Generation baute aufwendiger. Thomas Telford (1757–1834) schuf eindrucksvolle Brücken, Dämme und Durchstiche, deren Steinmetzarbeiten die Fähigkeit damaliger Ingenieure zeigen, das Praktische mit dem Schönen zu verbinden. Unter seiner Mitwirkung entstand das bedeutendste Monument des Kanalzeitalters, der Aquädukt von Pontcysyllte bei Llangollen im walisischen Grenzgebiet.

Urlaub auf dem Kanal
Heute sind die Kajüten der Boote viel bequemer als früher und mit Küche, Dusche, Toilette und Schlafplätzen für bis zu acht Personen eingerichtet. Es empfiehlt sich, die Reise in einer Gruppe zu unternehmen, da die Miete nicht billig ist und es viele helfende Hände braucht, um das Boot durch die Schleusen zu manövrieren. Man dreht an einer Handkurbel, um das Wasser in die Schleuse zu lassen und öffnet dann die schweren Holztore, um in die Schleuse hineinfahren zu können. Das erfordert ein wenig Kraft und Geduld. Das Fahren ist schnell gelernt. Ein Bootsführerschein wird nicht verlangt, man bekommt eine kurze Einweisung und Probefahrt von der Chartergesellschaft. Die Boote sind trotz ihrer Länge bei den niedrigen Geschwindigkeiten nicht schwer zu lenken. Für die Schleusen braucht der Steuermann manchmal etwas Geschick. Abends kann man in der Nähe eines ländlichen Pubs oder im Kanalbecken

Das Netz der mittelenglischen Kanäle

Der Llangollen Canal überquert mit Hilfe von Aquädukten Täler und Schluchten

eines Dorfes anlegen. An den Schleusen und Anlegestellen werden unter den Bootsleuten Erfahrungen ausgetauscht, eine gute Gelegenheit, zu den Einheimischen Kontakt zu finden.

Nicht alles, was man von den Kanälen aus sehen kann, ist hübsch: Wenn sie durch Städte führen, besonders im Umkreis von Birmingham, sieht man auch die wenig attraktive Rückseite alter Fabriken. Die Stadt Birmingham behauptet, mehr Kanalkilometer als Venedig zu haben, nur fehlt leider die venezianische Schönheit. Einige reizvolle Strecken werden im Folgenden beschrieben.

Der von James Brindley begonnene **Leeds-Liverpool Canal** ist der einzige, mit dem man noch das Pennine-Gebirge überqueren kann. Er hat dem Gelände entsprechend viele Schleusen: 91 auf einer Länge von 204 km. Die herrliche Landschaft zwischen Burnley auf der Westseite, wo ein Aquädukt in Höhe der Dächer durch alte Arbeiterwohnviertel führt und Bingley auf der Ostseite lohnt die Mühe. In den Hügeln um Skipton, eine sehenswerte historische Stadt mit Burg, schlängelt sich der Kanal an steinernen Farmhäusern und Dörfern vorbei. Imposant ist in Bingley die ›Treppe‹ von fünf Schleusen, die den Kanal hinunter ins Tal bringen.

Der **Llangollen Canal** führt von Nantwich in der Grafschaft Cheshire bis in die walisischen Berge. Kurz vor Llangollen befindet sich der Aquädukt von Pontcysyllte. Der 100 m lange, 1805 fertig gestellte Aquädukt überquert das Dee-Tal in einer Höhe von fast 40 m und ist noch befahrbar.

Der **Grand Union Canal,** der mit verschiedenen Nebenstrecken eine Gesamtlänge von 500 km erreicht, verbindet London mit Birmingham. Zwischen der Hügelkette der Chilterns bei Berkhamstead, nordwestlich von London und Knowle, kurz vor Birmingham, durchquert er sehr reizvolle Landschaft und Dörfer. In Stoke Bruerne, südlich von Northampton, informiert ein **Waterways Museum** über das Kanalsystem und das Leben auf den Kanälen in vergangenen Zeiten. Die interessanten Städte Leamington Spa und Warwick liegen an dieser Strecke. Östlich von Leamington Spa zweigt der **Oxford Canal** vom Grand Union Canal ab und führt durch sehr ruhige Gegenden in Richtung Themse.

Der **Trent and Mersey Canal,** von 1766 bis 1777 gebaut, schlängelt sich von den Industriestädten am Mersey durch ländliche Teile der Grafschaft Cheshire zum Potteries-Gebiet und schließlich durch das Trent-Tal in Richtung Nottingham. Nahe dem Mersey befördert der *Anderton Boat Lift,* eine 1875 gebaute Hebeanlage, die Boote vom Kanal zum 16 m tiefer liegenden River Weaver.

Der **Avon Ring** verbindet zwei Kanäle und zwei Flüsse miteinander. Von Kings Norton am südlichen Stadtrand von Birmingham führt der enge, teilweise flussähnliche und überwachsene Stratford Canal über viele Schleusen vorbei an Wilmcote, wo das Landhaus von Shakespeares Mutter steht, nach Stratford-upon-Avon. Hier überwacht eine Bronzestatue des Dichters das Kanalbecken. Die Fahrt geht weiter durch das Avon-Tal zu den historischen Städten Evesham und Tewkesbury. In Tewkesbury, einer Stadt, die vor allem wegen ihrer Fachwerkhäuser und Abteikirche sehenswert ist, mündet der Avon in Englands längsten Fluss, den Severn. Flussaufwärts am Severn liegen Worcester und der Anfang des Worcester-Birmingham Canal, der von der Ebene hinauf und durch den langen Tardebigge-Tunnel wieder nach Birmingham führt. Die längste Schleusen-Reihe des Landes überwindet auf dieser Strecke einen Höhenunterschied von 100 m.

Dampfnostalgie: Im Mutterland der Eisenbahn

Die Eisenbahn wurde im Norden Englands erfunden, und die Liebe vieler Briten zu diesem Verkehrsmittel ist nicht zu übersehen. Väter und Söhne spielen wie in anderen Ländern mit ihrer Modelleisenbahn, aber in England geht die Leidenschaft noch viel weiter. Überall gründeten Eisenbahnfreunde Vereine, um alte Lokomotiven, Waggons, Bahnhöfe und Schienenstrecken vor dem Verfall zu retten. Mit neuem Lack und glänzenden Messingteilen, durch mühevolle Arbeit an Abenden und Wochenenden funktionsfähig gemacht, werden die alten Züge ausgestellt und an so genannten *Steam Days* vorgeführt.

Begonnen hat das alles in den frühen Tagen der industriellen Revolution. Der Schotte James Watt entwickelte im späten 18. Jh. die ersten funktionstüchtigen Dampfmaschinen, und im Jahre 1800 baute Richard Trevithick eine kompaktere Maschine, die sich für den Antrieb einer Lokomotive eignete. Einige Ingenieure versuchten, diese Erfindung in den schon existierenden Pferdebahnen einzusetzen, die viele Bergwerke für den Transport von Kohle und Erz auf Metallschienen benutzten. Die erste kommerzielle Dampfeisenbahn wurde 1812 in der Zeche von Middleton bei Leeds in Betrieb genommen. Der Vater des Eisenbahnzeitalters war George Stephenson aus dem Nordosten Englands. Seine Lokomotive ›Locomotion No. 1‹ nahm 1825 auf der ersten öffentlichen Dampfeisenbahnlinie der Welt die Arbeit auf. Diese Bahn verband die Städte Darlington und Stockton-on-Tees in der Grafschaft Durham und beförderte sowohl Kohlen als auch Passagiere. Das Original der ›Locomotion‹ ist im **Darlington Railway Museum,** der ehemaligen *North Road Station* von 1842, zu sehen, und eine getreue Nachbildung fährt im **Beamish Open Air Museum** im Norden der Grafschaft Durham.

Da Teilstrecken der Darlington-Stockton-Bahn auf die Kraft von Pferden und stationären Dampfmaschinen angewiesen waren, gilt die 1830 eröffnete *Liverpool-Manchester Railway* als die erste moderne Eisenbahn der Welt. Aus einem Wettbewerb waren George Stephenson und sein Sohn Robert mit ihrer Lokomotive ›Rocket‹ als Sieger hervorgegangen. Als der Wettbewerb 1980 anlässlich der 150-Jahr-Feier der Liverpool-Manchester Railway wiederholt wurde, siegte ein ›Rocket‹-Nachbau, der im **National Railway Museum** in York zu bewundern ist, ein zweites Mal gegen die vier Konkurrenten von damals.

Der Erfolg der Strecke Liverpool–Manchester leitete einen gewaltigen Eisenbahnboom ein, der die Wirtschaft ankurbelte und die Gesellschaft veränderte. Bahnhöfe wurden auch für Fahrgäste gebaut. Der erste, in Manchester, existiert noch als Teil des **Museum of Science and Industry.** Robert Stephenson vollbrachte bis dahin ungeahnte Leistungen der zivilen Bautechnik

Die Streckenführung der Liverpool and Manchester Railway über Chatham Moss

mit seinem 8 km langen Viadukt durch das Sumpfgebiet Chat Moss. Die Trasse wurde durch eine tiefe Schneise durch Sandsteinfelsen bei Liverpool ergänzt. 40 Jahre später verfügte England über ein Eisenbahnnetz von über 20 000 km mit Dämmen, Schneisen, Tunneln und Viadukten, die bis heute das Gesicht der Landschaft prägen. Die von Robert Stephenson 1845–49 gebaute *High Level Bridge* in Newcastle-upon-Tyne, eine fast 50 m hohe Doppeldeckerbrücke für Bahn und Straßenverkehr, ist heute noch eindrucksvoll. Jede Eisenbahngesellschaft errichtete Bahnhöfe in einem eigenen Stil, manche klassizistisch, manche neugotisch und andere im Stil eines Herrensitzes des 17. Jh.

In den letzten 50 Jahren musste das britische Eisenbahnsystem harte Schicksalsschläge hinnehmen. Nach dem Zweiten Weltkrieg wurden die unabhängigen regionalen Gesellschaften, die eigene Farben und unterschiedliche Traditionen hatten, von der Labour-Regierung verstaatlicht und mussten fusionieren. In den frühen 60er Jahren wurde das Netz drastisch verkleinert. Auf die streikgeplagten 60er und 70er Jahre folgte die Ära der Margaret Thatcher, die versuchte, die hohen Verluste des staatlichen Betriebs einzudämmen. Die Einsparungen hatten nicht nur ein stark reduziertes Defizit, sondern auch veraltete, überfüllte Züge und empörte Passagiere zur Folge. 1994 wurde die Eisenbahngesellschaft privatisiert und aufgespalten. Seitdem ist das Unternehmen Railtrack für den Unterhalt des Schienennetzes zuständig, und Lizenzen für den Passagierverkehr werden an konkurrierende Privatanbieter vergeben. Dadurch ist der Service nicht besser geworden. Eine schwere Unglücksserie Ende der 1990er Jahre gab Anlass zu dem Vorwurf, Railtrack kümmere sich zu

sehr um die Interessen der Aktionäre und spare bei der Sicherheit. Sich über die Eisenbahn zu beschweren, gehört neben dem Schwatzen über das Wetter und die Fußballergebnisse zu den beliebtesten Gesprächsthemen der Nation. Umso mehr schwelgt man in Nostalgie über die guten alten Zeiten der Eisenbahn, als die Züge imposant aussahen und angenehme Zisch- und Dampfgeräusche von sich gaben, als sie noch pünktlich waren, als es hilfsbereite Gepäckträger und Zugführer gab und der Bahnhofsvorsteher in Frack und Zylinder den Expresszug nach London persönlich am Gleis verabschiedete.

Im Folgenden wird nur eine Auswahl der interessantesten Ziele beschrieben. Es gibt eine große, unübersichtliche Zahl kleinerer Ausstellungen und gelegentlicher *Steam Days,* so dass man nirgendwo auf sein Stück Eisenbahnnostalgie verzichten muss. Das Angebot reizt nicht nur Eisenbahnfreaks. Die liebevoll restaurierten Loks und Waggons sind oft wirklich sehenswert, und eine Fahrt unter Dampf bei gutem Wetter gehört zu den schönsten Ausflugserlebnissen.

National Railway Museum, York

Diese sehr umfangreiche Sammlung in der Nähe des Hauptbahnhofs erläutert alle Aspekte des Themas Eisenbahn. Es gibt nicht nur eine Fülle von Dampf-, Diesel- und Elektroloks, Passagier- und Frachtwaggons aus verschiedenen Zeiten, sondern auch Sammlungen von Plakaten, Fahrkarten, Uniformen, Modellen, Bildern und allen erdenklichen Eisenbahngegenständen; Ausstellungen zur Geschichte und gesellschaftlichen Auswirkung der Bahn; besondere Vorführungen, Werkstattbesuche usw. Zu den Prachtstücken gehört der luxuriös eingerichtete Sonderzug der Königin Victoria.

Nene Valley Railway, Peterborough
Lokliebhaber und freiwillige Helfer betreiben ihre eigene Eisenbahngesellschaft mit regelmäßigen Fahrten an Wochenenden und Feiertagen. Auf einer 12 km langen Strecke zwischen dem Ort Wansford und der Domstadt Peterborough verkehren restaurierte Lokomotiven mit historischen Waggons aus verschiedenen europäischen Ländern. In Wansford sind ein Museum, eine Modelleisenbahn und über 25 Lokomotiven zu sehen. Peterborough liegt 120 km nördlich von London zwischen East Anglia und den Industriestädten der East Midlands, Wansford fast direkt an der Hauptstraße A 1.

Didcot Railway Centre
Im ehemaligen Depot von Didcot, 15 km südlich von Oxford an der Strecke von London nach Westengland und Wales, wird die alte Eisenbahngesellschaft *Great Western Railway* gefeiert. Die Great Western, eine früh-viktorianische Pionierleistung des großen Ingenieurs Brunel, wurde zum Motiv des Malers Turner und war eine beliebte Gesellschaft, an die sich Eisenbahnfans mit Wehmut erinnern. Unter den Objekten im restaurierten Betriebswerk von Didcot befindet sich *Firefly,* eine nachgebaute Lokomotive des Jahres 1839. Zu der Anlage gehört auch ein alter ländlicher Bahnhof. In Swindon, einer weiter westlich an derselben Strecke gelegenen Stadt, die ihre Existenz der Eisenbahn verdankt, lohnt das **Great Western Railway Museum** einen Besuch.

Ravenglass and Eskdale Railway
Diese Schmalspurbahn am Rande des Lake District verbindet das Dorf Boot im Tal Eskdale (nicht zu verwechseln mit dem Eskdale in Yorkshire) mit dem Küstenort Ravenglass. Gebaut wurde die Bahnstrecke 1875 für den Transport von Schiefer und Erz, heute werden hier nur noch Touristen befördert. Die Loks mit einer Spurbreite von 38 cm und die gepflegten Waggons im Kleinformat sehen aus, als wären sie für eine Kinderfahrt oder für die Kirmes gedacht. Sie gehören jedoch einer Gattung von kleinen Bahnen an, die der Bergbauindustrie gute Dienste leistete.

Die Strecke zwischen Carlisle und Settle
Jahrelang kämpften Liebhaber gegen die Schließung der Verbindung zwischen Carlisle an der schottischen Grenze, Settle im Pennine-Gebirge in Yorkshire und Leeds. Die strecke, die durch wilde Landschaft fährt, kommt deshalb für viele Eisenbahnfreunde einer Pilgerfahrt gleich. Sehenswert – allerdings von der Autostraße und nicht von dem Zug aus – ist der Ribbleshead Viaduct, eine imponierende Leistung viktorianischer Ingenieure an der B 6255 südwestlich von Wensleydale.

Im Peak District ▷
Shakespeare Hotel, Stratford-upon-Avon ▷▷

Reisen in Nord- und Mittelengland

Das Phänomen Oxbridge

Oxbridge ist in England ein vielsagender Begriff. Diese Verballhornung der Namen der beiden ältesten und berühmtesten Universitäten des Landes, Oxford und Cambridge, steht nicht nur für gute Bildung, sondern auch für Privileg, Einfluss und die Werte der herrschenden Klasse. Fast die Hälfte aller Premierminister studierten in Oxford – auch Margaret Thatcher und Tony Blair. Da es bis 1832 keine anderen Universitäten in England gab, waren die führenden Persönlichkeiten der Nation meistens ›Oxbridge‹-Ehemalige: Staatsmänner, Literaten, Juristen, die Verwalter des Empire, Philosophen, Wissenschaftler, Bischöfe. Die Tradition setzte sich auch nach der Gründung anderer Universitäten fort, so dass Einfluss und Prestige von Oxford und Cambridge, wenn auch etwas schwächer als vor 50 Jahren, heute doch noch fortbestehen.

Diese Universitäten bilden eine akademische und gesellschaftliche Elite. In Cambridge, wo Isaac Newton im 17. Jh. zu Ruhm gelangte, arbeiten auch heute die besten Mathematiker und Physiker des Landes. Gute Schulnoten sind für die begehrten Studienplätze erforderlich, aber junge Kandidaten von Privatschulen (die irreführend *Public Schools* genannt werden) haben oft bessere Chancen als die von Staatsschulen, da die Public Schools großen Wert darauf legen, ihre Schüler auf die ›Oxbridge‹-Aufnahme vorzubereiten und natürlich enge Kontakte zu den dortigen Dozenten pflegen. Als die königliche Familie auf die für sie ungewöhnliche Idee kam, dass ihr ältester Sohn eine Universität besuchen sollte, war die Wahl von Cambridge für Prinz Charles nicht überraschend. Oxford dagegen brüstet sich mit Ehemaligen aus anderen Ländern wie Richard von Weizsäcker und dem Kronprinzen von Japan.

Mit einer 800-jährigen Geschichte blickt Oxford auf die längere Tradition zurück, aber um 1200 war auch Cambridge ein bedeutendes Gelehrtenzentrum. Schon im 13. Jh. entwickelten sich die Colleges, die sowohl Organisation als auch äußere Erscheinung der beiden Universitäten prägen. Jeder Student und Dozent gehört einem der über 30 Colleges an. Die selbst verwalteten Körperschaften entwickelten eigene Traditionen und erzielen Einkommen aus Ländereien, die teilweise auf Stiftungen aus dem Mittelalter zurückgehen. Einige Colleges verfügen über die Mittel, sich nach der teuren Restaurierung ihrer historischen Bauten eine recht gute Küche in der Aula zu leisten. Die Universitätsgebäude haben im Lauf der Jahrhunderte die Stadtzentren fast völlig vereinnahmt und durch Architektur verschiedener Stilrichtungen verschönert. Gotischer Einfluss überwiegt, aber es finden sich auch einige sehr schöne klassizistische Kapellen, Bibliotheken und Aulen. Durch Toreingänge betritt man die Colleges, deren Wohn- und Studientrakte um Höfe herum gebaut wurden. Die Höfe werden in Oxford als *Quadrangle* oder *Quad,* in Cambridge als *Court* bezeichnet. Jedes College ist eine kleine geschlossene Gesellschaft mit Wohnräumen für Studenten und Professoren, gemeinsamen Mahlzeiten in der Aula und Freizeiteinrichtungen wie eigenen Sportmannschaften und Vereinen.

Auch wenn fleißig gelernt wird, ist das Studentenleben hier sicherlich angenehmer und stilvoller als an modernen Universitäten. Hinter den alten Mauern verstecken sich wunderschöne Gärten, die an Sommerabenden die Kulisse für Freiluftinszenierungen der Werke Shakespeares bilden. Im Juni finden elegante Bälle statt, und in den Ruderwochen tragen manche Zuschauer, die ihre Aufmerksamkeit eher Cocktails und dem Geplauder am Ufer als den Wettkämpfen auf Themse und Cam widmen, Strohhüte und weiße Blazer mit Emblemen in den Farben ihrer Colleges. Einmal jährlich findet auf der Themse in London das Bootsrennen zwischen Oxford und Cambridge statt. Es ist nicht nur ein gesellschaftliches Ereignis, sondern auch Ausdruck der Rivalität zwischen den beiden ehrwürdigen Universitäten.

Mit dieser Tradition geht eine konservative Lebenseinstellung Hand in Hand. Bis 1950 entsandten Oxford und Cambridge jeweils zwei eigene Repräsentanten ins Unterhaus des Parlaments. Cambridge gilt als relativ fortschrittlich, während Oxford seit dem Bürgerkrieg im 17. Jh., als die Stadt Charles I. unterstützte und von der parlamentarischen Armee belagert wurde, politisch konservativ blieb. Durch die Tatsache, dass Dozenten erst ab 1874 heiraten durften, blieben die Colleges bis in das 20. Jh. Junggesellengemeinschaften, die Frauen mit Misstrauen begegneten. Ab 1881 wurden Frauen zu den Prüfungen in Cambridge zugelassen, aber bis vor 20 Jahren gab es in beiden Universitäten separate Colleges für Männer und Frauen. Der Besucher, der sieht, wie Studenten noch in Talaren und viereckigen Akademikermützen durch die Straßen zu ihren Prüfungen gehen, wird erkennen, dass das 21. Jh. noch nicht überall eingezogen ist.

Graduation Day, Cambridge

Oxford

Tipps & Adressen S. 326

■ Für diesen Rundgang zu den interessantesten Colleges und einer Auswahl anderer Sehenswürdigkeiten braucht man mindestens drei Stunden. In gemächlichem Tempo und mit Abstechern ist er beliebig ausdehnbar, denn in Oxford finden sich mehr als 600 unter Denkmalschutz stehende Gebäude, und durch fast jeden Toreingang ist ein schöner Hof zu betreten.

Der Spaziergang beginnt am Aussichtsturm **Carfax Tower** **1**, dem stumpfen Rest einer Kirche aus dem 13. Jh., an der Kreuzung von High Street und St. Aldate's und führt zunächst die leicht abschüssige St. Aldate's entlang. Im Rathaus auf der linken Seite der Straße befindet sich das **Museum of Oxford** **2** mit einer Ausstellung zur Stadtgeschichte. Rund 300 m weiter erhebt sich auf der linken Seite die imposante Fassade des **Christ Church College** **3**, 1525 von Kardinal Wolsey, Minister von Henry VIII., gegründet. Die aufwendigen College-Bauten spiegeln die Macht des Kardinals wider. Er bewirkte Henrys Scheidung von Katharina von Aragon, die zu einem Bruch mit dem Papst führte und so die Reformation in England einleitete. Aber seinem argwöhnischen Monarchen erschien Wolsey zu ehrgeizig; er wurde verhaftet und starb wenig später. Die Abteikirche, deren älteste Teile aus dem 12. Jh. stammen, fungiert seit der Reformation als **Kathedrale** **4**. Man erreicht sie über den größten Hof von Oxford, Tom Quad, zu betreten durch den Eingangsturm Tom Tower. Sehenswert sind auch die Treppe zur Aula, rechts neben dem Portal der Kathedrale und Peckwater Quad mit der Bibliothek aus dem 18. Jh. Der Eindruck von aristokratischer Macht trügt nicht: Christ Church hat 13 Premierminister hervorgebracht. In der *Picture Gallery,* die über Canterbury Quad zu erreichen ist, hängen Gemälde von Tintoretto, Van Dyck und Carracci sowie Skizzen von Michelangelo und Leonardo da Vinci.

Wieder auf St. Aldate's zurückgekehrt, halten wir uns rechts und biegen in die erste Straße auf der rechten Seite ein, die enge Blue Boar Street. Diese schlängelt sich zwischen alten Häusern hindurch, bis sie nach etwa 200 m auf einen kleinen Platz, Oriel Square, mündet. **Oriel College** **5**, eine Gründung von 1324, liegt gegenüber. Wir halten uns aber rechts und biegen dann nach links in die Merton Street ein. Das erste College auf der rechten Seite, **Corpus Christi** **6**, besitzt im Toreingang ein schönes Gewölbe aus dem 16. Jh. Vorbei an Corpus Christi und dem eisernen Gittertor, das zu den Wiesen und Baumalleen von Christ Church Meadow am Zusammenfluss der Themse mit dem Cherwell führt, gelangen wir zum **Merton College** **7**, dessen breiter, stattlicher Kirchturm nicht zu übersehen ist.

Merton, 1264 von dem gleichnamigen Bischof von Rochester gegründet, streitet mit Balliol und University College darüber, welches das älteste in Oxford ist. Die domähnliche Chapel von Merton wurde 1290 begonnen; aus der ersten Bauphase stammt das schöne Maßwerk im Ostfenster. Der Turm wurde gegen 1450 vollendet, aber zum Bau des Schiffes kam es nie. Der daraus resultierende T-förmige Grundriss wurde zum Muster für viele andere College-Kapellen. Zur Kapelle gelangt man vom ersten Hof

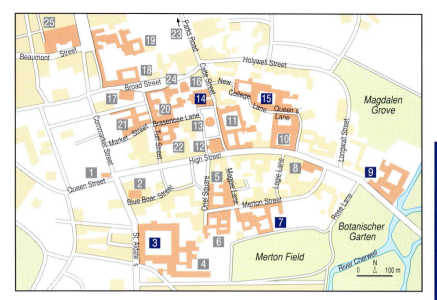

Oxford
1 Carfax Tower   2 Museum of Oxford   3 Christ Church College   4 Kathedrale   5 Oriel College   6 Corpus Christi College   7 Merton College   8 Examination Schools   9 Magdalen College   10 Queen's College   11 All Souls College   12 University Church of St. Mary the Virgin   13 Radcliffe Camera   14 Bodleian Library   15 New College   16 Sheldonian Theatre   17 The Oxford Story   18 Balliol College   19 Trinity College   20 Exeter College   21 Jesus College   22 Lincoln College   23 University Museum   24 Museum of the History of Science   25 Ashmolean Museum

aus über eine kleine Passage rechts neben der Aula und dann über Mob Quad, den ältesten Hof von Oxford, ca. 1304 begonnen und 1378 vollendet. Auf zwei Seiten von Mob Quad befindet sich die Bibliothek. Das Obergeschoss beherbergt seit über 600 Jahren die *Old Library* mit einer kostbaren Bücher- und Handschriftensammlung.

Nach der Besichtigung von Merton biegen wir rechts in die Merton Street ein und folgen dem Straßenverlauf bis zur High Street. Das viktorianische Gebäude auf der Ecke links heißt **Examination Schools** 8; hier finden Vorlesungen und Prüfungen statt. Nach rechts führt die High Street am sehens-

werten *Botanical Garden,* einer Gründung des 17. Jh., vorbei zum **Magdalen College** 9 auf der gegenüberliegenden Straßenseite. Magdalen (sprich: Mordlin) ist an dem hohen grazilen Turm, zwischen 1492 und 1506 errichtet, leicht zu erkennen. Das College wurde 1458 vom Bischof von Winchester, William of Waynflete, gegründet. Aus dieser Zeit stammen der gewölbte Kreuzgang, die Aula und die Kapelle, in der die Knaben der collegeeigenen Chorschule die Abendmesse singen. Das Cherwellufer und ein Wildpark laden zu angenehmen Spaziergängen unter Bäumen ein. Zu den zahlreichen berühmten Ehemaligen des Colleges zählen Oscar Wilde und einer der größten englischen Historiker, Edward Gibbon, der seine Lehrer um 1750 als »*steeped in port and prejudice*« (voll von Portwein und Vorurteilen) und seine Zeit hier als »die faulste und unnützlichste meiner ganzen Karriere« bezeichnete. Wir kehren zur High Street zurück und gehen dann rechts in Richtung Stadtzentrum. Die sanft geschwungene Straßenführung der High Street erlaubt ständig wechselnde Blicke auf die ehrwürdigen Fassaden und Türme. Auf der rechten Seite befinden sich das im klassizistischen Stil erbaute **Queen's College** 10, unweit davon dann das **All Souls College** 11, eine Gründung aus dem 15. Jh., die sich den Luxus erlaubt, keine Studenten aufzunehmen, sondern einer forschenden Elite vorbehalten bleibt. Hinter All Souls erhebt sich die **University Church of St. Mary the Virgin** 12 mit ihrem hohen Spitzturm. Die spätgotische Kirche (15. Jh.) ist innen hell und wohlproportioniert und bietet einen lohnenden Ausblick vom Turm. Zwischen All Souls und der Kirche führt die Catte Street zu einem der schönsten Bauwerke Oxfords, der **Radcliffe Camera** 13. Der elegante Rundbau, 1737 bis 1748 vom schottischen Architekten James Gibbs erbaut, beherbergt eine Bibliothek für Anglistik und Geschichte, deren schöne Kuppel Generationen von Studenten von der Lektüre ihrer Bücher abgelenkt hat.

Im Nachbargebäude befindet sich eine der bedeutendsten Bibliotheken der Welt, die **Bodleian Library** 14. Der Bücherbestand und der Gebäudekomplex gehen auf eine Stiftung des Herzogs Humphrey von Gloucester, Bruder von Henry V., im 15. Jh. zurück. Nach großen Verlusten während der Refor-

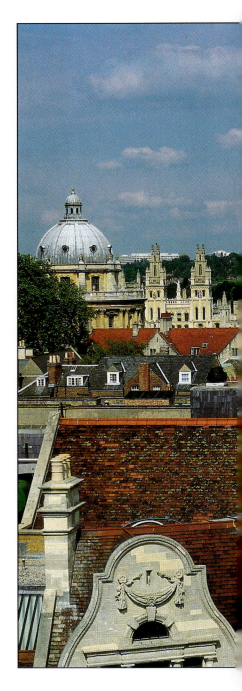

Blick auf Oxford: High Street, hinten links All Souls College und Radcliffe Camera

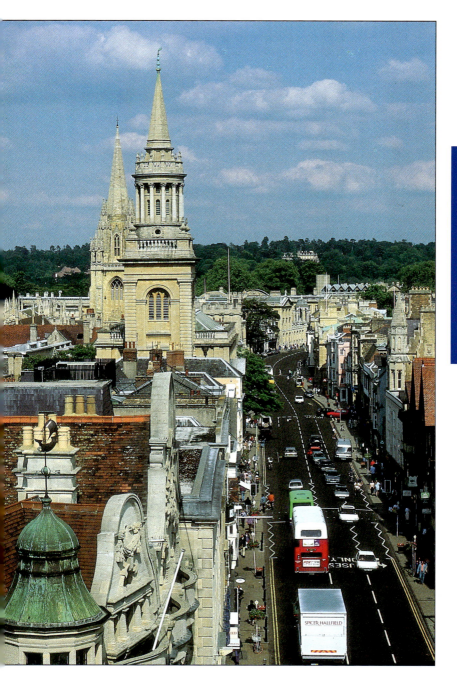

mation erfolgte die Neugründung 1598 durch Sir Thomas Bodley. Die viereinhalb Millionen Bände sind nicht entleihbar. Im südlichen Flügel des Innenhofes befindet sich die Divinity School, die ehemalige Theologische Fakultät, mit einem bemerkenswerten Gewölbe aus dem 15. Jh. Hier finden wechselnde Ausstellungen der über 50000 Handschriften der Bodleian-Sammlung statt. Die verwinkelte Gasse, die von der Catte Street unter einer Brücke hindurch nach rechts führt und der wir um zwei Ecken folgen, heißt New College Lane. Der bescheidene Eingang zu **New College** 15 täuscht: New College gehört zu den imposantesten in Oxford, 1379 von einem anderen mächtigen Bischof von Winchester, William of Wykeham, gegründet. Architektonische Höhepunkte von New College sind der große Hof mit Kapelle und Aula, beides hervorragende Beispiele des *Perpendicular*-Stils des 14. Jh., der Kreuzgang und der Garten, in dem Reste der mittelalterlichen Stadtmauer erhalten blieben.

An der Ampel am Ende von Catte Street biegen wir nach links in die Broad Street. Im streng klassizistischen Gebäude an der Ecke, dem Clarendon Building, ist ein Teil der Universitätsverwaltung untergebracht. Nach einigen Schritten erreicht man das **Sheldonian Theatre** 16, das erste Werk von Christopher Wren, dem Architekten der St. Paul's Kathedrale in London. Wren, Professor der Astronomie und begabter Mathematiker, entwarf einen für die damalige Zeit statisch kühnen Bau, der seit 1669 für Universitätszeremonien genutzt wird. Von der achteckigen Dachkuppel genießt man den Blick auf Oxfords berühmte Skyline. Die neueste Attraktion von Broad Street stellt **The Oxford Story** 17 dar, eine audio-visuelle Präsentation der Geschichte der

Universität. Auf der Nordseite der Broad Street befinden sich die Colleges **Balliol** 18 (dessen Gebäude hauptsächlich im 19. Jh. entstanden) und **Trinity** 19 (1555 gegründet, *Hall* und *Chapel* 17. Jh.).

Von der Broad Street biegt man links in die hübsche Turl Street ein. An der Ecke zur Broad Street befindet sich **Exeter College** 20, eine mittelalterliche Gründung, dessen Gebäude jedoch fast ausschließlich aus dem 19. und 20. Jh. stammen. Auf der rechten Seite von Turl Street liegt **Jesus College** 21 mit zwei Höfen aus dem 17. Jh. Aus dieser Zeit stammen auch Aula, Kapelle und Bibliothek. Gegenüber von Jesus College liegt das 1427 gegründete **Lincoln College** 22, dessen schönstes Gebäude die Chapel (1610–33) ist. Die zweite Straße nach rechts, Market Street, bringt uns zur **Markthalle,** deren aromatisch riechende, altmodische Lebensmittelgeschäfte zeigen, dass Oxford nicht nur Geistiges zu bieten hat. Durch den Markt erreicht man wieder die High Street und den Ausgangspunkt.

Museen in Oxford

Das **University Museum** 23 in der Parks Road, ein Kuriosum der viktorianischen Gotik, 1855–60 gebaut, beherbergt die naturwissenschaftlichen Sammlungen: Zoologie, Geologie und die Abteilungen für Völkerkunde des *Pitt-Rivers Museums,* das neben Gegenständen, die Captain Cook von seinen Entdeckungsreisen im Pazifik mitbrachte, auch makabre Stücke wie südamerikanische Schrumpfköpfe enthält. Das **Museum of the History of Science** 24 in der Broad Street sammelt seltene wissenschaftliche Instrumente, darunter Mikroskope, Uhren, astronomische, chemische und medizinische Apparate. Das **Ashmolean Museum** 25 in der Beau-

Pub Lunch mit Ale

Die malerische **Turf Tavern,** eine der beliebtesten Kneipen in Oxford, liegt versteckt in einer kleinen Gasse zwischen Holywell Street und New College Lane. Hier gibt es einen guten Pub Lunch und verschiedene traditionelle Ale-Sorten. Viermal jährlich wird hier ein Ale-Festival veranstaltet – dann ist die Auswahl besonders groß. Sind die beiden Räume mit ihren niedrigen Deckenbalken überfüllt, so kann man bei gutem Wetter im Hof sitzen oder auf den empfehlenswerten **King's Arms** ausweichen, wenige Meter entfernt, an der Ecke von Parks Road und Holywell Street. Auch hier findet man den typischen Pub Lunch und gute Gelegenheit, sich an den englischen Biergeschmack zu gewöhnen.

Blick in die Bibliothek von Lincoln College

mont Street besitzt bedeutende archäologische Sammlungen, u.a. mit Grabungsgegenständen aus dem Mittelmeerraum, Ägypten und dem Nahen Osten und Gemälde italienischer, französischer, niederländischer und englischer Meister seit der Renaissance. Das *Alfred Jewel,* eine kostbare Goldschmiedearbeit aus dem 9. Jh., gehörte möglicherweise König Alfred dem Großen.

Ein Ausflug nach Blenheim Palace

Tipps & Adressen   S. 290

■ In einem Land, dessen Ortsnamen manchmal recht verwirrend ausgesprochen werden, mag der deutschsprachige Besucher sich freuen, auf den heimatlich anmutenden Namen Blenheim zu stoßen. Tatsächlich klingt Blenheim, 12 km nördlich von Oxford bei dem hübschen Dorf Woodstock, aus dem Mund eines Engländers »Blennem«. Der Name aber geht zurück auf eine Schlacht unweit der Donau, den Deutschen als Schlacht von Höchstädt bekannt, in der John Churchill, Herzog von Marlborough, 1704 die Heere der Franzosen und Bayern besiegte. Die dankbare Königin Anne übertrug Marlborough das Gut von Woodstock, und das Parlament bewilligte die Mittel, um einen Palast zu bauen. Das Projekt Blenheim Palace schluckte in den nächsten 20 Jahren riesige Summen und sorgte für viel Ärger mit der streitsüchtigen Witwe des Generals, aber die beiden Architekten John Vanbrugh und Nicholas Hawksmoor schufen mit dem Geld Ungewöhnliches. Schon der Beiname ›Palast‹, im Gegensatz zum üblichen *House* oder *Hall*, weist auf die Größe des Bauwerks hin.

Blenheim ist im Stil des englischen Barock gebaut. Hinter einer Fassade mit Türmen und weit ausladenden Flügeltrakten liegen Fluchten von aufwendig gestalteten Sälen. Die monumentale, 20 m hohe Eingangshalle bereitet Besucher auf das vor, was sie im weiteren Verlauf der Führung erwartet. Möbel, Wandtapisserien mit Szenen von den Siegen des ersten Herzogs, Familienporträts, das Deckengemälde der Halle, Silber und Porzellan belegen die Bedeutung der Churchill-Familie. Kein Wunder, dass der 1874 hier geborene Winston sich sein Leben lang zu großen Taten berufen fühlte.

Die kurze Reise von Oxford lohnt sich auch des 850 ha großen Parks wegen. In Blenheim erreichte die Kunst, die Natur als Landschaftsgarten zu zähmen, einen ihrer Höhepunkte. Capability Brown schaffte Vanbrughs geometrisch angelegte Gärten ab und machte aus dem Kanal einen natürlich aussehenden See. Der Terrassengarten vor dem Haus, im französischen Stil angelegt, ist eine Schöpfung von Duchène aus den Jahren 1925–32. Berühmt ist der Blick auf Brücke und See mit dem Palast im Hintergrund. Spazierwege und ein *Nature Trail* (Naturlehrpfad) führen durch den Park mit Wild und altem Baumbestand. Auch in der Natur entkommt man dem Familienruhm nicht: Es gibt einen Triumphbogen und eine Siegessäule, um die herum verschiedene Baumgruppen die Stellungen der Armeen zu Höchstädt darstellen. Blenheim stammt aus der großen Zeit des englischen Adels. Der Palast zelebriert die Macht der Aristokratie und atmet einen völlig anderen Geist als die nahe Universitätsstadt.

Von Oxford nach Blenheim Palace

Blenheim Palace (oben) und Garten (unten)

Stratford-upon-Avon

Karte S. 74
Tipps & Adressen S. 334

■ Eine kleine Stadt südlich von Birmingham ist zum Anziehungspunkt für Besucher aus aller Welt geworden. Stratford-upon-Avon ist ein pittoresker Ort, sehenswert wie so viele englische Kleinstädte, aber eine Besonderheit unterscheidet Stratford von anderen Städten: Hier wurde vor etwas mehr als 400 Jahren William Shakespeare geboren. Eine regelrechte Shakespeare-Industrie ist in seinem Geburtsort entstanden. Nicht weniger als fünf restaurierte, in Museen umgewandelte Häuser erheben den Anspruch, eine Verbindung zum Dichter oder zu seiner Familie zu besitzen. Sie sind einzeln oder, wenn man Ausdauer hat, mit einer Sammelkarte zu besichtigen.

Ob Shakespeare wirklich im Jahr 1564 im ›Geburtshaus‹ zur Welt kam und ob Anne Hathaway's Cottage schon zu dieser Zeit im Besitz der Familie seiner Frau war, ist nicht mehr zu beweisen. Trotzdem ist **Shakespeare's Birthplace** 1, ein großes Fachwerkhaus in der Henley Street, ein Muss für den Shakespeare-Touristen. In einem der ursprünglich zwei Häuser wohnte die Familie, im anderen hatte Shakespeares Vater sein Geschäft. Die Räume des Geburtshauses sind mit zeitgenössischen Möbeln ausgestattet, von denen manche bereits zum Besitz der Familie gehörten. Ferner gibt es eine Ausstellung über das Leben und Werk Shakespeares und über die englische Gesellschaft dieser Zeit. Dazu gehört die älteste existierende Shakespeare-Ausgabe. Auf dem Fensterrahmen des vermeintlichen Geburtszimmers haben sich Literaten und Theaterschaffende schon im 19. Jh. mit ihren Unterschriften verewigt. Der Status von Stratford als Pilgerziel ist also gar nicht neu: 1769 veranstaltete der Schauspieler David Garrick das erste Shakespeare-Festival in der Stadt. Schön ist an dem Geburtshaus, dass es nicht schwarz-weiß lackiert und fein herausgeputzt wurde, so wie man es lange Zeit bei elisabethanischem Fachwerk für ›echt‹ hielt, sondern in den natürlichen Holz- und Erdfarben belassen wurde. Bei der Renovierung ließ man an einem Fach der Fassade den Putz weg, um das Flechtwerk sichtbar zu machen. Im Garten werden Kräuter und Blumen gezogen, die der Dichter in seinen Stücken erwähnt.

Von der Henley Street biegt man rechts in die High Street und erreicht nach wenigen Metern **Harvard House** 2, das eine prächtige Fassade aus dem Jahr 1596 besitzt. Die Mutter von John Harvard, Gründer der gleichnamigen amerikanischen Universität, wohnte hier. Jetzt gehört das Haus der Harvard University und bietet eine kleine Ausstellung mit zeitgenössischen Möbeln. Auch die Hotels und Gaststätten von Stratford sind sehenswert. Neben dem Harvard House steht das **Garrick Inn,** ein Fachwerkbau des späten 16. Jh., und in der Chapel Street, der Verlängerung der High Street, das **Shakespeare Hotel,** ein Bau des frühen 16. Jh. Gegenüber dem **Falcon Hotel,** dessen dreigeschossiges Fachwerk aus dem späten 15. Jh. stammt, stand **New Place** 3, das repräsentative Stadthaus, nunmehr abgerissen, in dem der wohlhabend gewordene Shakespeare seinen Ruhestand verbrachte. Auf dem Grundstück wurde ein Garten im Stil des 16.

»Nicht ohne Recht« – Der Ruhm des William Shakespeare

All the world's a stage
And all the men and women players on it
They have their exits and their entrances
And each man in his time plays many parts.

Die ganze Welt ist Bühne,
Und alle Fraun und Männer bloße Spieler.
Sie treten auf und gehen wieder ab,
Sein Lebenlang spielt mancher seine Rollen ...
(William Shakespeare, *Wie es euch gefällt*)

Wer war der Mann, dessen Ruhm seinen Geburtsort zu einer Pilgerstätte machte? Nur die wichtigsten Daten im Leben Shakespeares sind sicher belegt. 1564 wurde er in der Marktstadt Stratford am Fluss Avon als ältester Sohn gut situierter Eltern geboren. Sein Vater war Kaufmann, später auch Bürgermeister von Stratford, und die Familie seiner Mutter hatte Grundbesitz außerhalb der Stadt.

Über Shakespeares Jugend ist wenig überliefert. Er ging auf die *Grammar School* (Lateinschule) und interessierte sich in seiner Freizeit, wenn Passagen seiner Werke nicht trügen, für die Natur und für Sportarten wie Bogenschießen und die Jagd. Mit achtzehn Jahren schwängerte und heiratete er die acht Jahre ältere Anne Hathaway. Der Geburt einer Tochter folgten kurz darauf Zwillinge. Um 1586 nutzte Shakespeare die Gelegenheit, der Kleinstadt zu entkommen und schloss sich einer in Stratford gastierenden Theatergruppe an, die einen Spieler durch einen Mordfall verloren hatte. Mit dieser Truppe kam er nach London und das in einer Blütezeit der englischen Literatur und besonders der dramatischen Kunst. Er trat zuerst nur als Schauspieler auf, schrieb aber bald selber die Werke, die die Truppe aufführte. Seine Fähigkeit, scheinbar mühelos zwei längere Stücke pro Jahr zu dichten, bewies Shakespeares Vielseitigkeit als Autor von Komödien, Tragödien und patriotischen Geschichtsdramen sowie eine erstaunliche Energie. Das Theater war in dieser Zeit ein populäres Vergnügen, auf das Shakespeares manchmal blutrünstige, lustige und zotenhafte Szenen zugeschnitten waren. Der Ruhm seiner Bühnenstücke reichte ihm aber nicht, und der junge Literat aus der Provinz maß sich auch als Dichter von Sonetten mit seinen gebildeten Zeitgenossen, die in Oxford und Cambridge studiert hatten. Die Qualität seiner Werke und das breite Wissen, das er darin offenbarte,

William Shakespeare

hat bei manchen Kritikern Zweifel hervorgerufen, ob ein Schauspieler aus der Kleinstadt tatsächlich Autor dieser großen Dramen gewesen sein könnte.

Als Mittdreißiger war er schon Teilhaber einer erfolgreichen Theatertruppe, hatte ein großes Haus und weiteren Besitz in seiner Heimatstadt gekauft und genoss das Ansehen eines Gentleman. Er erwarb ein Familienwappen mit dem stolzen Wahlspruch *Non sans Droit,* »Nicht ohne Recht«. Die Truppe errichtete ein neues Theater in London, einen hölzernen Rundbau. Als der Schotte James I. den Thron von England bestieg, erhielt die Truppe unter seiner Schirmherrschaft den Namen *The King's Men* und spielte am Hof. Shakespeare wusste sich den neuen Machtverhältnissen geschickt anzupassen: »Macbeth« spielt in Schottland und enthält Hexenszenen, ein Lieblingsthema des Königs.

In seinen letzten Lebensjahren schrieb Shakespeare weniger und verbrachte wahrscheinlich mehr Zeit in Stratford. Dort starb er 1616 im Alter von 52 Jahren. Seit über 300 Jahren wird er als größter englischsprachiger Dichter gefeiert; nicht ohne Recht.

Jh. angelegt. Man betritt diesen Garten durch **Nash' House,** das (ebenfalls mit Stilmöbeln eingerichtete) Haus, das dem ersten Mann der Enkelin von Shakespeare gehörte. Mit solch gründlichen Recherchen hat sich Stratford auf den Touristenverkehr vorbereitet.

Ein besonders schönes Beispiel des Fachwerkbaustils ist die Gebäudegruppe der ehemaligen *Guild of the Holy Cross* an der Ecke Church Street und Chapel Lane. Die **Guild Chapel** 4, die mittelalterliche Wandmalereien enthält, wurde Ende des 13. Jh. erbaut, der Turm 1540 vollendet. Direkt angrenzend steht die 1416 gebaute **Guildhall**. In dem vorkragenden Obergeschoss war die *Grammar School* untergebracht, die Shakespeare besuchte. Das gleiche schwarz-weiße Muster zeigen nebenan die **Almshouses,** von der Gilde im 15. Jh. für bedürftige alte Stadtbewohner errichtet.

Die Church Street führt nach links in die Old Town Street und zu **Hall's Croft** 5, dem Haus von Shakespeares Tochter Susanna und ihrem Ehemann John Hall, einem Arzt. Hier findet man medizinische Geräte und eine Apotheke des 17. Jh. Am Ende der Old Town Street hält man sich rechts und sieht die **Pfarrkirche Holy Trinity** 6 aus dem 13. bis 15. Jh. Mit bunten Glasfenstern, Holzschnitzerei am Chorgestühl und aufwendigen Grabdenkmälern besitzt die Kirche eine reiche Innenausstattung. Hier liegen Shakespeare, seine Ehefrau Anne Hathaway und andere Familienmitglieder begraben.

Der Spaziergang am River Avon führt zum **Royal Shakespeare Theatre** 7, für viele Besucher noch mehr als Geburtshaus und Grab des Dichters eine ›heilige Stätte‹. Schon im 19. Jh. wurde ein Theater eigens für Shakespeare-Aufführungen gebaut. Der klobige Nachfol-

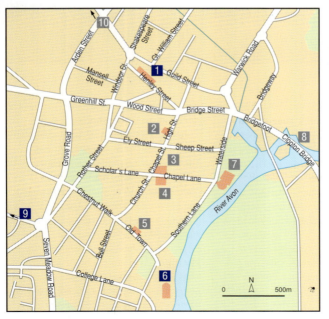

Stratford-upon-Avon

1 Shakespeares Geburtshaus
2 Harvard House
3 New Place
4 Guild Chapel
5 Hall's Croft
6 Holy Trinity Church
7 Royal Shakespeare Theatre
8 Clopton Bridge
9 Anne Hathaway's Cottage
10 Mary Arden's House

In Mary Arden's House ist heute das Shakespeare Countryside Museum untergebracht

gebau aus den 1930er Jahren beherbergt heute zwei Bühnen. Die besten englischen Regisseure und Schauspieler führen ganzjährig vor ausverkauften Häusern Stücke von Shakespeare und anderen Autoren auf. Das künstlerische Niveau ist sehr hoch und die Werke auch zugänglich – solange man gute Englischkenntnisse hat. Wer des Englischen nicht mächtig ist, kann trotzdem ein Erlebnis in diesem Theater genießen, denn bei der Führung hinter die Kulissen kann jeder dort stehen, wo die römischen Verschwörer Julius Caesar ermordeten oder Romeo zu Julias Balkon hinaufkletterte.

Der Weg am trägen Fluss entlang führt am Theater vorbei zur **Clopton Bridge** 8, einer Brücke aus dem 15. Jh. und zu den Gärten am Kanalbecken. An der Schleuse, die den Birmingham-Stratford Canal mit dem Fluss Avon verbindet, kann man die langen, bunt bemalten Kanalboote beobachten. Sie werden durch die hölzernen Schleusentore bugsiert und eingeschlossen, sinken langsam zum Niveau des Flusses ab und fahren dann auf der anderen Seite behutsam, an den Schwänen vorbei, hinaus. Wenn man es nicht zu eilig hat, findet man in Stratford-upon-Avon viele schöne Eindrücke. Für den unermüdlichen Shakespeare-Freund gibt es aber weitere Sehenswürdigkeiten am Rande der Stadt zu entdecken.

Anne Hathaway's Cottage 9 im Ortsteil Shottery ist ein reizendes altes Farmhaus mit Strohdach, von einem gepflegten Blumengarten umgeben. Der gut ausgeschilderte Weg dorthin eignet sich für einen schönen Spaziergang. Das Cottage stammt aus dem 15. Jh. und ist mit Stücken aus Shakespeares Zeit möbliert. Ebenfalls außerhalb der Stadt, in Wilmcote nordwestlich von Stratford, liegt **Mary Arden's House** 10. In diesem großen, sehr malerischen Haus aus Fachwerk und Ziegeln soll Shakespeares

Anne Hathaway's Cottage

Mutter ihre Kindheit verbracht haben. Als *Shakespeare Countryside Museum* beherbergt es heute eine Ausstellung über das bäuerliche Leben der Zeit.

Stratford braucht einfach so viele Sehenswürdigkeiten, um den Besucherstrom aufzunehmen. Viele kommen mit dem Bus aus London und haken Oxford und Stratford in einem Tag von ihrer Liste ab. Die Stadt ist deshalb im Sommer überlaufen, und die vielen schicken Geschäfte und Lokale machen guten Umsatz. Doch wer frühmorgens oder außerhalb der Saison zu Besuch kommt, findet auch in Stratford ruhige Ecken.

Ausflüge von Stratford-upon-Avon und die Cotswolds

Ausflüge ins Umland von Stratford

Karte S. 77
Tipps & Adressen
Warwick S. 337, Leamington Spa S. 314, Kenilworth S. 302

Warwick

Nur etwa 10 km nördlich von Stratford-upon-Avon **1** (Ortsbeschreibung s. S. 71ff.) liegt die historische Stadt Warwick **2** – das zweite »w« wird nicht gesprochen –, nach der die umliegende Grafschaft Warwickshire benannt ist. Warwick blieb von den Auswirkungen der industriellen Revolution verschont und der kleine, auf einem Hügel gelegene Stadtkern ist ausgesprochen hübsch. Unter den Fachwerkhäusern ist das **Lord Leycester Hospital** in der High Street besonders sehenswert. In diesem ehemaligen Gildehaus des späten 14. Jh., dessen Fassade eine Reihe von unregelmäßigen Giebeln schmückt, richtete 1571 Robert Dudley, Earl of Leicester, ein Heim für alte Diener und Soldaten ein. Hinter dem elisabethanischen Fachwerk von Oken's House in der Castle Street findet man ein **Puppenmuseum**. Auf dem Marktplatz steht die alte Markthalle (1670), die das **Warwickshire Museum** beherbergt. Das Museum informiert über Geschichte, Archäologie und Natur der Region. Die **Pfarrkirche St. Mary** wurde 1698–1704 nach einem Brand in einer Stilmischung aus Gotik und Renaissance wieder aufgebaut. Glücklicherweise brannte die Kirche nicht völlig ab, denn die reich verzierten Grabmäler der *Beauchamp Chapel* südlich des Chores sind prächtige Beispiele spätmittelalterlicher Kunst, die den Reichtum der Earls of Warwick im 15. und 16. Jh. dokumentieren. Auch der Earl of Leicester liegt hier begraben. Die Chapel wurde im *Perpendicular*-Stil gebaut, die Glasmalereien aus dem Jahr 1447 sind erhalten.

Die meisten Besucher kommen, um **Warwick Castle** zu sehen. Dieser gut erhaltene Bau, zugleich mittelalterliche Burg und Herrenhaus, geht auf eine

Warwick Castle

Gründung von William I. aus dem Jahre 1086 zurück. Schon im 10. Jh. errichteten die angelsächsischen Herrscher an der Stelle ein Bollwerk gegen die dänischen Invasoren. 1978 ging ein Stück Geschichte zu Ende, als die Burg den Besitzer wechselte: Der Burgherr ist keine adlige Familie mehr, sondern die Firma ›Madame Tussaud‹. Über den äußeren Burghof mit den beiden mächtigen Türmen *Caesar's Tower* und *Guy's Tower* gelangt man in den schönen Innenhof mit zwei weiteren Türmen. Von den Zinnen blickt man auf das grüne Tal des Flusses Avon hinunter. Der Wohntrakt aus dem 14. Jh. wurde im 17. und 18. Jh. zu einem bequemen Herrensitz umgebaut. In den Staatsräumen sind Gemälde, Porzellan, Stilmöbel, Skulpturen und vieles mehr zu sehen. Die Innenausstattung anderer Räume wird der Vorstellung vom kriegerischen Mittelalter gerecht: Im Verlies hängen Folterinstrumente an der Wand, die *Great Hall* birgt Ritterrüstungen, Jagdtrophäen und eine erstklassige Waffensammlung. Für mittelalterliche Unterhaltung *live* sorgt der Rote Ritter, bewaffnet, in voller Pracht

gekleidet und hoch zu Ross. Als Elizabeth I. 1572 Warwick Castle besuchte, waren die Zeiten etwas friedlicher geworden. Ein großes Feuerwerk unterhielt die Königin und setzte einige benachbarte Häuser in Brand. Wie die Aristokratie sich 300 Jahre später amüsierte, wird anhand von Wachsfiguren in zwölf der sorgfältig restaurierten Staatsräume gezeigt. Dargestellt wird eine *Royal Weekend Party,* die hier im Juni 1898 stattfand. Der besondere königliche Gast war der damalige Prinz von Wales, ein fettleibiger Lebemann, der später als Edward VII. den Thron bestieg. Der viktorianische Rosengarten, Parkanlagen innerhalb der Mauern mit Pfauen auf den Rasenflächen und viele Veranstal-

Warwick Castle, Great Hall

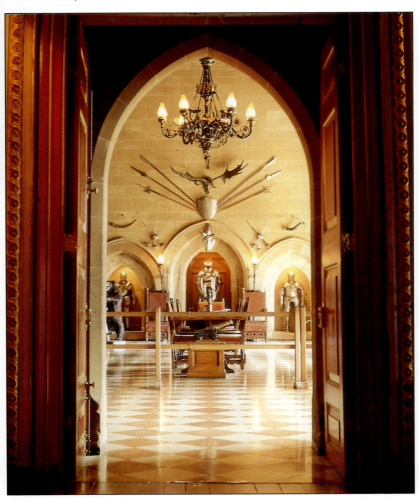

Fürst Pückler zu Besuch in England

Fürst Hermann von Pückler-Muskau unternahm 1826 eine Reise nach England, wo er in den besten Kreisen verkehrte und die Häuser des englischen Adels besuchte. Ihn interessierte nicht nur die Architektur. Er wollte sein Familiengut, das durch ererbte Schulden und die Kosten seiner Leidenschaft zur Landschaftsgärtnerei belastet war, durch Heirat mit einer reichen englischen Erbin retten. Obwohl ihre Ehe glücklich war, hatten sich der Fürst und seine Frau Lucie gemeinsam zur Scheidung entschlossen. Eine wohlhabende Braut ließ sich jedoch nicht finden, und er kehrte zu Lucie zurück.

Die Briefe, die er von der Insel an seine ›gute Schnucke‹ schrieb, wurden mit großem Erfolg veröffentlicht. Seine Begeisterung für englische Herrensitze kann man heute noch nachvollziehen. Warwick Castle beschrieb Fürst Pückler folgendermaßen:

Schon von weitem erblickst Du die dunkle Steinmasse über uralte Zedern vom Libanon, Kastanien, Eichen und Linden senkrecht aus den Felsen am Ufer des Avon, mehr als 200 Fuß hoch über die Wasserfläche emporsteigen. (...) Ich glaube mich völlig in versunkene Jahrhunderte versetzt, als ich in die gigantische baronial hall *trat, ganz wie sie Walter Scott beschreibt, die Wände mit geschnitztem Zedernholz getäfelt, mit allen Arten ritterlicher Waffen angefüllt, geräumig genug, um alle Vasallen auf einmal zu speisen.*

Trotz aller Schulden verwandelte

Hermann von Pückler-Muskau (1785–1871)

Fürst Pückler sein Gut Muskau an der Neiße in einen großartigen Landschaftsgarten, durch dessen Verkauf er 1845 seine Finanzlage sanieren musste. Bis zu seinem Tod, 85-jährig im Jahr 1871, schuf er auf seinem zweiten Landsitz, Schloss Branitz bei Cottbus, eine weitere aufwendige Parklandschaft und ließ sich dort in einer Pyramide bestatten. Für viele bleibt jedoch die nach ihm benannte Eissorte sein bedeutendstes Denkmal.

tungen, wie z.B. mittelalterliche Bankketts, sorgen für weitere Unterhaltung.

Umgebung von Warwick

Der Kurort **Royal Leamington Spa** 3, wenige Kilometer nordöstlich von Warwick in Richtung Coventry gelegen, hat seinen altmodischen Charme bewahrt. Um die Mineralwasserquellen herum wurde in der ersten Hälfte des 19. Jh. eine feine Neustadt gebaut. Die eleganten Straßenzüge mit Plätzen und Grünanlagen eignen sich gut für einen Einkaufsbummel oder einen ruhigen Tag. In den 1814 gebauten *Royal Pump Rooms,* wo vor 150 Jahren die feine Gesellschaft promenierte und das wegen seiner abführenden Wirkung geschätzte Wasser zu sich nahm, werden noch heute verschiedene Krankheiten behandelt. Trotz des 1838 von Königin Victoria verliehenen Titels ›Royal‹ hatte Leamington als Kurort nie den Rang von Bath im Südwesten von England, aber die gepflegten Bauten zeigen, dass die Stadt schon immer etwas auf sich hielt.

In **Kenilworth** 4 stehen die dramatischen Ruinen einer weiteren Burg. Zu besuchen sind der massive rechteckige Bergfried aus dem 12. Jh.; die hohen Mauern der großen Aula; der Wohntrakt, in dem der Earl of Leicester, Günstling der ›*Virgin Queen*‹ Elizabeth I., seinen Monarchen empfing und ein im formalen, symmetrischen Stil der Tudor-Zeit angelegter Garten. Wie so viele englische Burgen verdankt Kenilworth seinen halb verfallenen Zustand dem unerbittlichen, nie besiegten General der parlamentarischen Partei, Oliver Cromwell. Sein Helm wird in der Waffensammlung von Warwick Castle aufbewahrt.

Baddesley Clinton 5 liegt 12 km nordwestlich von Warwick abseits der Hauptstraße A 41 nach Birmingham. Es gilt als einer der idyllischsten Herrensitze des späten Mittelalters. Der Garten wird vom National Trust liebevoll gepflegt. Das im 14. Jh. gebaute, von einem Wassergraben umgebene Haus, das seit 1634 kaum verändert wurde, hat noch ein Versteck für katholische Priester. Ende des 16. Jh., als das protestantische England eine Invasion der papsttreuen Spanier befürchtete, galt die katholische Kirche als subversiv. Jesuiten drohte die Todesstrafe, und katholische Familien nahmen sie heimlich auf. (Spuren der alten Denkweise gibt es immer noch: Ohne die Erlaubnis des Monarchen darf kein Mitglied der königlichen Familie einen Katholiken heiraten.)

Im Tal des Avon bis Tewkesbury

Südöstlich von Stratford fließt der Avon durch das **Vale of Evesham,** ein fruchtbares Tal, in dem Obstanbau betrieben wird. In der alten Marktstadt **Evesham** 6 sind nur noch die Ruinen einer Abtei zu besichtigen. In **Pershore** 7 dagegen wurde die schöne Abteikirche (13. Jh.) nach der Enteignung der Mönche für die Bürger erhalten.

Tewkesbury 8 liegt an der Mündung des Avon in den Severn. Auch hier ist die Hauptsehenswürdigkeit eine Abteikirche. Zu dem im 12. Jh. gegründeten Benediktinerkloster gehört eine prächtige Kirche im normannischen Stil, von der der hohe Turm und die Arkaden des Mittelschiffs erhalten sind. Der gotische Ostteil stammt aus dem 14. Jh. Sehenswert sind außerdem die vielen Fachwerkhäuser in der Stadt.

Kenilworth Castle

Die Cotswolds

Karte S. 77
Tipps & Adressen Cheltenham S. 296, Broadway S. 291, Chipping Campden S. 298, Moreton-in-Marsh S. 322, Stow-on-the-Wold S. 334, Bourton-on-the-Water S. 290, Burford S. 292, Bibury S. 288, Cirencester S. 298

Östlich des Severn-Tals bei Cheltenham und nordwestlich der Themse bei Oxford erheben sich die niedrigen Cotswold-Hügel. Diese Landschaft mit seichten, langsam fließenden Flüssen, Weiden, Feldern und stellenweise Laubwald ist für ihre pittoresken Dörfer und altertümlichen Marktstädte berühmt. Das Besondere an den wohlhabenden Cotswolds, begehrtes Wohngebiet und Touristenziel zugleich, ist die Harmonie, mit der die Siedlungen sich in die Landschaft einfügen. Fast alle alten und viele der modernen Bauten entstanden aus dem herrlichen Kalkstein der Gegend. Der *Cotswold stone* weist eine Palette von hellbraunen bis hin zu orange- und honigfarbenen Tönen auf. Häufig bestehen die Dächer aus schweren, mit dunkelgrünen Mooskissen bedeckten Steinplatten. Im Mittelalter grasten in den Cotswolds große Schafherden. Von dem florierenden Wollhandel zeugen noch eine Vielzahl von imposanten Kirchen, *woolchurches* genannt und repräsentative Wohnhäuser der Kaufleute, die die Marktplätze säumen.

Die bekanntesten Orte sind an Sommerwochenenden überlaufen, ohne dass ihre Schönheit für den Rest des Jahres verdorben würde. Auf einer Rundreise im Uhrzeigersinn von Cheltenham bis Cirencester werden im Folgenden ei-

Im Cotswold-Dorf Chipping Campden

nige Höhepunkte beschrieben. Die Auswahl ist zwangsläufig beschränkt, denn das Gebiet ist mit sehenswerten kleinen Dörfern übersät. Die ruhigen Nebenstraßen steigen nur selten an; die Orte liegen nahe beieinander; es gibt eine Fülle guter Pubs und Hotels, von großen und kleinen Touristenattraktionen. All dies macht die Cotswolds für Fahrrad- oder Wandertouren besonders geeignet.

Cheltenham

[9] Der Kurort Cheltenham gehört genau genommen nicht zu den Cotswolds, sondern liegt an deren nordwestlichem Rand. Östlich der Stadt erheben sich die steileren Hänge der Cotswold-Hügel. Spätestens seit der kranke George III. 1788 hierher kam, ist Cheltenham eine der vornehmsten Städte des Landes. Die eleganten Häuser entstanden hauptsächlich im Regency-Stil des frühen 19. Jh.: Fassaden aus Backstein oder weißem Stuck, wohlproportionierte Türen und Fenster, Gitter aus Schmiedeeisen. Der Duke of Wellington, Sieger in der Schlacht von Waterloo 1815, gab seinen Offizierskollegen ein Beispiel, als er wegen seines Leberleidens nach Cheltenham kam. Auch Kolonialbeamte setzten sich hier zur Ruhe. Die angesehenste englische Privatschule für Mädchen ist das *Cheltenham Ladies' College*. Nicht einzelne herausragende Bauten, sondern das Gesamtbild mit Alleen, Parks und stattlichen Häusern machen den Reiz von Cheltenham aus. Der größte Teil des Zentrums steht unter Denkmalschutz. Als schönstes Gebäude der Stadt gilt der Kuppelbau der Kureinrichtungen, **Pittville Pump Room**.

Eine Fahrt durch die Cotswolds

Nordöstlich von Cheltenham führt die B 4632 in Richtung Broadway. Nach 10 km

Cheltenham

zweigt eine Nebenstraße zum **Sudeley Castle** 10 ab. Die Burg, die sich heute noch in Privatbesitz befindet, wurde im 12. Jh. errichtet, dann im 15. Jh. schlossartig ausgebaut. Während des Bürgerkriegs unterhielt Charles I. zeitweise sein Hauptquartier in Sudeley. Die Burg wurde während der Belagerung 1643–1644 stark beschädigt, danach aber wieder als Wohnhaus hergerichtet. Aus dem 15. Jh. stammen die Kapelle mit dem Grab von Katharine Parr, sechste und letzte Ehefrau von Henry VIII., die verfallene *Banqueting Hall.* In den wohnlichen Innenräumen befinden sich Familienporträts, Tapisserien, kostbare Möbel, Ausstellungen zur Geschichte der Familie und der Burg. Es fehlt die kalte Pracht der größeren Herrensitze.

Broadway 11 gehört zu den beliebtesten Cotswold-Orten. Die breite Hauptstraße säumen herrliche Steinhäuser, deren Fassaden in der Abendsonne golden leuchten. Bekannt ist der Ort für noble Antiquitätengeschäfte, Werkstätten für die Herstellung von Stilmöbeln und ein berühmtes Gasthaus, das *Lygon Arms Hotel.* Reisende mit hohen Ansprüchen finden hier die geeignete Unterkunft und eine Küche, die den schlechten Ruf der englischen Kochkunst Lügen straft.

Die schöne Landschaft östlich von Broadway ist heute Naturschutzgebiet. Den Blick über das Land genießt man am besten von *Broadway Hill,* auf dem ein Aussichtsturm (1797) im mittelalterlichen Stil steht. Der Besuch des 5 km entfernten **Snowshill Manor** 12 ist sehr zu empfehlen. Der National-Trust-Besitz stammt aus der Tudor-Zeit und wurde um 1700 mit einer neuen Fassade versehen. Verschiedene kuriose Sammlungen sind zu betrachten: Uhren, Musikinstrumente, Spielzeug, japanische Kriegerrüstungen, Fahrräder, Werk-

zeuge der Tuchindustrie, Feuerwehrgeräte u. v. a.

Chipping Campden 13, östlich von Broadway, ist ebenfalls ein beliebtes Ausflugsziel, das in den großen Zeiten des Wollhandels entlang einer breiten Marktstraße entstand. Besonders schön sind die *Market Hall* (17. Jh.), *William Grevel's House,* Wohnsitz eines reichen Kaufmanns des 14. Jh., die *Wollbörse* von 1340, *St. James' Church* im *Perpendicular*-Stil mit einem Turm, der dem der Kathedrale von Gloucester nachempfunden wurde. Die großzügig angelegten *Almshouses* (Armenhäuser) stammen aus dem frühen 17. Jh. Der J-förmige Grundriss ist eine Anspielung auf den Namen des Königs James I. 7 km nordöstlich von Chipping Campden, über die B 4632 nach Stratford-upon-Avon zu erreichen, liegt **Hidcote Manor Garden** 14, der als einer der schönsten Gärten Englands gilt. Hidcote besteht aus einer Gruppierung von kleinen, durch Hecken und Mauern getrennten Gärten, die mit seltenen Sträuchern und Bäumen, alten Rosensorten und exquisiten Blumenbeeten bepflanzt sind.

Moreton-in-Marsh 15 liegt auf dem Fosse Way (hier die A 429), einer alten römischen Straße, die schnurgerade quer durch das Land von Lincoln bis zur Südküste in Devon führt. Die Steinfassaden der Häuser um den breiten Marktplatz stammen zum größten Teil aus dem 17. und 18. Jh.

Stow-on-the-Wold 16, 8 km südlich von Moreton, liegt auf einem Hügel, von dem aus man einen herrlichen Blick über das Cotswold-Gebiet genießt. Wieder gibt es einen breiten, von pittoresken Häusern umgebenen Marktplatz, den ein Kreuz aus dem 14. Jh. schmückt, eine schöne Kirche und eine Markthalle.

Bourton-on-the-Water 17, unweit von Stow an der A 429, ist vielleicht der

Cotswolds

87

Bibury, Arlington Row

bekannteste Ort der Cotswolds und derjenige, der sich am meisten auf den Tourismus eingestellt hat. Schön ist das *Green,* die Grünanlage zu beiden Ufern des River Windrush, der von flachen, steinernen Fußgängerbrücken überquert wird. Fast alle Häuser um das Green beherbergen Geschäfte und Cafés, denn Engländer lieben es, auf Tagesausflügen Andenken zu kaufen und anschließend Tee zu trinken. Hauptattraktionen des kleinen Städtchens sind das *Model Village,* eine Darstellung des Dorfes in kleinem Maßstab und *Birdland,* ein Vogelpark mit vielen exotischen Arten.

Das Zentrum von **Burford** 18, südwestlich von Bourton ebenfalls am Windrush gelegen, bildet wie in Broadway eine breite, von kleinen Grünflächen und herrlichen alten Häusern gesäumte Straße, die steil zum Fluss hinunterführt. Ein Spaziergang durch Burford lohnt sich wegen der Antiquitätengeschäfte, die erlesene Stücke zu entsprechenden Preisen anbieten, aber auch wegen des Blicks über die Hauptstraße. Die Fassade der Häuser mit ihren unregelmäßigen Giebeln stammen aus den unterschiedlichsten Epochen der Baukunst seit der Tudor-Zeit. Die große *Church of St. John the Baptist* mit ihrem Spitzturm (12.–15. Jh.) spiegelt den Wohlstand des Ortes im späten Mittelalter wider. Namen wie *The Lamb Inn* in der Sheep Street erinnern ebenfalls an die Bedeutung des Wollhandels. Auffällig in diesem Ensemble ist die barocke *Methodist Chapel.* Südlich von Burford an der A 361 stellt der Zoo **Cotswold Wildlife Park** 19 ein lohnendes Besuchsziel dar.

Bibury 20 am der A 433 zwischen Burford und Cirencester gelegen, nannte der Künstler und Schriftsteller William Morris im 19. Jh. »das hübscheste Dorf in England«. Das *Swan Hotel* aus dem 17. Jh. liegt malerisch am Fluss Coln, wo sich früher ein römisches Gut und danach eine angelsächsische Münsterkirche befanden. Auf dem Friedhof sind üppig verzierte Grabsteine von reichen Wollhändlern zu sehen. Die *Arlington Row Cottages* wurden im 14. Jh. als Schafställe gebaut und später zu Wohnhäusern für Wollweber umgestaltet; *Arlington Mill*, eine große, noch funktionierende Wassermühle aus dem 17. Jh., dient heute als Heimatmuseum; die *Bubury Trout Farm* bietet Besuchern die Möglichkeit, Forellen zu füttern und zu fangen.

Cirencester 21 ist neben diesen größeren Dörfern eine richtige kleine Stadt, in der man sich länger aufhalten kann. Unter dem Namen Corinium war Cirencester die zweitgrößte Stadt des römi-

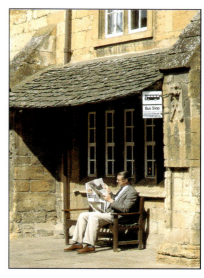

In Chipping Campden

Broadway

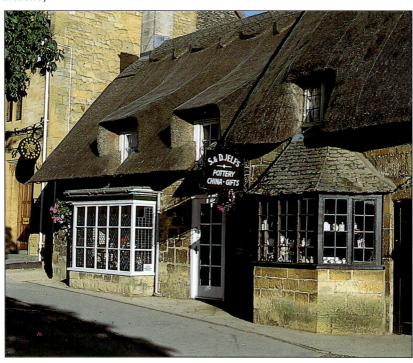

Richtig Reisen
Thema

Lechlade:
Porträt eines Dorfes

Meilenweit ist der Spitzhelm der Kirche von **Lechlade** 22 in der flachen, grünen Landschaft sichtbar. Der Ort, am südlichen Rand des Cotswold-Gebiets gelegen, entstand entlang der beiden Hauptstraßen, die sich hier kreuzen, und hat heute 3000 Einwohner. Es gibt ein Postamt, das, wie überall, auch Süß- und Schreibwaren verkauft, eine kleine Bücherei neben der Polizeiwache am Marktplatz, jetzt leider zum Parkplatz geworden, sechs Pubs, der älteste in einem Bau des 15. Jh., zwei Kapellen für Methodisten und Baptisten, eine Apotheke, zwei Lebensmittelgeschäfte, zwei in alten Steinhäusern untergebrachte Banken, ein Restaurant und einige Geschäfte, die Geschenkartikel und Antiquitäten verkaufen. Große Wohnhäuser mit imposanten Fassaden wechseln sich mit bescheideneren ab. Den meisten Besuchern fallen die Neubaugebiete abseits der Durchgangsstraßen nicht auf. Dabei handelt es sich hier nicht um hässliche Siedlungen, wie sie in so vielen Städten zu sehen sind, sondern um Natursteinhäuser am Rand der Wiesen mit hübschen Gärten.

Es waren die Angelsachsen, die den Ort tauften: Lechlade bedeutet Überquerung an der Leach, einem kleinen Zufluss der Themse. Dem bis Lechlade schiffbaren Fluss verdankt der Ort sein Wachstum, da hier allerlei Güter aus dem Umland für den Transport nach London verladen wurden. Als im späten Mittelalter der Wollhandel blühte, wurde 1476 eine Kirche über einem Vorgängerbau errichtet. Aus dem Steinbruch, der damals das Baumaterial lieferte, kam 200 Jahre später der Kalkstein, der über Lechlade auf der Themse für die St. Paul's Kathedrale nach London verschifft wurde. Ende des 18. Jh. wurde ein Kanal fertig gestellt, der die Themse bei Lechlade mit dem Severn verband, so dass Käse und andere Agrarprodukte aus dem walisischen Grenzland auf diesem Weg in die Hauptstadt gebracht werden konnten. In dieser Zeit baute man auch die schöne Zollbrücke, deren Name *Halfpenny Bridge* an den ursprünglichen Zollbetrag von einem halben Penny erinnert.

Heute beeinträchtigt der Autoverkehr das Leben im Dorf, und das Brummen schwerer Lastwagen lässt die Fensterscheiben der alten Häuser klirren. Die Themse wird von vielen Urlaubern mit Kabinenbooten benutzt. Diese Touristen müssen allerdings hier umkehren, nachdem sie sich in einem Biergarten direkt am Ufer erfrischt haben. Nur Ruderboote und kleine Motorboote können weiter flussaufwärts fahren, wo die Themse, immer schmaler, seichter und reizvoller werdend, sich zwischen Schilfrohr und Trauerweiden durch die Felder schlängelt. Besucher bummeln durch die Geschäfte, spazieren am Ufer der Themse entlang oder besichtigen die Kirche und den schattigen Friedhof,

der den Dichter Shelley im Jahre 1815
zu einigen Zeilen inspirierte:
*Here could I hope, like some
    enquiring child
Sporting on graves, that death did
    hide from human sight
Sweet secrets, or beside its
    breathless sleep
That loveliest dreams perpetual watch
    did keep.*
Wie sieht nun aber der Alltag in dieser Idylle aus, die so viele Touristen bewundern? Beispielhaft für andere schildern einige Bewohner von Lechlade Vorzüge und Nachteile des Lebens auf dem Lande.

Barbara McNaught wohnt seit 1970 in Lechlade. Sie und ihr Mann, der als Richter arbeitet, waren anfangs unsicher, ob die Entscheidung, die schöne Londoner Gegend um Kew Gardens zu verlassen, richtig war. Ihre Befürchtung, sie würden im Dorf keinen Anschluss finden, erwies sich als unbegründet, denn in den ersten Wochen klopften viele an die Haustür, um die neuen Nachbarn kennen zu lernen. Es ist ein auffälliges Haus aus dem 18. Jh., eins der schönsten im Dorf, und man wollte sehen, wer da eingezogen war.

Die drei Kinder der Familie besuchten die Dorfschule und später die Gesamtschule im 10 km entfernten Fairford. Barbara McNaught findet alles Wichtige im Dorf: Lebensmittelgeschäfte, die auch sonntags bis spätabends geöffnet sind, gute Sportmöglichkeiten, eine Bücherei sowie Arzt, Zahnarzt und auch einen Tierarzt für ihre Katzen. Als die beiden Söhne älter wurden und öfter ausgehen wollten, mussten die Eltern sie viel herumkutschieren, aber Barbara meint, Eltern in den Städten täten das auch. Sie arbeitet zwei Tage in der Woche als Eheberaterin. Früher hatte sie mehr zu tun, als die ungenutzten Zimmer im riesigen Haus an Urlauber als *Bed and Breakfast*-Unterkunft vermietet wurden. Das war harte Arbeit, aber so haben die McNaughts viele interessante Leute kennen gelernt, und manche Gäste sind zu guten Freunden geworden.

Ray Hayden ist, wie sein Vater und Großvater, in Lechlade geboren. Er ging während des Kriegs im benachbarten Burford auf das Gymnasium und arbeitete nach dem Wehrdienst bis zu seiner Frühpensionierung als Eisenbahnbeamter. Seit den 60er Jahren gibt es keine Eisenbahnverbindung mehr nach Lechlade, und Ray hat auch viele andere Veränderungen erlebt. Als Schuljunge spielte er noch auf der Straße, was für Kinder bei dem heutigen Verkehr nicht mehr in Frage kommt. Auch die Arbeitsmöglichkeiten haben sich verändert: Sein Vater war Steinmetz, als es noch zwei Baufirmen im Dorf gab, und früher waren mehr Dorfbewohner in der Landwirtschaft tätig.

Ray nimmt aktiv am Leben in Lechlade teil: Er ist Schatzmeister des Cricket-Clubs, Mitglied in Kirchenrat und -chor sowie Leiter der *Bellringers* (Glockenspieler) und begeistert sich für Heimatgeschichte. Er meint nicht, dass das schnelle Wachstum Lechlade geschadet hat. Ganz im Gegenteil: Vor 30 Jahren musste er selbst Fußball spielen, weil kein anderer als elfter Mann zur Verfügung stand, aber jetzt stellt das Dorf ohne Mühe zwei Mannschaften auf.

Pat Deacon kam vor 25 Jahren mit ihren Eltern nach Lechlade und lebt jetzt an der Hauptstraße in einem 200 Jahre alten Farmhaus mit schöner orangeroter Backsteinfassade, das schon lange der Familie ihres Mannes gehört. Als ihre Eltern den Pub *The Red Lion* übernahmen, fühlte sie sich im Dorf schnell zu Hause. Anfang der 70er Jahre haben Pat und ihr Mann die Farm aufgegeben, als die Landwirtschaft von einer Flaute betroffen war und gleichzeitig die Pacht für Agrarland stieg. Hinzu kam noch, dass es Beschwerden über die Geräusche und Gerüche des Hofes gab, nachdem Einfamilienhäuser auf dem Feld nebenan gebaut wurden. Pat und ihr Mann führen jetzt ein Antiquitätengeschäft. Kunden finden sie nur durch Zufall oder Mundpropaganda: Pat stellte einmal für zwei Tage

ein Schild auf den Bürgersteig, aber es kamen so viele Kunden, die Papier und leere Coladosen im Hof zurückließen, dass sie das Schild wieder entfernte. Sie redet gern mit ihren Kunden und möchte Zeit für sie haben.

Pat sieht die Zukunft von Lechlade nicht so optimistisch wie manche andere. Man redet davon, im Dorf zwei Golfplätze und ein Freibad einzurichten. Es sollen 200 neue Häuser gebaut werden, da sich viele junge Leute aus der Gegend wegen des drastischen Anstiegs der Hauspreise in den letzten Jahren kein Eigenheim mehr leisten können. Pat weiß nicht, ob der Charakter des Ortes dann noch erhalten bleibt.

schen Britannia. Das lebhafte, besucherfreundlich gestaltete *Corinium Museum* gewährt Einblick in die Lebensweise der Römer. Um freigelegte Fußbodenmosaike wurden römische Wohnräume rekonstruiert. Auch die zweite Blütezeit der Stadt, die Ära der mittelalterlichen Wollhändler, wird anschaulich dargestellt. Die Informationen über Handwerk und Alltagsleben, die anhand von Gebrauchsgegenständen vermittelt werden, zeigen auf beispielhafte Weise, dass Museen nicht immer musealen Charakter besitzen müssen.

Im Jahre 577 zerstörten Sachsen die römische Stadt, aber Cirencester blieb bewohnt und wurde im 12. Jh. Standort einer Abtei der Augustiner. Die Mönche beherrschten die Stadt im Mittelalter und hatten wiederholt Streit mit den Burgen. Von der Abtei existiert nur noch das Nordtor. Die Pfarrkirche *St. John the Baptist,* die größte der Gegend, blieb dagegen als Denkmal des Selbstbehauptungswillens der Bürger erhalten. Der hohe Turm wurde Anfang des 15. Jh.

mit dem Geld errichtet, das die Stadt von König Henry IV. erhielt, weil die Bürger auf eigene Initiative zwei aufständische Grafen, Halbbrüder des von Henry entthronten Richard II., gefangen genommen und hingerichtet hatten. Ein zugeschütteter römischer Graben schwächte die Fundamente und verhinderte die Vollendung des Turms, für den ursprünglich ein Spitzhelm vorgesehen war. Sehr schön ist das dreistöckige Südportal von 1490. Im Innenraum beeindrucken vor allem das Fächergewölbe im Chor und die Messingplatten auf den Gräbern reicher Wollhändler. Die typischen Häuser im Stil der Cotswolds und die kleinen Geschäfte am Marktplatz und entlang der schmalen Gassen laden zu einem Stadtbummel ein. Das 1714–18 gebaute *Cirencester House* am Rande des Stadtzentrums mit einem Park im französischen Stil wird von der Stadt durch eine riesige Eibenhecke abgeschirmt. Das Haus ist nicht zugänglich, aber im Park sind Spaziergänge möglich.

Die Domstädte Gloucester und Worcester

Karte S. 96
Tipps & Adressen
Gloucester S. 303, Worcester S. 340

Worcester und Gloucester haben nicht nur die Lage am Fluss Severn gemeinsam. Beide gehen auf römische Gründungen zurück, wie an den Namen leicht zu erkennen ist: Die Nachsilben -chester, -caster und -cester in englischen Ortsnamen deuten auf römische Lager hin. Überreste aus der Römerzeit finden sich heute kaum noch, aber ihre mittelalterlichen Bauwerke machen Gloucester und Worcester zu reizvollen historischen Städten. Sie waren von der industriellen Revolution wenig betroffen und behielten so einen kleinstädtischen Charakter.

Gloucester

Die alte Domstadt **1** liegt in einer Ebene auf der Westseite der Cotswold-Hügel. Das wichtigste Bauwerk der Stadt ist die Kathedrale. Wie in so vielen anderen Orten kam der Impuls zum Neubau einer bedeutenden Kirche von den normannischen Eroberern, die energisch, zuweilen rücksichtslos und mit einem ausgeprägten Sinn für Ordnung ihr neues Reich schnell in den Griff bekamen. William I. war mehrmals in Gloucester und gab hier Weihnachten 1085 den Befehl, eine große Untersuchung über Englands Reichtum durchzuführen. Er wollte genau wissen, was seine Untertanen besaßen. Historiker können in diesem Dokument noch lesen, wie viele Kühe, Mühlen und Hektar Ackerland es vor 900 Jahren in jeder Gemeinde des Landes gab. So genau wurde alles festgehalten, so unwiderruflich schien das Urteil über die Steuerpflicht eines jeden Grundbesitzers, dass das Werk den Namen *Domesday Book,* das »Buch des Jüngsten Tages«, erhielt.

Die Abteikirche von Gloucester, die infolge der Auflösung der Klöster während der Reformation zur **Kathedrale** wurde, entspricht strukturell noch weitgehend dem 1100 geweihten normannischen Bau, aber die Schönheit der Kirche heute ist das Ergebnis von Umbauten in der Gotik. Der 1360 umgestaltete Chor gehört zu den frühesten Beispielen des *Perpendicular-*Stils. Im *Perpendicular* wird das Maßwerk der Fenster durch senk- und waagerechte Linien gegliedert. Wandflächen werden ebenso mit einem Gitternetz überzogen. Das ist nicht nur optisch äußerst reizvoll, sondern war auch relativ billig im Bau, so dass dieser Stil sich überall im Land durchsetzte und 150 Jahre lang maßgebend war. Den östlichen Abschluss zum Chor des Domes von Gloucester bildet ein riesiges Fenster im *Perpendicular-*Stil, fast 25 m hoch und 12 m breit. Das Fächergewölbe im Kreuzgang gilt als erstes seiner Art in England.

Die Grabdenkmäler zweier Herrscher befinden sich in der Kathedrale, die beide mit wenig Erfolg regierten: Die elegante Figur aus Eichenholz in der Mitte des Chors stammt aus dem Jahr 1280 und stellt Robert Curthose (Kurzhose) dar, den ältesten Sohn des Eroberers William I. 1106 unterlag Robert in einer Schlacht seinem Bruder Henry, dem späteren König Henry I., dessen Gefangener er bis zu seinem Tode blieb. An der Nordseite des Chors befindet sich das Alabastergrab von Edward II., dem Sohn des gleichnamigen starken

Gloucester

93

Königs, der die Schotten und Waliser zähmte. Der zweite Edward zeigte in keiner Weise die Fähigkeiten seines Vaters. Misswirtschaft und seine homosexuellen Neigungen führten zu einer Machtübernahme durch seine Königin und ihren Liebhaber, die ihn 1327 in Berkeley Castle auf grausame Weise ermorden ließen. Mehrere Kirchen weigerten sich, seine Gebeine aufzunehmen, aber die bankrotte Abtei von Gloucester sah eine Gelegenheit, ihre reparaturbedürftige Kirche zu retten. Der junge Thronfolger Edward III. ließ seinem Vater in Gloucester ein prächtiges Grabmal errichten und der zu Lebzeiten unbeliebte Monarch wurde nach seinem Tode als Märtyrer verehrt. Die Pilgerscharen brachten viel Geld nach Gloucester und ermöglichten die Verschönerung im neuen *Perpendicular*-Stil.

Auf einem Spaziergang durch Gloucester sind Bauten aus vielen Epochen der Stadtgeschichte zu sehen. Das **Gloucester Folk Museum** in der Westgate Street beherbergt jetzt eine Ausstellung zur Stadtgeschichte und steht inmitten einer Gruppe von Fachwerkhäusern aus

dem 15. und 16. Jh. Im Gasthof **New Inn** in der Northgate Street wurde der Überlieferung zufolge Lady Jane Grey 1553 zur Königin ausgerufen. Die 16-jährige Kandidatin der protestantischen Partei regierte neun Tage und wurde hingerichtet, nachdem die katholische Mary Tudor die Macht ergriff.

In Gloucester sollte man nicht versäumen, die neu gestaltete **Hafenanlage am Kanalbecken** zu besuchen. Nach der Fertigstellung des Sharpness-Kanals im Jahre 1827 war dies der Umschlagplatz, von dem aus die industrialisierten Midlands mit Proviant versorgt wurden. In Neubauten sind Restaurants, Cafés und Geschäfte untergebracht. Das **Antiques Centre** in einem ehemaligen Lagerhaus bietet auf fünf Etagen jedes erdenkliche sammelbare Objekt zum Verkauf an, von teuren Antiquitäten bis hin zu billigem Trödel. Ein anderes Lagerhaus beherbergt das **National Waterways Museum,** das einen unterhaltsamen Einblick in die frühere Lebensweise der Binnenschiffer bietet. Ein drittes Lager beinhaltet eine ungewöhnliche Sammlung: Das **Opie Museum of Advertising and Packaging** zeigt die Entwicklung der Werbe- und Verpackungskunst in den letzten hundert Jahren anhand von über 200 000 Objekten. Alte Verpackungen von Lebensmitteln, Seife, Waschpulver, Getränken, Medikamenten und vielem mehr amüsieren die jungen Besucher und rufen nostalgische Gefühle bei den älteren hervor. Fernsehspots aus den 50er und 60er Jahren ergänzen die Präsentation. Neueste Attraktion auf dem Gelände ist das **Dinosaur Valley Museum** mit lebensgroßen Saurier-Modellen.

Die Malvern Hills

Zwischen Gloucester und Worcester verläuft in nord-südlicher Richtung eine Hügelkette mit auffallend zackiger Silhouette, die sich jäh aus der Ebene des Severn erhebt. Die einem Drachenrücken ähnlichen **Malvern Hills** sind untypisch für die weichen, abgerundeten Formen der mittelenglischen Landschaft. Auf der Ostseite liegt **Great Malvern** 2, eine elegante kleine Stadt mit einer gotischen Abteikirche. Das Mineralwasser *Malvern Water*, das an eini-

Gloucester, Docks

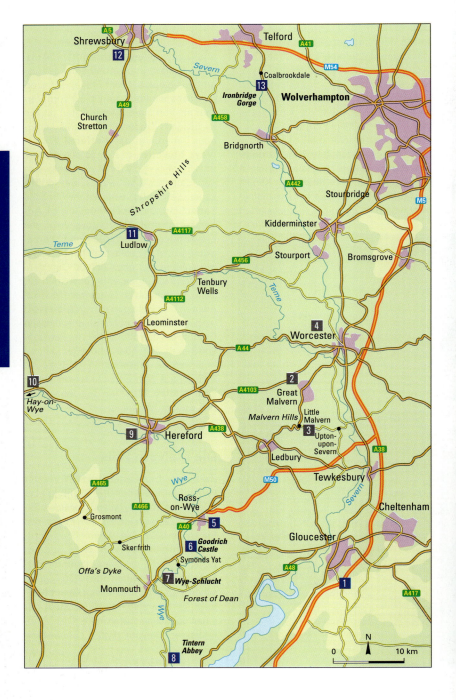

gen Stellen aus dem Hügel fließt, ließ die Stadt im 19. Jh. zu einem beliebten Kurort werden und zog u. a. auch Mitglieder der deutschen kaiserlichen Familie an.

Viele Wanderwege überziehen die Malvern Hills. Von dem höchsten Punkt, **Worcester Beacon** (425 m), genießt man einen weiten Ausblick über die Severn-Ebene und die dahinter liegenden Cotswold-Hügel. Bei **Little Malvern** 3, weiter südlich, erhebt sich der Herefordshire Beacon mit den Resten einer eisenzeitlichen Hügelfestung.

Worcester

4 Worcester ist für zwei Produkte bekannt: Das feine Porzellan der Royal Worcester Fabrik, die seit dem frühen 18. Jh. besteht und die pikante Würzsoße *Worcester Sauce.* Eine Ausstellung von Worcester-Porzellan befindet sich im **Dyson-Perrins Museum** in der Severn Street. Ohne Außerordentliches zu bieten, ist Worcester ein angenehmer Aufenthaltsort und typisch für viele grafschaftliche Hauptstädte. Das Muster der Straßen ist unregelmäßig, und die Häuser an den Geschäftsstraßen weisen eine bunte Vielfalt auf. Die ländliche Oberschicht traf sich vor 200 Jahren unter der schönen Stuckdecke im Ballsaal der 1721 erbauten **Guildhall.** Ihre schöne Fassade trägt die Königstreue der Stadt zur Schau. Am Eingang stehen Statuen von Charles I. und Charles II., darüber eine an den Ohren festgenagelte Totenmaske ihres Gegners Oliver Cromwell. Im Bürgerkrieg des 17. Jh. war Worcester die letzte Stadt, die sich der parlamentarischen Armee Crom-

Von Gloucester und Worcester bis zur walisischen Grenze

wells ergab. Nach der Enthauptung seines Vaters versuchte Charles II., sein Königreich zurückzugewinnen. Nach seiner endgültigen Niederlage versteckte er sich in einem Haus in der New Street, jetzt King Charles's House genannt. Sein ehemaliges Hauptquartier, die **Commandery,** befindet sich östlich der Kathedrale. Der Fachwerkbau aus dem Jahre 1541 steht auf dem Gelände eines früheren Hospitals. Davon ist eine Halle (15. Jh.) mit Wandmalereien erhalten geblieben. Die Commandery, ein Museum der Stadtgeschichte, informiert insbesondere über den Bürgerkrieg.

Der Bau der **Kathedrale,** 1084 begonnen, dauerte mehr als drei Jahrhunderte, so dass sich eine Stilmischung von normannisch über den frühgotischen *Early English* bis zur Spätgotik offenbart. Den schönsten Blick auf den Turm der Kathedrale und das Westfenster hat man vom anderen Ufer des Severn aus. Die normannische Krypta, die Holzschnitzereien des Chorgestühls und das runde Kapitelhaus (um 1120) sind kunsthistorisch besonders interessant. In einer prächtig verzierten Grabkapelle auf der Südseite des Hauptaltars liegen die Gebeine des Prinzen Arthur, der 1502 im Alter von fünfzehn Jahren starb. Er hatte kurz zuvor Katharina von Aragon geheiratet, die später die erste sechs Ehefrauen seines jüngeren Bruders Henry VIII. wurde. Zum Abschluss der Reihe von gescheiterten Monarchen, die in Verbindung zu Worcester und Gloucester stehen, findet man im Chor die marmorne Grabfigur, die älteste eines englischen Königs, von John ›Lackland‹, zu deutsch ›Ohneland‹. Diesen Beinamen erhielt er, weil er die Normandie an den französischen König verlor. Nach einem rastlosen Leben starb er in der Nähe von Nottingham und wurde 1218 in Worcester beigesetzt.

Die walisische Grenze

Karte S. 96
Tipps & Adressen
Ross-on-Wye S. 330, Hereford S. 309,
Ludlow S. 319, Shrewsbury S. 331,
Ironbridge Gorge S. 311

Die Waliser sind – ebenso wie die Schotten – stolz auf ihre eigene Identität und fühlen sich beleidigt, wenn man sie für Engländer hält. Konflikte zwischen den Nachbarn werden heute allerdings nicht mehr auf dem Schlachtfeld, sondern auf dem Fußball- und Rugbyfeld sowie in der Politik ausgetragen. Die an Wales und Schottland grenzenden Regionen besitzen den typischen Charakter eines Grenzgebietes: ohne große Städte und weit entfernt von den wichtigen nationalen Ereignissen, aber von den Kriegen vergangener Zeiten noch geprägt.

In keinem Teil Englands wurde mehr Blut vergossen als auf dem Landstrich von der Dee-Mündung im Norden bis zur Severn-Mündung im Süden. Wales fängt, grob gesagt, dort an, wo die Berge sind. Die Römer eroberten Wales, konnten das Land aber nie vollends beherrschen. Sie bauten ihre größeren Festungen und Städte wie Chester und Wroxeter bei Shrewsbury vor den Bergen. Weiter westlich entstanden nur kleinere Forts. Die angelsächsischen Eindringlinge, die seit dem 5. Jh. n. Chr. auf die Insel kamen, eroberten das Flachland, kamen aber gegen die Kelten im Gebirge nicht weiter. Sie mussten dauernd ihre umstrittene Grenze verteidigen. Als Grenzmarkierung baute der angelsächsische König Offa Ende des 8. Jh. einen Erdwall. Über die mächtigen noch erhaltenen Reste von **Offa's Dyke** führt heute ein Fernwanderweg durch eine abwechslungsreiche, vom Tourismus relativ unberührte Hügellandschaft mit den Tälern der Flüsse Wye, Severn, Dee und den zahlreichen Nebenflüssen, die sich weit ins Gebirge hineinziehen. Von Prestatyn an der Irischen See bis Chepstow am Severn erstreckt sich die von Offa ausgehandelte 257 km lange Grenze, die Hälfte davon durch den Erdwall gesichert. Offa's Dyke erreicht eine maximale Höhe von 8 m und ist mit Graben 18 m breit.

Zu einem Grenzstrich gehören Burgen. Die kriegerischen Auseinandersetzungen endeten nicht mit dem Bau des Walles durch König Offa, sondern gingen im Mittelalter weiter und hinterließen andere Zeugnisse. Die Markgrafen erhielten von den normannischen Königen Ländereien an der Grenze und sollten die Waliser in Schach halten. Sie bauten große und kleine Festungen, deren Überreste auch den Reiz dieser Region ausmachen.

Das Wye-Tal

Im Süden bietet sich die Stadt **Ross-on-Wye** 5 als Standquartier an. Auf Sandsteinklippen gebaut, überblickt die Stadt eine Schleife des Wye. Berühmt ist die Aussicht auf die Flussauen von der Straße *The Prospect*. Die interessantesten Gebäude sind *St. Mary's Church* (1284) und das *Market House* von 1660.

Das reizvolle Wye-Tal südlich von Ross markiert die Grenze zwischen England und Wales. 8 km südlich der Stadt steht **Goodrich Castle** 6 (13.–14. Jh.) in herrlicher Lage. Bei Symonds Yat 7, zwischen Ross und Monmouth, fließt der **Wye** durch eine eindrucksvolle **Schlucht.** Weiter südlich befinden sich **Tintern Abbey** 8, eine Klosterruine

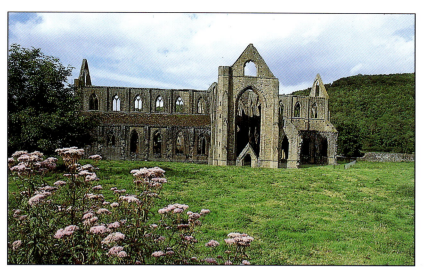

Tintern Abbey

der Zisterzienser und die 60 m hohen Klippen **Wintour's Leap,** benannt nach dem königstreuen Sir John Wintour, der während des Bürgerkriegs von dieser Stelle auf seinem Pferd in den Fluss sprang, um der parlamentarischen Armee zu entkommen. Auf der englischen Seite des Wye liegt ein alter königlicher Jagdforst, der **Forest of Dean.** Bis zum 17. Jh. lieferte der Wald Brennstoff für die Öfen der Eisenindustrie und später wurden viele Eichen für die Schiffe der Royal Navy abgeholzt. Ein Gebiet von 7000 ha, als National Forest Park geschützt, ist für Wanderer erschlossen.

In **Hereford** 9, Domstadt und historischer Hauptstadt einer Grafschaft, ist der ländliche Einfluss nicht zu übersehen. In der Newmarket Street werden jeden Mittwoch die braunen Hereford-Rinder verkauft, die das Bild der sattgrünen, sanft hügeligen Weideflächen der Grafschaft prägen. Das andere wichtige Erzeugnis der Gegend sind die Äpfel, aus denen *Cider* gekeltert wird. Das **Museum of Cider** in Hereford feiert das Getränk und erläutert dessen Geschichte und Herstellung. Das Museum befindet sich in einer ehemaligen Cider-Fabrik am westlichen Rand des Zentrums, über die Straße A 438 nach Brecon zu erreichen. An dieser Straße liegt auch das nach dem Cider-Hersteller benannte **Bulwer Railway Centre,** das eine restaurierte Dampflokomotive zeigt.

Im alten Stadtkern am Fluss Wye findet man noch viele Spuren des Mittelalters. Das **St. John Mediaeval Museum at Coningsby** in der Widemarsh Street, ein ehemaliges Hospital des Kreuzritterordens der Johanniter, entstand zusammen mit einer kleinen Kapelle im 13. Jh. Das Museum informiert über die Geschichte des Ordens und des Hospitals. Unter den Fachwerkhäusern von Hereford ist **The Old House** in der Straße High Town hervorzuheben. Die drei Stockwerke des 1621 gebauten Hauses sind zeitgenössisch möbliert. Größter Anziehungspunkt für Besucher

Viehmarkt in Hereford

ist die **Kathedrale,** seit dem 7. Jh. Bischofssitz. Mit dem Bau wurde 1080 begonnen, nachdem ein Heer der Waliser den Vorgängerbau niedergebrannt hatte. Die Bausubstanz ist trotz vieler späterer Änderungen im Wesentlichen normannisch. Die Marienkapelle (13. Jh.) birgt schöne Grabdenkmäler. Im 14. Jh. wurden die Querschiffe neu gebaut und der Mittelturm vollendet. Das Schiff wurde nach dem Einsturz des Westturms 1786 von James Eyatt restauriert, die Westfassade zu Beginn des 20. Jh. erneuert. Berühmt ist die Kathedrale eher für ihre Schätze als für die Architektur. Die Chained Library enthält illuminierte Handschriften und fast 1500 Bücher aus allen Epochen zwischen 700 und 1500 n. Chr. Jedes Buch ist mit einem Schloss versehen und angekettet. Das Wertvollste in Hereford ist die große Weltkarte »Mappa Mundi« aus der Zeit um 1290. Die auf Pergament gezeichnete Karte stellt die von Fabelwesen bevölkerte Welt als Scheibe um den Mittelpunkt Jerusalem dar.

Hay-on-Wye [10], direkt an der Grenze westlich von Hereford, kam in den letzten Jahren zu internationalem Ruhm – zumindest unter Bücherwürmern. Ein exzentrischer Buchhändler namens Richard Booth etablierte bereits in den 60er Jahren ein Antiquariat und verfolgte das Ziel, den abgelegenen Ort mit nur 1300 Einwohnern zur ersten »Book Town« zu machen. Mittlerweile gibt es über 30 Buchhandlungen in Hay. Booths eigene mit einem Bestand von über einer halben Million ist die größte. Die Kleinstadt lebt vom Buchtourismus und von dem seit 1988 jährlich veranstalteten Literary Festival Ende Mai.

Ludlow

[11] Die schönste und mächtigste Burg des Grenzlandes steht in der etwas ver-

schlafenen Stadt Ludlow. Gebaut wurde sie ab 1085 von Roger Montgomery, einem Begleiter des Eroberers William I. Von Ludlow aus versuchten die Markgrafen, das Grenzgebiet zu unterwerfen. Die Stärke der Anlage, in der noch eine normannische Rundkirche steht, lässt auf die Schwierigkeit dieser Aufgabe schließen. Die Burg wurde mehrmals ausgebaut, zerstört und wieder hergestellt, bis sie im 18. Jh. zur Ruine verfiel. Heute bilden die Überreste eine spektakuläre Kulisse für Freiluftinszenierungen von Shakespeare-Stücken während der Festspiele, die von Ende Juni bis Anfang Juli stattfinden. Das alte Viertel von Ludlow mit Häusern, die z. T. aus elisabethanischer Zeit stammen, liegt malerisch in einem Winkel des Flusses Teme zwischen den Burgruinen und der domähnlichen **Kirche St. Lawrence** (13.–14. Jh.). Als einzige englische Stadt außer London verfügt Ludlow über vier Restaurants, die im angesehenen Michelin-Führer erwähnt werden.

Shrewsbury

12 Shrewsbury verdankt seine Entstehung einem Mäander des Severn, der die Altstadt fast völlig umschließt. Eine Burg aus dem 11. Jh., vor 200 Jahren umgebaut und heute als Museum genutzt, schloss diesen natürlichen Verteidigungsring. Shrewsbury spielte eine

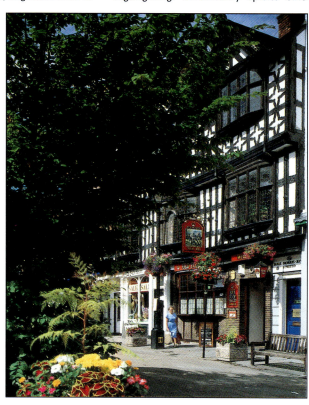

In Shrewsbury

Ironbridge Gorge

Die Hügellandschaft der Grafschaft Shropshire, deren Hauptstadt Shrewsbury ist, bietet ausgezeichnete Bedingungen für Wanderer. Hübsche Dörfer machen den Reiz dieses Landesteils aus, der mit Ausnahme von **Ironbridge Gorge** 13 relativ unentdeckt geblieben ist. Ironbridge Gorge ist eine industriegeschichtliche Stätte ersten Ranges. Bei Coalbrookdale, südlich der nach dem Zweiten Weltkrieg neu entstandenen Stadt Telford, fließt der Severn durch eine längere Schlucht. Auf dem Gelände erinnern sieben Museen an die frühen Tage der industriellen Revolution. 1709 benutzte Abraham Darby erstmals Koks, um Eisenerz zu schmelzen. Historische Schmelzöfen, das Haus der Darby-Familie und die erste Eisenbrücke der Welt (1779) sind zu besichtigen. Zum Komplex gehören *Blists Hill Open Air Museum,* die Re-

wichtige Rolle in den Kriegen der englischen Könige gegen die Waliser. 1215 und 1232 zerstörte Llewellyn, Fürst des noch unabhängigen Wales, die Stadt. Die Waliser unterlagen Edward I., der während der Eroberungszüge 1277–83 sein Hauptquartier in Shrewsbury etablierte und den letzten walisischen Prinzen von Wales hinrichten ließ. Sein Sohn Edward II. wurde daraufhin erster englischer Träger des Titels.

Im Stadtzentrum ist das unregelmäßige Straßenmuster des Mittelalters erhalten. Unter den über tausend denkmalgeschützten Bauten des Zentrums finden sich zahlreiche schöne **Fachwerkhäuser.** Das *Abbot's House* in Fish Street stammt aus dem 15. Jh., die beiden früher von Adeligen bewohnten Stadthäuser *Owen's Mansion* und *Ireland's Mansion* (16. Jh.) stehen in der High Street. Sehenswert sind ferner die **Old Market Hall** von 1596 in The Square und die **Stadtbibliothek** von 1598, die frühere Shrewsbury School. Das Denkmal vor der Bibliothek zeigt den

konstruktion einer viktorianischen Stadt, das *Coalport China Museum,* ein historischer Porzellanbetrieb und das *Jackfield Tile Museum,* eine Ausstellung dekorativer Keramikfliesen auf dem ehemaligen Werksgelände. Ironbridge Gorge ist kein hässliches Industriegebiet, sondern ein bewaldetes Flusstal. Die Gestaltung der Museen ist überaus ansprechend, und man sollte für den Besuch einen vollen Tag einplanen.

ehemaligen Schüler Charles Darwin, bekannt durch seine Evolutionstheorie. Die Statue eines anderen Shrewsbury-Prominenten, Robert Clive (1725–74), schmückt den Marktplatz *The Square.* Seine militärischen Erfolge begründen das britische Imperium in Indien, und er vertrat die Stadt Shrewsbury im Parlament. In seinem Wohnsitz **Clive House** auf College Hill sind Sammlungen von Porzellan, Aquarellen und Möbeln des 18. Jh. zu besichtigen. **Rowley's House Museum** in einem 1618 errichteten Fachwerkhaus zeigt eine architektonische und naturhistorische Sammlung, u. a. mit Funden aus der nahe gelegenen römischen Stadt Viroconium. Sehenswert sind im Zentrum die **Kirche St. Mary's** (12.–13. Jh.) mit hervorragenden Glasmalereien aus deutschen Werkstätten, und außerhalb der Flussschlinge auf dem westlichen Severn-Ufer die 1083 gegründete **Abbey Church** mit einem neuen Besucherzentrum, *The Shrewsbury Quest,* das das klösterliche Leben des 12. Jh. darstellt.

Der Nord-westen

Chester: Fachwerkarkaden und ein Rundgang auf der Stadtmauer

Karte S. 107
Tipps & Adressen S. 297

■ Zwei Besonderheiten machen Chester zu einer der sehenswertesten Städte Nordenglands: die Fachwerkarkaden an den Geschäftsstraßen und die Stadtmauer. Chester liegt am Fluss Dee, der hier die Grenze zu Wales bildet. Unter dem Namen Deva gründeten die Römer ein Legionslager an dieser Stelle, und bis ins späte Mittelalter war die Stadt ein wichtiger Handelsplatz. Die Versandung der Dee-Mündung begünstigte die Entwicklung des benachbarten Liverpool im Handel mit Irland und Schottland, aber Chester verschwand nie in der Bedeutungslosigkeit, wie man an den vielen Bauten aus den letzten 300 Jahren erkennt.

Chester bietet in England die einzige Möglichkeit, einen kompletten Rundgang auf einer mittelalterlichen Stadtmauer durchzuführen. Der nördliche Teil der Befestigung und die nördliche Hälfte der Ostseite entstanden über der römischen Mauer unter Wiederverwendung des alten Baumaterials. Der Rest folgt dem Verlauf der angelsächsischen Mauer, die im 10. Jh. errichtet wurde. Ein guter Ausgangspunkt für einen Rundgang ist das Tor **Eastgate** 1, das im 18. Jh. den Vorgängerbau des Mittelalters ersetzte und 1897 mit einer schönen Uhr geschmückt wurde. In Richtung Norden führt die Mauer an der Kathedrale vorbei zum Eckturm **King Charles' Tower** 2, der eine Ausstellung über den Bürgerkrieg beherbergt. Chester war im Bürgerkrieg in königlicher Hand und hielt einige Monate lang einer Belagerung stand. Von diesem Turm aus beobachtete King Charles die Niederlage seiner Truppen in der Schlacht von Rowton Moor. Im Norden verläuft die Mauer parallel zum Shropshire Union Canal. Wir kommen zum über dem römischen Nordturm errichteten **Northgate** 3. Der heutige Bau ersetzte 1808–10 das als Gefängnis benutzte mittelalterliche Tor. Über eine moderne Brücke kommt man zum 1894 erneuerten **Goblin Tower** 4. Nach einigen Schritten überquert man die Eisenbahn und gelangt zur Nordwestecke der Stadt, die der **Bonewaldesthorne's Tower** 5 (14. Jh.) markiert. Ein kurzes Verbindungsstück führt zum **Water Tower** 6, der zu der Zeit, als der Dee näher an der Stadt-

Eastgate

mauer floss, als Zolleinnahmestelle diente. Im Turm ist eine Ausstellung über die Stadtgeschichte zu besichtigen. Am Water Tower kann man zu den Kanalschleusen hinabsteigen und das teils römische Mauerwerk von unten inspizieren. Wir gehen weiter auf dem westlichen Mauerstück in Richtung Süden und genießen den Blick auf das Gelände der Pferderennbahn, wo sich im Mittelalter der Dee-Hafen befand.

Nach der Überquerung von Grosvenor Street erreicht man **Chester Castle** 7. Seit 900 Jahren steht hier eine Burg, aber der heutige Bau wurde, mit Ausnahme einiger Mauerstücke und des Agricola Tower (13. Jh.), zwischen 1788 und 1822 errichtet. In einem Teil der Burg befindet sich das *Cheshire Military Museum*. Auf dieser Mauerstrecke, die zum 1782 erneuerten **Bridgegate** 8 führt, genießt man einen schönen Blick auf den Dee. An der Südostecke der Stadt biegen wir wieder in Richtung Norden ab, kommen nach etwa 100 m an einer Reihe von Fachwerkhäusern aus dem 17. Jh. vorbei und gleangen so zum **Newgate** 9. Dieses Tor wurde 1938 gebaut, weil sein Vorgänger für den Verkehr zu eng war. Am Newgate steigen wir hinunter, um das römische **Amphitheater** 10 zu besichtigen. Es bot Platz für über 7000 Zuschauer und war damit wahrscheinlich das größte der römischen Provinz Britannia. Geschäfte und ein Informationsbüro befinden sich im **Chester Visitor Centre** 11 gegenüber. Die benachbarten Kirchenruinen sind Überreste des Ostteils der **Church of St. John the Baptist** 12, einer romani-

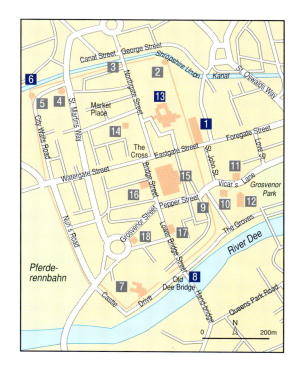

Chester
1 Eastgate
2 King Charles' Tower
3 Northgate
4 Goblin Tower
5 Bonewaldesthorne's Tower
6 Water Tower
7 Bridgegate
9 Newgate
10 Amphitheater
11 Chester Visitor Centre
12 Church of St. John the Baptist
13 Kathedrale
14 Town Hall
15 Chester Heritage Centre
16 Dewa Roman Experience
17 Chester Toy Museum
18 Grosvenor Museum

schen Kirche des 11. und 12. Jh. Zur Stadtmauer zurückkehrend, erreichen wir wieder unseren Ausgangspunkt am Eastgate.

Damit sind die Sehenswürdigkeiten von Chester längst nicht erschöpft. Die **Kathedrale** 🔢, bis 1540 eine Abteikirche, gehört nicht zu den größten des Landes. Der dunkle Bau aus rotem Sandstein weist sämtliche Stilrichtungen auf, von normannisch über *Early English* und *Perpendicular* bis zur viktorianischen Gotik. Beachtenswert sind der Lettner, die Holzschnitzereien des Chorgestühls (14. Jh.) und die Lady Chapel im *Early-English*-Stil hinter dem Hochaltar. Von den ehemaligen Klostergebäuden sind der Kreuzgang und das Refektorium erhalten. Unweit der Kathedrale am Market Place steht die neugotische **Town Hall** 🔢. Von hier führt die Northgate Street nach links zum Mittelpunkt der Stadt, The Cross, wo sich schon zur Römerzeit die beiden Hauptstraßen kreuzten. Heute verlaufen hier zweigeschossige Arkadengänge, die **The Rows** heißen. Diese Konstruktion hatte ihren Ursprung vermutlich in dem Wiederaufbau der Stadt nach dem großen Brand von 1278. Überdachte Wege sind in England trotz des feuchten Klimas eine Seltenheit; in Chester kann man nicht nur auf Straßenebene geschützt einkaufen, sondern auch von der ersten Etage auf das Geschehen und die Fassaden der gegenüberliegenden Geschäfte schauen. Das reich verzierte schwarz-weiße Fachwerk der Häuser entstand hauptsächlich in viktorianischer Zeit, aber der Stil entspricht der traditionellen Bauweise der Tudor-Zeit. Die imposantesten Gebäude mit der üppigsten Verzierung sind meist neueren Datums. Zu den ›echten‹ alten **Fachwerkbauten** zählen in der Watergate Street Bishop Lloyd's House (17. Jh.),

Leche House (1579) und Stanley Palace (1591, um 1700 erweitert).

In der Bridge Street, südlich von The Cross, liegt das **Chester Heritage Centre** 🔢 in der Kirche St. Michael mit einer Ausstellung über die Geschichte und Architektur der Stadt. Gegenüber führt die Gasse Pierpoint Lane zur neuen Ausstellung **Dewa Roman Experience** 🔢, die über die römische Vergangenheit der Stadt informiert. Eine Straßenszene mit entsprechender Geräusch- und Geruchskulisse wurde nachgebaut. In der Verlängerung von Bridge Street, Lower Bridge Street, befinden sich zahlreiche schöne Bauten, unter anderem das **Tudor House** aus dem späten 16. Jh., das **Hotel Old King's Head** aus derselben Zeit und das viergeschossige *Bear and Billet Inn* mit einer Fassade von 1664. In der Haus-Nr. 13A Lower Bridge Street ist das **Chester Toy Museum** 🔢 untergebracht, eine umfangreiche Sammlung von altem Spielzeug. Über Bridge Street gelangt man in die Grosvenor Street und zum **Grosvenor Museum** 🔢, wo die römischen Grabungsfunde von Chester zu besichtigen sind.

Ein Magnet vor allem für junge Besucher liegt 3 km nördlich der Stadt an der Straße A 41. **Chester Zoo** gehört zu den größten und schönsten Tiergärten Englands und ist mit einer regelmäßigen Busverbindung ab dem Rathaus leicht zu erreichen.

Die sehenswerte Fachwerkarchitektur im Zentrum von Chester kann man bequem von Bussen mit offenem Verdeck aus betrachten

Liverpool: Zwei Gesichter einer Stadt

Karte S. 111
Tipps & Adressen S. 317

In aller Welt ruft der Name Liverpool Erinnerungen an die Musik der Beatles wach. Hinter diesem Namen verbirgt sich aber auch eine Hafenstadt mit einem eigenen, quirligen Flair. Liverpool bietet neben touristischen Attraktionen eine vielseitige Kulturszene – von der klassischen Kultur der Museen und Konzertsäle bis zur Jugend- und Club-Kultur des beginnenden Jahrtausends.

Man sollte Liverpool vom Wasser aus sehen, entweder auf der Überfahrt vom gegenüberliegenden Mersey-Ufer oder von einer der Fähren, die über die Irische See von Dublin und der Insel Man kommend in die breite Flussmündung einlaufen. Das auffälligste am Hafen in Liverpool ist das **Royal Liver Building** **1** (sprich: Leiwer), dessen Türme von zwei riesigen Vögeln gekrönt werden. Diese *Liver birds* sind zum Wahrzeichen der Stadt geworden. Rechts, vom Wasser aus gesehen, liegt das wuchtige **Cunard Building** **2**, ehemalige Verwaltung der Reederei, die früher den Linienverkehr zwischen Liverpool und New York unterhielt und daneben die Kuppel des Gebäudes der Hafengesellschaft, das **Port of Liverpool Building** **3**. Hinter dieser Dreiergruppe erblickt man die beiden Kathedralen von Liverpool, links die moderne Krone der römisch-katholischen, rechts auf dem Hügel den neugotischen Turm der anglikanischen.

Der Hafen hat immer die Geschichte von Liverpool geprägt. Als König John 1207 dem Ort das Stadtrecht verlieh, war Liverpool eine kleine Fischersiedlung mit Fähranleger. Eine Burg wurde gebaut, die längst verschwunden ist, und vom Hafen aus wurden die Truppen versorgt, die versuchten, Irland zu erobern. Bis zum Ende des 17. Jh. blieb Liverpool unbedeutend. Danach wuchs der Atlantikhandel schnell, und die Stadt am Mersey stieg in den nächsten hundert Jahren zum zweitgrößten Hafen des Landes auf. Die Lage an der Westküste begünstigte Liverpools Anteile an einem Dreieckshandel: Schiffe fuhren nach Westafrika, brachten von dort aus Sklaven in die Karibik und die amerikanischen Kolonien und kamen mit Zucker, Rum und Baumwolle zurück. In den Kriegen gegen Frankreich und Spanien machten Kapitäne aus Liverpool reiche Beute. Auch der berüchtigte Sklavenhandel war eine ergiebige Geldquelle. Die Abschaffung des Sklavenhandels 1806 bremste das Wachstum jedoch nicht, denn über Liverpool importierten die Fabriken von Nordwestengland ihre Rohstoffe, und über Liverpool wurden die Erzeugnisse der ersten Industrienation in alle Welt exportiert. Auch die Fertigstellung eines Kanals nach Manchester Ende des 19. Jh., durch den Industriemagnaten sich von den Liverpooler Kaufleuten unabhängig machen wollten, konnte den Reichtum der Hafenstadt nicht mindern. In den ersten Jahrzehnten des 20. Jh. verkehrten die Passagierschiffe nach New York und zu den Kolonien in Afrika und Asien. Dampfer wie die *Lusitania* und die *Mauretania*, die größten und luxuriösesten ihrer Zeit, überquerten den Atlantik in der Rekordzeit von viereinhalb Tagen. Es waren aber nicht nur Reiche, die am Kai von Bord gingen oder wegfuhren. Während der Hungersnot von 1847 kamen über

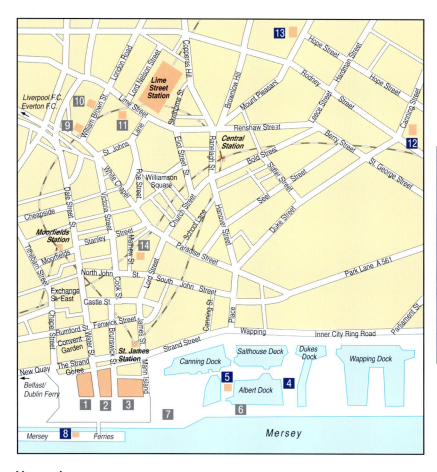

Liverpool
1 Royal Liver Building   2 Cunard Building   3 Port of Liverpool Building   4 Albert Dock
5 Merseyside Maritime Museum   6 Tate Gallery   7 Museum of Liverpool Life   8 Mersey Ferries   9 Liverpool Museum und Planetarium   10 Walker Art Gallery   11 St. George's Hall   12 Anglican Cathedral   13 Metropolitan Cathedral   14 Cavern Club

300 000 Iren nach Liverpool. Viele sind geblieben, während für andere England nur Zwischenstation war. Zwischen 1860 und 1900 wanderten 5 Mio. Menschen über Liverpool in die Neue Welt aus.

Die Bedeutung von Liverpool als Umschlagplatz vor 150 Jahren macht der Hafenkomplex **Albert Dock** 4 deutlich. Die fünfstöckigen Lagerhäuser und neu angelegten Hafenbecken waren zur Zeit ihrer Fertigstellung 1846 fortschrittlich: Die Fracht wurde direkt vom Schiff mit hydraulischen Kränen ins Lager ge-

*Die Skyline von Liverpool,
ganz rechts das Royal Liver Building* ▷

Die Beatles und der ›Mersey Beat‹

Die Energie der Liverpooler, genannt *Scousers*, kommt nicht zuletzt in der Musik zum Ausdruck. Die Beatles waren in den 60er Jahren nur Teil einer musikalischen Bewegung, die als »Mersey Beat« in die Geschichte der Popmusik einging. Die erste Band, die den Durchbruch zum Ruhm schaffte, waren Gerry and the Pacemakers. Ihr Lied »You'll Never Walk Alone«, ein alter Musical-Hit, wurde zum Lieblingslied der Fußball-Fans des FC Liverpool und ertönt bei jedem Heimspiel lautstark im Stadion. Die Beatles, alle vier aus Liverpool und aus einfachen Verhältnissen stammend, begannen ihre Karriere ab 1960 mit Auftritten im Cavern Club, dann in anderen Städten, so im Hamburger *Star Club*. Der Durchbruch kam schließlich 1964 mit der Amerika-Tournee. Über 30 Jahre nach ihren ersten Erfolgen wird das touristische Potential der Beatles heute voll ausgeschöpft. Der **Cavern Club** 14 in der Mathew Street, dem Zentrum der Szene Anfang der 60er Jahre, wurde zwar abgerissen, um einer Einkaufspassage Platz zu machen, aber originalgetreu wieder aufgebaut. Vor dem Cavern Walks Shopping Centre steht eine Sta-

tue der Vier. The Beatles Story im Albert Dock ist eine Ausstellung über die Geschichte der Gruppe. Am Albert Dock beginnt auch täglich um 14.20 eine zweistündige Magical Mystery Tour im Bus zu den Stätten, wo die vier Stars wirkten. Als Wiege der Gruppe gilt 20 Forthlin Road, wo viele der ersten Songs entstanden. Ende der 90er Jahre kaufte der National Trust dieses bescheidene Familienheim der McCartneys, das als typisch für den sozialen Wohnungsbau der 1950er Jahre gilt und restaurierte es mit Fenstern und Wandtapeten dieser Zeit. Bei Vorbuchung kann man Pauls Jugendzimmer besichtigen – seine ursprüngliche Schlafzimmertür hat allerdings das Hard Rock Café dem National Trust weggeschnappt. Für absolute Beatles-Fanatiker gibt es Beatles-Wochenenden und jährlich im Sommer das Internationale Beatles Festival.

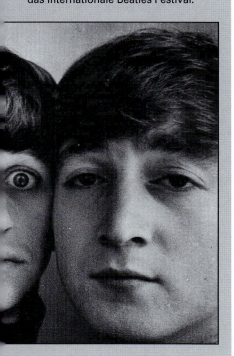

bracht und musste nicht mehr in Schuppen am Kai zwischengelagert werden. Um die Brandgefahr zu verringern, wurde kein Holz verwendet, nur Backstein und Gusseisen. Als im 20. Jh. die Schiffe größer wurden, verlagerte sich der Frachtverkehr vom alten Hafen in den nördlichen Stadtbezirk. Die Eröffnung eines Containerhafens im Norden von Liverpool konnte jedoch den Niedergang des Gebiets um den Mersey nicht aufhalten, denn für den expandierenden Handel mit dem europäischen Festland liegt Liverpool an der falschen Küste. Albert Dock wurde in der Nachkriegszeit vernachlässigt. Die Hafenbecken versandeten, die Lagerhallen waren vom Abriss bedroht, bis 1981 die Sanierung des ehemaligen Hafengebiets begann.

Heute wird die Anlage, die Viktorianer als praktisch, aber unästhetisch empfanden, wegen ihrer Schönheit besucht. Die Gebäudegruppe aus braun-rotem Backstein mit von gusseisernen dorischen Säulen getragenen Arkaden ist ein stattliches Ensemble. Dort, wo früher Baumwollballen lagerten, befinden sich jetzt Geschäfte, Kneipen und Restaurants. Leben ist in das Hafengebiet zurückgekehrt. Ein Schifffahrtsmuseum, das **Merseyside Maritime Museum** 5 und eine Abteilung für Moderne Kunst der Londoner **Tate Gallery** 6, sind in den Lagerhäusern untergebracht. Neben dem Albert Dock präsentiert das neue **Museum of Liverpool Life** 7 vor allem die Geschichte der Arbeiter in dieser Hochburg der Gewerkschaften. Alte Segelschiffe liegen am Kai. Manche sind Teil der Museumsausstellung, andere bieten drei- bis siebentägige Touren zur schottischen Küste und zu anderen Zielen an. Im historischen Hafengebiet dient fast alles dem Freizeitvergnügen. Die Fähren über die Irische See sind noch in Betrieb, aber die **Mersey-Fäh-**

ren [8], die vor zwanzig Jahren vom täglichen Pendlerverkehr lebten, befördern heute Touristen.

Die neuen Einkaufspassagen im Geschäftszentrum der Stadt können nicht darüber hinwegtäuschen, dass die großen Tage von Liverpool vergangen sind. Zeugnisse der ehemaligen Prosperität sind aber zahlreich. Im Geschäftsviertel um Dale Street stehen imposante Bürohäuser aus der Zeit vor dem Ersten Weltkrieg. Die Reihe neo-klassizistischer Bibliotheken und Museen auf der William Brown Street birgt sehenswerte Schätze. Das **Liverpool Museum and Planetarium** [9] bietet ethnologische und archäologische Sammlungen aus aller Welt. Die **Walker Art Gallery** [10] besitzt eine umfangreiche Sammlung europäischer Malerei und Skulptur, in der frühe italienische und flämische Werke gut repräsentiert sind.

Einige Schritte von der Museumsstraße William Brown Street entfernt liegt **St. George's Hall** [11], in den Jahren 1838–54 gebaut. Das mächtige, über 150 m lange klassizistische Bauwerk ist leider nur sehr selten zu besichtigen.

Die Bauten, die neben dem Albert Dock die meisten Besucher nach Liverpool locken, sind die Kathedralen. Obwohl beide im 20. Jh. entstanden, könnten sie kaum unterschiedlicher aussehen. Der Grundstein für die **Anglican Cathedral** [12] wurde 1904 gelegt und die Bauarbeiten dauerten über 70 Jahre.

Liverpool: Albert Dock, dahinter die Anglican Cathedral

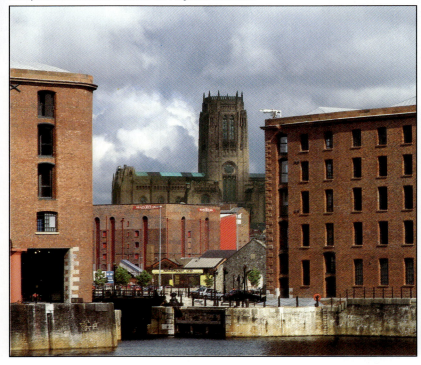

Das härteste Pferderennen der Welt

In Aintree, einem Vorort im Nordosten von Liverpool, findet alljährlich im März das härteste Pferderennen der Welt statt. The Grand National führt über knapp 7 km mit 30 Hindernissen, hohen Hecken aus Birkenzweigen. Diese Art von Pferderennen, *Steeplechase* genannt, ist eine englische Besonderheit mit langer Tradition. Der Name Steenplechase bedeutet wörtlich »Spitzturmjagd« und hat seinen Ursprung in einem waghalsigen Brauch sportlicher Gentlemen vergangener Jahrhunderte. Viele der Dorfkirchen Englands besitzen einen von weitem sichtbaren Spitzturm *(steeple)*. Man nahm einen solchen Turm als Ziel und ritt um die Wette direkt auf ihn zu, quer über die Felder, über Hecken, Tore und Zäune springend. Das seit 1837 veranstaltete Grand National ist eine moderne Version dieses Sports. Das Rennen wird als grausam kritisiert, weil die Hindernisse teilweise sehr hoch sind und Wassergräben oder abschüssigen Grund auf der anderen Seite haben. Es ist nicht ungefährlich für die Jockeys, jedoch sind bei den vielen Stürzen die Pferde am schlimmsten betroffen. Nicht selten müssen sie wegen gebrochener Beine an Ort und Stelle getötet werden. Trotz harter Kritik der Tierschützer ist das Rennen ein so fester Bestandteil des nationalen Sportkalenders, dass es weiter stattfinden wird.

Der Architekt Giles Gilbert Scott war erst 22 Jahre alt, als er den Wettbewerb gewann. Er änderte seinen Entwurf mehrfach in den folgenden Jahrzehnten und starb 1960, ohne die Vollendung seines Meisterwerks erlebt zu haben. Die Hügellage steigert die Wirkung des 110 m hohen Mittelturms. Von außen ist die Kathedrale massiv, überwältigend und wenig einladend. Innen erzeugen Glasfenster und dunkelroter Sandstein eine unterirdische Stimmung. Der lange Bau hat einen ungewöhnlichen Grundriss mit einem Zentralraum zwischen zwei Querhauspaaren und einer Brücke, die das Hauptschiff von einer Seite zur anderen überspannt. Die mit 9700 Pfeifen ausgestattete Orgel war zur Zeit ihrer Fertigstellung die größte der Welt. Glasfenster und Skulpturen aus Holz und Stein weisen kleingliedrige Ornamente auf, aber am beeindruckendsten ist die Größe der Kathedrale, deren Marienkapelle die Dimensionen einer normalen Kirche hat.

Während die anglikanische Amtskirche Mühe hatte, ein gotisches Bauwerk noch im späten 20. Jh. zu vollenden, entschieden sich die Katholiken für einen Entwurf, der schnell realisiert werden konnte. Die aus Beton und Glas errichtete **Metropolitan Cathedral** [13] wurde 1967 nach fünfjähriger Bauzeit geweiht. Die Bedingung, dass 2000 Personen eine gute Sicht auf den Priester haben sollten, bestimmte den Grundriss in Form eines Kreises mit radikal angeordneten Kapellen. Den Turm bildet ein Zylinder aus farbigem Glas, der im Laufe eines sonnigen Tages wechselnde Lichter, grün, blau, leuchtend gelb und blutrot, auf Bänke und Fußboden wirft. Von den Kathedralen ist es nicht weit zu Vierteln, die die Schattenseiten der Stadt zeigen. Liverpool war immer ein raues Pflaster mit vielen Slums. Irische Einwanderer lebten im 19. Jh. in entsetzlichen hygienischen Verhältnissen, die zu Ausbrüchen von Cholera führten. Die Iren brachten ihren gewalttätigen Streit zwischen Grün und Orange, d. h. zwischen Katholiken und Protestanten, mit. Protestanten und Katholiken verprügeln sich heute zwar nicht mehr, aber die Organisationen der militanten irischen Protestanten, die *Orange Lodges,* bestehen noch in Liverpool. Jedes Jahr am 12. Juli marschieren sie trommelnd mit Fahnen und Blaskapellen zum Bahnhof und fahren zum Badeort Southport, wo eine Parade den Jahrestag des Sieges von König William III. über die katholischen Kräfte Irlands feiert. In den Jahrzehnten nach 1945 wurde Liverpool von den Problemen der maroden Industrie und hoher Arbeitslosigkeit noch härter getroffen als viele andere Großstädte des englischen Nordens. Die Hafen- und Fabrikarbeiter standen in dem Ruf, bei nichtigen Anlässen zu streiken. Um 1980, als ein linksradikal geführter Stadtrat neue Investoren abschreckte, war der Tiefpunkt erreicht. In den 80er Jahren glänzte die Stadt nur mit der Fußballmannschaft FC Liverpool, die die englische Liga und europäische Wettbewerbe dominierte, aber auch hier stand Liverpool mit unglücklichen Ereignissen in Verbindung. 1985 forderten Auseinandersetzungen zwischen Liverpool-Anhängern und Fans des FC Juventus 39 Todesopfer in Brüssel. Vier Jahre später bei einem Pokalspiel in Sheffield drängte die überforderte Polizei viele Menschen in einen schon überfüllten Teil des Stadions. 95 Liverpool-Fans erstickten oder wurden erdrückt.

In den 90er Jahren musste der Verein hinnehmen, dass der verhasste Rivale Manchester United ihm den Rang ablief. Dafür begann, etwas später als anderswo, der wirtschaftliche Aufschwung. Niedrige Löhne zogen die Betreiber von Call-Centres an, und die Software-Branche boomte. Liverpool wurde zum führenden europäischen Zentrum für die Entwicklung von Computer-Spielen. Die Stadtväter erkannten, dass die weltweite Bekanntheit von Liverpool dabei einen wesentlichen Faktor darstellt, denn 40 Jahre nach ihrer Gründung sind die Beatles ein starker Magnet für Touristen. Ende der 90er Jahre entstand eine lebhafte Club-Szene, die Besucher anlockte und kleine Betriebe wie Design-Ateliers und Aufnahme-Studios förderte. Der zunehmende Wohlstand macht sich in der Erneuerung der Stadtmitte bemerkbar. Alte Lagerhäuser und Bürohäuser werden renoviert, um die Bold Street erscheinen schicke Restaurants und Bars. Sogar der Stadtteil Toxteth, vor einer Generation als Slum mit nahezu 100 % Arbeitslosigkeit unter schwarzen Jugendlichen berüchtigt, entpuppt sich Anfang des neuen Millenniums als aufstrebendes Yuppie-Viertel.

Es gibt noch viel zu verbessern, da die alten und neuen Slums noch zahlreich sind. Doch die Liverpooler sind vital und kreativ. Sie unterscheiden sich nach landläufiger Meinung nicht nur durch ihren nasalen *Scouse-*Akzent vom Rest der Engländer. Ob die maritimen und irischen Einflüsse dafür verantwortlich sind, dass die Menschen hier so frech, schlagfertig und temperamentvoll, aber auch sentimental sind?

Manchester

Karte S. 122
Tipps & Adressen S. 319

■ Manchester, durch die Herstellung von Baumwollerzeugnissen ab dem Ende des 18. Jh. zur ersten Industriestadt der Welt aufgestiegen, besitzt ein interessantes, architektonisches Erbe aus ihrer Blütezeit im 19. Jh. Die neugotische **Town Hall** 1 am Albert Square, 1868–77 nach dem Entwurf von Alfred Walterhouse errichtet, gehört zu den schönsten öffentlichen Bauten des 19. Jh. in England. Die Wände des großen Saals schmückt ein Freskenzyklus von Ford Madox Brown, eine Darstellung der Stadtgeschichte. Vom Albert Square führt die John Dalton Street zur Straße Deansgate. Linker Hand findet man nach wenigen Schritten die Bibliothek **John Rylands Library** 2 auf der gegenüberliegenden Seite, ein weiteres Prunkstück der neugotischen Baukunst, rechter Hand führt Deansgate weiter zum Einkaufsviertel. Biegt man nach rechts in die St. Ann's Street, so kommt man zur 1872 vollendeten Baumwollbörse, **Royal Exchange** 3, auf dem St. Ann's Square. Ein modernes Theater wurde in die große Halle hineingebaut. Es ist fraglich, ob diese Maßnahme, die den Komplex wahrscheinlich vor dem

Manchester, Town Hall

L. S. Lowry: Maler des Volks

Keine Künstler-Romantik haftet dem Volksmaler L. S. Lowrey (1887–1976) an. Er lebte in Salford und Pendleton bei Manchester, einem der ärmsten und schmutzigsten Industriegebiete Englands. Bis zu seinem zweiundfünfzigsten Lebensjahr wohnte er im Elternhaus und malte nur in seiner Freizeit, da er auf das Einkommen als Sachbearbeiter einer Versicherungsfirma und später als Mietkassierer einer Immobiliengesellschaft angewiesen war. Lowry war ein schüchterner Mensch, der seine Welt so malte, wie er sie täglich sah und empfand: »Wir sind alle allein – abgeschnitten. Meine Menschen sind alle einsam. Jeder ist jedem anderen fremd.« In seinen Bildern wimmelt es von Menschen, die im Park spazieren, in die Fabrik gehen, in den grauen Straßen herumstehen. Die liebe- und humorvoll dargestellten Figuren sind unförmig und gebückt und bewegen sich ständig auf Streichholzbeinen hin und her. Sie laufen, schieben Kinderwagen, gestikulieren oder gehen still vor sich hin. Spielende Kinder und merkwürdige Hunde bevölkern

»Coming from the Mill« (um 1917), Gemälde von L. S. Lowry

die Szenen. Auf einem Bild erscheint ein fünfbeiniger Hund. Dazu befragt sagte Lowry: »Wenn ich den Hund mit fünf Beinen gemalt habe, dann muss er fünf Beine gehabt haben.«

Die bekanntesten Bilder zeigen die Menschen im Dunst ihrer schmutzigen industriellen Umwelt. Die kleinen Gestalten vor riesigen Textilfabriken faszinierten ihn, und er malte den Hintergrund vieler Bilder unnatürlich weiß, um die Menschen besser hervortreten zu lassen. Von den *Dreamscapes,* Traumlandschaften, die zwar in der Phantasie, aber auf Grundlage beobachteter Szenen entstanden, sagte er: »Ich mag sie selber nicht … aber sobald ich anfange, was geschieht? Jämmerlich aussehende Menschen scharen sich um düstere Fabriken mit rauchenden Schloten. Ich starre auf die leere Leinwand, und das ist das, was ich sehe – und was ich malen muss.«

Lowrys Werke fanden im Familien- und Freundeskreis zunächst wenig Anerkennung, aber nach und nach wurden die Bilder in Manchester und London ausgestellt, und bis zu seinem Tod war er berühmt geworden. Nicht nur Kunstkenner lobten seine eigentümliche Sicht einer wenig ansprechenden Welt, in der er dennoch ein wenig Schönheit entdeckte. Er war ein wahrer Volksmaler, der in seiner Heimat bekannt und beliebt ist. Im sanierten Hafengebiet von Salford öffnete im Jahr 2000 das Lowry Centre. Zu dem großen Kulturkomplex mit Blick auf die Hafenbecken des Manchester Ship Canal gehören zwei Theater und eine Galerie, die die Werke von L. S. Lowry zeigt. Viele, die sonntags in diese Ausstellung gehen, sind nicht die üblichen schicken oder intellektuellen Galeriebesucher. Sie sehen aus wie die Kinder und Enkelkinder der Menschen, die Lowry malte.

Abriss rettete, den Neo-Renaissance-Bau verschönert hat, aber der hohe Raum bleibt eindrucksvoll.

Am Ende von Deansgate steht die ehemalige Pfarrkirche, 1847 zum Rang einer **Kathedrale** ▪4 erhoben, ein gut erhaltenes Beispiel des *Perpendicular*-Stils aus dem 15. Jh. Gegenüber der Kathedrale ist **Chetham's Hospital and Library** ▪5, mit Bauteilen aus dem 15. Jh. und der ersten öffentlichen Bibliothek Englands, die 1653 gegründet wurde. Die Corporation Street und deren Verlängerung Cross Street führen am riesigen Einkaufszentrum **Arndale Centre** ▪6 und dem Royal Exchange vorbei zum Albert Square zurück. Englische Kunst des 19. und 20. Jh. ist in der **City Art Gallery** ▪7, Ecke Mosley/Princess Street, zu bewundern. Zum Abschluss eines Rundgangs im Zentrum lohnt sich der Spaziergang entlang der Princess Street nach **Chinatown** ▪8. Linker Hand erblickt man ein chinesisches Tor und in den umliegenden Straßen findet man viele chinesische Restaurants und Geschäfte.

Das nach den Resten des römischen Forts benannte **Castlefield** ist zu einem Freizeitviertel mit Spazierwegen am Kanalufer sowie Restaurants und Bars in restaurierten Lagerhäusern geworden. Auch für Nicht-Techniker interessant: Das **Museum of Science and Technology** ▪9 zeigt eine ausgezeichnete Ausstellung zur Industrie- und Stadtgeschichte, darunter frühe Dampfmaschinen und -lokomotiven sowie Geräte der Textil- und Druckindustrie. Der erste Passagierbahnhof der Welt, von dem aus im September 1830 Fahrgäste befördert wurden, ist Teil des Museums. In zwei ehemaligen Markthallen ist die **Air and Space Gallery** ▪10, eine Ausstellung zur Luft- und Raumfahrt, untergebracht. Ein altes Hydraulikwerk in der Bridge Street am River Irwell beherbergt

Manchester

121

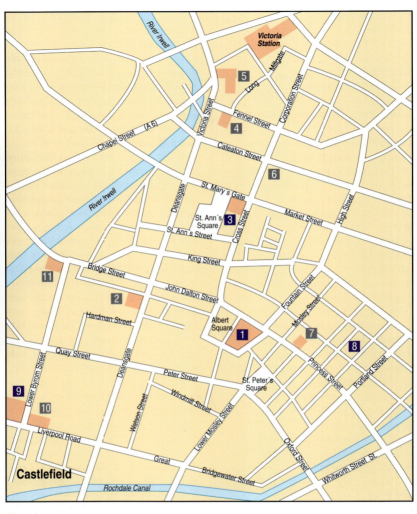

Manchester
1 Town Hall   2 John Rylands Library   3 Royal Exchange   4 Kathedrale   5 Chetham's School   6 Arndale Centre   7 City Art Gallery   8 Chintown   9 Museum of Science and Technology   10 Air and Space Gallery   11 Pumphouse People's History Museum

das **Pumphouse People's History Museum** 11, das sich der Arbeitergeschichte der Stadt widmet.

Manchester wartet auch abends mit einem reichhaltigen kulturellen Angebot auf. Höhepunkte sind Aufführungen des Ensembles des Royal Exchange Theatre und Konzerte des Hallé Orchestra. Die Gastronomie im lebhaften Chinatown ist unbedingt zu empfehlen.

Ausflüge von Manchester und Liverpool

Karte S. 125
Tipps & Adressen
Umgebung von Manchester S. 320,
Umgebung von Liverpool S. 318,
Southport S. 332, Blackpool S. 289

Für Ausflüge liegen Manchester und Liverpool günstig: In einer Stunde sind das Hochland von Nordwales, der Lake District (s. S. 132 ff.), der Peak District (s. S. 204 ff.) sowie Yorkshire (s. S. 170 ff.) zu erreichen. In unmittelbarer Nähe der Stadtgebiete lohnen industriegeschichtliche Denkmäler sowie Zeugnisse aristokratischer Kultur eine Besichtigung. Südlich von Manchester liegen drei sehenswerte Herrenhäuser, alle im Besitz des National Trust.

Dunham Massey 1, bis 1976 Familiensitz der Grafen von Stamford, ist ab Ausfahrt 8 der Autobahn M 56 gut ausgeschildert. Das Haus stammt aus dem 18. Jh., aber die geschmackvolle Inneneinrichtung wurde teilweise im Zuge der Renovierung nach 1905 angeschafft. Es gibt einen großen Wildpark, außerdem einen sehr schönen Garten. In Dunham Massey sieht man, wie autark das Gut einer Adelsfamilie war: Der Park lieferte Wild, die Gärten Obst und Gemüse, der Teich Fisch und Entenfleisch, die Farm Getreide und der Wassergraben um das Haus Energie für die Wassermühle, eine noch funktionstüchtige Anlage aus dem 16. Jh., die das Getreide mahlte.

In **Tatton Park** 2, ab Ausfahrt 7 der M 56 ausgeschildert, findet man eine Reihe von Attraktionen. Im Haus (19. Jh.) sind Sammlungen von Gemälden, Glas, Möbeln, Silber und Keramik zu besichtigen. Italienische und japanische Gärten und ein 400 ha großer Wildpark mit zwei Seen laden zu Spaziergängen ein. Die spätmittelalterliche Old Hall,

Im Garten von Tatton Hall

Nordwestengland für Gourmets

Ein viel gelobtes Lokal im Nordwesten Englands ist das Restaurant **Yang Sing** im Chinatown-Viertel von Manchester. Der Name verrät es schon: Die Küche ist hier nicht englisch, sondern chinesisch, genauer gesagt kantonesisch. Bekannt ist das Yang Sing, das sich mit den teuersten chinesischen Restaurants in London messen kann, vor allem für *dim sum*-Gerichte, die Kleinigkeiten, die in Südchina gerne in der Mittagszeit gegessen werden. *Dim Sum* bedeutet »kleiner Imbiss« und besteht aus je drei bis vier Häppchen verschiedener Gerichte, z. B. Teigrollen und Klöße, mit einer Füllung aus Schweinefleisch, Garnelen oder Gemüse.

(Yang Sing, 34 Princess Street, Manchester, Tel. 0161-2362200, geöffnet tägl. 12–23 Uhr. Preise ab £ 20 pro Person ohne Getränke).

Auch die englische Küche steigert sich manchmal zu Höchstleistungen. In **Paul Heathcote's Restaurant**, im kleinen Ort Longridge bei Preston, ca. 70 km nördlich von Manchester, können sich Skeptiker davon überzeugen. Inhaber Paul Heathcote bietet seit 1992 »Modern British Cooking« in einer Qualität, die einstimmige Begeisterung unter den Kritikern hervorgerufen hat. Basis seines Erfolgs ist der kreative Umgang mit traditionellen englischen Zutaten, wie Geflügel, Gemüse und Käse aus benachbarten Bauernhöfen.

Kontinentaleuropäische Einflüsse fehlen jedoch nicht völlig, und die überaus edle Weinkarte ist natürlich nicht von einheimischen Erzeugnissen geprägt. Das Angebot an warmen und kalten Desserts wird Besucher, die diese Seite der englischen Küche nicht kennen, sicher angenehm überraschen.

(Paul Heathcote's Restaurant, 104–106 Higher Road, Longridge, Tel. 01772-784969, geöffnet abends Di–So, mittags Fr und So. Preise: ab £ 45 pro Person ohne Wein. Longridge erreicht man über die Autobahn M 6 bis Ausfahrt 32, dann die M 55 Richtung Blackpool bis Ausfahrt 1, 3 km auf der A 6 in Richtung Norden bis zur Kreuzung mit der B 5269, dort nach rechts. Im Ort folgt man den Schildern zum Golfklub und nach Jeffery Hill.)

Ausflüge von Manchester und Liverpool

Vorgängerbau von Tatton Hall und die Farm sind auch für Besucher geöffnet.

Lyme Park 3 liegt an der A 6 am Rande des Peak District. Das elisabethanische Haus wurde im 18. und 19. Jh. weitgehend umgebaut. Das Personal in traditioneller Tracht lässt die Welt des »Haus am Eaton Place« wieder aufleben. Selbstverständlich gibt es einen weitläufigen Park mit Rehen und einen Garten, hier im holländischen Stil.

Das herausragende industriegeschichtliche Denkmal dieser Region ist die Baumwollfabrik **Quarry Bank Mill** 4, nahe dem Dorf Styal am Flughafen von Manchester. Weiter südlich von Manchester in der Stadt **Macclesfield** 5 war die Seidenindustrie beheimatet.

Quarry Bank Mill

Unter den zahlreichen sehenswerten Industriedenkmälern in Nordengland gehört die Tuchfabrik Quarry Bank Mill 4, südlich von Manchester nahe dem Flughafen im Tal des River Bollin gelegen, zu den beliebtesten Ausflugszielen. Als im Jahre 1784 Samuel Greg mit dem Bau einer Baumwollspinnerei begann, stand England am Anfang der industriellen Revolution. Die ersten erfolgreichen Erfindungen zur Mechanisierung der Herstellung von Baumwolltuch waren 20 Jahre alt, unter anderem eine *Mule* (Maulesel) genannte Maschine, die Wasserkraft ausnutzte, um viele Fäden einer bisher unerreichten Qualität gleichzeitig zu spinnen. Das herkömmliche Spinnrad mit nur einer Spindel wurde durch Maschinen mit 48 und, ab dem Jahr 1800, 400 Spulen ersetzt.

Das Museumspersonal führt vor, wie man am alten Spinnrad und Webstuhl arbeitete, und neugierige Besucher dürfen es auch probieren. Die Ausstellung erklärt anhand von Tafeln, Bildern, Videofilmen und einer Vielfalt von Maschinen die fortschreitende Mechanisierung der Baumwollverarbeitung. Viele Maschinen der Sammlung von Quarry Bank Mill sind noch betriebsbereit, so dass der Besucher einen authentischen Eindruck von der Arbeitswelt eines anderen Jahrhunderts bekommt. Das Prachtstück der Sammlung ist das riesige, 1818 installierte Wasserrad. Es trieb die Maschinerie der Fabrik mit 100 PS an, bis es nach einem Defekt im Jahr 1904 demontiert wurde. Obwohl Dampfmaschinen ab Anfang des 19. Jh. in Quarry Bank Mill eingesetzt wurden, blieb es wirtschaftlicher, die vorhandene Wasserkraft zu nutzen: Noch Mitte des Jahrhunderts reichte die Wasserströmung an 100 Arbeitstagen im Jahr, alle Web- und Spinnmaschinen ohne Dampfrad zu betreiben. Das Rad, das sich jetzt langsam und stattlich im tropfenden Kellergeschoss dreht, wurde aus einer anderen Fabrik hierher gebracht und restauriert. 50 Tonnen schwer, über 7 m im Durchmesser und fast ebenso breit, war das eiserne Rad eine technische Meisterleistung, die immer noch imponiert. Die Gregs bauten ein Reservoir und einen kilometerlangen Tunnel, um die notwendigen 45 000 Liter Wasser pro Minute dem Rad zuzuführen. Die Maschinerie ist wieder an das Wasserrad angeschlossen; auch eine restaurierte Dampfmaschine aus dem Jahr 1840 wird eingesetzt.

Alle Vorgänge der Herstellung von Baumwolltuch, vom Reinigen und Kämmen des Rohstoffes über Spinnen und Weben bis zum Bleichen, Färben und Bedrucken des Tuches, werden erläutert. Diese letzten drei Prozesse wurden erst im 19. Jh. mit der Entstehung der chemischen Industrie mechanisiert. Vor dieser Zeit wurde das Tuch zum Bleichen noch auf Wiesen ausgebreitet. Mauern mit bewachten Türmchen schützten vor Dieben. Die einer alten

Quarry Bank Mill: Die ehemalige Baumwollspinnerei ist heute ein Fabrikmuseum

Zeitung entnommene schriftliche Entschuldigung eines Jägers, der mit seiner Meute über eine Bleichwiese dem Fuchs hinterherritt, zeigt, dass diese Maßnahmen nicht gegen alle Eindringlinge schützten.

Die Benutzung von Dampfkraft als Möglichkeit, gleichzeitig viele Maschinen zu betreiben, schuf eine neue Welt mit einem veränderten Gesellschaftssystem. Manchester wurde zur ersten Industriestadt der Welt. Das feuchte Klima war für das Spinnen von Baumwolle so günstig, dass viele Unternehmer ihre Produktionsstätten hier ansiedelten. Die Bevölkerung der Stadt zählte im Jahr 1800 schon über 100 000 Menschen und sollte sich in den darauf folgenden 50 Jahren noch vervierfachen.

Konservative waren um die Sitten, Reformer um das Wohl des verelendeten Proletariats der neuen Industriestädte besorgt. Reisende, darunter der junge Friedrich Engels, empörten sich über die Zustände in den Armenvierteln. Konkurrenten, die Wolltuch herstellten, griffen die Baumwollmagnaten an und behaupteten, »das Tragen von Baumwolle erweckt erotische Gefühle in keuschen Frauen«. Kinderarbeit war ein besonders kontrovers diskutiertes Thema. Kinder verrichteten gefährliche Aufgaben, für die Erwachsene zu groß waren: Manche krochen den ganzen Tag zwischen den Maschinen auf dem Boden herum, um Baumwollflusen aufzusammeln; andere liefen ständig hinter beweglichen Teilen der Maschinen hin und her, um das Garn zu überprüfen und gerissene Fäden zusammenzurollen. Kritiker behaupteten, dass sie bis zu 20 Meilen am Tag zurücklegten.

Auf dem Lande bei Quarry Bank Mill waren die Verhältnisse etwas besser als in der Stadt, zumal die Familie Greg, die sich in reformerischen Kreisen bewegte, als humaner Arbeitgeber galt. Besucher dürfen sich im Lehrlingshaus *(Apprentice House)* davon überzeugen. Das restaurierte Gebäude bot von 1790 bis 1847 Unterkunft für zeitweise über 100 Kinder und Jugendliche zwischen 9 und 18 Jahren. Trotz der ungesunden und gefährlichen Arbeit war Quarry Bank Mill, wo ›nur‹ 17 Lehrlinge in den ersten 25 Jahren des Betriebs starben, ein relativ guter Arbeitsplatz.

Auch Nahrungsmittel und Unterkunft waren besser als in den Elendsvierteln der Stadt. Als die Fabrik wuchs, baute die Familie Greg im Dorf Styal, ein paar hundert Meter von der Fabrik entfernt, Arbeiterhäuschen, eine Schule, zwei kleine Kirchen und ein Geschäft, das Lebensmittel, Schuhe und Haushaltsartikel verkaufte. Heute sind diese Häuser baulich wenig verändert, teilweise noch von Nachkommen der früheren Fabrikarbeiter bewohnt. Die ehemaligen Gemüsegärten, deren Produkte vor 200 Jahren Brei und Kartoffeln ergänzten, werden jetzt liebevoll als Blumengärten gepflegt.

Auch die Familie Greg wohnte direkt neben der Fabrik, im imposanten Quarry Bank House mit einem schön angelegten Garten am Flussufer und ab 1834 im weiter entfernten Norcliffe Hall, einem stattlichen Haus, das Robert Greg, Sohn des Fabrikgründers, bauen ließ. Beide Häuser liegen in einem wunderschönen Park, der zu ausgedehnten Spaziergängen einlädt. Robert Greg ließ diese große Anlage ab 1834 mit Bäumen bepflanzen, darunter viele exotische Arten. Es war die damalige Mode, natürlich aussehende Gärten mit möglichst vielen Arten zu gestalten. Der Park wird heute als Naturdenkmal gepflegt, so dass das Aussehen der Anlage erhalten bleibt und alte Bäume und Pflanzen durch neue derselben Art ersetzt werden.

Nach der Fabrikbesichtigung kann man im *Souvenir Shop* einkaufen und im *Pie Shop* etwas zu sich nehmen. Typisch englisch wäre es, ein Picknick mitzubringen und, genussvoll den guten englischen Käse mit schlechtem englischen Brot verzehrend, auf nassem, aber sattgrünem und gut gepflegtem Rasen sitzend, den Besuch von Fabrik, Lehrlingshaus, Dorf und Park zu einem ganztägigen Ausflug zu gestalten.

Am Strand bei Blackpool

Das *Silk Museum* in der ehemaligen Seidenspinnerei Paradise Mill informiert darüber. Westlich von Macclesfield erhebt sich mitten in den Kuhweiden der Grafschaft Cheshire eine riesige Schüssel. Um das Radioteleskop von **Jodrell Bank** 6 ist ein *Science Centre* entstanden, das nicht nur über den Weltraum informiert, sondern auch über einen breiteren naturwissenschaftlichen Bereich. Jodrell Bank liegt abseits der A 535, über Abfahrt 18 von der Autobahn M 6 zu erreichen.

In der Stadt Wigan westlich von Manchester bietet sich der Besuch eines weiteren Industriemuseums an. **Wigan Pier** 7, eine alte Textilfabrik mit einer sehenswerten Dampfmaschine und einem sozialgeschichtlichen Museum, verdankt seinen Namen dem schwarzen Humor der Einheimischen. Wigan hatte in vergangenen Jahrzehnten als verarmtes, schmutziges Zentrum des Kohlebergbaus einen denkbar schlechten Ruf. Die Stadt verfügte zwar über einen Kai am Kanal – aber das Wort »Pier« bezeichnet das Schmuckstück eines Badeorts. Trotzdem sprach man scherzhaft von Wigan Pier, und George Orwell veröffentlichte seinen erschreckenden Bericht über Lebens- und Arbeitsverhältnisse im Wigan der 30er Jahre unter dem Titel »The Road to Wigan Pier« (1937). Schauspieler stellen im Museum Szenen aus dem alltäglichen Leben dieser Zeit nach.

Eine angenehmere Seite des Lebens der Industriearbeiter erlebt man in **Port Sunlight** 8 auf der Halbinsel Wirral, zwischen den Flüssen Mersey und Dee. Auf der Ostseite gibt es zwar Industrie, doch sie birgt eine Perle: Das Musterdorf Port Sunlight entstand nach einer Idee des Industriellen William Lever, der durch die Herstellung einer Seife der Marke *Sunlight* reich wurde. Ab 1889 baute er das Dorf für seine Arbeiter. Die schwarz-weißen Fachwerkhäuser mit

Blackpool

Schule, Kantine, Krankenhaus, Konzertsaal und Kunstmuseum bilden eine idyllische Umgebung, in der sich die Belegschaft wohlfühlen sollte. Heute steht das ganze Dorf unter Denkmalschutz. Die Geschichte von Lever erklärt eine Ausstellung im *Heritage Centre,* und ein *Village Trail* führt den Besucher über das Gelände. In der *Lady Lever Art Gallery* (s. S. 318) befinden sich englische Gemälde des 18. und 19. Jh., Möbel, Skulpturen und Porzellan, chinesisches sowie englisches der Firma Wedgwood. Man erreicht Port Sunlight mit der Fähre von Liverpool nach Woodhead, von wo aus im Sommer ein Oldtimer-Bus zum Dorf verkehrt.

Speke Hall 9, im südlichen Stadtgebiet von Liverpool, in der Nähe des Flughafens gelegen, ist ein prächtiges Beispiel der für Nordwestengland typischen ›schwarz-weißen Architektur‹. Das reich dekorierte Fachwerk von Speke Hall entstand in der Tudor-Zeit. In einigen Zimmern stammt die Einrichtung aus dem 16. Jh., in anderen überwiegt der viktorianische Stil. Ferner gehören zum Herrensitz ein Priesterversteck und schöne Gärten.

30 km nördlich von Liverpool liegt ein Badeort, der eigentlich keiner mehr ist: **Southport** 10. Nur selten dringt die Flut über den breiten Sandstrand bis zu den Dünen, und auch dann ist das Wasser weder tief noch sauber genug zum Schwimmen. Der Reiz von Southport besteht in der eleganten Einkaufsstraße aus dem 19. Jh., Lord Street. Diese von Gärten gesäumte Allee mit Arkaden aus Glas und Gusseisen ist eine der schönsten Geschäftsstraßen Englands. Die Dünen zwischen Liverpool und Southport sind als Naturschutzgebiet ausgewiesen.

Der wesentlich bekanntere Badeort **Blackpool** 11 ist als Besuchsziel nicht unbedingt zu empfehlen. Wer aber die Fahrt in Richtung Norden zum Lake District unterbrechen möchte, findet in der alten Hauptstadt der Grafschaft Lancashire **Lancaster** 12 eine angenehme Umgebung. Zu empfehlen ist der Besuch der gut erhaltenen Burg, die zum Teil aus dem 14. Jh. stammt, und des Seefahrtsmuseums am Hafen.

Blackpool: Urlaub für die Arbeiter, Arbeit für die Politiker

Vor ihren Beifall klatschenden Anhängern regen sich Gewerkschaftler und Politiker künstlich auf; die Kulisse bildet ein viktorianischer Ballsaal. Minister lächeln in die Kameras, der kühlen Meeresbrise und der listigen Fragen der Journalisten zum Trotz; im Hintergrund sieht man eine englische Version des Eiffelturms. Der Ort, an dem diese Bilder entstehen, ist Blackpool, ein Seebad an der englischen Nordwestküste, das durch Fernsehberichte international bekannt ist. Blackpool ist der größte und vulgärste der vielen Badeorte des Landes. Wenn die Saison im September zu Ende geht, füllen sich die Hotels mit Konferenzteilnehmern. Die Labour-Partei und die Gewerkschaften kommen dann gerne nach Blackpool, weil dieser Ort ein Symbol des Arbeitnehmertums ist.

Mitte des 19. Jh. erweiterte die Eisenbahn den Horizont der ganzen Bevölkerung. Fabrikarbeiter entdeckten die Meeresluft. Die Textilfabriken von Lancashire schlossen im Sommer ihre Tore, in jeder Stadt eine Woche lang. Wer etwas Geld gespart hatte, fuhr dann nach Blackpool. Die Qualität der Pensionen und Gaststätten entsprach den bescheidenen Ansprüchen ihrer Gäste und an Unterhaltung wurde viel geboten. In unseren Tagen setzen Theater, Shows, Zirkus, Tanz- und Sportveranstaltungen und vieles mehr diese Tradition fort. Wenn Blackpool auch wenig Geschmack zeigt, kann man der Stadt einen gewissen robusten Charme nicht absprechen. Hier läuft nichts mit Understatement. Andere Badeorte haben einen Pier, auf dem man spazieren oder sich sonnen kann – Blackpool besitzt drei. Der 1894 gebaute Tower ist 160 m hoch. Der Rummelplatz von Blackpool ist der größte im Lande, ermöglicht die abenteuerlichsten Achterbahnfahrten und überbietet alle anderen an Lautstärke. Spielhöllen, *Fish-and-Chips*-Lokale und billige Andenkenläden reihen sich auf der Strandpromenade, der so genannten *Golden Mile*, aneinander.

Der Sandstrand und die Brandung sehen schön und verlockend aus, aber eines sollte man hier auf keinen Fall tun: baden. Die Irische See ist stark verschmutzt, und die Stadt Blackpool, die erst vor wenigen Jahren eine Kläranlage baute, trägt einen Teil der Verantwortung dafür. Wenn die Politiker in Blackpool ein Thema suchen, dann brauchen sie sich nur umzudrehen.

Der Lake District

Karte S. 139

Auf die Frage, welches das schönste Gebiet ihres Landes sei, antworten viele Engländer: »The Lake District«. In dieser Region im Nordwesten spiegeln sich steile Berge in den tiefen Seen wider, die Farben von Wald, Wiesen, Felsen und Schieferhäusern fügen sich harmonisch zusammen. Im Herbst färbt sich das Farnkraut auf den Berghängen braun und rot, im Winter sind die Gipfel weiß, im Frühling bilden die Osterglocken einen gelben und die Hasenglöckchen *(Endymion non-scriptus)* einen blauen Teppich auf dem Waldboden. Wir finden diese Landschaft heute schön, aber noch um 1725 schrieb Daniel Defoe, Autor von »Robinson Crusoe«, über den Lake District: »Dieser Teil des Landes gibt wenig oder gar nichts her«, die Berge besäßen »einen unwirtlichen Terror«, »der angenehme Teil von England war zu Ende«. Erst einige Jahrzehnte später, am Ende des 18. Jh., wurde der Reiz der wilden Landschaft entdeckt. Der Dichter William Wordsworth (1770–1850) schrieb einen Reiseführer über den Lake District und feierte seine Heimat in Gedichten.

Zwölf größere und viele kleine Seen geben dem 50 mal 40 km großen Gebiet seinen Namen. Sie gruppieren sich um einen vulkanischen Kern. Der Gipfel des höchsten Bergs von England, Scafell Pike, erhebt sich bescheidene 987 m über dem Meeresspiegel, aber die Berge *(fells)* des Lake District sind keine harmlosen Hügel, sondern steil, teilweise gefährlich, mit schroffen Felsen.

Blick auf Ullswater

Das Leben auf einer Schaffarm: Eine bedrohte Existenz?

Gordon Tyson und seine Frau Marjorie besitzen mit über 3000 Tieren auf 100 ha die zweitgrößte Schaffarm im Lake District. Dieses Leben ist hart, aber sie haben nie etwas anderes gekannt, denn beide stammen aus Bauernfamilien. Ihr Haus entspricht der städtischen Vorstellung vom Bauerndasein. Es liegt isoliert in einem ruhigen Tal, nur über eine enge, zwei Kilometer lange Privatstraße zu erreichen. Wanderer kommen am Hof vorbei, aber Verkehrslärm fehlt. Statt dessen hört man das Rauschen der Bäche, das Blöken der Lämmer und das Krächzen der Krähen in den Bäumen. Neben dem weiß getünchten Haus stehen die Ställe und Scheunen, deren dicke, mörtellose Schiefermauern die braunen und grauen Töne des Natursteins wiedergeben. Teile des Hauses, das unter Denkmalschutz steht, stammen aus dem 15. Jh.

Gordon Tyson nutzt gutes Wetter, um Schafe zu scheren. Er klemmt sie zwischen die Knie, rasiert die graue Wolle in einem Stück ab und wirft das Vlies auf einen Haufen. 200 Schafe schafft er an einem Tag. Sein Sohn Thomas ist fast genauso schnell. Um die Schafe im Sommer für die Schur von den Bergen herunter zu treiben, brauchen sie gute Schäferhunde. Die Schäferhunde von Cumbria sind Collie-Mischlinge. Keiner weiß, wie man die richtige Rassenmischung züchtet. Die Bauern fangen an, die Hunde zu dressieren, wenn sie ein Jahr alt sind und können vorher nie sicher sein, ob ein junger Hund für die Arbeit taugen wird. Stadtbewohner schauen fasziniert zu, wenn erfahrene Schäfer wie Gordon mit knappen Pfiffen und Rufen ihre Hunde anweisen. Es gibt Wettbewerbe mit einem Preis für den Bauern, dessen Hund eine Gruppe von Schafen am schnellsten und ohne Fehler um eine Bahn mit Hindernissen treibt. Diese *sheep dog trials* sind beliebte Veranstaltungen, die auch im Fernsehen gezeigt werden.

Der National Trust, dem das Land gehört, verpflichtet Gordon Tyson, 1150 Schafe der alten Herdwick-Rasse zu halten, damit diese Züchtung nicht ausstirbt. Herdwick-Schafe sind besonders zähe Tiere, die selbst in den höheren Lagen der Berge von Cumbria überleben, wo andere Schafe verhungern würden. Die neugeborenen Lämmer sind schwarz. Später werden sie braun, dann grau, aber die Wolle ist trotz ihrer schönen natürlichen Farben und der Tatsache, dass sie wasserdicht bleibt, wenig gefragt, weil sie rau ist und nicht gefärbt werden kann. Mit Herdwick-Schafen ist kein Geld zu verdienen, und Gordon Tyson hätte am liebsten nur die Swaledale-Rasse, die mehr Lämmer gebärt. In den letzten Jahren sind immer mehr Flachlandbauern mit besserem Weideland zur Schafzucht übergegangen. Gordon verkauft im Herbst die Hälfte seiner Herde an sie, da er die 6000 Schafe, die er nach der Geburt der Lämmer im Frühling hat, nicht alle über den Winter bringen kann. Im Flachland gebären die Schafe durchschnittlich fast zwei Lämmer jährlich, doppelt so viele wie Gordon Tysons Herdwicks. Seine Farm ist dennoch rentabler als die kleinen in den höheren Bergen, deren Existenz ernsthaft in Gefahr ist.

Gordon arbeitet sehr hart, das sieht man ihm an. Er verbringt täglich viele Stunden draußen, oft bei rauem Wetter und hat kaum Gelegenheit, Urlaub zu nehmen. Er führt ein einfaches Leben und leistet sich nur einen Luxus, auf den er stolz ist: einen Mercedes, der neben dem Landrover im schlammigen Hof steht. Er betrachtet die Probleme seines Berufs mit philosophischer Gelassenheit. Nicht einmal über die Touristen, die Abfälle hinterlassen, Feldmauern beschädigen und mit ihren Autos die Feldwege blockieren, regt er sich auf. Es ist nicht leicht, in einem viel besuchten Nationalpark zu arbeiten. Der National Trust wünscht als Grundbesitzer gute Erträge, aber das Land darf trotzdem nicht zu intensiv genutzt werden. Gordon darf große, moderne Ställe, in denen mehr Schafe überwintern könnten, nicht bauen, da sie die Schönheit der Landschaft beeinträchtigen würden. Die Tysons ärgern sich darüber, dass Bauern von Umweltschützern angegriffen werden. Es mag sein, dass Landwirte im Flachland Hecken roden oder zu viel düngen und spritzen, aber nur die Arbeit der Farmer erhält die Berglandschaft. Wer würde sonst die alten Steinmauern reparieren und die Farmgebäude instand halten? Wenn hier keine Schafe grasten, würden die Felder nach und nach mit Farn, Gestrüpp und Bäumen so überwachsen sein, dass der beliebte Lake District nicht mehr erkennbar wäre.

Bauern anderer Regionen sagen Gordon, sie verstünden nicht, wie er mit den Schwierigkeiten dieser Existenz fertig wird. Er meint, die Farmer der Berge seien ein hartes Volk, und die Schafzucht sei nicht nur ein Job, sondern eine Lebensweise, die man nicht so leicht aufgebe.

Der Lake District ist ein ideales Wandergebiet

Die letzte Eiszeit schuf die Grundformen: Gletscher hobelten die Berge ab, rundeten die Seitentäler und höhlten die Mulden für kleine Seen aus, *tarns,* die sich auf halber Höhe in den Bergen verstecken. Das Eis vertiefte die Haupttäler und blockierte ihre Ausgänge mit Geröll, so dass die größeren Seen entstehen konnten. Nach dem Rückzug der Gletscher wuchsen Wälder. In der Steinzeit kamen Menschen, die den grünen vulkanischen Stein, der an manchen Stellen an der Oberfläche erscheint, zu Äxten verarbeiteten und in andere Teile der Insel exportierten. Die Römer interessierte das Vorkommen von Kupfer und Blei. Um das aus den Bergwerken geförderte Erz schmelzen zu können, wurde der Wald gerodet, so dass von den ursprünglich riesigen Laubwäldern nur noch kleine Flächen übrig blieben. Der heutige Nadelwald ist zum größten Teil Ergebnis der Aufforstung im 20. Jh.

Auch die Bauern veränderten die Landschaft. Wikinger besiedelten die Täler, wie viele Ortsnamen und der nordische Einfluss im Dialekt der Gegend verraten. Nach der normannischen Eroberung wurde das Land neu verteilt und der Lake District kam in die Hände der Abteien. Die Mönche überließen die *Fells* ihren Schafen und schufen damit die gegenwärtig noch vorherrschende Form der Landwirtschaft. Die Schafzucht verhinderte den Wuchs neuer Wälder und bestimmte das heutige Landschaftsbild. Aus der Zeit von 1750 bis 1850 stammen die meisten Feldmauern, die manchmal schnurgerade an den steilsten Hängen bergauf führen und zum reizvollen Aussehen der Berge beitragen. Der Bau dieser mörtellosen Steinmauern ist eine noch nicht ausgestorbene Kunst.

So formten Natur und Menschenhand ein Paradies für Wanderer. Die Berge sind mit einem dichten Netz von viel benutzten Wanderwegen überzogen. Viele Wege sind beschildert, und die Gipfel sind mit Steinhaufen, so genannten *Cairns*, markiert. Auf jeden Cairn wirft man im Vorbeigehen einen Stein, damit die Wege auch im Schnee gut sichtbar bleiben. Eine Fülle von Wanderkarten und -führern beschreibt leichte und anstrengende Wanderungen. In der Nähe der größten Seen Windermere, Coniston, Derwentwater und Ullswater begegnet man während der Hauptsaison vielen Wanderern. Beliebt sind im Sommer die höheren Berge, die vier ›Dreitausender‹ Scafell, Scafell Pike, Helvellyn und Skiddaw – die Rede ist von 3000 Fuß, ungefähr 915 m. Unter der Woche und zu anderen Jahreszeiten ist es möglich, ganz allein den Rundblick von diesen Gipfeln zu genießen, und es gibt in den abseits gelegenen Tälern ebenso schöne Bergpfade, die auch an den sonnigsten Feiertagen nicht überlaufen sind.

Wassersportler, Drachenflieger und Kletterer kommen im Lake District auch auf ihre Kosten, aber man muss sich nicht unbedingt anstrengen. Ebene Wege um die Seen und kurze Spaziergänge zu den Wasserfällen bieten sich an.

Am Helvellyn

Sehenswertes im Lake District

Tipps & Adressen
Keswick S. 312, Kendal S. 311, Holker Hall S. 310, Troutbeck S. 336, Grasmere S. 304, Cockermouth S. 298, Coniston S. 299, Windermere S. 338, Ullswater S. 336, Keswick S. 312, Buttermere S. 293

Manchmal liegt das Sehenswerte unweit der Straße, zum Beispiel **Castlerigg Stone Circle** 1 bei Keswick, ein Megalithring, nicht so groß wie Stonehenge, aber schöner gelegen. Im Grizedale Forest, südlich von Hawkshead zwischen Windermere und Coniston Water, befindet sich das **Forest Visitor and Wildlife Centre** 2, das Ausstellungen über alle Aspekte des Waldes, über die bestehenden und verschwundenen Industrien, über die Geologie und das Tierleben der Berge zeigt. Im Grizedale Forest gibt es einen Waldlehrpfad, Verstecke für die Beobachtung von Reh- und Rotwild, ein Waldtheater und einen Weg zu Plastiken, die versteckt im Wald stehen. Wölfe, Wildkatzen und Wildschweine wurden im Lake District bereits vor Jahrhunderten ausgerottet. Füchse dagegen haben selbst die lange Jagdtradition überlebt. Auch Adler, die die Lämmer schlugen, wurden früher gejagt, bis sie verschwanden, heute brüten sie wieder in den Bergen.

Zwei Museen in der Stadt **Kendal** 3 am südlichen Rande des Lake District informieren über Natur und Geschichte der Region: das *Kendal Museum* widmet sich der Tierwelt und dem Entstehen der Landschaft, das *Abbot Hall Museum of Lakeland Life and Industry* dem Alltagsleben im Lake District.

Für die häufigen regnerischen Tage fehlt es nicht an Ausweichmöglichkeiten, da der Lake District auf den Touristenansturm gut vorbereitet ist. Wie in

Castlerigg Stone Circle

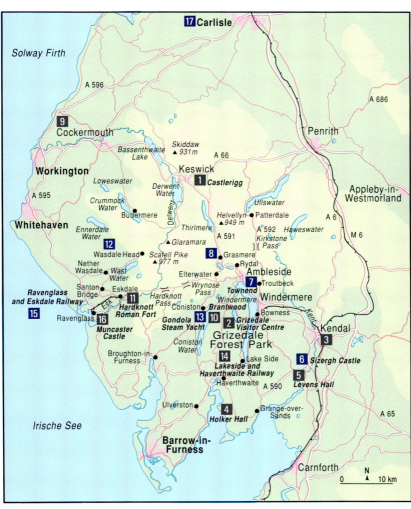

Der Lake District

den anderen Landesteilen sind auch hier die Herrensitze zahlreich. **Holker Hall** 4, nahe der Küste südlich von Windermere, über die B 5278 zu erreichen, gehört mit Gärten, Rehpark und Automobilmuseum der Cavendish-Familie. Unweit der Hauptstraße A 6 südlich von Kendal befindet sich ein weiterer Herrensitz, **Levens Hall** 5, ein elisabethanischer Bau mit Garten von 1692. **Sizergh Castle** 6, 6 km südlich von Kendal an der A 591, vermittelt einen noch

Derwentwater ▷

Einladung zur Rast: Tea Room in Ambleside

besseren Einblick in die Lebensweise des Landadels in vergangenen Jahrhunderten. Hier sieht man einen für diese Grenzregion typischen *pele tower*, ein befestigtes Wohnhaus des 14. Jh. und einen schönen Steingarten.

Eine Besonderheit stellt **Townend** 7 dar, das Haus einer wohlhabenden Bauernfamilie im Dorf Troutbeck an der A 592 zwischen den Seen Windermere und Ullswater. Das um 1626 erbaute Haus enthält die von der Familie Brown über drei Jahrhunderte gesammelte Möblierung und vermittelt einen Eindruck von der Lebensweise in der Gegend. Generationen der Familie beschäftigen sich mit der Holzschnitzerei, so dass jede Fläche im Haus verziert ist.

Grasmere 8 zieht viele Touristen an, ist aber außer zu den absoluten Stoßzeiten ein empfehlenswerter Aufenthaltsort. 500 m südwestlich des Ortes befindet sich *Dove Cottage,* das Haus des Dichters William Wordsworth, der auf dem Friedhof der schönen Dorfkirche begraben wurde. In Dove Cottage sowie in seinem anderen Wohnhaus, *Rydel Mount,* 2 km entfernt in Richtung Ambleside, sind noch Möbel aus Wordsworths Zeit und persönliche Gegenstände des Dichters zu sehen. Sein Geburtshaus, ein georgianischer Bau aus dem Jahr 1745 befindet sich in **Cockermouth** 9, einer hübschen Stadt am nordwestlichen Rand des Lake District. Heute ist ein Museum darin eingerichtet.

Hardknott Pass und Wasdale Head

Wer karge, grandiose Landschaft liebt und sich vor engen Straßen mit Haarnadelkurven nicht fürchtet, sollte sich Zeit für eine Autotour zum Hardknott Pass und dem abgelegenen See Wast Water nehmen. Von der A 593 westlich von Ambleside zweigt eine kleine Straße nach Little Langdale ab. Der Wrynose Pass führt über Hochmoore zum Tal des River Duddon, wo die Straße nach rechts zum steilen Hardknott Pass ausgeschildert ist.

Hat man die Serpentinen des Aufstiegs überwunden, so wird man mit einem herrlichen Blick auf das Tal Eskdale und, bei klarem Wetter, die Irische See belohnt. Auf dem Weg hinunter ins Tal sollte man auf halber Höhe halten, um die Ruinen von **Hardknott Roman Fort** 11 zu besichtigen. Dass in dieser windigen, isolierten Lage tatsächlich für die Römer das ›Ende der Welt‹ war, kann man heute gut nachempfinden.

Nicht weniger beeindruckend ist die Landschaft im Tal Wasdale, das man über Eskdale und die Dörfer Santon Bridge und Nether Wasdale erreicht. Hier erheben sich steinige Berghänge fast senkrecht aus dem dunklen Wasser des tiefsten Sees in England, **Wast Water.** In **Wasdale Head** 12 hört die Straße auf, und der Aufstieg zum höchsten Berg des Landes, Scafell Pike, beginnt.

Der Ruhm der ›Lakeland Poets‹ um Wordsworth zog auch später Generationen von Künstlern und Dichtern an. Der Philosoph und Kunstkritiker John Ruskin verbrachte die letzten 30 Jahre vor seinem Tod 1900 im Haus **Brantwood** 10, an der Ostseite von Coniston Water. Um Ruskins Zeichnungen und Aquarelle und einen herrlichen Blick auf See und Berge zu genießen, fährt man am besten mit dem Dampfboot *Gondola* vom Ort Coniston nach Brantwood.

Die Schönheit des Lake District erschließt sich erst dann richtig, wenn man mit schmerzenden Wadenmuskeln und schlammigen Wanderstiefeln auf einem Gipfel steht. Will man aber unbedingt vom Auto aus die Landschaft entdecken, so empfehlen sich folgende Routen: Vom Ort **Windermere** aus führt die A 592 über den Kirkstone Pass nach Ullswater. Die Fahrt entlang dem nördlichen Ufer von **Ullswater** am schönen Wasserfall Aira Force vorbei und weiter zur Marktstadt Penrith bietet viele schöne Blicke auf See und Berge. Nimmt man statt dessen von Windermere die beliebte Route über Ambleside und Grasmere nach **Keswick,** so kann man eine steile und kurvenreiche Rundfahrt unternehmen – südlich von Keswick am Derwentwater entlang, über den Honister Pass nach **Buttermere**, dann auf einer schmalen, nach rechts abzweigenden Straße (ausgeschildert Newlands) nach Keswick zurück.

Richtig Reisen Tipp

Stilvoll auf See und Schiene

Unter den restaurierten Booten im Dampfschiffmuseum von Bowness am Lake Windermere befindet sich auch die Dampfjacht »Esperance«, die in der zweiten Hälfte des 19. Jh. dem Industriellen Henry William Schneider gehörte. Er war Vorstandsvorsitzender einer Stahlwerks- und Werftgesellschaft in Barrow-in-Furness an der Westküste. Täglich verließ er sein Haus, heute ein gediegenes Hotel am See in Bowness und ging hinter einer kleinen Prozession von Dienern, die sein Frühstück auf silbernen Tellern trugen, zur Anlegestelle hinunter. Er frühstückte stilvoll an Bord, stieg am Südufer von Windermere in seinen privaten Eisenbahnwagen und fuhr ins Büro. Der Zug wartete immer auf ihn, denn er besaß die Eisenbahngesellschaft.

Einen Eindruck von diesem Reisestil kann jeder auf der Dampfjacht »**Gondola**« 13 gewinnen, die täglich von Anfang April bis Anfang November auf dem Coniston Water verkehrt. Sie beförderte von 1859 bis 1937 Passagiere und wurde dann zum Hausboot umgebaut. Die Winterstürme von 1963 trieben sie an Land, und sie wurde erst 1980 nach einer kostspieligen Restaurierung wieder in Betrieb genommen. Das Boot gleitet fast lautlos über den See, ohne die störende Vibration und den Lärm eines Dieselschiffes. Die im viktorianischen Stil gepolsterten Sitze sind sehr bequem. Säulen aus poliertem Holz mit vergoldeten Kapitellen

umrahmen den Blick durch die Fenster auf die Berge.

Eine kurze Strecke von Schneiders Eisenbahn ist noch in Betrieb. Die **Lakeside and Haverthwaite Railway** 14 betreibt ein Verein von Freiwilligen, der von Mai bis Oktober Touristenfahrten in von Dampflokomotiven gezogenen alten Waggons veranstaltet. An der Anlegestelle Lakeside, am südlichen Ende von Windermere, gibt es Anschluss an die Dampfboote.

Bootsfahrten sind auch auf den Seen Windermere und Ullswater möglich. Einen weiteren, sehr empfehlenswerten Eisenbahnausflug bietet die **Ravenglass and Eskdale Railway** 15, eine 1875 eröffnete Schmalspurbahn, die ursprünglich Eisenerz von den Bergen zur Küste transportierte. Dampflokomotiven verkehren zwischen dem ehemaligen Römerhafen Ravenglass, wo man ein kleines Eisenbahnmuseum und das benachbarte Herrenhaus **Muncaster Castle** 16 besichtigen kann und dem landschaftlich reizvollen Tal Eskdale.

Carlisle

Tipps & Adressen   S. 295

 Die Städte Kendal, Keswick, Windermere und Ambleside sind klein, schön gelegen und haben reizvolle Einkaufsstraßen. Die einzige größere Stadt in der Nähe des Lake District ist Carlisle an der Hadrian's Wall, südlich der schottischen Grenze. Die **Kathedrale**, die an der Stelle des römischen Kastells errichtet wurde, verlor den Großteil des normannischen Schiffs zugunsten des Baus von Befestigungen während des Bürgerkriegs im 17. Jh. Der 1380 vollendete Chor blieb unversehrt und hat ein schönes Ostfenster im *Decorated*-Stil.

Im Jahr 1092 erkämpfte sich William II. die Kontrolle über Carlisle und ließ die **Burg** bauen, die als strategische Festung über die Jahrhunderte gut instand gehalten wurde. Unter Edward I., ›The Hammer of the Scots‹, der einen Teil der Burg in einen Palast umwandelte, fanden hier Parlamente statt. Elizabeth I. ließ Maria Stuart in Carlisle Castle einsperren. Donjon und Burgmauern sind zugänglich und der königliche Palast beherbergt ein Regimentsmuseum. Zu den wenigen Erfolgen des letzten Versuchs, das Königshaus zu stürzen, gehörte die Einnahme von Carlisle durch die schottischen Truppen von Charles Edward Stuart im Jahr 1745. Am Marktkreuz verlas ›Bonny Prince Charlie‹ die Proklamation, mit der er den Thron für seinen Vater beanspruchte, aber die Rebellion wurde binnen kurzer Zeit niedergeschlagen.

Die neueste Attraktion in Carlisle ist **Tullie House,** ein ehrgeiziges Projekt, das moderne Architektur in ein Haus aus dem Jahr 1689 integriert. Neben der Kunstgalerie mit wechselnden Ausstellungen gibt es das Museum, das die Verhältnisse einer bewegten Vergangenheit im Grenzgebiet rekonstruiert.

Im Stadtzentrum von Carlisle

Der Nordosten

Hadrian's Wall und die schottische Grenze

Karte S. 150
Tipps & Adressen Hadrian's Wall
S. 305, Corbridge S. 299, Hexham
S. 309, Berwick-upon-Tweed S. 287

Hadrian's Wall, eines der eindrucksvollsten Baudenkmäler des römischen Imperiums, durchzieht die einsame Landschaft an der nördlichen Grenze Englands von Küste zu Küste. Kaiser Hadrian baute die Mauer, um sein Reich von den barbarischen Stämmen im Norden abzuschotten. Im dünn besiedelten, hügeligen Grenzgebiet gibt es viel frische Luft, keine größeren Städte und mehr Schafe als Menschen. Man kann sich leicht vorstellen, dass die zivilisierte Welt einst hier zu Ende war.

Nach der schwierigen Eroberung Nordenglands und des südlichen Teiles von Schottland zwischen 78 und 84 n. Chr. entschieden sich die Römer dagegen, die ganze Insel zu verwalten. Sie etablierten eine Grenze entlang dem ostwestlich verlaufenden Tyne-Tal, da eine von Antoninus Pius weiter im Norden gebaute Verteidigungslinie nicht zu halten war. Hadrian befestigte die Grenze ab dem Jahr 122 mit einer Kette von dreizehn Forts entlang der Mauer, die 122 km lang, 5 m hoch und 3 m breit war. In Abständen von einer römischen Meile (ungefähr 1500 m) entstanden 80 kleinere Forts, *Milecastles*. Zwischen jedem *Milecastle*-Paar standen zwei Wachtürme.

Für das riesige Unternehmen wurde ungefähr eine Million Kubikmeter Stein verwendet. Zu der Verteidigungslinie gehörten zwei Gräben, einer vor der Mauer und einer dahinter, wahrscheinlich als Markierung der militärischen

◁ *Durham*

Zone. Im Westen verlief die Mauer im Tal des Irthing. Hier war sie zuerst ein Erdwall mit Holzzaun, wahrscheinlich, damit die Anlage in einer unruhigen Zeit schnell fertig wurde, aber 40 Jahre nach dem Beginn des Projekts wurde auch der westliche Teil in Stein gebaut.

Schätzungsweise 10 000 Soldaten bewachten die Grenze. Sie hatten vermutlich öfter gegen Kälte und Langeweile zu kämpfen als gegen die Stämme, die im Norden lebten; aber es gab auch unruhige Zeiten. Während der römischen Herrschaft wurde die Mauer mehrmals durchbrochen, die Forts angegriffen und zerstört. Allein der Stamm der Briganten, den die Wachsoldaten im Rücken hatten, bereitete der römischen Verwaltung viele Sorgen. Zunehmende Schwierigkeiten in anderen Teilen des Reichs bewirkten den Rückzug der Legionen aus Britannien gegen Anfang des 5. Jh. Um 410 baten die Bewohner der Provinz den Kaiser in Rom um Hilfe gegen Angriffe von Norden und Osten, jedoch blieb die Unterstützung aus. Zwei der Forts, Birdoswald und Chesterholme, wurden kurz nach 400 zerstört. Archäologen fanden aber sonst wenige Spuren von Gewalt und Zerstörung aus dieser Zeit. Wahrscheinlich kehrten die Hilfssoldaten, die sich aus der einheimischen Bevölkerung rekrutierten, auf ihre Felder zurück, als Anweisungen und Lohn aus Rom ausblieben. In den folgenden Jahrhunderten verfiel das Bauwerk oder diente den Dörfern als Steinbruch.

Entlang Hadrian's Wall

Empfehlenswert für Besichtigungen ist der gut erhaltene mittlere Teil von

An manchen Stellen verläuft der Hadrian's Wall auf einer natürlichen Mauer (oben)

Der Nordosten

Hadrian's Wall zwischen Haltwhistle und Corbridge. Die B 6318 zweigt von der Hauptstraße zwischen Carlisle und Newcastle ab und führt nahe der Mauer fast wie eine Achterbahn auf windige Hügel hinauf und in grüne Täler hinab. Der Wanderweg entlang der alten Befestigungsanlage mit Blick nach Norden auf den Northumberland National Park ist auf dieser Strecke besonders reizvoll.

Einige ehemalige Forts sind heute Museen und können besichtigt werden. Das Fort **Birdoswald** [1], 5 km westlich von Greenhead abseits der B 6318 über dem Irthing-Tal gelegen, stand ursprünglich am Erdwall. Wie die Soldaten hier gelebt haben, kann man im **Roman**

Army Museum 2 bei Greenhead sehen, das eine gute Einführung in die Geschichte von Hadrian's Wall bietet. **Vindolanda** 3, ein älteres Fort südlich der Mauer, gehörte zu den früheren Befestigungen an der Militärstraße. Hier ist ein Mauerstück nachgebaut worden, um zu zeigen, wie Hadrian's Wall im Originalzustand ausgesehen hat. Unweit davon haben Archäologen das Fort **Housesteads** 4 ausgegraben und viele Gegenstände des täglichen Lebens der 1000 hier stationierten Fußsoldaten entdeckt. Die Funde sind in einem Museum ausgestellt. Besuchern werden zudem die Ruinen des militärischen Krankenhauses gezeigt. Housesteads besticht ebenso durch seine landschaftliche Lage und ist der ideale Ausgangspunkt für eine Wanderung. Hier verläuft die Mauer auf der vulkanischen Erhebung Whin Sill. Weiter östlich führt die Mauer hinab ins Tal des North Tyne und überquert den Fluss am Fort **Chesters** 5. In Chesters, einem großen Gelände mit drei Toren auf der Nordseite der Mauer, war die Kavallerie stationiert. Reizvoll ist hier der Blick von den Überresten der römischen Bäder auf die Bäume des Tyne-Ufers, wo Fundamente einer Steinbrücke freigelegt wurden. Von Chesters aus ist es nicht weit bis **Corbridge** 6, einer Stadt an der Militärstraße Stanegate. Corbridge wurde vor dem Bau der Mauer besiedelt. Reste von Forts aus verschiedenen Perioden, die Getreidelager und zivile Siedlungen sind auf dem großen Gelände zu sehen. Das Museum ist mit den Grabungsfunden gut bestückt.

Sehenswert ist auch die kleine Stadt **Hexham** 7, deren Abteikirche von der bewegten Vergangenheit der Region zeugt. Der angelsächsische Heilige Wilfrid gründete die Kirche 674; Krypta und Taufbecken sind aus dieser Zeit erhalten. 875 wurde die Abtei von dänischen Wikingern, 1297 von Schotten geplündert. Chor und Querschiffe stammen aus dem Mittelalter, erst 1907 restaurierte man das Hauptschiff.

Hexham

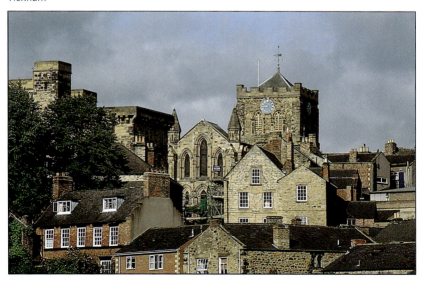

Die schottische Grenze

Die Grenze zu Schottland verläuft heute nicht mehr parallel zum Hadrian's Wall, sondern in nordöstlicher Richtung von Gretna bei Carlisle (s. S. 145) im Westen zu der befestigten Stadt Berwick-upon-Tweed an der Nordsee.

Die Landschaft zwischen der Grenze und Hadrian's Wall ist einsam und von bezaubernder Schönheit. In den Wäldern und Hochmooren gibt es keine größeren Städte und nur wenige Dörfer. Die Cheviot-Hügel, auf deren Kamm die Grenze verläuft, werden auf einer Länge von 50 km von nur einer Straße überquert, der A 68, die auf langen Strecken dem römischen Weg von York nach Schottland folgt. Einen großen Teil des Gebiets nimmt der **Northumberland National Park** ein. Der westliche Teil um den Stausee **Kielder Water** 8 wurde im 20. Jh. mit Nadelwald aufgeforstet, die Gipfel der Cheviot-Berge sind jedoch kahl. Tier- und Pflanzenarten, die im Flachland selten sind, konnten ungestört auf den einsamen Hügeln und in den Flusstälern gedeihen. Die Bäche sind reich an Fischarten, und Northumberland ist der einzige Teil Englands, in dem noch viele Otter beheimatet sind. Wanderfalke und Zwergfalke leben hier, auch viele Füchse, Dachse und verwilderte Ziegen. Paradoxerweise trägt das große militärische Übungsgelände von Otterburn zum Umweltschutz bei, da das für Flora und Fauna wichtige Torfmeer im Sperrgebiet erhalten bleibt.

Das Grenzland blickte zu den letzten schottischen Übergriffen vor 400 Jahren auf eine sehr bewegte Geschichte zurück. Der normannische Eroberer William I. ernannte Markgrafen, um die Region ruhig zu halten, was aber nie gelang. Die Zeit der schlimmsten Unruhen brach an, als Edward I. Ende des 13. Jh. versuchte, Schottland zu unterjochen. Die Schwäche seines Nachfolgers Edward II. nutzten die Schotten, um die Besatzungsarmee zu vertreiben und Northumberland zu plündern. Ein Schatz von überlieferten Balladen feiert die Heldentaten von Kriegern, aber die Wirklichkeit war eher brutal als glorreich. Überfälle auf einsame Siedlungen brachten Terror und Zerstörung. Die Täler eigneten sich gut für die Rinderzucht und manch einem rauen Stammesoberhaupt war jedes Mittel recht, um seine Herde zu vergrößern. So wurden Diebstahl, Mord und Brandstiftung zur Gewohnheit, die Landwirtschaft verkümmerte und Armut führte zu verstärkter Gesetzlosigkeit. Die Bewohner bauten Türme mit dicken Steinmauern, so genannte *pele towers,* die überall im nördlichen England, auch im Lake District und an der Ostküste, noch zu sehen sind.

Die Bauten von **Elsdon** 9, einem Dorf im für Gewalttaten berüchtigten Tal Redesdale, erzählen die Geschichte dieser Zeit. Das Haus des Pfarrers ist ein starker Wohnturm (15. Jh.), der zu den besterhaltenen Beispielen eines *pele towers* gehört. In der Dorfmitte von Elsdon liegt ein breiter Dorfanger. In Zeiten von Krieg und Überfällen wurde das Vieh auf den Platz getrieben und die Lücken zwischen den Häusern wurden verbarrikadiert. In friedlichen Zeiten diente das *Green* als Marktplatz. Jetzt gehen Ziegen, Gänse und Hühner auf Futtersuche an der kleinen, um 1400 gebauten Dorfkirche, die einen wehrhaften Eindruck macht. Weitere *pele towers* befinden sich in den oberen Tälern der Flüsse Aln und Coquet, in den Dörfern **Alnham** 10 und **Harbottle** 11. Viele entlegene Farmhäuser des Grenzgebiets wurden befestigt und heißen *Bastles.*

Familiensitze mit Tradition: Wallington und Belsay

Nicht alle Sehenswürdigkeiten im Grenzgebiet zu Schottland haben eine von Gewalt geprägte Vergangenheit. Das Haus **Wallington** 12, ehemals Sitz der Familie Trevelyan und heute im Besitz des National Trust, zeigt den hohen Grad an Zivilisation, den der englische Kleinadel in der Epoche von Frieden und politischer Stabilität nach 1700 errang. Die Familie Trevelyan pflegte Freundschaften mit Künstlern und Literaten und brachte selbst zwei bekannte Historiker hervor. Nicht nur die Einrichtung des Hauses aus dem 18. und 19. Jh. bezeugt einen kultivierten Geschmack. Zur adligen Kultur gehörte auch die Gartenkunst. Wallington besitzt einen wunderbaren *walled garden,* geschützt und am Südhang gelegen, der bis ins kleinste Detail durchdacht ist und heute noch liebevoll gepflegt wird.

Der benachbarte Ort Cambo, eine Idylle aus Steinhäusern, umgeben von schönen Gärten, entstand als zum Familiengut der Trevelyans gehörendes Musterdorf. Wallington liegt 35 km nordwestlich von Newcastle-upon-Tyne, abseits der A 696 über die B 6342 zu erreichen.

Einige Meilen entfernt, in Richtung Newcastle, kann man einen weiteren Herrensitz mit herrlichen Gärten, **Belsay Hall and Castle** 13, besichtigen. Hier wohnte 600 Jahre lang die Middleton-Familie, zuerst in der 1317 erbauten Burg, ab dem frühen 17. Jh. im heute verfallenen Manor House und schließlich bis 1962 im gut erhaltenen neoklassizistischen Haus Belsay Hall.

Die hügelige Grenzregion ist mit alten Schlachtfeldern übersät. In **Otterburn** nahe Elsdon wurde 1388 bei Mondlicht einer der blutigsten Kämpfe ausgetragen, in dessen Verlauf der schottische Führer Douglas getötet und der englische Führer aus der Familie Percy, Harry Hotspur (›Heißsporn‹) gefangen genommen wurde. Im vorigen 19. Jh. fand man Tausende von Skeletten auf dem Friedhof von Elsdon.

In der letzten großen Schlacht in Northumberland wurde 1513 die schottische Armee bei Flodden Field, nahe der Grenze unweit des Ortes Cornhill, vernichtet. Überfälle der Grenzländer dauerten bis ins ausgehende 16. Jh. an. 1603 wurde ein Schotte, James I., König von England, und die Region kam langsam zur Ruhe.

Berwick-upon-Tweed

14 Die anglo-schottischen Kriege in diesem letzten Jahrhundert der geteilten Herrschaft prägten das Gesicht der befestigten Grenzstadt Berwick-upon-

Blick auf Berwick-upon-Tweed

Tweed. Berwick wechselte dreizehnmal den Besitzer, bis es 1482 endgültig England zufiel. Die Festung von Berwick, ein prächtig erhaltenes Beispiel einer Verteidigungsanlage des 16. Jh., wurde damals nach den neuesten militärtechnischen Kenntnissen zur Abwehr von Artillerie gebaut. Ein kompletter Rundgang um die Stadt auf Mauer und Bollwerk ist möglich, der gute Ausblicke auf Meer, Hafen und die Brücken über den Tweed bietet.

Die alte Brücke aus dem 17. Jh., eine Reihe von 15 Bögen, wird an Schönheit von der 1850 errichteten Eisenbahnbrücke noch übertroffen. Letztere ist ein mächtiges, aber wohlproportioniertes Bauwerk, 600 m lang, über das die Züge von London nach Edinburgh in 40 m Höhe fahren. Berwick besitzt stattliche Häuser aus dem 18. Jh., darunter die **Town Hall** mit hoher Kuppel und das **Custom House** am Kai. Die älteste Kaserne Großbritanniens (sie stammt von 1717–21: Vorher nahmen Soldaten immer in Privathäusern Quartier) beherbergt heute verschiedene **Museen.** Die Ausstellung über das Leben britischer Soldaten von 1660 bis 1900 erzählt eine Horrorgeschichte über das Elend und die Misshandlung der Truppen. Leichtere Kost ist eine ausgesprochen lebhafte, unkonventionelle Ausstellung über die Geschichte von Berwick, die mit vielen Toneffekten ›Geschichte zum Anfassen‹ anbietet.

Burgen und Klöster:
Die Küste von Northumberland

Karte S. 150
Tipps & Adressen
Lindisfarne S. 317, Bamburgh S. 285,
Dunstanburgh S. 300, Craster S. 300,
Alnwick S. 284, Warkworth S. 337,
Cragside House S. 300, Seahouses
S. 331

Northumberland, wörtlich »das Land
nördlich vom Fluss Humber«, bezeichnet die zwischen dem Tyne und der
schottischen Grenze gelegene Grafschaft. Vor 1300 Jahren war Nurthum-
berland ein Teil des unabhängigen Kö-
nigreichs von Northumbria, das sich
zeitweise vom Humber im Süden bis
nach Edinburgh erstreckte. Nach dem
Abzug der Römer aus Britannien und
dem Vordringen der heidnischen Germanen vom Festland lebte das Christen-
tum vorerst nur in den keltischen Rand-
gebieten weiter. Der irische Mönch Columban gründete auf der Insel Iona vor
der schottischen Westküste ein Kloster.
Auf Iona wuchs Oswald, der spätere
König von Northumbria, auf. Im Jahre
635 holte Oswald, der sein Reich zum
christlichen Glauben bekehren wollte,
den Mönch Aidan von Iona nach Northumbria auf die heilige Insel Lindisfarne.

Lindisfarne

15 Lindisfarne, auch Holy Island genannt, 12 km südlich der Grenzstadt Berwick-upon-Tweed, ist nur bei Flut eine
Insel. Bei Ebbe führt eine Straße über
den Sand, und Besucher haben sieben
Stunden Zeit, um den Ort zu erforschen,
von dem aus Nordengland und Teile
des heutigen Deutschland christianisiert
wurden. Der auffälligste Bau ist nicht die
Klosterruine, sondern **Lindisfarne Castle,** 1549 zum Schutz des Hafens gegen
die Schotten auf einer steilen Anhöhe
gebaut. Die jetzt für Besucher geöffnete
Burg wurde 1903 von dem Architekten
Lutyens zu einem bequemen Landhaus
umgestaltet. Dieser Auftrag war für den
romantisch gesinnten Lutyens eine per-
fekte Gelegenheit, sein Talent zu beweisen. Er schuf auf den zwei Etagen der
kleinen Burg wunderbar intime Zimmer,
deren Einfachheit durch erlesene Antik-
möbel, Teppiche, Messingornamente
und blau-weiße Keramik noch betont
wird. Unmöglich, sich nicht zu wünschen, man wäre der Burgherr.

Von der Burgterrasse blickt man auf
den Hafen, das Dorf und das Gelände
von **Lindisfarne Priory.** Die Abteiruinen sind die Überreste des im 11. Jh.
neu gegründeten Klosters. Sie stehen
auf der windgeschützten südwestlichen
Ecke der Insel, dort, wo Aidan das erste
Kloster gründete. Obwohl der rote
Sandstein stark verwittert ist, zeigt die
Fassade der Abteikirche etwas von der
Pracht dieser Pilgerstätte. Zu der Anlage
gehört eine kleine Ausstellung über die
Abtei. Während der ›Dark Ages‹, der
›dunklen‹ Zeit der Völkerwanderungen,
blühte an dieser Küste, fern den Zentren
der späteren europäischen Zivilisation,
eine Kultur, die von angelsächsischen
Missionaren auf den Kontinent getragen
wurde. Kostbarstes Zeugnis dieser Zeit,
das illustrierte Evangeliar von Lindisfarne, entstand auf der Insel um 700 und
befindet sich heute im British Museum
in London. In der Pfarrkirche gegenüber
der Abtei sind Faksimiles von Seiten des
Evangeliars und anderer keltischer
Handschriften der Epoche zu sehen.

Lindisfarne

An der Küste von Northumberland, im Hintergrund Lindisfarne

Auf Lindisfarne lebte der Heilige Cuthbert, der zu Lebzeiten und nach seinem Tod Wunder wirkte. Mönche aus Lindisfarne gründeten das Kloster von Monkwearmouth im heutigen Stadtgebiet von Sunderland und das von Jarrow, wo der größte angelsächsische Gelehrte, Beda, seine Geschichte der englischen Kirche und zahlreiche andere Werke schrieb. Die Hauptstadt des northumbrischen Reichs war York. Hier lehrte Alcuin, der später an den Hof Karls des Großen ging. Von York aus organisierte die angelsächsische Kirche die Mission der heidnischen Länder, aus denen die Angelsachsen ursprünglich nach England gekommen waren. Zu dieser Zeit reisten Willibrord, der die Friesen bekehrte und Bonifatius, Apostel der Germanen, auf das Festland. Die geistige Blüte in Northumbria war jedoch nur von kurzer Dauer. Für das Jahr 793 berichtet die Chronik der Angelsachsen von fürchterlichen Wirbelstürmen, Blitzeinschlägen und dem Erscheinen von Drachen am Himmel. Es waren Ankündigungen der ersten Übergriffe der Wikinger, die die Kirche von Lindisfarne zerstörten und im folgenden Jahrhundert die ganze Küste wiederholt überfielen. Die Mönche flüchteten mit dem kostbaren Evangeliar und den Wunder wirkenden Gebeinen Cuthberts; das Licht der Zivilisation erlosch an dieser Küste.

Burgen entlang der Küste

Northumberland wurde bis ins späte Mittelalter zum Kampfplatz von kriegerischen Feudalherren. Die Reihe von mächtigen Burgen, die sie bauten, um ihre Macht gegen die des Königshauses zu behaupten und um sich gegen die wilden Schotten zu schützen, prägt bis heute das Gesicht der Küste Northumberlands. Wer am Strand von Holy Island nach Süden blickt, erkennt die

Kippers zum Frühstück

An der Küste von Northumberland kann man Fisch und Meeresfrüchte frisch aus der Nordsee genießen. Die Flüsse und Seen der Region liefern auch Süßwasserfisch, und die Flüsse Tweed und Tyne werden ganz besonders von Lachsanglern geschätzt.

Eine Fischspezialität der Region ist in England zu einem beliebten Frühstücksgericht geworden: geräucherte Bücklinge, genannt *Kippers*. Das Fischerdorf Carster, Ausgangspunkt des Spaziergangs zur Burg Dunstanburgh, steht in dem Ruf, die besten *Kippers* in ganz England herzustellen. Steht dieses Gericht auf der Frühstückskarte im Hotel, dann sollte man sich die Gelegenheit nicht entgehen lassen, es zu probieren.

---

mächtige Silhouette der Burg von Bamburgh.

Bamburgh Castle 16, die Residenz König Oswalds und seiner Vorgänger seit 547, überragt einen herrlichen Sandstrand mit hohen Dünen. Die Burg, die jetzt an dieser Stelle steht, wurde kurz nach der normannischen Eroberung errichtet, zu einer Zeit, als man in England begann, Festungen aus Stein zu bauen. Der quadratische Grundriss und die eckigen Türme sind typisch für diese frühe Periode. Ende des 19. Jh. kaufte der Industrielle und Erfinder Lord Armstrong die Burg und versetzte sie durch eine umfassende Restaurierung in den guten Zustand, in dem sie sich jetzt befindet. Bamburgh Castle gehört auch heute noch der Armstrong-Familie. Ihre Sammlungen von Waffen, Ritterrüstungen, Porzellan, Möbeln und Gemälden sowie das Armstrong Museum, das das Lebenswerk des Lord Armstrong darstellt, sind zu besichtigen.

Während der Rosenkriege im 15. Jh. war die Burg noch kein bequemer Landsitz, sondern eine strategisch wichtige Festung. Diese Kriege entstanden aus einer Fehde zwischen den rivalisierenden Geschlechtern von Lancaster und York, die die rote bzw. weiße Rose in ihrem Wappen trugen. 1461 landete der geistesgestörte Heinrich VI., König aus dem Haus Lancaster, mit schottischen und französischen Truppen in Bamburgh und versuchte von hier aus vergeblich, sein Königreich zurückzugewinnen. Im folgenden Jahr leisteten die Verteidiger der Burg unter der Führung von Sir Ralph Grey erbitterten Widerstand gegen die Armee der Anhänger des Hauses York, die mit schwerer Artillerie gerüstet war. Die Kanonen rissen große Steinbrocken aus den Mauern und schleuderten sie ins Meer. Eine Kugel

Bamburgh Castle ▷

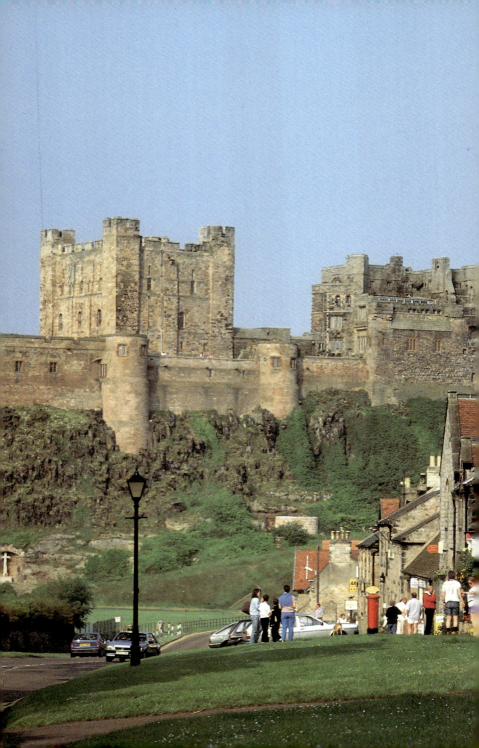

zertrümmerte die Decke der Kammer von Sir Ralph. Während er noch bewusstlos am Boden lag, gaben seine Truppen den Kampf auf und lieferten ihren Befehlshaber den Henkern aus.

Dank einer isolierten Küstenlage auf hohen Klippen ist die verfallene Festung von **Dunstanburgh** [17], etwas südlich von Bamburgh, vielleicht die romantischste der Burgen Northumberlands. Über einen Fußweg von dem Fischerdorf **Craster** ist die Burg zu erreichen. Blumen säumen den Weg, und Seevögel bewohnen die Ruinen, die Thomas, Earl of Lancaster, 1313–16 bauen ließ. Als Henry IV. aus dem Haus Lancaster 1399 Richard II. entthronte, wurde Dunstanburgh zur königlichen Festung, die während der Rosenkriege heiß umkämpft war. Bis Weihnachten 1461 hielt Dunstanburgh einer langen Belagerung durch die Anhänger Yorks stand und ergab sich erst, als die Verteidiger von Bamburgh ihre Waffen niederlegten. Die Schäden dieser Ereignisse wurden nie beseitigt, und seit 400 Jahren ist die Burg verlassen.

Alnwick Castle [18] ist Residenz der Herzöge von Northumberland, Nachkommen der kämpferischen Familie Percy, die 1066 den Eroberer nach England begleitete und diese Region im Mittelalter beherrschte. Im 11. Jh. entstanden Befestigungen, die Henry, erster Lord Percy, 1309 übernahm und ausbauen ließ. Durch ihre Treue zum Königshaus von Lancaster verloren die Percys zeitweise ihren Besitz, blieben jedoch bis heute unbestrittene Lords in Alnwick und laden hochherrschaftlich zum Besuch des Familiensitzes ein. Im 18. Jh. wurden die Burgruinen zu einem Schloss umgestaltet, das dann zwischen 1854 und 1863 wieder umfangreichen baulichen Änderungen unterworfen wurde. Das Innere der Residenz im Stil der italienischen Renaissance ist weitestgehend das Werk des Architekten Salvin. Feinste Möbel und Porzellanobjekte, Gemälde von u. a. Tizian, Canaletto und Van Dyck schmücken die Staatsräume; Kerker, Rüstungssaal und die äußere Erscheinung der Burg tun der mittelalterlichen Vergangenheit Genüge. Von der Terrasse genießt man die Aussicht über den von Capability Brown gestalteten Park am überwachsenen Ufer des trägen River Aln. Die kleine Stadt **Alnwick** (gesprochen: Annick) ist sehenswert. Zwei Tore der Stadtmauer sind erhalten, und die *Town Hall* und andere Häuser um den Marktplatz bilden ein reizvolles Stadtzentrum. Als größter Ort der Umgebung ist Alnwick ein guter Ausgangspunkt, um die Küste oder das hügelige Hinterland von Northumbria zu erkunden.

Warkworth Castle [19], in malerischer Lage nahe der Mündung des River Coquet 12 km südlich von Alnwick gelegen, gehörte ebenfalls den Percys. Die Bauten, die sich heute nicht mehr in Familienbesitz befinden, stammen aus dem 12. bis 14. Jh. Architektonisch ist Warkworth gefälliger als die Nachbarburgen. Ein kurzer Spaziergang am Fluss führt zu einer aus dem Fels gehauenen Einsiedelei. Auch das Dorf Warkworth lohnt einen kurzen Aufenthalt. Die mittelalterliche Brücke steht noch, auch die Kirche von St. Lawrence ist schön. Sie stammt aus normannischer Zeit, mit gotischem Turm und Seitenschiff. In dieser Kirche suchten 300 Bewohner 1174 Schutz vor dem schottischen Earl of Fife. Alle wurden jedoch ermordet.

Dass auch die Mächtigen der Neuzeit ihre Spuren in dieser Gegend hinterlassen haben, zeigt ein Prachtbau des 19. Jh. **Cragside House** [20], an der B 6341 bei Rothbury 20 km südwestlich von

Alnwick gelegen, ist das Landhaus des 1900 gestorbenen Industriellen William Armstrong. Der Architekt Norman Shaw baute Cragside im üppigsten viktorianisch-feudalen Stil. Die Einrichtung der 30 Räume erreicht eine teilweise atemberaubende Extravaganz. Der gelernte Rechtsanwalt Armstrong war nicht nur einer der mächtigsten Geschäftsmänner seiner Zeit, der es durch die Herstellung von Rüstungsgütern in den Adelsstand brachte, sondern auch ein ideenreicher Erfinder. Er entwarf die Schwingbrücke in Newcastle, erfand hydraulische Kräne, hydroelektrische Systeme und vieles mehr. Cragside war das erste Haus der Welt, das mit hydroelektrisch erzeugtem Strom beleuchtet wurde. Armstrong ließ auf seinem Gut dafür künstliche Seen und unterirdische Rohre anlegen. Die Maschinerie ist auf einem 5 km langen Rundgang durch den Park zu besichtigen. Millionen von Sträuchern und Bäumen wurden gepflanzt, damit aus einer kahlen Moorlandschaft der schöne Park entstehen konnte. Wer Armstrongs Liebe zu Rhododendren teilt, sollte den Park Ende Mai oder im Juni besuchen.

Der Reiz von Northumberland besteht nicht nur in seinen historischen Denkmälern, sondern auch in einer relativ unverdorbenen Natur. Die Küstenstrecke gehört zu den schönsten der britischen Inseln. Dünen, Klippen und Sandstrände wechseln sich ab. An einigen Stellen wurden Naturschutzgebiete eingerichtet, von denen die **Farne Islands** 21 besondere Erwähnung verdienen.

Die Inseln sind von dem kleinen Hafen **Seahouses**, südlich von Bamburgh, zu erreichen. Hier nisten im Sommer 17 Seevogelarten, darunter Papageientaucher, Dreizehenmöwen, Seeschwalben, Eidergänse und Eissturmvögel. So zahlreich sind die Vögel, dass der National Trust, der die Insel besitzt, zur Mitnahme eines Hutes rät. Eine große Robbenkolonie lebt im Meer um die Insel. Die kleine Kapelle aus dem 14. Jh. auf Inner Farne gedenkt des hl. Cuthbert, der 687 hier starb. Auch auf Lindisfarne wurden die Dünen zum Naturschutzgebiet erklärt.

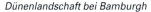
Dünenlandschaft bei Bamburgh

Newcastle-upon-Tyne

Tipps & Adressen
Newcastle S. 322, Beamish S. 287

■ Die Industriestädte Nordostenglands erlangten ihre Bedeutung durch Schiffbau, Stahlwerke, Metall verarbeitende Industrien und Kohlenbergbau. Die wirtschaftlichen und sozialen Probleme, die mit dem Niedergang dieser Branchen verbunden sind, wirken bis heute nach.

Arbeitsplätze in Consett in der Grafschaft Durham waren fast ausschließlich von einem großen Stahlwerk abhängig. In den 1980er Jahren wurde die Stadt zum Inbegriff für Massenarbeitslosigkeit und drohte beinahe auszusterben, als das Stahlwerk schließlich die Tore schloss. Der Nordosten war schon immer eine Hochburg der Arbeiterbewegung: Unvergessen aus der bitteren

Newcastle-upon-Tyne
1 Tyne Theatre and Opera House   2 Burg   3 Discovery Museum   4 Trinity Maritime Centre   5 Museum of Antiquities   6 Laing Art Gallery   7 Bahnhof

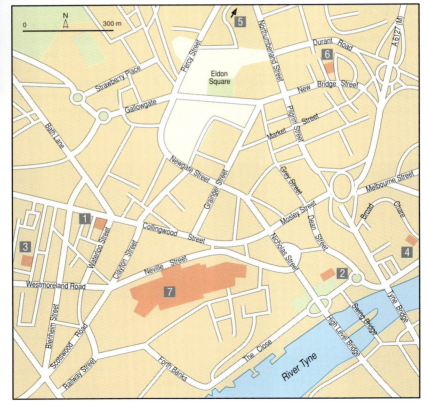

Die Brücken von Newcastle, darunter die berühmte High Level Bridge

Rezession der 30er Jahre bleibt der so genannte ›Hungermarsch‹ von der Werftstadt Jarrow nach London. Die gewerkschaftliche Tradition der Bergarbeiter wird vor allem in den Kohlezechen um Durham hochgehalten. Mittlerweile sind die schlimmsten Jahre vorbei. Als Hoffnungssymbol steht auf einer Anhöhe in Gateshead südlich des River Tyne die größte Plastik des Landes, »The Angel of the North«, ein Mensch aus Stahl mit 54 m breiten Flügeln. Die Bewohner des Nordostens, *›Geordies‹* genannt, sprechen einen auch für andere Engländer teilweise schwer verständlichen Dialekt und gelten als charakterstarke, warmherzige, humorvolle Menschen.

Newcastle ist die größte und interessanteste Stadt der Region. Gefühllose Sanierungen fanden in den 60er Jahren statt. Doch gibt es viele erhaltenswerte Gebäude im Stadtzentrum, besonders in der Gegend um Grey Street. Das **Tyne Theatre and Opera House** 1, 1867 gebaut, gehört zu den schönsten des Landes. Von der gut erhaltenen normannischen **Burg** 2 aus dem 12. Jh., die der Stadt ihren Namen gab, überblickt man die Kais am Tyne. Der Hafen hat eine lange Tradition. Newcastle versorgte London in vergangenen Jahrhunderten mit Kohle: *Carrying coals to Newcastle* ist die englische Version von ›Eulen nach Athen tragen‹. Wahrzeichen der Stadt sind die sechs Brücken über den Tyne, darunter Robert Stephensons **High Level Bridge** auf zwei Ebenen aus den Jahren 1845–49 und William Armstrongs **Swing Bridge** von 1868, deren hydraulische Motoren noch funktionstüchtig sind. Das **Discovery Museum** 3 zeigt zahlreiche Beiträge dieser Region zur Entwicklung der Technik: Die von Joseph Swan entwickelte Lampe, mit der die Mosley Street in Newcastle als erste Straße der Welt elektrisch illuminiert wurde; die Dampfturbine, die Charles Parsons erfand sowie Arbeiten von Vater und Sohn George und Robert Stephenson, die 1829 ihre Lokomotive »Rocket« auf einem Gelände hinter dem heutigen Hauptbahnhof bauten. Im Jahr 2000 kam ein neues Wunder hinzu, die Gateshead Millennium Bridge für Fußgänger und Radfahrer. Diese erste »rotierende« Brücke der Welt dreht sich um die eigene Achse hoch, um Schiffe durchzulassen. Das in einem viktorianischen Lagerhaus untergebrachte **Trinity Maritime Centre** 4 widmet sich der seemännischen Tradition von Newcastle mit einer Rekonstruktion einer Hafenanlage aus der Zeit um 1775. In Turbinia Hall ist das von Parsons konstruierte erste Turbinenschiff der Welt zu sehen. Die archäologischen Funde der Region sind in dem **Museum of Antiquities** 5 untergebracht, die Kunstsammlung der Stadt – Gemälde, Silber, Glas und Kostüme – befindet sich in der **Laing Art Gallery** 6.

Ausflug in die Umgebung von Newcastle

Das **Beamish Open Air Museum** 1, das 1987 zum Europäischen Museum des Jahres gewählt wurde, ist eine der großen Attraktionen in der Umgebung von Newcastle. Auf dem ausgedehnten Gelände werden die Arbeitswelt und Lebensverhältnisse um 1900 dargestellt. In alten Straßenbahnwaggons fährt der Besucher zu einer Häuserreihe, die bis in jede Einzelheit exakt rekonstruiert ist. Der Pub und kleine Läden mit Waren in Originalverpackung fehlen nicht. Ein kompletter Bahnhof samt Schienen, Stellwerk, Fahrkartenverkauf und Fußgängerbrücke wurde hierhin transportiert und neu errichtet, so dass alte Dampfloks ihre Funktionstüchtigkeit noch beweisen können. Eine Fahrt unter Tage in die komplett wiederhergestellte Zeche ist auch möglich. Die *pit cottages,* Rekonstruktionen von Häuschen der Zechenkumpels, rufen bei älteren Besuchern des öfteren nostalgische Gefühle hervor. Kinder erfreuen sich an dem Bauernhof mit lebenden Tieren.

Juwel im Nordosten: Durham

Tipps & Adressen S. 301

2 Den schönsten Blick auf Durham haben Reisende, die die Stadt mit der Bahn erreichen. Hoch über den Häusern führt der lange Viadukt die aus London kommenden Züge zum Bahnhof der alten Universitätsstadt. Wer nach Osten schaut, sieht die drei Türme des normannischen Doms, der auf einem Felsen über dem Fluss Wear von allen englischen Kathedralen die eindrucksvollste Lage besitzt. Der alte Kern von Durham (gesprochen: Durrem) nimmt das flache Plateau der Landzunge ein, die vom Wear fast völlig umschlungen ist und dank der steilen, bewaldeten Schlucht gut zu verteidigen war. 995 fanden Mönche aus Lindisfarne hier eine geeignete Ruhestätte für die Gebeine von St. Cuthbert. 875 durch Angriffe der Wikinger aus ihrem Kloster vertrieben, waren sie mit den Relikten des Heiligen jahrelang durch Nordengland gewandert, bis nach der Sage eine Kuh ihnen den Platz in Durham zeigte.

Der Kult von Cuthbert zog viele Pilger an, so dass die erste Kirche aus Holz bald durch eine steinerne ersetzt wurde. Auch die militärische Bedeutung des Orts ließ hier eine Stadt entstehen. Nach seiner brutalen Unterdrückung des angelsächsischen Widerstands in Nordengland brauchte Wilhelm der Eroberer ein Bollwerk gegen die Schotten, die 1006 und 1038 Durham erfolglos belagert hatten. 1071 ließ er eine Burg bauen und setzte als Bischof einen Vertrauten ein, der das umliegende Gebiet als Grenzmark verwaltete. Die Fürstbischöfe von Durham hatten von dieser Zeit an eine besondere Stellung im Lande. In ihrer von der Hauptstadt weit entfernten Pfalzgrafschaft regierten sie wie Könige mit eigenem Heer, einer eigenen Münze und besonderen Strafgerichten. In der Kathedrale galt Asylrecht für Mörder. Wer den am Nordwestportal

Ausflüge in die Umgebung von Newcastle-upon-Tyne

der Kirche hängenden Türzieher erreichte, war vor dem Arm des Gesetzes sicher. Der ursprüngliche Türzieher in Form eines bronzenen Löwenkopfes wird jetzt im Domschatz aufbewahrt, wurde aber durch eine Kopie ersetzt.

Erst 1836 wurden mit der Abschaffung des autonomen Status von Durham Vertreter ins Parlament nach Westminster geschickt, und in der Hierarchie der anglikanischen Kirche bleibt der Bischof von Durham bis heute einer der ranghöchsten Prälaten, der noch über ein beträchtliches Einkommen verfügt und in einem großen Palast in der benachbarten Stadt Bishop Auckland wohnt.

Größe und Schönheit der wuchtigen **Kathedrale** zeugen von der Macht der frühen Bischöfe. Der 1093 begonnene Bau dieses vollständigsten englischen Beispiels der normannischen Kirchenbaukunst dauerte nur vierzig Jahre. Die runden Pfeiler des Schiffs haben einen Umfang von sechs Metern. Sie sind mit verschiedenen Mustern verziert: Spiralen, Zickzackformen und Rauten lockern die Steinmasse etwas auf. Dazu bildet die spätnormannische *Galiläa-Kapelle,* die Ende des 12. Jh. im Westen angebaut wurde, einen deutlichen Kontrast. Hier wirkt der Raum heller und eleganter durch die schlanken Säulengruppen, die die fünf Schiffe der Kapelle trennen. In der Galiläa-Kapelle ruhen die Gebeine eines zweiten angelsächsischen ›Prominenten‹, der Pilger nach Durham lockte: der große Gelehrte Beda, der im Kloster von Jarrow, an der Küste bei Newcastle-upon-Tyne, Anfang des 8. Jh. lebte.

Die Kathedrale von Durham begeistert Architekturhistoriker durch das sehr frühe Auftreten gotischer Bauelemente, wie der Kreuzrippen im Gewölbe des Chors und der Strebepfeiler, die im Dach der Seitenschiffe versteckt sind. Sie werden hier nicht zum Ausdruck eines neuen Stils, sondern bleiben einzelne Elemente eines romanischen Bauwerks, dem während des gotischen Zeitalters weitere Bauteile hinzugefügt wurden. Das östliche Querhaus stammt aus dem 13. Jh., der Vierungsturm wurde im 15. Jh. nach einem Blitzeinschlag erneuert. Von der mittelalterlichen Ausstattung ist nur noch wenig erhalten. Das Schönste ist die gotische Rückwand des Hauptaltars. Die Statuen, die zusammen mit dem kostbaren Schrein des heiligen Cuthbert dort ihren Platz hatten, sind der Reformation zum Opfer gefallen. Im 17. Jh. verursachte der puritanische Eifer Oliver Cromwells weitere Schäden. Nach seinem Sieg über die Schotten in der Schlacht von Dunbar im Jahre 1650 ließ er 3000 seiner Gefangenen einige Monate lang in der Kathedrale einquartieren. Diese verheizten das Chorgestühl und sämtliche andere hölzerne Einrichtungen, um sich über den Winter zu bringen. Nach der Restauration des Königshauses 1660 entstanden das neue Chorgestühl und der riesige Baldachin über dem Taufbrunnen, ein Meisterwerk der Schreinerkunst. Im Kreuzgang befindet sich der Domschatz, in dem der Sarg Cuthberts aus dem 7. Jh. mit Holzschnitzereien, seinem Brustkreuz, frühen Bilderhandschriften und angelsächsischen Kirchengewändern zu sehen ist.

Das andere große Bauwerk auf dem Felsen von Durham, die **Burg,** gehört der Universität. Die Bauteile stammen aus verschiedenen Epochen, die frühesten aus dem 11. Jh. Der Bergfried wurde Mitte des 19. Jh. für die neu gegründete Universität an der Stelle des baufälligen Vorgängers errichtet. Studenten leiten die Besuchergruppen, und in den Semesterferien zu Ostern und im Sommer wird preiswerte Touristenunterkunft in Studentenzimmern angeboten. Für Ansprüche, denen auch ein geschichts-

Blick auf Durham, hinten rechts die Kathedrale, links die Burg

trächtiges Studentenheim nicht gerecht wird, besteht die Möglichkeit, in den bischöflichen Staatsräumen in einem Himmelbett zu übernachten. Die Burg wurde von den Schotten nie eingenommen; ein Blick auf die wehrhafte Nordseite, die den einzigen Zugang zum Plateau sperrt, zeigt warum.

Das **Stadtzentrum** von Durham mit Marktplatz und Einkaufsstraßen ist sehr klein. Empfehlenswert für einen Spaziergang sind das Viertel um die Straßen North Bailey und South Bailey auf der Süd- und Ostseite des Felsens und die Gegend zwischen Kathedrale und Burg um den *Palace Green*, den Häuser verschiedener Stilrichtungen, alle im Besitz der Universität, säumen. Vier Fußgängerbrücken überqueren den Wear: *Elvet Bridge* und *Framwellgate Bridge* stammen ursprünglich aus dem 12. Jh. Auch von der stattlichen *Prebend's Bridge* (18. Jh.) und der modernen *Kingsgate Bridge*, die weiter südlich an der Flussschleife liegen, lohnt der Ausblick. Auf den Wegen unter den Bäumen am Flussufer hat man den Eindruck, auf dem Lande zu sein, obwohl das geschäftige Stadtzentrum nur wenige hundert Meter entfernt liegt. Auf dem Wear verkehren Ausflugsboote. Die Mönche von Lindisfarne zogen mit ihren Relikten nicht nur Pilger nach Durham, sondern tausend Jahre später auch einen regen Touristenstrom nach sich. Trotzdem ist der Reiz der alten Stadt nicht verloren gegangen.

Im Hafen von Whitby ▷

Yorkshire

Das nördliche Pennine-Gebirge und die Yorkshire Dales

Karte S. 171

Das Pennine-Gebirge bildet das Rückgrat von Nordengland. Der Wanderweg *Pennine Way* führt über die gesamte Länge dieser Hügelkette, 240 km, vom Peak District südlich von Manchester bis zur schottischen Grenze. Der Wanderer, der die ganze Strecke in Angriff nimmt, erlebt eine abwechslungsreiche Landschaft. In den Kalksteingebieten sind die Berge durch tiefe Täler zerklüftet, die Bergkuppen gerundet. Dunkler und schroffer sind die Felsen der Sandsteingebiete, die dramatischer erscheinen. Die Verschiedenartigkeit ist auch das Ergebnis der Höhenunterschiede. Die lebenden Hecken der Täler weichen mit zunehmender Höhe den Feldsteinmauern, an denen man die geologischen Verhältnisse ablesen kann. Unten im Tal ist das Land fruchtbar, und Erle und Esche gedeihen am Rand der Äcker und Wiesen, während oben auf den Mooren Heidekraut, Moorgräser und Heidelbeere wachsen. Obwohl die Gipfel nirgends höher als 700 m sind, ist das Klima im Winter sehr rau, und die Vegetation der Hochmoore ernährt nur genügsame Schafrassen. Im August, wenn das purpurne Heidekraut blüht, sehen die Berge besonders schön aus, aber auch zu dieser Jahreszeit soll man warme, wasserdichte Kleidung mitnehmen, denn oben ist es oft kälter, als man sich im geschützten Tal vorstellen kann, Wetterumschwünge sind keine Seltenheit.

Östlich und westlich des Hochlands liegen die Städte, in denen die industrielle Revolution begann. Die Spindeln und Webstühle der ersten Textilfabriken wurden ursprünglich von der Kraft der Pennine-Bäche und -Flüsse getrieben. In den Tälern der südlichen Pennines liegen kleinere Industriestädte; in den Dales nördlich des Ballungsgebiets von Leeds-Bradford bewahren die aus Stein gebauten Dörfer und Marktstädte ihren urtümlichen Charakter, und die engen Täler bergen Zeugnisse einer bewegten Vergangenheit, darunter sehenswerte Abteiruinen und Burgen.

Teesdale und Weardale

Tipps & Adressen
Barnard Castle S. 286

Obwohl Teesdale und Weardale nicht zu Yorkshire gehören, gibt es keine natürliche Grenze zwischen diesen Tälern und den Dales von Yorkshire. Das Gebirge erstreckt sich ununterbrochen nach Norden, etwas höher und wilder werdend. Der nördlichste Teil der Pennines wurde als ›letzte Wildnis von England‹ beschrieben. Das obere Tees-Tal, **Upper Teesdale 1**, verdient auf jeden Fall diese Bezeichnung. Hier ist die Natur in einer Vielfalt von Lebensräumen fast unberührt: tundra-ähnliches Torfmoor, Grasland auf Kalksteinböden, Waldstücke und Weideland an den Flüssen. Die nach der letzten Eiszeit angesiedelte Flora ist seit fast 10 000 Jahren unverändert. An entlegenen Stellen wachsen alpine Arten wie Frühlingsenzian, die in anderen Landesteilen längst ausgestorben sind. Das Gebiet ist kein Nationalpark, wurde aber zu einem Gebiet außerordentlicher natürlicher Schönheit, *area of outstanding natural beauty*, erklärt. Naturschutzbehörden, die den mit Besuchern überfüllten Lake District ent-

Das nördliche Pennine-Gebirge und die Yorkshire Dales

Die verlassenen Bleibergwerke

Einblick in eine harte Lebensweise gibt es in Killhope – schon der Name wirkt niederschmetternd – in Upper Weardale. 4 km westlich des Dorfes Cowshill an der Straße A 689 befindet sich das **Killhope Wheel Lead Mining Centre**. Reste der Bleigrube und des Schmelzwerks wurden restauriert und mit einer Ausstellung über das Leben der Bergleute ergänzt. Das 10 m hohe Wasserrad lieferte die Kraft, um Erz zu hämmern. Überall im Gebirge, vom Peak District im Süden über die Yorkshire Dales bis zu den nördlichsten Pennines, gibt es Spuren dieser Industrie, die bereits zur Römerzeit bestand, vor 200 Jahren einen Aufschwung erlebte und Ende des 19. Jh. zusammenbrach. Viele der breiten Wanderpfade, *green tracks,* der Dales führen zu den ehemaligen Bergwerken. Das Erz wurde an Ort und Stelle geschmolzen und das Metall auf Pferden in die Täler gebracht. Wer in den Hügeln unvermittelt auf die verfallenen Mauern eines größeren Steinbaus, einen überwachsenen Schacht, eine runde Grube oder sogar auf einen aus dem Boden emporragenden Schornstein stößt, mag daran denken, dass Menschen hier eine zermürbende, gesundheitsschädigende Arbeit verrichteten, damit die Dächer von Palästen in Südengland, Abteien in Frankreich und Kirchen in Rom mit Blei gedeckt werden konnten.

lasten wollen, ermutigen zum Besuch der relativ leeren Nord-Pennines.

Die schöne Marktstadt **Barnard Castle** 2 hat ihren Namen von der am nördlichen Tees-Ufer gebauten Burg, die seit dem 12. Jh. das Tal an dieser Stelle beherrscht. Am Stadtrand steht ein in dieser Gegend unerwarteter Kulturpalast, das *Bowes Museum.* Mitten in einer sehr englischen Landschaft liegt dieses große französische *Château.* Der Industrielle John Bowes und seine Frau, eine französische Schauspielerin, konzipierten den Bau nicht als Wohnsitz, sondern von Anfang an als Museum, um ihre Kunstsammlung aufzunehmen. Seit 1892 profitiert die Öffentlichkeit von ihrem guten Geschmack. Die bedeutende Sammlung europäischer Gemälde umfasst Werke von der Renaissance bis ins 19. Jh., darunter Bilder von Meistern wie Goya, El Greco und Tiepolo. Komplett eingerichtete Säle zeigen den Wohnstil vergangener Epochen anhand von Keramik, Textilien, Möbeln, Uhren, Tapisserien und anderen Objekten.

Yorkshire Dales National Park

Tipps & Adressen
Reeth S. 329, Richmond S. 329,
Leyburn S. 316, Hawes S. 307,

Wharfedale S. 337, Grassington S. 304,
Skipton S. 332

Der größte Teil des Nationalparks besteht aus Swaledale, Wensleydale und Wharfedale mit ihren Seitentälern und den dazwischen liegenden Bergen.

Swaledale
Mittelpunkt des in west-östlicher Richtung verlaufenden Swaledale ist **Reeth 3**, ein viel besuchter Marktflecken um einen offenen grünen Platz. Das obere Tal ist das Land der Schaffarmer und, in vergangenen Zeiten, der Bergarbeiter. Um eine wahrhaft raue, menschenleere Landschaft zu erleben, biegt man in Reeth in das Seitental Arkengathdale nach Norden ab und kommt nach einigen Kilometern zum höchstgelegenen (520 m) Pub des Landes, *Tan Hill* **4**. Das Lokal steht alleine in einer Umgebung, die je nach Geschmack atemberaubend oder völlig desolat wirkt. Östlich von Reeth wird Swaledale sanfter, mit grünen Wiesen und vielen Bäumen.

Am Ende des Swaledale liegt die historische Stadt **Richmond 5**. Hier befindet sich die sehr gut erhaltene normannische Burg in herrlicher Lage hoch über dem Fluss. Der Ausblick von den Zinnen des 30 m hohen Bergfrieds belohnt den Aufstieg. Mitten auf dem unebenen Kopfsteinpflaster des Marktplatzes steht *Trinity Church,* die im 14. Jh. schon verfallen war. Sie wurde später als Pestkrankenhaus, Schule, Lagerhalle, Rathaus und Gerichtsgebäude benutzt. Die Schaufenster von Geschäften wurden im 18. Jh. in die Seitenschiffe eingebaut, und heute beherbergt der Bau das *Green Howards Regimental Museum.* »Green Howards« ist der Name eines traditionsreichen Regiments, das seit zwei Jahrhunderten seine Soldaten in Yorkshire rekrutiert. Catterick Camp,

südlich von Richmond, ist eines der wichtigsten Militärlager Englands. Mit dem *Theatre Museum* kann Richmond auch auf seine kulturelle Tradition verweisen. Das 1788 errichtete Theater hat seit seiner Eröffnung keine baulichen Veränderungen erfahren. Das alte Viertel von Richmond ist ebenfalls sehenswert. Die Häuser um den Marktplatz und im Labyrinth von steilen Gassen haben grau-braune Steinfassaden, die sich zu einem harmonischen Stadtbild zusammenfügen. Ein kurzer Spaziergang flussaufwärts am Ufer der Swale führt zu den Ruinen von **Easby Abbey,** 1155 für Prämonstratensermönche gegründet und der *Church of St. Agatha,* deren Wandmalereien aus dem 13. Jh. stammen. Von einem anderen Kloster in Richmond blieb nur der Turm, *Grey Friars' Tower,* nördlich des Marktplatzes, übrig.

Wensleydale
Wensleydale ist für den gleichnamigen Käse bekannt, ein weißes, leicht säuerliches Produkt. Die anderen Dales sind nach ihrem Fluss benannt, dieses Tal jedoch nach dem Dorf **Wensley,** das im Mittelalter bedeutender war als heute. 1563 wurde der Ort von der Pest heimgesucht. Die Überlebenden ergriffen die Flucht und Wensley erholte sich nie wieder von diesem Exodus. Die Marktstadt für diese Gegend ist jetzt **Leyburn.** Südlich von Leyburn an der A 6106 liegt **Middleham 6**, einst Sitz des mächtigen Grafen von Warwick. Durch seine entscheidende Rolle in den Rosenkriegen des 15. Jh. erwarb er den Beinamen ›Kingmaker‹ (Königsmacher). In den Jahren seiner größten Macht lebte Warwick in Middleham in derart großem Stil, dass Zeitgenossen bemerkten, der Hof von England sei weder in Windsor noch in Westminster, sondern in diesem entlegenen Ort im Norden. 1469 war Ed-

Yorkshire Dales

173

ward IV. kurze Zeit Warwicks Gefangener in **Middleham Castle**. Der rechteckige Bergfried wurde um 1170 gebaut. Die Ruine ist noch imposant, obwohl viele Generationen die Steine zum Bau ihrer Häuser abtrugen und der Graben, den einmal eine Quelle speiste, 1830 zugeschüttet wurde. Die A 6106 führt von Middleham in Richtung Osten durch das schöne Dorf East Witton zu einer Abteiruine der Zisterzienser, **Jervaulx Abbey** [7], die 1156 gegründet wurde.

Weiter in Richtung Westen liegt **Bolton Castle** [8], von außen eindrucksvoll, innen etwas enttäuschend. Die fünfgeschossigen Türme der Burg, die die Scrope-Familie im 14. Jh. bauen ließ, stehen noch in voller Höhe. Trotz ihrer Größe, ihrer eckigen, wehrhaften Erscheinung und Lage auf der Talseite, von der aus herannahende Feinde früh erkennbar waren, ist die Burg eher ein befestigtes Wohnhaus als eine militärische Anlage. Maria Stuart wurde 1568 sechs Monate lang hier gefangen gehalten. Etwas weiter talaufwärts ziehen die Wasserfälle von **Aysgarth** [9] viele Besucher an. Der bis zu diesem Punkt ruhig durch das Tal fließende Ure rauscht hier durch eine Schlucht. Touristisches Zentrum von Wensleydale ist **Hawes** [10], durch dessen Ortsmitte ein Bach mit Wasserfällen fließt. Im alten Bahnhof von Hawes wurde das *Dales Countryside Museum* eingerichtet. Themen der Ausstellung sind Handwerk und Lebensweise der Dales-Bauern. Von Hawes aus zurückkehrend zum östlichen Ausläufer des Tals, verdient unter den vielen schönen Dörfern dieser Gegend der Ort **West Burton** [11] mit seinen alten Häusern um den Dorfanger besondere Erwähnung. Von West Burton aus gelangt

Die Wasserfälle von Aysgarth

Middleham Castle: Wo Shakespeares Bösewicht sein Handwerk lernte

Middleham Castle ist mit Englands am meisten berüchtigten König verbunden, der vor allem durch Shakespeares gleichnamiges Stück einen schlechten Namen bekommen hat: Richard III. Die Tudor-Dynastie, die zu Shakespeares Zeit regierte, war 1485 durch den Sieg ihres Gründers Henry VII. über Richard in der Schlacht von Bosworth auf den Thron gekommen. Die Tudor-Propagandisten verleumdeten den Entmachteten, und Shakespeare schloss sich ihrer Interpretation in seinen patriotischen Geschichtsdramen an. Richard wird als widerwärtiger Krüppel dargestellt, der bewusst die Rolle des Bösewichts spielt. Er stachelt die Höflinge gegeneinander auf, verrät seine Mitverschwörer, heuchelt Mitleid bei den Witwen seiner Opfer, lässt seinen Bruder in einem Fass Wein ertränken und seine beiden kleinen Neffen im Tower of London umbringen, damit er selber den Thron besteigen kann. Shakespeare stellt ihn als wahren Teufel dar, der sich an seinen Greueltaten ergötzt. Seitdem streiten sich Historiker heftig über die Frage seiner Schuld oder Unschuld. Der Ver-

ein *The Richard III. Society* wurde gegründet, um ihn zu verteidigen.

Im Alter von neun Jahren kam Richard 1461 an den Hof des Grafen von Warwick nach Middleham, um das Handwerk eines Ritters zu erlernen. Er studierte Schriften über Kriegsführung und ritterliches Verhalten, Etikette, Heraldik und Geschichte, erhielt Unterricht in Religion, Französisch und Latein. Ritte über die Moore in schwerer Rüstung, der Umgang mit Dolch, Kriegsbeil und Schwert, die Jagd auf Wildschwein und Hirsch und mit Falken gehörten auch dazu. Dass seine rechte Schulter und sein rechter Arm größer als die linke Seite waren, wodurch die Legende des missratenen Ungeheuers entstand, war vielleicht eine Folge des harten Trainings. Ob Unmensch oder nicht, Richard mochte Middleham und wohnte dort nach seiner Heirat mit Anne Neville, der Tochter von Warwick. Ihr Sohn kam in dieser Burg zur Welt, wahrscheinlich im *Prince's Tower* oder in der Kinderstube. Als das Kind ein Jahr später starb, berichtete der Chronist, dass die Eltern vor Trauer am Rande des Wahnsinns standen.

man auf der B 6160 in Richtung Süden über die Höhen ins Wharfedale.

Wharfedale
Im Tal Wharfedale halten die meisten Besucher in **Grassington** 12, einem Ort,

der bis heute sein Eigenleben bewahren konnte. Westlich von Grassington um das Dorf Malham bietet die Karstlandschaft herrliche Wandermöglichkeiten. Die teilweise noch überdachten Ruinen von **Bolton Abbey** 13, weiter südlich, liegen wunderschön inmitten der Wiesen am Wharfe-Ufer. Von Bolton Abbey führt die A 59, die Hauptstraße zur Westküste, nach **Skipton** 14. An dieser strategisch wichtigen Stelle wurde nach der normannischen Eroberung eine Burg gebaut. Seit 1309 wohnt die Familie Clifford in *Skipton Castle*. 1645 erlitt die Burg im Bürgerkrieg erhebliche Schäden, aber sie wurde wieder aufgebaut und ist heute eine überdachte Wohnburg. Auch die spätgotische Kirche von Skipton ist sehenswert. Der Kanal, der vor 200 Jahren gebaut wurde, um Leeds und die anderen Wollstädte mit Liverpool zu verbinden, überquert hier die Pennines, Skipton blühte als Umschlagplatz für Tuche und Agrarprodukte und profitiert noch heute vom Kanal, der Urlaubsboote auf schlängelndem Weg durch die Felder ins Stadtzentrum bringt.

Am Rande des Nationalparks

Tipps & Adressen
Ripon S. 329, Harrogate S. 306

Die kleinen Flüsse der Yorkshire Dales vereinen sich in der nord-südlich verlaufenden Ebene Vale of York und fließen zur Nordsee. Im flachen Land am Rande der Dales liegen Ripon und Harrogate. **Ripon** 15 ist eine kleine Stadt mit einer langen Geschichte. Schon im 7. Jh. für kurze Zeit Bischofssitz, erhielt Ripon die-

Skipton: Häuserzeile am Kanal

sen Status 1836 wieder, als die Klosterkirche zur Kathedrale erhoben wurde. Ab 1175 im Stil des frühgotischen *Early English* gebaut, gefällt die Architektur vor allem durch die Gliederung der langen, schlanken Lanzettfenster. Von dem angelsächsischen Bau blieb die Krypta erhalten, die zu den ältesten Steinbauten des Landes gehört. Bauherr der frühen Steinkirche war der heilige Wilfrid, ein Verfechter der römischen Kirche gegen die Bräuche der keltischen Mönche. Er war ein tatkräftiger, unbeugsamer Mann. Er vertrieb die schottischen Mönche, die er in Ripon vorfand und war 664 auf der Synode von Whitby maßgeblich an der Entscheidung des Königs von Northumbria beteiligt, den römischen Ritus zu übernehmen. Es wäre anachronistisch, Wilfrid als typischen *Yorkshireman* zu bezeichnen, aber sein Charakter passt gut zu der Region. Der Menschenschlag des Dales-Gebiets im Norden und Westen von Ripon gilt als zäh, kernig – sogar knauserig, behaupten manche. Eine sehr beliebte Sendung über einen Tierarzt und seine Praxis, die auch im deutschen Fernsehen lief, machte die ungehobelten Farmer und die Landschaft der Dales auf etwas sentimentale Weise einem breiteren Publikum bekannt.

Ruinen der Zisterzienserabtei Fountains Abbey bei Ripon

Richtig Reisen Tipp

Romantische Ruinen: Die Abteien von Yorkshire

Im frühen Mittelalter wurden in den damals einsamen Tälern von Yorkshire zahlreiche Abteien gegründet. Die Mönche machten das Land urbar und besaßen große Schafherden. Ihr Reichtum wurde ihnen während der Reformation zum Verhängnis: 1536 füllte Henry VIII. seine Staatskassen durch die Auflösung aller Klöster des Landes und die Beschlagnahme ihres Besitztums. In anderen Landesteilen, in Städten wie Chester und Gloucester, wurden die Abteikirchen zu Kathedralen, doch war in den dünn besiedelten Dales keine derartige Rettung möglich. So werden die Abteien von Yorkshire heute als großartige, romantisch gelegene Ruinen bewundert, deren halb verfallene Mauern, abgebrochene Steinbogen und unverglaste Fenster die vergangene Schönheit ihrer Architektur nur noch andeuten.

Eine der schönsten ist **Fountains Abbey** 17, ein Kloster der Zisterzienser, über die Straße B 6265 südwestlich von Ripon zu erreichen. Fountains liegt in einem stillen Tal, umrahmt von bewaldeten Hängen. Die 1132 gegründete Abtei wurde in dem schlichten Stil gebaut, den die Zisterzienser bevorzugten. Dieser strenge Orden strebte ein arbeitsames, asketisches Leben an. Isolierte Lagen fern von Laien und ihren Siedlungen wurden gesucht, kein Mönch sollte von körperlicher Arbeit verschont bleiben. Für diese Zwecke waren die armen, entlegenen Gegenden von Yorkshire, die sich Anfang des 12. Jh. von den Verwüstungen der normannischen Eroberung noch nicht erholt hatten, bestens geeignet. Der Erzbischof schickte Mönche von der bequem gewordenen Abtei von St. Mary in York ins unbeackerte Skeldale. Dort entwickelte sich nach bescheidenen Anfängen aus einigen Hütten um eine Ulme eins der berühmtesten Klöster des Landes.

Der Kurort **Harrogate** 16 ist eine Oase der Eleganz im Vergleich zum rustikalen Charakter des Berglandes. Schon im 17. Jh. wurde Harrogate von Patienten aufgesucht, die Blasen- und Nierenbeschwerden, Epilepsie, Gelbsucht und Hautkrankheiten heilen wollten. Die Stadt erlebte eine Blüte in viktorianischer Zeit, als die bessere Gesellschaft zu den eisen- und schwefelhaltigen Quellen kam. Den Kurgästen wurden über 40 Sorten Heilwasser verabreicht. Im Jahre 1939 wurden die Kursäle abgerissen und der *Royal Pump Room,* in dem die Schwefelquelle sprudelte, ist heute ein Museum. Harrogate hält viel auf sich und bietet feine Geschäftsstraßen um große, blumengeschmückte Parkanlagen, die zu Spaziergängen einladen.

North York Moors und die Küste von Yorkshire

Karte S. 181
Tipps & Adressen
Byland Abbey S. 293, Pickering S. 328, Helmsley S. 308, Staithes S. 333, Whitby S. 338, Robin Hood's Bay 330, Scarborough S. 331, Castle Howard S. 295, Beverley S. 287

Die North York Moors

Nördlich des breiten, fruchtbaren Vale of York liegt die Heidelandschaft der North York Moors mit den beiden angrenzenden Hügelketten, den Hambleton Hills im Westen und den Cleveland Hills im Norden. Zum Wandern eignen sich die North York Moors hervorragend, denn die Landschaft ist einsam, sobald man die Täler verlässt, bietet aber viel Sehenswertes, wenn man von den Höhen herunterkommt. Die schönste Zeit ist der Spätsommer, wenn die Heide blüht.

Wie im Westen von Yorkshire waren es Mönche, die das Land wirtschaftlich erschlossen. Eindrucksvolle Ruinen von Zisterzienserabteien sind **1** **Byland Abbey** am Fuß der Hambleton Hills östlich von Thirsk und **Rievaulx Abbey** **2** im Tal des Rye. Viele halten Rievaulx für die schönste der Klosterruinen Englands. Die Kirche der 1132 gegründeten Abtei ist verhältnismäßig gut erhalten, obwohl ohne Dach und umgeben von anderen monastischen Bauten. Nach einem bescheidenen Anfang im abgeschiedenen Tal Ryedale wurde das Kloster um 1300 von über 500 Mönchen und Laienbrüdern bewohnt, für die die Anlage immer weiter ausgebaut und verschönert wurde. Im gut erhaltenen Refektorium und Krankenhaus gewinnt man einen Eindruck früherer Zustände.

Größere Städte fehlen. Den südlichen Rand der Moors säumen die Markt-

Rievaulx Abbey

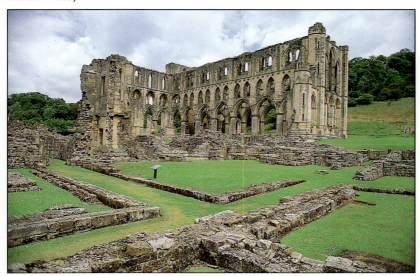

Die North York Moors und die Küste von Yorkshire

städte Helmsley und Pickering mit ihren Burgen. **Pickering Castle** 3 steht an der Stelle einer hölzernen Burg mit Erdwall, die William I. errichtete. Der Neubau aus Stein erfolgte kurz nach 1100 und diente drei Jahrhunderte lang als Jagdquartier der Könige. **Helmsley Castle** 4, ein Jahrhundert später gebaut, erlitt schwere Schäden im Bürgerkrieg, aber die verbliebenen Mauern und Verteidigungsgräben lassen auf ihre ehemalige Stärke schließen.

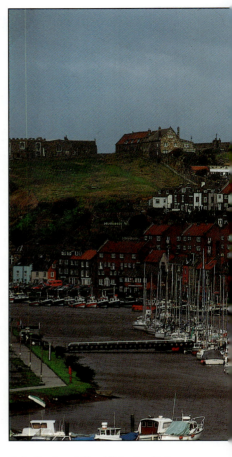

Blick auf den Hafen von Whitby, dahinter die Abteiruinen

Die **North Yorkshire Moors Railway** verkehrt auf einer 30 km langen Strecke von Pickering durch Newtondale und über die Moore nach **Grosmont** 5 in Eskdale, einige Meilen landeinwärts. Sie wurde 1836 eröffnet, 1965 geschlossen und 1973 von einer privaten Gesellschaft wieder in Betrieb genommen. Die regelmäßigen Fahrten in restaurierten alten Waggons hinter einer Dampflokomotive sind sehr beliebt.

Die Küste

Dort, wo die North York Moors auf die Nordsee treffen, ist die Küste steil und spektakulär, mit über 200 m hohen Klippen. Die Fischerhäuser von **Staithes** 6 sind von einer rauen Natur umgeben, auf engem Raum in einer Kluft der gewaltigen Felsen gelegen und von einem stürmischen Meer bedroht. Die Gaststätte *Cod and Lobster Inn* wurde dreimal von den Wellen weggeschwemmt. Obwohl die Blüte der Fischerei längst vorbei ist, sieht man in Staithes noch Boote für den Hummerfang und spürt die Atmosphäre eines Fischerhafens.

In **Whitby** 7 erlernte James Cook das nautische Handwerk und kam zur königlichen Marine. Als junger Offizier erhielt er die Aufgabe, den St.-Lawrence-Fluss in Kanada zu vermessen. Er erledigte den Auftrag so gründlich, dass er zum Leiter einer wissenschaftlichen Entdeckungsreise im Pazifischen Ozean ernannt wurde. Insgesamt unternahm er drei große Seefahrten in den Jahren nach 1768, erforschte die Küste von Australien und betrat als erster Europäer den Boden von Neuseeland. 1778 erschlugen ihn Eingeborene auf Hawaii.

Sein Denkmal überblickt den Hafen von Whitby, und das Haus der Schifferfamilie Walker, in deren Dienst er seine Lehre abschloss, ist das *Captain Cook Memorial Museum*. Whitby war im 18. Jh. im Kohlenhandel und im Walfang bedeutend. Die Schiffe, in denen Cook um die Welt segelte, wurden hier gebaut, und die Stadt konnte auch im 20. Jh. den Charakter eines kleinen Seehafens bewahren. 1890 hielt sich Bram Stoker, Autor von »Dracula«, in Whitby auf. Die Ortsbeschreibung aus diesem Roman gilt noch heute, denn das alte Stadtbild

von Whitby ist erstaunlich gut erhalten: »*Es ist ein reizendes Fleckchen Erde. Der kleine Fluss, der Esk, kommt durch ein tiefes Tal herunter, das sich in der Nähe des Hafens erweitert. Ein großer Viadukt führt darüber hinweg, mit hohen Steinpfeilern, durch welche sich eine entzückende Aussicht auf die Landschaft eröffnet. (...) Die Häuser der alten Stadt (...) sind alle mit roten Ziegeln gedeckt und übereinander geschachtelt.*«

Den besten Blick auf die sturmerprobten Häuserreihen und den Fischerhafen an der von langen Molen geschützten Esk-Mündung erhält man von den Klippen im Süden. Auf dieser windigen Höhe stehen die Ruinen von *Whitby Abbey*, im Jahre 657 von der heiligen Hilda gegründet. In der Abtei fand 664 die Synode statt, die den Streit zwischen den keltischen und römischen Kirchen zugunsten des römischen Ritus entschied. Die Abtei wurde 867 von den Dänen zerstört und nach der normannischen Eroberung als Benediktinerkloster neu gegründet. Die Auflösung der Klöster 1539 überließ die Kirche dem Küstenklima, aber der Sandstein war so dauerhaft, dass der Vierungsturm erst Mitte des 19. Jh. zusammenbrach. Die noch stehenden Mauern, besonders die frühgotischen Lanzettfenster der Ostfassade, beeindrucken in ihrer herrlichen Lage.

Die *Pfarrkirche St. Mary* steht auf dem Hügel unterhalb der Abtei. Mit ihrem niedrigen, gedrungenen Turm sieht sie aus, als wollte sie zum Schutz vor dem Wind den Kopf einziehen. Die von außen uninteressante Kirche besitzt eine ungewöhnliche Innenausstattung mit erhaltenen *Box pews*, Sitzbänken aus dem 18. Jh., wobei die Plätze der einzelnen Familien durch Wände voneinander getrennt waren. Aus derselben Zeit stammen viele der um die Kirche gelegenen Gräber, die einen so gruseligen Eindruck auf Bram Stoker machten. Die Sargträger mussten eine gute Kondition haben, denn der Weg von der Stadt hinauf führt über eine steile Steintreppe mit 199 Stufen. Whitby hat nicht nur malerische Fischerhäuschen an den Hängen zu beiden Seiten des Esk, sondern auch einige stattliche Häuser im Zentrum und am Rande der Stadt, die reiche Bürger mit den Erträgen aus dem Seehandel bauten. Die meisten Häuser bestehen aus dem braun-grauen Sandstein der Gegend, der einen Kontrast zu den roten Dachpfannen bildet. In Whitby herrscht eine gesunde, selbstbewusste Stimmung, und die Statue von Cook, die

Fisch und Meeresfrüchte gibt es an diesem Stand in Scarborough

Castle Howard

Castle Howard [10], der Sitz der Howard-Familie, 25 km nordöstlich von York über die A 64 zu erreichen, gehört zu den grandiosesten *Stately Homes* Englands. Das 1699 begonnene Schloss ist das Werk von John Vanbrugh und, nach dessen Tod, des Wren-Schülers Nicholas Hawksmoor. Der Bauherr, Charles Howard, der dritte Earl of Carlisle, wollte alles andere im Lande übertreffen. Er bekam eine 25 m hohe *Great Hall* und eine 50 m lange *Long Gallery*, aber nicht die uneingeschränkte Zustimmung seiner Zeitgenossen, die den Stil uneinheitlich fanden. Ein Mitte des 18. Jh. hinzugefügter Flügel wurde im 19. Jh. abgerissen, weil er die Symmetrie störte. Im Inneren bewundert man die Sammlungen von Porzellan, antiken Plastiken und Gemälden italienischer und englischer Meister. Ferner gibt es eine umfangreiche Kostümsammlung im Stallgebäude. Die großzügigen Garten- und Parkanlagen und der Blick über den großen See mit dem Schloss im Hintergrund sind berühmt. Eine Serie von kleinen Seen mit Springbrunnen und Kaskaden setzt die Wasserspiele fort. Vanbrugh und Hawksmoor bauten einen Tempel der Vier Winde, ein Familienmausoleum, eine Pyramide und einen Obelisk, auf die sich bei einem Spaziergang im 4000 ha großen Park schöne Perspektiven öffnen.

von den Höhen der Westseite auf die Häuser herabschaut, ist ein treffenderes Symbol für den Ort als Stokers Erzählung von Horror und Aberglaube.

Robin Hood's Bay [8], südlich von Whitby, ist als malerischer Fischerort berühmt. Der Ursprung des Namens war Anlass für viele Spekulationen – es wird berichtet, dass der Abt von Whitby dem Geächteten königliche Begnadigung anbot, falls er die Piratennester dieser Küste säubern könnte – aber der Ort ist viel älter als Robin Hood. Die Klippen von Ravenscar, deren Namen an die Dänen und ihr Rabensymbol erinnert, wurden von den Römern als Signalstation benutzt. Um 1800 soll jeder Einwohner des Ortes vom Schmuggel gelebt haben. Im *Raven Hall Hotel* befindet sich eine Kammer, von der aus eine Lampe Signale an die Schmugglerboote sendete. Auch hier hat das Meer die erste Häuserreihe gelegentlich überwältigt. Dem von der Flut zerstörten Vorgängerbau des Raven Hall Hotels soll einmal der Bugspriet eines Schiffs durch das Fenster geplatzt sein. Der Ort bietet ein pittoreskes Durcheinander von verwinkelten Gassen, steilen Treppen und Häusern, die aussehen, als stürzten sie gleich ins Meer. Die Klippen zahlen jährlich einige Zentimeter ihres Kalksteins als Tribut ans Meer. Das größte Seebad an der Küste Yorkshires ist **Scarborough** [9], mit einer Burg auf einer Landspitze, die die beiden Strände des Ortes trennt.

Abstecher nach Beverley

Beverley 11 liegt abseits der bekannten Routen, aber günstig für Besucher, die England mit der Fähre nach Hull erreichen. 10 km nördlich von Hull auf der A 1174 findet man eine reizvolle kleine Stadt mit einem herrlichen, überraschend großen Dom. 719 gründete John, Bischof von York, ein Kloster an der Stelle. Im 11. Jh. wurde er heilig gesprochen, und Beverley wurde zur Pilgerstätte.

Die heutige Kirche **Beverley Minster** entstand ab 1220 und gehört zu den schönsten gotischen Bauwerken des Landes, trotz einer 200-jährigen Bauzeit und der damit verbundenen Stilentwicklung von *Early English* in den Ostteilen bis zum *Decorated*-Stil der Westfassade. Im Mittelalter erlebte die Stadt durch die Herstellung von Tuch eine Blüte, von der die **Pfarrkirche St. Mary's** und das Stadttor von 1496, **North Bar** genannt, noch zeugen. Das Stadtbild wird heute von den vielen repräsentativen Häusern des 18. Jh. geprägt.

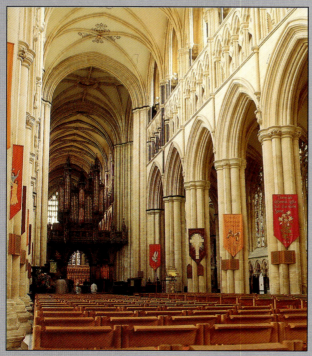

Im Dom von Beverley

York: Historische Hauptstadt des Nordens

Karte S. 188/189
Tipps & Adressen S. 340

■ Für die meisten Besucher Nordenglands ist York ein Muss, vor allem weil sie die Kathedrale, genannt Minster, sehen möchten. Bis in die Neuzeit zweite Stadt im Lande nach London, war York schon zur Römerzeit unter dem Namen Eboracum bedeutend. Ausgrabungen unter der Kathedrale legten Reste des Legionenlagers frei. Es wurde dreimal abgebrannt und wieder aufgebaut, vermutlich im Zusammenhang mit Machtkämpfen innerhalb des Reichs, bevor die Legionen Anfang des 5. Jh. endgültig von der Insel abzogen.

York Minster

Hauptattraktion der Stadt ist das **Minster** [1]. Es zählt nicht nur seiner beeindruckenden Dimensionen wegen zu den größten gotischen Bauwerken Europas. York blickt auf eine sehr lange kirchliche Tradition zurück und ist bis heute Sitz von einem der beiden Erzbischöfe der anglikanischen Kirche. Der erste Kirchenbau stammt aus der Zeit um 627, als sich der angelsächsische König Edwin von dem aus Rom kommenden Mönch Paulinus, dem ersten Bischof von York, taufen ließ. Die Stadt erlebte im 8. Jh. als Zentrum des Christentums ein kurzes goldenes Zeitalter. Sein Ruhm brachte den Gelehrten Alcuin von York an den Hof Karls des Großen. Er war einer der wichtigsten Repräsentanten der kulturellen Blüte des fränkischen Reiches. Auch die Wikinger konnten diese Tradition nicht unterbrechen. 1075 zerstörten sie den angelsächsischen

Dom. Der normannische Nachfolgebau war großzügig angelegt, genügte den Ansprüchen späterer Erzbischöfe trotzdem nicht. 1220 begann man mit dem Bau der gotischen Kathedrale. Mit einer Länge von 128 m, einer Breite in den Querschiffen von 61 m und einer Höhe bis zu der Spitze des Vierungsturms von 65 m ist York Minster der größte Dom nördlich der Alpen.

Ein längerer Aufenthalt im Minster lohnt sich. Die frühesten Teile sind die Querhäuser im *Early English*-Stil des 13. Jh. Sie sind dreischiffig, mit Säulen aus Purbeck-Marmor reich dekoriert. Dieser dunkle Kalkstein ist kein echter Marmor, lässt sich aber glänzend polieren. Er wurde in dieser Periode der englischen Kirchenarchitektur häufig verwendet, wenn man aufwendig bauen wollte. Im Giebel der südlichen Querhausfassade befindet sich ein schönes Rosenfenster, während fünf elegante, fast 17 m hohe Lanzettfenster, die ›Five Sisters‹, die nördliche Fassade schmücken. York Minster ist insbesondere wegen der Größe und Schönheit der Fenster berühmt und zeigt bedeutend mehr mittelalterliches Glas als jede andere englische Kirche.

Nach der Erneuerung der Querhäuser begann man 1291 mit dem Schiff, dessen hölzernes Gewölbe um 1360 fertig gestellt wurde. Wie in den Seitenschiffen hielten statische Probleme die Baumeister von einer Steinkonstruktion ab, aber das Gewölbe des Schiffes ist eine geschickte Täuschung, die nach einem Brand 1840 neu gebaut wurde. Der Besucher merkt kaum, dass die 30 Meter höher gelegenen Rippen und Schlusssteine aus Holz sind. Den Höhepunkt bildet das riesige Westfenster im kurvilinearen *Decorated*-Stil mit Glasmalereien aus dem 14. Jh. Nach Vollendung des Schiffes war es natürlich notwendig, einen ebenso prachtvollen Chor zu bauen. Der 1404 fertig gestellte Chor wurde noch länger als das Schiff. Ein Retrochor hinter dem Hochaltar, Chorumgang und Marienkapelle schafften Platz für die Pilgerscharen, die den Schrein des heiligen William, eines Erzbischofs des 12. Jh., aufsuchten. Wieder sind es die Fenster, die am meisten beeindrucken. Das Ostfenster hat eine Höhe von 23 m und eine Breite von 10 m. Die Seitenschiffe des Chors werden von einem zweiten, östlichen Querhauspaar unterbrochen und durch zwei große Flächen von mittelalterlichem Glas erhellt.

Die Errichtung des Vierungsturmes und der beiden reich verzierten Westtürme im 15. Jh. schloss die Bautätigkeit des Mittelalters ab. Auch in unserer Zeit wurde viel Geld in das Minster gesteckt. Nachdem Messungen zeigten, dass die ehrwürdigen Mauern sich bewegten, wurde die Kirche in den 1970er Jahren gründlich restauriert und statisch verbessert. Reste früherer Kirchenbauten und des römischen Lagers wurden freigelegt und mit einer geschichtlichen Ausstellung dem Publikum zugänglich gemacht. Kaum war die aufwendige Arbeit fertig, da schlug 1982 ein Blitz in das Querschiff ein und löste einen großen Brand im Dachbalken aus, der die ganze Kirche bedrohte. Manche Kirchenbesucher hielten die Katastrophe für eine Warnung, denn einige Tage zuvor war ein umstrittener Theologe, der Zweifel an der unbefleckten Empfängnis und der Auferstehung Jesu geäußert hatte, im Minster zum Bi-

York
1 Minster   2 St. William's College
3 Treasurer's House   4 Yorkshire Museum   5 City Art Gallery   6 Barley Hall
7 The Shambles   8 All Saints Pavement
9 The Arc   10 Merchant Aventurers' Hall
11 Jorvik Centre   12 Fairfax House
13 Kirche St. Mary's   14 Clifford's Tower
15 Castle Museum   16 Railway Museum

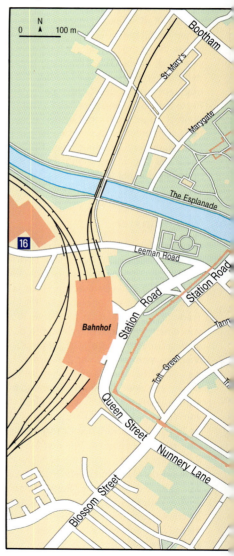

schof von Durham geweiht worden. Lohnend sind ferner das achteckige Kapitelhaus mit mittelalterlichen Skulpturen und Glasmalereien, die Turmbesteigung und die Besichtigung der Grabungsfunde in den Fundamenten der Kirche. Auf einer Stelle, die unter dem Fußboden im südlichen Querhaus des Minsters liegt, stand im Jahre 306 Konstantin der Große, als seine Truppen ihn zum Nachfolger seines Vaters als Kaiser im Westen wählten. Im benachbarten Fachwerkhaus **St. William's College** 2, einer ehemaligen Priester-

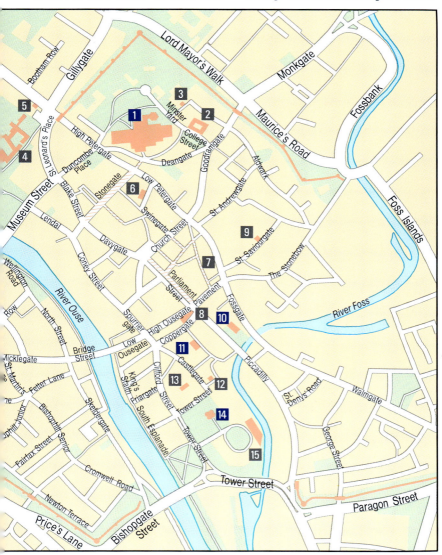

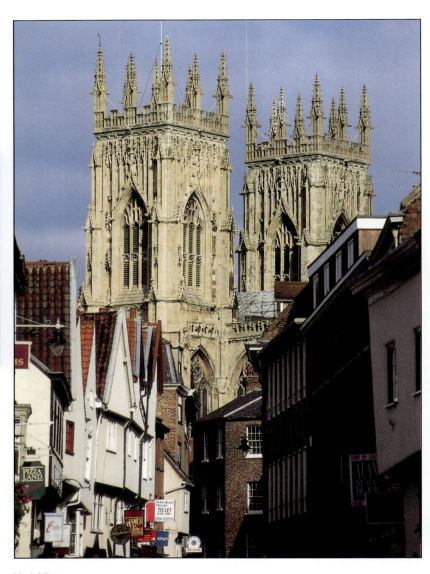

York Minster

residenz mit drei großen Sälen aus dem 15. Jh., gibt es ein Restaurant zur Erfrischung nach dem Besuch des Minsters. Einige Schritte weiter findet man das **Treasurer's House** 3, die schön möblierte ehemalige Residenz der Domschatzmeister aus dem 17. und 18. Jh. Zwischen Minster und River Ouse liegen das **Yorkshire Museum** 4, das neben zahlreichen Relikten der Römerzeit auch Sammlungen mittelalterlicher Kunst bietet, und die **City Art Gallery** 5 mit britischer und europäischer Malerei aus verschiedenen Epochen. In den Museum Gardens vor den Ruinen einer Benediktinerabtei wird die religiöse Tradition von York durch Aufführungen der mittelalterlichen Mysterienspiele aufrechterhalten, die alle vier Jahre stattfinden.

Stadtrundgang

Das mittelalterliche York war ein bedeutender Handelsplatz mitten in einem fruchtbaren Agrargebiet und ein Zentrum der Tuchindustrie. Damals tagten Parlamente in der Stadt, und die Herrschaft über York war unumgänglich für die Kontrolle Nordenglands. York war Stützpunkt der königlichen Armeen in den andauernden schottischen Kriegen und manchmal der Ort, an dem Frieden geschlossen wurde. 1175 unterwarf sich hier der geschlagene schottische König dem englischen Henry II. Ein Jahrhundert später heiratete der Schotte Alexander III. in York die Tochter von Henry III.

Das Straßenmuster innerhalb der Stadtmauer ist weitgehend das des Mittelalters. Folgt man vom Minster der Straße Petergate zum alten Stadtkern und biegt nach rechts in die Grape Lane, so erreicht man in der Straße Swinegate das ehemalige Kaufmannshaus **Barley Hall** 6, das im Stil des späten 15. Jh. rekonstruiert wurde. Am Ende von Petergate zweigt rechter Hand die bekannteste Straße von York ab. **The Shambles** 7, die ehemalige Gasse der Metzger, ist wegen ihrer krummen Fachwerkfassaden berühmt. The Shambles mündet in Pavement, wo man den schönen Turm der **Kirche All Saints Pavement** 8 (15. Jh.) sieht. Obwohl die Re-

formation einen Verlust von 15 Kirchen mit sich brachte, sind immerhin noch 17 in York übrig geblieben. Eine davon, St. Saviour, wurde restauriert und als Informationszentrum über Archäologie eingerichtet. **The Arc** 9, *Archaeological Resource Centre,* ist besucherfreundlich gestaltet und bietet Laien einen interessanten Einblick in die Welt der Archäologie. The Arc befindet sich im St. Saviourgate, über Pavement zu erreichen.

Am anderen Ende von Pavement biegt man nach links in Piccadilly ein und kommt zur **Merchant Adventurers' Hall** 10. Die eindrucksvolle Bauweise in Holz aus der Zeit um 1350 zeigt den Reichtum der Kaufleute von York im Mittelalter. Einige Schritte zurück geht es nach links in die Straße Coppergate und zum **Jorvik Viking Centre** 11. Die vielen Straßen, die »Gate« heißen, wie Coppergate oder Castlegate, erinnern an das dänische Wort für Straße *(gade).* 876 gründeten dänische Wikinger um die Hauptstadt York, damals Jorvik genannt, ein Königreich, das bis zum Jahr 954 bestand. Sorgfältige Ausgrabungen an der Stelle eines geplanten Einkaufszentrums förderten so viele Einzelheiten über das tägliche Leben in dieser Zeit zutage, dass der ursprüngliche Plan, die Ergebnisse ins Museum zu verlegen, nach langer Kontroverse aufgegeben wurde und die Funde an Ort und Stelle bleiben konnten. Das Jorvik Centre ist ein unterhaltsames Stück ›erlebter Geschichte‹, das die Zeit der Wikinger vor tausend Jahren rekonstruiert. Die Ausstellung zeigt das Leben der Wikinger-Stadt genau dort, wo es sich abspielte. Kleine Wagen transportieren Besucher durch verschiedene Szenen, die nicht nur das Aussehen, sondern auch Gerüche und Geräusche der Stadt nachstellen: das Obst auf dem Markt, ein Kochtopf auf dem Holzfeuer, die Schweine im

Stall. Häuser, Schiffe am Kai und Arbeitsstätten der Handwerker wurden originalgetreu bis ins letzte Detail nach den Erkenntnissen der Archäologen rekonstruiert. Die Ausgrabung selbst ist mit wiedererrichteten Bauten aus dem 10. Jh. und dort gefundenen Gegenständen zu sehen. Trotz des hohen Eintrittspreises bilden sich in der Touristiksaison Schlangen vor dem Jorvik Centre.

Wieder auf dem Coppergate biegt man links in den Castlegate und findet auf der linken Seite **Fairfax House** 12, ein Wohnhaus des 18. Jh. mit sehr schöner Inneneinrichtung. In dieser Straße liegt auch die **Kirche St. Mary's** 13 aus dem 14.–15. Jh. mit dem höchsten Turm der Pfarrkirchen von York.

Castlegate führt weiter zur Burg. Der normannische Eroberer William I. musste zwei Burgen bauen, um die selbstbewussten Bürger einzuschüchtern, aber beide wurden im Aufstand von 1069 eingenommen. **Clifford's Tower** 14, ein Bergfried des 14. Jh. mit vierpassförmigem Grundriss, steht auf einem hohen Erdhügel an der Stelle einer dieser ersten Burgen. Nur der Ausblick vom Vierungsturm des Minsters übertrifft den von den Zinnen von Clifford's Tower. Einige Meter weiter liegt das **Castle Museum** 15, das sich in einem ehemaligen Gefängnis befindet. Die Ausstellungen, darunter komplett rekonstruierte Straßen mit Geschäften samt Einrichtung, zeigen das Alltagsleben vergangener Generationen.

Unbedingt zu empfehlen ist der Spaziergang entlang der mittelalterlichen **Stadtmauer**, ursprünglich 5 km lang und insgesamt gut erhalten. An zwei etwa 400 m langen Stellen fehlt allerdings die Befestigung. Sonst ist ein Rundgang auf erhöhtem Niveau um die Stadt mit interessanten Perspektiven auf das Minster und andere Gebäude möglich, da ein großer Teil der Mauer noch in voller Höhe auf dem früheren Erdwall steht. Auch die vier starken Tore, die Edward III. im 14. Jh. erneuern ließ, sind noch vorhanden. Die Stadtmauer führt auch auf der Westseite des River Ouse und am Bahnhof vorbei. Seit 150 Jahren ist York Eisenbahnknotenpunkt, und für Dampfnostalgiker macht das **National Railway Museum** 16 eher als das Minster den Reiz der Stadt aus.

Die Industrie, die sich in York ansiedelte, zerstörte nicht wie anderswo das Gesicht der Stadt, denn die großen Arbeitgeber sind nicht etwa Stahlfabrikanten, sondern Hersteller von Süßwaren. Zwei Familien der purtianischen Quäker-Sekte gründeten im letzten 19. Jh. Schokoladenfabriken und führten ihre Betriebe mit patriarchalischer Fürsorge für die Mitarbeiter. Als die größere der beiden, Rowntree Mackintosh, in den 1980er Jahren an einen schweizerischen Konzern verkauft wurde, kamen Sorgen um die Sicherheit der Arbeitsplätze auf, aber noch bleibt die Firma, die mit Erzeugnissen wie *After Eights* auch über die Landesgrenzen hinaus bekannt ist, der wichtigste Arbeitgeber der Stadt.

Die Wollstädte von West Yorkshire

Karte S. 195

Die Städte von West Yorkshire verdanken ihr Wachstum der Textilindustrie. Wollwebereien schufen Zehntausende von Arbeitsplätzen im viktorianischen Zeitalter und machten ihre Besitzer reich, nicht nur in den großen Wollmetropolen Leeds und Bradford, sondern auch in kleineren Städten. Erst vor kurzer Zeit, nachdem der Schmutz von vielen Jahren von den Fassaden der Steinbauten entfernt wurde, fanden die Reize der Wollstädte eine verdiente Anerkennung.

Leeds

Karte S. 194
Tipps & Adressen S. 315

■ Verglichen mit Bradford, war Leeds immer die größere und reichere der beiden Wollmetropolen und besitzt bis heute eine stärkere kulturelle Tradition. Anders als Bradford, Halifax und die anderen Pennine-Städte, die am Rande der Berge liegen und deren Häuser meist aus dem Pennine-Sandstein gebaut sind, liegt Leeds weiter östlich im flacheren Land. Die Stadt bemüht sich, den Ruf eines maroden Industriegebiets abzuschütteln und hat dem Besucher tatsächlich einiges zu bieten, sowohl im Zentrum als in den Außenbezirken.

Ein guter Ausgangspunkt für eine Stadtwanderung ist die imposante **Town Hall** **1** von 1858 mit einem 61 m hohen Glockenturm. Dieses von Queen Victoria unter großem Jubel eröffnete Rathaus ist Ausdruck des lokalpatriotischen Stolzes der Stadtväter, die neidisch auf die gerade vollendete St. George's Hall von Bradford schielten. Die benachbarte **City Art Gallery** **2** zeigt Sammlungen englischer, französischer und amerikanischer Kunst des 19. und 20. Jh. und Werke des Bildhauers Henry Moore. Die Einkaufsstraße The Headrow führt von hier in östlicher Richtung. Über die Cookbridge Street ist ein kurzer Abstecher nach links zur **römisch-katholischen Kathedrale** **3** aus dem 19. Jh. möglich. Auf der Querstraße Briggate stehen Zeugnisse der wirtschaftlichen Blüte von Leeds in viktorianischer Zeit: in Richtung nach links das der Mailänder Scala nachempfundene **Grand Theatre** **4**, nach rechts geht es weiter zu prächtigen **Einkaufspassagen** **5**. Vom Briggate biegt man nach links in den Kirkgate, der zum großen **Kirkgate Market** **6** und weiter zur 1833–41 errichteten **Pfarrkirche** **7** führt. Folgt man dem Kirkgate zurück in Richtung Zentrum, so sieht man links die **First White Cloth Hall** **8**, ein 1711 eröffnetes Tuchlager. Die erste Straße links führt zum **Corn Exchange** **9**, einer Getreidebörse von 1863, und zu den ›**Assembly Rooms**‹ **10** von 1777, Ballsaal und Treffpunkt der feinen Gesellschaft dieser Zeit. Nebenan in der Crown Street liegt die 1775 fertig gestellte **Third White Cloth Hall** **11**, wo die im Umland gewebten, noch ungefärbten Tuche zum Verkauf angeboten wurden. Über die Duncan Street kommt man wieder zum Briggate, wo linker Hand die Geschäfte von **Queen's Court** **12**, eine Gebäudegruppe aus dem 18. Jh., einen Besuch lohnen. Auf der Verlängerung der Duncan Street, Boar Lane, geht es weiter zur schönen **Holy Trinity Church** **13** von 1727. Die Gegend am Leeds-Liverpool Canal und am River Aire wird zu einem neuen Freizeit-

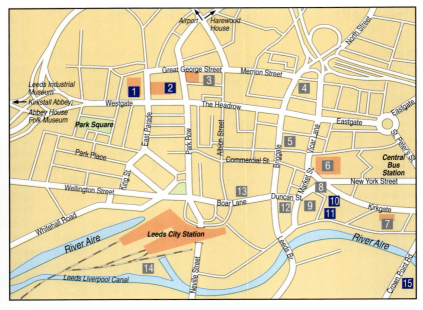

Leeds
1 Town Hall   2 City Art Gallery   3 Katholische Kathedrale   4 Grand Theatre
5 Einkaufspassagen   6 Kirkgate Market   7 Pfarrkirche   8 First White Cloth Hall
9 Corn Exchange   10 Assembly Rooms   11 Third White Cloth Hall   12 Queen's Court
13 Kirche Holy Trinity   14 Granary Wharf   15 Royal Armouries Museum

viertel herausgeputzt. In den Lagerhäusern am **Granary Wharf** 14 hinter dem Bahnhof und am Fluss etablierten sich Geschäfte und Restaurants. Tafeln an der neuen Uferpromenade zeigen den Zustand vor der Sanierung. Der Weg am River Aire in östlicher Richtung führt zu einem prächtigen, 1996 eröffneten Museum mit einer hervorragenden Sammlung, die teilweise aus den Beständen des Tower of London stammt. Das **Royal Armories Museum** 15 widmet sich der Geschichte von Waffen und Rüstung. Ritterturniere werden nachgestellt und die Kunst der Falkenjagd vorgeführt. Zu den kostbarsten Exponaten gehören die Rüstungen Königs Henry VIII. und eines indischen Kampfelefanten.

Ausflüge in die Umgebung von Leeds

Tipps & Adressen
Umgebung von Leeds S. 315,
Wakefield S. 341, Yorkshire
Sculpture Park S. 341

Westlich des Stadtzentrums an der A 65 befinden sich das **Leeds Industrial Museum Armley Mills** 1 mit vielen funktionierenden Maschinen aus der ehemals größten Textilfabrik der Welt und die Zisterzienserabtei **Kirkstall Abbey** 2 von 1152. Die Abtei wurde, wie alle anderen Klöster des Landes, während der Reformation aufgelöst, ist jedoch gut erhalten. Das Abbey House

Museum im Torhaus der Abtei zeigt eine Ausstellung zum täglichen Leben in Yorkshire in den letzten 300 Jahren.

Harewood House 3, 12 km nördlich von Leeds an der Straße A 61 nach Harrogate gelegen, gehört zu dem exklusiven Kreis der großen *Stately Homes,* die sich noch im Besitz der aristokratischen Erbauerfamilie befinden. An dem 1759 begonnenen Sitz der Grafen von Harewood haben nur die berühmtesten Künstler des 18. Jh. mitgewirkt. Die äußere Erscheinung ist hauptsächlich das Werk von John Carr of York.

Robert Adam, der größte englische Innenarchitekt seiner Zeit, war auch hier tätig. Die passende Ergänzung zu seinen Stuckdecken bilden die Familienporträts von Sir Joshua Reynolds und das Mobiliar von Chippendale, einem *Yorkshireman,* der als größter englischer Künstler auf diesem Gebiet gefeiert wird. Den 600 ha großen Park gestaltete Capability Brown. Weitere Attraktionen sind u. a. der Vogelgarten, der Rhododendrengarten und eine Ausstellung über den tropischen Regenwald.

Temple Newsam House 4, 8 km östlich von Leeds abseits der A 63 nach Selby, ist ein Herrensitz aus dem 16. und 17. Jh. mit Sammlungen von Chippendale-Möbeln, Silber, Keramik und Gemälden, einem großen Park und einer Farm, wo seltene Rinder-, Schaf- und Hühnerrassen gezüchtet werden.

Die Wassermühle **Thwaite Mills** 5, südöstlich des Stadtzentrums über die A 61 zu erreichen, wurde 1825 gebaut, um Feuerstein, einen Rohstoff der Keramikindustrie, zu mahlen. Die beiden Räder mit über 5 m Durchmesser blieben bis zum Jahr 1975 in Betrieb. Die restaurierte Maschinerie bildet heute das Herzstück einer sehenswerten Museumsausstellung.

Die Wollstädte von West Yorkshire

Der Kohlenbergbau hat in Yorkshire eine lange Geschichte und sorgte bis in unsere Tage für Kontroversen. Der langjährige Führer der Bergarbeitergewerkschaft, Arthur Scargill, der aus dem Kohlegebiet von Süd-Yorkshire stammt, war in den 80er Jahren ein erbitterter Gegner der Konservativen unter Margaret Thatcher, weil er einen über ein Jahr währenden, aber vergeblichen Kampf gegen die Stilllegung vieler Zechen organisierte. Eins der unrentablen Bergwerke, Caphouse Colliery, südwestlich von Wakefield an der Straße A 642, wurde zum **National Coal Mining Museum for England** 6 umgestaltet. Besuche unter Tage sind möglich.

Aus der Bergarbeiterstadt Castleford kam der bekannteste englische Bildhauer des 20. Jh., Henry Moore. Seine Werke, aber auch Arbeiten von Barbara Hepworth und anderen stehen im **Yorkshire Sculpture Park** 7, einem großen Landschaftsgarten an der Straße A 637 zwischen Huddersfield und Barnsley westlich von der Ausfahrt 38 der Autobahn M 1.

In den englischen Wollwebereien arbeiteten vor allem Frauen an den Maschinen (Foto um 1900)

Am Rand der Yorkshire Moors

Tipps & Adressen Hebden Bridge S. 308, Halifax S. 305, Haworth S. 307

Auffallend in dem hügeligen Gebiet von West Yorkshire ist der abrupte Übergang von Stadt zu Land. Dafür ist der Ort **Hebden Bridge** 8 in Calderdale, dem tief eingeschnittenen Tal des Calder, beispielhaft. Die Häuserreihen ziehen sich an steilen Hängen entlang; hinter ihnen liegt die grüne Wand des Tals, über ihnen die windigen Moore. Beinahe alle Bauten der Stadt wurden unter Verwendung des lokalen Steins im 19. Jh. errichtet, so dass Hebden Bridge dem Besucher ein einheitliches Bild präsentiert. Der ehemalige Industriestandort ist zu einem Touristenzentrum geworden, und der Rochdale Canal dient heute dem Ausflugsverkehr und nicht mehr dem Tuchtransport.

Halifax

9 Das ebenfalls in Calderdale gelegene Halifax gehört zu den besterhaltenen viktorianischen Städten des Landes. In den Geschäftsstraßen des Zentrums ist eine Fülle von stattlichen Bauten aus

Harry Ramsden's, Tempel des Nationalgerichts

Das englische Nationalgericht ist bekanntlich *Fish and Chips*. Ein Fischfilet, meist Kabeljau oder Schellfisch, manchmal auch Scholle, wird in flüssigen Teig getunkt und in Öl gebraten. *Chips* sind Pommes frites. Nicht jeder schätzt diese Küche, und von gesunder Kost kann sicher keine Rede sein. Die unzähligen *Fish and Chip Shops* im Lande, viele davon mittlerweile in chinesischer Hand, bieten im Allgemeinen eine recht gute Qualität, was den Fisch betrifft. Die *Chips* dagegen sind oft zu weich oder zu fettig.

Will man das Gericht in einer Qualität probieren, die auch die kritischsten *Fish and Chips*-Kenner zufrieden stellt, so empfiehlt sich der Besuch von **Harry Ramsden's** 10. Dieses nach eigener Werbung größte *Fish and Chip*-Restaurant der Welt befindet sich im Ort Guiseley, nordwestlich von Leeds, direkt an der Hauptstraße A 65. Das Essen ist preiswert, die Portionen großzügig und die Bedienung auf volkstümliche nordenglische Art freundlich und schnell. Innenausstattung und Kellnertracht wecken nostalgische Gefühle besonders bei älteren Besuchern.

Heute wird Harry Ramsden's längst nicht mehr vom gleichnamigen Firmengründer geführt, sondern gehört einem Konzern, der das Konzept auf eine ganze Restaurantkette übertragen hat und sogar Auslandsfilialen für Exilbriten eröffnet. Das tat aber bisher der Beliebtheit des Lokals keinen Abbruch, wie die jährliche Besucherzahl von über anderthalb Millionen *Fish and Chips*-Freunden beweist.

---

dieser Zeit zu sehen, aber das Bemerkenswerteste an Halifax stammt aus dem 18. Jh. Die **Piece Hall** von 1779 ist der ehemalige Tuchmarkt, auf dem sich Händler versammelten, um Tuche, *pieces*, zu verkaufen. Vor dem Bau der ersten Fabriken stellten Bauernfamilien in der gesamten umliegenden Gegend auf handbetriebenen Webstühlen Tuche im Auftrag der Händler her. Die Tuchballen wurden auf Pferden zum Markt gebracht. An diese Zeit erinnern die Wege, die überall von den Tälern zu den höher liegenden Webersiedlungen hinaufführen und die vielen steinernen Brücken, *pack-horse bridges*. Im Obergeschoss vieler alter Häuser, *weavers' cottages*, sind lange, durch steinerne Mittelpfosten geteilte Fensterreihen zu sehen, die das notwendige Licht für die Weber einließen. Um den großen Innenhof der Piece Hall reihen sich auf drei Etagen über 300 Räume, in denen seit der Restaurierung des klassizistischen Gebäudes kleine Läden und Werkstätten untergebracht sind. Artikel des Kunsthandwerks werden verkauft, und im Hof finden Märkte statt. Jüngere Besucher

Ein tragisches Stück Literaturgeschichte: Die Brontës

Zu den traurigsten Geschichten der englischen Literatur gehört die der Familie Brontë. Der Ort **Haworth** 11 und das raue Klima der Yorkshire Moors bilden die Kulisse.

Anfang des 19. Jh. kam Patrick Brontë, eins von zehn Geschwistern einer armen irischen Familie, an die Universität von Cambridge. Nach dem Studium wurde Patrick Priester und betreute verschiedene Gemeinden, bevor er 1815 mit seiner Frau Maria und zwei Töchtern nach Haworth kam. Maria Brontë brachte in den nächsten fünf Jahren vier weitere Kinder zur Welt und starb kurz darauf im Jahre 1821. Die fünf Mädchen und ihr Bruder Branwell wurden im großen, kalten Pfarrhaus gegenüber der Kirche von ihrer strengen Tante großgezogen.

Die vier älteren Mädchen besuchten ein Internat für Priestertöchter, wo häufige Strafen und die Lektüre über Tod und Hölle als geeignete Erziehungsmittel galten. Die schlechte Verpflegung und Spaziergänge durch den Schnee zu einer ungeheizten Kirche, wo sie den ganzen Sonntag verbrachten, ruinierten die Gesundheit der beiden Ältesten. Sie starben an Tuberkulose. Von dieser Zeit an verlebten die übrigen Brontë-Kinder, Charlotte, Emily, Anne und ihr Bruder Branwell, eine seltsame, isolierte Kindheit in Haworth. Sie hatten keine Spielkameraden, konnten sich aber auf den weiten, windigen Mooren und in ihrer eigenen Fantasie frei bewegen. Sie fingen an, Abenteuer für Branwells Holzsoldaten zu erfinden und in Erzählungen und Gedichten niederzuschreiben.

Es entstanden winzige illustrierte Bücher in Spielsoldatengröße mit Dramen, Liedern und Aufsätzen über das imaginäre Königreich Angria. Bis sie 20 Jahre alt waren, schrieben die vier Kinder für sich in Serie eine Zeitschrift im Kleinformat (5 × 4 cm) mit Geschichten über Kriege, Politik und Liebe. Die Seiten für ihre Hefte nähten sie sorgfältig zusammen.

Die drei Mädchen wurden Lehrerinnen und Gouvernanten, die einzigen Berufe, die mittellosen, gebildeten jungen Frauen offen standen. Sie fanden aber kein Glück in den Abhängigkeitsverhältnissen dieser Stellen und blieben nie lange bei einem Arbeitgeber. Im Jahre 1845 waren alle wieder im Pfarrhaus in Haworth versammelt. Ihr weltfremder und angeberischer Bruder Branwell, den die Familie für brillant hielt, wollte Künstler werden und wurde mit etwas Geld auf die Akademie nach London geschickt. Nach zwei Wochen kam er zurück, ohne das Studium begonnen zu haben. Er hatte das gesamte Geld in Kneipen gelassen, und in der folgenden Zeit sollte seine Trunksucht immer schlimmer werden. Nachdem er in Ungnade aus Stellen als Lehrer und Bahnbeamter entlassen

Gruppenbild der Schwestern Brontë: Charlotte, Emily und Anne, Gemälde von Branwell Brontë (um 1835)

wurde, blieb er zu Hause bei seinem langsam erblindenden Vater und gab sich unter dem Einfluss von Alkohol und Drogen seinen Depressionen und Wutanfällen hin. In diesen unglücklichen Haushalt kam endlich Hoffnung, als die drei Schwestern ihre Gedichte in einem Band sammelten und unter männlichen Pseudonymen auf eigene Kosten veröffentlichten. Obwohl nur zwei Exemplare verkauft wurden, fühlten sie sich ermutigt, Romane zu schreiben. Unter den Werken, die entstanden, sind zwei der beliebtesten Bücher der englischen Literatur: »Wuthering Heights« (deutsch: ›Sturmhöhen‹) von Emily, eine Geschichte von Liebe, Eifersucht und Rache mit leidenschaftlichen Beschreibungen der Moore; und Charlottes Darstellung der stolzen, unabhängigen Heldin »Jane Eyre«, die durch ihre Rebellion gegen die untergeordnete Rolle der Frau in der Liebe die Empörung mancher Kritiker hervorrief.

Gerade als sich eine erfolgreiche Zukunft anzubahnen schien, starben innerhalb von einem Jahr Branwell, Emily und Anne an Tuberkulose. Charlotte, jetzt berühmt, lebte nun allein mit ihrem Vater in Haworth in dem großen, kalten Haus mit Blick auf den Friedhof. Sie schrieb viel und unterbrach die Einsamkeit des Lebens in Haworth mit Besuchen in London, wo sie in literarischen Kreisen verkehrte. 1854, im Alter von 38 Jahren, heiratete sie den Unterpfarrer von Haworth. Nach einigen glücklichen Monaten erkältete sich die letzte Brontë-Schwester während ihrer Schwangerschaft und starb.

Heute ist Haworth, 15 km westlich von Bradford, ein beliebtes Ausflugsziel. Die restaurierten Dampflokomotiven der **Keighley and Worth Valley Railway** bringen Besucher in alten Waggons von Keighley aus dorthin. Die herrliche Landschaft lädt zu Wanderungen ein. Die lange, steile Hauptstraße des Orts ist von schönen Steinbauten gesäumt. Dieser harte, graue Stein der Pennine-Berge spiegelt den rauen Charakter der Gegend wider. Die meisten Häuser sind Cafés oder Geschäfte für Ausflügler, und die ehemalige Apotheke, in der Branwell sein Opium bekam, verkauft jetzt Andenken. Das Pfarrhaus gegenüber der Kirche wurde samt Inneneinrichtung im Zustand der frühen 1850er Jahre wiederhergestellt und ist als **Brontë Parsonage Museum** zu einer Pilgerstätte geworden: Man versteht die Romane der Schwestern erst richtig, wenn man das dunkle Haus am Friedhof, den windigen Ort und die kahle Moorlandschaft gesehen hat.

zieht das **Eureka Museum** an. Hier erfahren Kinder auf spielerische Weise, welche Technik hinter Gegenständen des Alltags steckt und können in vielen kleinen Experimenten ihre Kreativität einsetzen.

Bradford

Tipps & Adressen   S. 290

12 Aufgrund des großen, teilweise verarmten asiatischen Bevölkerungsanteils genießt Bradford den zweifelhaften Ruhm einer von Rassenspannungen geprägten Stadt. Nicht alles ist so trostlos wie der Stadtteil Manningham, wo die pakistanischen Einwanderer wohnen.

Das **National Museum of Film, Photography and Television** im Stadtzentrum behauptet, das meistbesuchte englische Museum außerhalb von London zu sein. Es bietet eine Fülle von Ausstellungen, die Fachkundige und Neugierige, Eltern und Kinder interessieren. Eine Attraktion ist die größte Kinoleinwand Englands, 16 m hoch und 20 m breit, die dem Zuschauer das Gefühl vermittelt, mit ins Geschehen einbezogen zu sein. Besonders beliebt ist ein Film, der die Fahrt über die Niagara-Fälle zeigt. Die Sammlungen von alten Fotoapparaten und Zubehör, die Ausstellungen über die Geschichte der Fotografie aus technischer, ästhetischer und gesellschaftlicher Sicht sowie die frühen Fotografien sind nicht weniger beein-

Bradford: Blick über die Stadt

In Bradford gibt es einen hohen asiatischen Bevölkerungsanteil

druckend. Die lebendige Gestaltung des Museums, z. B. die aufwendige Rekonstruktion eines Fernsehstudios, hat zum verdienten Erfolg beigetragen.

Der Ortsteil **Saltaire** 13 im nördlichen Stadtgebiet von Bradford ist eine durchaus sehenswerte Industriesiedlung. Der reiche Tuchfabrikant Sir Titus Salt, Parlamentsmitglied und Bürgermeister von Bradford, baute Mitte des 19. Jh. im Tal der Aire eine imposante Fabrik im klassizistischen Stil. Die **1853 Gallery,** eine lange Fabrikhalle mit gusseisernen Pfeilern, beherbergt Werke des Malers David Hockney. Hockney stammt aus Bradford, zieht jedoch heute das Klima Kaliforniens vor. Salts Arbeitersiedlung bei der Fabrik sollte Modellcharakter besitzen und soziale Fürsorge des Industriellen unter Beweis stellen. Die Straßen ließ er nach Mitgliedern seiner kinderreichen Familie benennen. Tatsächlich zeigt die Anlage, dass Industrie und Hässlichkeit nicht notwendigerweise zusammengehören. Die Häuser aus hellbraunem Sandstein wurden im Stil der italienischen Renaissance gebaut und um Gärten und Plätze gruppiert. Der philanthrope Bauherr stiftete ferner Kirchen, eine Schule, ein Krankenhaus, eine Wäscherei, die Kleider innerhalb einer Stunde waschen und bügeln sollte und einen großen Park. Eins durfte es aber nicht geben: einen Pub. Salt wurde im Mausoleum neben dem Kirchenrundbau bestattet. Mit diesem als Einheit konzipierten, harmonisch aussehenden Dorf hat er sich und seinem Industriezeitalter ein Denkmal gesetzt.

In **Manningham Mill,** Bradfords zweitem riesigen Baudenkmal aus der großen Zeit der Wollindustrie, möchte das Londoner Victoria and Albert Museum seine umfangreiche indische Sammlung ausstellen, aber bisher fehlt das Geld für die Renovierung.

Im Peak District ▷

Mittel-
england

The Peak District

Tipps & Adressen
Castleton S. 295, Eyam S. 302,
Chatsworth House (Baslow) S. 286,
Bakewell S. 285, Buxton S. 293,
Matlock Bath S. 321, Hardwick Hall
S. 306, Kedleston Hall S. 311

Die grüne Lunge vieler nord- und mittelenglischer Städte heißt *Peak District,* ein landschaftlich abwechslungsreiches Gebiet in der Grafschaft Derbyshire, das den südlichen Abschluss des Pennine-Gebirges bildet und 1951 zum ersten Nationalpark Englands erklärt wurde. Hierhin kommen nicht nur Wanderer und Naturliebhaber. Die grünen Peak-Täler bergen auch Kulturdenkmäler und geschichtsträchtige Orte, in denen die Vergangenheit der Adligen und des arbeitenden Volkes lebendig geblieben ist.

Der südliche Teil des Peak District heißt nach dem hellen Kalkstein *White Peak.* Er wird im Norden und an den beiden Flanken vom hufeisenförmigen *Dark Peak* umgeben, einem Gebiet mit dunklem Sandstein, der für Mühlsteine verwendet wurde. An den Feldmauern und den fast durchweg aus heimischem Stein gebauten Häusern erkennt man direkt, in welchem Teil man sich befindet. Die Landschaft des Dark Peak ist felsiger, der White Peak hat hingegen meist sanftere Konturen, obwohl der weiche Kalkstein stellenweise von engen Flusstälern tief eingeschnitten ist.

In diesem von der Aristokratie geprägten Teil Englands mussten die Wanderer sich zuerst gegen die Grundbesitzer durchsetzen, bevor sie sich auf den Bergen und Hochmooren frei bewegen durften. Im Jahr 1932 fand auf Kinder Scout, dem höchsten der Peaks, eine Massendemonstration statt, die bewirkte, dass der Bevölkerung der Zugang zu den privaten Jagdrevieren gewährt wurde. Wandervereine kämpfen immer noch gegen Bauern, die weniger häufig benutzte Fußwege mit Stacheldraht zu sperren versuchen, da sie ihre Schafzucht von den Besucherscharen und deren Hunden bedroht sehen. Es empfiehlt sich, auf den ausgeschilderten *Public Footpaths* zu bleiben. Die Berge sind nicht hoch – die höchsten knapp über 600 m – aber steil und teilweise wild, so dass eine richtige Ausrüstung erforderlich ist.

Das Tal **Edale** 1 nördlich von Castleton ist ein beliebter Ausgangspunkt für Wanderungen. Hier beginnt der Pennine Way, ein Fernwanderweg, der zur schottischen Grenze führt. Oben auf Kinder Scout, der nördlichen Seite von Edale, stapft man über ein nasses, windiges Moor mit seltsam verwitterten Felsen, wo das dichte, raue Gras die Tritte abfedert und bis zu 2 m tiefe Schluchten von weichem, braunem Torf zu Umwegen oder gewagten Sprüngen zwingen. Hier sollte man eine gute Wanderkarte und einen Kompass mitnehmen, da man sich schnell verlaufen kann. Der Bergrücken, der Edale nach Süden abgrenzt, bietet eine trockenere Wanderung mit herrlichem Ausblick, insbesondere von Mam Tor, dessen Gipfel von den konzentrischen Gräben einer prähistorischen Festung umgeben ist. Hier starten die Drachenflieger. Unten in den Tälern ist es wärmer, die Wege sind leichter zu begehen, und die Wirte der Dorfkneipen dulden die schmutzigen Stiefel ihrer Gäste. Eine gute Wanderung endet im Pub, wo unter jedem zweiten Tisch ein erschöpfter Hund liegt, denn die Engländer lieben ihre Haustiere so sehr wie das Wandern.

Für den weniger aktiven Urlauber sind Spaziergänge in den Städten und Dörfern des Peak District zu empfehlen. Die Orte verdanken ihren Reiz nicht zuletzt dem Kontrast zwischen den warmen Tönen des braunen Sandsteins und den helleren des Kalksteins. Der kleine Ort **Castleton** 2 mit der normannischen Burgruine Peveril Castle ist ein attraktives Ensemble von Sandsteinhäusern. Er liegt wie die drei größeren Städte der Gegend, Buxton, Bakewell und Matlock, an der Grenze zwischen Dark und White Peak.

Ein hartes Schicksal traf die Bergleute des Peak District. Schon zu Römerzeiten wurde hier Blei gewonnen, vielleicht auch der dunkle, blau- bis purpurrote, kristalline ›Blue John‹, ein Halbedelstein, der für Schmuck verwendet wird. In der Nähe von Castleton sind einige Höhlen zu besichtigen, die entweder durch die Arbeit der Bergleute oder durch die Einwirkung von Wasser auf

Der Peak District und die Region um Stoke-on-Trent

den porösen Kalkstein entstanden sind. Höhlenforscher, die mit Seil, Schutzhelm und Lampe unter die Erde gehen wollen, finden im Peak District ihr Paradies. Die meisten aber, die hier aktive Erholung suchen, erfreuen sich an der oberirdischen Natur.

Der Ort **Eyam** 3 (ausgesprochen: ihm), abseits der A 623 gelegen, steht für die Schattenseite des Lebens in vergangenen Jahrhunderten. 1665 wurde England zum letzten Mal von der Pest heimgesucht: Im September erhielt ein Schneider in Eyam Stoffe aus London.

Die Infektion kam mit der Lieferung. Binnen vier Tagen war der Schneider tot, es starben fünf weitere Einwohner des Dorfes noch vor Ende des Monats und 23 Personen im Oktober. Die umliegenden Dörfer verdankten es dem Pfarrer von Eyam und seinem Vorgänger, dass sich die Seuche nicht ausbreitete. Sie überredeten fast alle Einwohner, nicht die Flucht zu ergreifen, sondern im Dorf zu bleiben und abzuwarten. Bauern und Nachbardörfer brachten Proviant zu einem Brunnen an der Gemeindegrenze. Zur Bezahlung warf man Mün-

zen ins Brunnenwasser, dem Essig als Desinfektionsmittel beigegeben wurde. Als weitere Vorbeugung gegen Übertragung der Epidemie wurden Gottesdienste im Freien abgehalten. Dies nützte wenig: Als es nach dem Winter wieder wärmer wurde, wütete die Pest von neuem, bis der Kirchhof die Leichen nicht mehr aufnehmen konnte und Familien ihre Angehörigen auf Feldern und in Apfelhainen begraben mussten. Die letzten Todesfälle im Oktober 1666 erhöhten die Zahl der Opfer auf 257, ein Drittel der Bevölkerung von Eyam.

Heute noch wird einmal im Jahr Gottesdienst im Freien gehalten, an derselben Stelle wie zur Zeit der großen Seuche. Gräber in den Feldern um Eyam herum und Denkmäler in der Kirche erinnern noch an die Ereignisse. Die gotische Kirche lohnt einen Besuch, nicht zuletzt wegen zweier seltener Relikte aus angelsächsischer Zeit, einem Taufstein und einem verwitterten Predigerkreuz.

Südlich von Eyam liegt ein Ort, der wie kein anderer die aristokratische Tradition verkörpert: **Chatsworth House** 4, gleich weit entfernt von den Städten Buxton und Chesterfield an der Straße B 6012 südlich des Dorfes Baslow, gehört zu den grandiosesten Herrenhäusern des Landes. Chatsworth befindet sich seit über 400 Jahren im Besitz der Cavendish-Familie, deren Oberhaupt den Titel Herzog von Devonshire trägt. Das Haus stellt den Reichtum einer Familie, die im 18. und 19. Jh. zu den mächtigsten Englands gehörte und noch in unseren Tagen erheblichen Besitz und hohes gesellschaftliches Ansehen genießt, offen zur Schau. Schon die Anreise über die Hauptstraße, die neben dem ruhigen Fluss Derwent durch den über 5000 ha großen, mit altem Baumbestand geschmückten Park des Herzogs verläuft, macht Eindruck. Die Straße führt durch zwei Dörfer, Pilsley und Edensor, in die die Einwohner des Guts umgesiedelt wurden, damit die Aussicht der Herzöge über ihren Park nicht gestört wurde. Beim Bau von Edensor (gesprochen: Ensor) Mitte des 19. Jh. scheute der Architekt Joseph Paxton keine Mühen. Er entwarf jedes Haus in einem anderen Stil. Park und Garten gestalteten Capability Brown im 18. und Paxton im 19. Jh., beide die bekanntesten Gärtner ihrer

Chatsworth House

Zeit. Der Garten ist ein abwechslungsreiches Ensemble von Teichen, Grotten, Gewächshäusern, einer sehr reichhaltigen Sammlung exotischer und einheimischer Pflanzen, einer langen Kaskade und der 40 m hohen Fontäne des großen Springbrunnens. Im bewaldeten, durch Wanderwege erschlossenen Park befinden sich zwei Denkmäler aus dem 16. Jh., die zum ersten Chatsworth House gehörten: ein Turm auf dem Hügel hinter dem Haus und ein befestigter Bau neben der Einfahrt, der als Gefängnis für Maria Stuart gedient haben soll.

Das riesige Haus im klassizistischen Stil entstand von 1685–1707. Vom Vorgängerbau des 16. Jh. blieb noch ein Turm erhalten, und 1820 bis 1830 wurde der Nordflügel hinzugefügt. Für den Bau und die reiche Innenausstattung wurden Architekten, Maler und Stuckateure aus England, den Niederlanden, Italien und Frankreich herangezogen. Auch ein Bildhauer aus der Gegend, Samuel Watson, lieferte hervorragende Arbeiten aus Marmor, Stein und Holz. Auf einem langen Rundgang durch die vielen Prunksäle kann der gesammelte Familienreichtum der letzten 300 Jahre besichtigt werden. Die Räume sind mit Kostbarem und Protzigem fast überfüllt: Gemälde von Tintoretto, Van Dyck, Rembrandt und Hals, Skulpturen von Canova, Porzellan verschiedener Epochen aus Ost und West, Essgeschirr und Silberbestecke, wertvolle Möbel, eine Bibliothek mit 17 500 Bänden und allerlei Kuriositäten.

Mit Park, Garten und Haus bietet sich Chatsworth für einen ganztägigen Familienbesuch an, wobei auch für die Unterhaltung der Kinder gesorgt wird. Der Herzog züchtet Shetland Ponies und eine seltene Schafrasse und öffnet dem Publikum seine Farm, damit Stadtkinder

sehen können, wie Forellen gefüttert und Kühe gemolken werden.

Weniger auffälligen Reichtum, aber vielleicht mehr Geschmack zeigen andere Herrenhäuser in Derbyshire. Der Herzog von Devonshire muss nicht weit fahren, um einen standesgemäßig Ebenbürtigen zu besuchen. **Haddon Hall** 5, Sitz des Herzogs von Rutland, liegt wenige Kilometer von Chatsworth entfernt an der Straße A 6 östlich von Bakewell. Im Gegensatz zu Chatsworth macht Haddon einen urtümlichen, romantischen Eindruck. Das Haus, das zu den besterhaltenen englischen Herrensitzen des Mittelalters gehört, weist eine Mischung verschiedener Baustile auf. Aus dem 12. Jh. stammt die normannische Kapelle, aus gotischer Zeit die Küche, und die große Banketthalle wurde um etwa 1370 gebaut. Die Rosenterassen sind ebenfalls sehenswert. Die jetzigen Besitzer, die Manners-Familie, erwarben das Anwesen ›erst‹ im Jahre 1567 durch Heirat.

Nahe der beiden Herrensitze liegt die alte Marktstadt **Bakewell** 6 am River Wye, der hier von einer Steinbrücke aus dem 14. Jh. überquert wird. Der Name des Orts bezieht sich nicht auf die Backkunst der Einwohner, obwohl die Spezialität der Stadt ein Pudding ist, sondern auf die Quelle eines gewissen Badeca, der in angelsächsischer Zeit lebte. Die Kirche, die auf einem steilen Hang die Stadt überragt, besitzt normannische und frühgotische Teile. Den Charme von Bakewell machen die Häusergruppen verschiedener Perioden aus. Besonders zu erwähnen sind die Markthalle und das ehemalige Armenhaus, St. John's Hospital, beide aus dem 17. Jh.

Buxton 7 ist ein vornehmer Kurort, wo schon die Römer heiße Bäder nahmen. Im Mittelalter suchten Pilger die Thermalquellen auf, und im 16. Jh. kam

Haddon Hall

die gesundheitlich angeschlagene Maria Stuart aus Chatsworth hierher. Ab dem Ende des 18. Jh. erlebte die Stadt eine Blütezeit, nachdem sich der damalige Herzog von Devonshire entschloss, Buxton zu einem modischen Kurort nach dem Vorbild von Bath im Südwesten des Landes auszubauen. Sehenswert sind *The Crescent* mit dem Badehaus und dem teilweise aus dem Jahr 1550 stammenden *Old Hall Hotel,* die viktorianische Geschäftsstraße *The Quadrant,* die Kursäle *Pavilion Gardens* und die 1903 gebaute *Oper.* Die Gartenanlagen am Fluss Wye tragen zum eleganten Gesamteindruck der Stadt bei.

Auch **Mathlock Bath** 8 war ein Kurort. Die Gartenanlagen am Fluss Derwent, der zwischen Felswänden durch eine tiefe Schlucht fließt und die auf den Höhen erbauten Häuser zeugen von früherem Reichtum, aber auch die industrielle Vergangenheit hat in Matlock ihre Spuren hinterlassen. Blei wurde hier schon zur Römerzeit gewonnen. Das *Peak District Mining Museum* im ehemaligen Kurhaus informiert darüber und bietet die Möglichkeit, in die alte Grube abzusteigen.

Südlich von Matlock in Cromford liegt ein bedeutendes Denkmal der Industriegeschichte, die Textilfabrik **Cromford Mill** 9 aus dem Jahre 1771, in der der Unternehmer Richard Arkwright erstmalig Wasserkraft zum Spinnen von Baumwolle einsetzte. Ein Museum wurde in der Fabrik eingerichtet.

Zwei große Häuser, als außergewöhnlich gute Beispiele der Architektur ihrer Zeit beide im Besitz des National Trust, liegen am Rande des Peak District National Park. Die im späten 16. Jh. gebaute **Hardwick Hall** 10, westlich von Mansfield über die A 617 zu erreichen, zeigt den elisabethanischen Stil in seiner extravagantesten Ausprägung. Die wehrhafte, pittoreske Erscheinung früherer Epochen weicht einer symmetri-

Eine eiserne Lady: Bess of Hardwick

Elizabeth I., die England von 1558 bis 1603 regierte, war als resolute Frau bekannt. Eine andere Elizabeth jener Zeit, kurz Bess genannt, hatte einen nicht minder starken Charakter und verewigte sich in Stein auf eine Weise, wie ihre Königin es nicht zu tun vermochte. Viermal verheiratet, verstand sie es, mit jeder Ehe gesellschaftlich aufzusteigen und starb 1607, 87-jährig, fabelhaft reich und gänzlich ohne Freunde.

Die in Derbyshire geborene Tochter eines relativ armen Ritters heiratete als Kind einen Nachbarn und war mit 15 Jahren eine wohlhabende Witwe. Da sie nicht nur Schönheit und Stolz, sondern auch Intelligenz besaß, wusste sie die Erfahrung ihrer ersten Ehe zu nutzen. Alle drei weiteren Eheverträge vermehrten nach zähen und geschickten Verhandlungen ihr eigenes Vermögen und das ihrer Kinder. Sie sorgte auch dafür, dass die sechs Kinder geadelt wurden oder in den Adel einheirateten.

Bess hatte eine große Begabung für Stickarbeiten, eine beachtete Kunstgattung dieser Zeit, aber ihre wichtigste künstlerische Aktivität entsprang ihrer Bauwut, der sie zusammen mit ihrem zweiten Mann beim Bau des ersten Chatsworth House frönte. Das Haus, das Bess bauen ließ, war noch größer als das heutige Chatsworth. Eine Zeit lang genoss sie dort die unfreiwillige Gesellschaft von Maria Stuart, die Elizabeth I. dem Gewahrsam ihres vierten Mannes, dem Grafen von Shrewsbury, übergab. Als der Graf nach einer langen unglücklichen Ehe endlich starb, konnte Bess ihrer Extravaganz beim Bau von Hardwick Hall, ihrem nächsten Wohnsitz, freien Lauf lassen. Die Fassade von Hardwick Hall wird von einem Geländer gekrönt, in dem ihre Initialen, E. S., gut sichtbar stehen.

Die Wandtapeten in den prunkvollen Staatsräumen zeigen Szenen aus dem Leben der Penelope. Diese bekannte Geschichte der treuen Ehefrau, die am Webstuhl auf die Rückkehr ihres Gatten Odysseus wartete, wählte Bess als allegorische Darstellung ihres Ehelebens. Luxus und Größe der Säle betonten ihren Status und unterstützten den Thronanspruch ihrer Enkelin Arabella Stuart.

Bess liegt in der Gruft der Familie Cavendish in der Kathedrale von Derby begraben. Ihr Denkmal, das sie selbst entwarf, ist bei weitem das größte in der Kathedrale; es ist nicht besonders schön, aber es passt zu einer überlebensgroßen Persönlichkeit.

Landschaft bei Matlock

schen Bauweise mit vielen sehr großen Glasfenstern. Die prachtvolle Innenausstattung besteht vielfach noch aus der ursprünglichen Möblierung. Die Schönheit der *Long Gallery* und der *High Great Chamber* mit ihren Wandtapeten ist im Land wohl unübertroffen.

Kedleston Hall 11, nördlich von Derby entstand im 18. Jh. im Stil des Palladianismus. Die prächtige Innenarchitektur gehört zu den besten Leistungen von Robert Adam. Kedleston befand sich 800 Jahre im Besitz der Curzon-Familie, deren berühmtestes Mitglied 1898–1905 Vizekönig von Indien war. Die Kirche aus dem 12. Jh. ist seinem Gedenken gewidmet, das *Indian Museum* mit Kunstwerken aus Silber und Elfenbein zeugt von seiner Sammlertätigkeit.

Zu den Sehenswürdigkeiten der alten grafschaftlichen Hauptstadt **Derby** 12 gehören die Kathedrale, eine ehemalige Pfarrkirche mit einem Turm des 16. Jh., das *Industrial Museum* in einer Seidenfabrik aus dem 17. Jh. und die *Royal Crown Derby* Porzellanmanufaktur.

Die Töpfereien von Stoke-on-Trent

Karte S. 205
Tipps & Adressen S. 334

Die Gegend um **Stoke-on-Trent** 13, eine 254 000 Einwohner zählende Stadt auf halbem Weg zwischen Birmingham und Manchester, heißt nach den seit Jahrhunderten hier angesiedelten Töpfereien The Potteries. Die Erde war hier nicht so fruchtbar wie in benachbarten Gebieten, bot aber reichlich Ton für Steingut, Kohle für die Brennöfen sowie Blei und Salz für die Glasur. Mit der industriellen Revolution wurden die Dörfer zu Städten und die kleinen Betriebe der Töpfer zu Fabriken.

Unternehmer wie Josiah Wedgwood und Josiah Spode erfanden bessere Herstellungsmethoden. Die leuchtend glasierte Keramik von Wedgwood schmückte die Tafeln des Königshauses und der Zarin Katharina II., wurde aber auch in Massen hergestellt. Spodes Innovation hieß bone china, ein exquisites Porzellan, das zu 50 % aus Knochenmehl bestand. Dank der Kanäle des 18. Jh. und später der Eisenbahn konnten Rohmaterialien und die fertige Ware billiger und bruchsicherer transportiert werden, so dass Stoke zum Keramikzentrum des britischen Empire wurde und seine Erzeugnisse in die ganze Welt exportierte.

Die wirtschaftliche Entwicklung schaffte Verhältnisse, von denen sich Stoke erst jetzt erholt. Die Potteries waren für ihre Luftverschmutzung berüchtigt. Hunderte von Brennöfen verpesteten die Luft mit ihren niedrigen Schloten. Die Abgase der Stahlindustrie und die verseuchten Abraumhalden der Kohlezechen taten ein Übriges. Die Zustände in den Armenvierteln waren erbärmlich,

die Bevölkerung litt während der 1930er Jahre bittere Not. Trotz des wirtschaftlichen Aufschwungs der Nachkriegsjahrzehnte blieben viele Probleme: Die kleinen Töpfereien arbeiteten unwirtschaftlich und schlossen ihre Tore. Die maroden Stahl- und Kohleindustrien bauten Arbeitsplätze ab. Anfang der 80er Jahre zeichneten große Ödflächen das Gesicht der Stadt. Nicht mal mehr mit der Fußballmannschaft konnte sich die Stadt schmücken, da die große Zeit des Lokalhelden und gefeierten Rechtsaußen der Nationalmannschaft, Stanley Matthews, schon Mitte der 60er Jahre vorbei war.

In den letzten Jahren hat die städtebauliche Erneuerung vieles verbessert. Die nationale Gartenschau verwandelte das hässliche Gelände eines alten Stahlwerks in eine Parklandschaft. Slumviertel wurden saniert, Flächen begrünt, Einkaufs- und Freizeitzentren gebaut. Zu einer Schönheit ist Stoke trotzdem nicht geworden. Da die Stadt aus sechs Gemeinden gebildet wurde, hat sie kein richtiges Zentrum. Es fehlt an Prachtstraßen oder historischen Bauten, und der Lebensstandard liegt unter dem nationalen Durchschnitt. Der Besucher kommt nach Stoke-on-Trent nicht des Stadtbildes wegen, sondern weil das industrielle Erbe der Töpfereien einzigartig ist.

Das **Gladstone Pottery Museum,** wo Keramik mit traditionellen Methoden hergestellt wird, ist die besterhaltene der historischen Töpfereien. Die kleine Fabrik oder Potbank erhielt ihr heutiges Aussehen um 1850, obwohl einige Teile älter sind. Die Gebäude aus rußgeschwärztem Backstein gruppieren sich unregelmäßig um einen kopfsteingepflasterten Hof. Auffallend ist die Flaschenform der zylindrischen Brennöfen. Die Produkte wurden mühevoll in keramischen Schutzbehältern verpackt, so hoch gestapelt, wie es die schrägen Wände erlaubten und anschließend zwei Tage lang gebrannt.

Im Gladstone Museum werden alle Arbeitsgänge von der Vorbereitung des Tons bis zum Brennen der gestapelten Ware gezeigt. Eine restaurierte Dampfmaschine aus dem 19. Jh., die bis in die 1960er Jahre in Betrieb war, liefert heute wieder die Energie. Zu der Ausstellung gehört ferner eine Töpferscheibe aus dem 18. Jh., die von einem großen, mit der Hand gedrehten Rad angetrieben wird. In anderen Räumen kann man beobachten, wie das Museumspersonal Becher, Blumensträuße, Tiere und andere Andenken mit der Hand formt und verziert, bemalt und glasiert.

In der Sammlung von historischen Keramikerzeugnissen sind neben sehr schönen Kacheln die viktorianischen WC-Becken bemerkenswert. Das erste englische Wasserklosett, das hier als Rekonstruktion vorhanden ist, wurde 1590 für Königin Elizabeth I. entworfen. Die Erfindung war offensichtlich ihrer Zeit weit voraus, denn es wurden nur zwei Exemplare gebaut. Erst 200 Jahre später begann man wieder mit der Herstellung von Wasserklosetts mit Spülung. Das wohlhabende viktorianische Bürgertum verrichtete seine Notdurft auf thronähnlichen, reich verzierten Gebilden, die im-

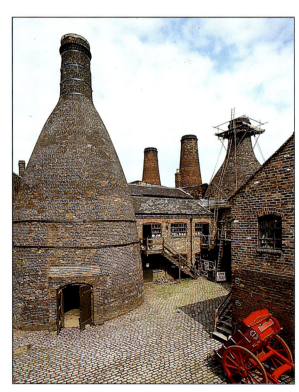

Keramiköfen in Stoke-on-Trent

Bei Gladstone Pottery *entsteht handbemalte Keramik*

posante Markennamen wie ›Jahrhundertklosett‹ und ›Wolkenbruch‹ oder ›Sintflut‹ erhielten.

Während die kleinen Töpfereien mit ihren charakteristischen Flaschenöfen Geschichte sind, gedeihen in Stoke noch einige moderne Keramikbetriebe. Fabrikbesichtigungen bieten die bekannten Firmen Royal Doulton und Spode an. Dazu gehören Vorführungen des Töpferhandwerks, Ausstellungen der erlesenen Ware und – bei Sehenswürdigkeiten in England unvermeidlich – Andenkenläden und Tea Shops, wo man sich einmal den Luxus gönnt, vom feinsten Porzellan zu speisen.

Das **Etruria Industrial Museum,** 2001 nach einer umfassenden Restaurierung neu eröffnet, zeigt Anlagen zum Mahlen von Knochen und Feuerstein. Hier, wie bei manch anderem englischen Industriedenkmal sieht man, dass viele Fabriken Mitte des 20. Jh. infolge fehlender Investititonen so wettbewerbsunfähig waren, dass sie in kurzer von einer Produktionsstätte zu einem Museum umfunktioniert wurden. Die Anlagen in Etruria blieben bis 1972 in Betrieb – nahezu unverändert mit den Produktionsweisen und der Maschinerie der 1820er Jahre.

Im **Potteries Museum and Art Gallery** im Ortsteil Hanley sieht man eine ausgezeichnete Sammlung von Keramik aus der Region, anderen europäischen Ländern und aus Nah- und Fernost.

Ausflüge in die Umgebung von Stoke-on-Trent

Der Freizeitpark **Alton Towers** 14 ist das englische Disneyland. Alton Towers, ein Herrenhaus des frühen 19. Jh., verfiel jahrelang. Jetzt ist das Haus restauriert, und die Gartenanlagen blühen wieder inmitten des ganzen Unterhaltungstrubels der Looping-Bahnen. Über die A 52 östlich von Stoke-on-Trent erreicht man diesen gut ausgeschilderten Freiheitpark. Dagegen kann **Shugborough** 15 behaupten, den alten aristokratischen Stil bewahrt zu haben. Im Landsitz der Grafen von Lichfield sind französische Möbel, Kunstsammlungen des 18. Jh. und ein Museum über Sozialgeschichte und Kunsthandwerk untergebracht. Shugborough liegt nahe der Stadt Stafford, südlich von Stoke-on-Trent, nicht weit von der A 51.

Little Moreton Hall

Im Nordwesten Englands und in den Grafschaften entlang der walisischen Grenze, wo guter Baustein relativ schwer zu beschaffen war, herrschte in früheren Jahrhunderten die Fachwerkbauweise vor. Neben den Städten Chester und Shrewsbury, wo viele Prachtbeispiele zu sehen sind, gibt es eine Reihe von Landsitzen des kleineren Adels, dessen Fachwerk im so genannten ›black and white‹-Baustil komplizierte dekorative Muster aufweist. **Little Moreton Hall** 16 (s. S. 317) in der Grafschaft Cheshire, 15 km nördlich von Stoke-on-Trent auf der Straße A 34 in Richtung Congleton, gilt als schönstes Haus in diesem Stil.

Der Sitz der Moreton-Familie entstand zwischen 1450 und 1580. Auf den ersten Blick erscheint das krumme, asymmetrische Gebäude mit aufgestapelten, vorkragenden Geschossen fast unwirklich, wie eine Filmkulisse. Von innen wie von außen erinnert der Bau an ein uraltes Segelschiff, nicht zuletzt, weil die Bretter der unebenen Böden so knarren. Von den Fundamenten bis zu den Giebeln ist jede Fläche mit Kreuz-, Zickzack- und Vierpassmustern überzogen. Sehenswert sind auch die Holzschnitzereien an den Dachüberhängen und die Holztäfelung in den Innenräumen. Der National Trust, der Little Moreton Hall verwaltet, hat sorgfältige Restaurierungsarbeiten durchgeführt und eine informative Ausstellung und Führung zur Geschichte und Architektur des Hauses vorbereitet.

Birmingham und die West Midlands

Karte S. 219
Tipps & Adressen
Birmingham S. 288, Dudley S. 301,
Coventry S. 299

Das Stadtzentrum von Birmingham

■ Birmingham, mit knapp über einer Million Einwohnern die zweitgrößte Stadt Englands, hat einen schlechten Ruf. Hier wurden in der Nachkriegszeit, als das von Bomben stark beschädigte Stadtzentrum neu gebaut wurde und in den 60er Jahren besonders schwerwiegende Planungsfehler begangen. Prinz Charles nahm 1989 in einer viel beachteten Fernsehsendung die moderne Architektur seines Landes unter Beschuss und rügte dabei die Bauten im Zentrum von Birmingham besonders scharf. Wer hier Zeit verbringt, muss trotzdem nicht verzweifeln. 1990 kündigte die Stadt eine Neugestaltung und den Abriss der hässlichsten ›Betongeschwüre‹ an. Eine neue Philharmonie für das Birmingham Symphony Orchestra, das internationales Ansehen genießt, wurde schon fertig gestellt. Es bleibt abzuwarten, wie sich Birmingham zu Beginn des neuen Jahrhunderts entwickelt.

Unter den Gebäuden des Zentrums ist vor allem die **Town Hall** ❶, 1834 im Stil eines griechischen Tempels erbaut, erwähnenswert. Das benachbarte **Bir-**

Birmingham
1 Town Hall 2 City Museum and Art Gallery 3 Discovery Centre 4 St. Paul's Square 5 Jewellery Quarter 6 Birmingham Jewellery Quarter Discovery Centre 7 Cathedral of St. Chad 8 St. Philip's Cathedral 9 Bahnhof 10 Busbahnhof

mingham City Museum and Art Gallery ❷ zeigt eine bedeutende Gemäldesammlung der englischen Maler, besonders der Präraffaeliten. Aber auch Werke von Murillo, Lucas Cranach, Van Dyck

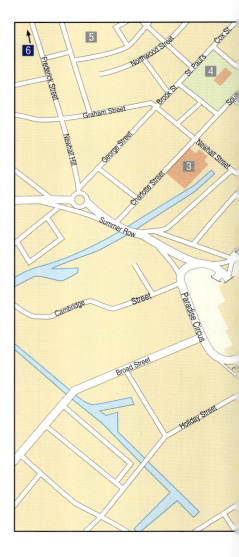

und verschiedenen italienischen Meistern sowie Skulpturen von Rodin, Henry Moore und anderen sind vertreten.

Unweit davon in Newhall Street präsentiert ab September 2001 das ehemalige Museum of Science and Industry unter dem neuen Namen **Discovery Centre** 3 moderner und besucherfreundlicher die industrielle Vergangenheit der Stadt.

Die Gegend um **St. Paul's Square** 4 wurde im 18. Jh. von den Grundbesitzern, der Familie Colmore, als neues Viertel geplant. Hier stehen schöne Häuser aus georgianischer Zeit und die 1779 fertig gestellte St. Paul's-Kirche. Nörd-

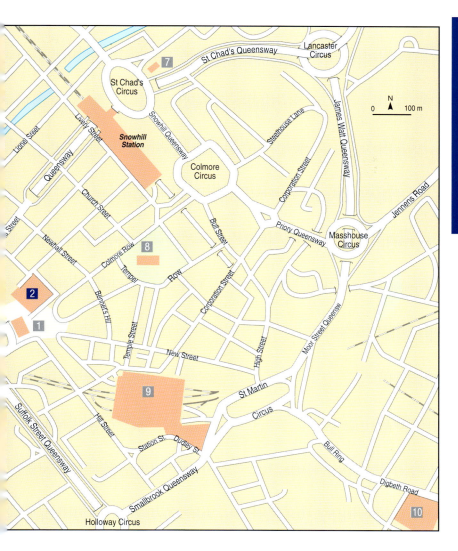

In Birmingham führt der Kanal mitten durch die Stadt

lich davon befindet sich das **Jewellery Quarter** 5, wo seit über 200 Jahren Juweliere ihr Handwerk betreiben. In den vielen kleinen Juwelierläden des Viertels kann man nach Schnäppchen suchen. Empfehlenswert ist ein Besuch des **Birmingham Jewellery Quarter Discovery Centre** 6 in der Vyse Street. Hier wurde eine Werkstatt so bewahrt, wie die Juweliere sie 1914 bei der Schließung hinterließen.

Birmingham besitzt eine römisch-katholische Kathedrale aus dem 19. Jh., die erste in England nach der Reformation. Architekt der **Cathedral of St. Chad** 7 war der Pionier der Neugotik in England, Augustus Pugin. Die **Church of St. Philip** 8 wurde 1711–25 im barocken Stil erbaut, 1884–85 mit Glasfenstern von Edward Burne-Jones verschönert und 1905 in den Rang einer anglikanischen Kathedrale erhoben.

Außerhalb des Zentrums

4 km nördlich der Stadtmitte von Birmingham im Stadtteil Aston steht ein Haus aus jakobäischer Zeit, **Aston Hall** 1. Die Stuckdecken sowie die Holztäfelungen und -schnitzereien stammen aus der Bauzeit, den Jahren 1618–35, die Möblierung und Gemälde teilweise aus dem 17., teilweise aus dem 19. Jh.

Cadbury World 2 in Bournville, 7 km südwestlich des Zentrums gelegen, ist eine ungewöhnliche Fabrikausstellung. Die Familie Cadbury begann 1831 mit der Herstellung von Süßwaren, und die Firma blieb bis heute ein führender Schokoladenfabrikant. Die Cadburys, fromme Mitglieder der Quäker-Sekte, waren um das Wohl der Arbeiter besorgt und verlegten 1879 die Produktion in den ›gesünderen‹ Vorort Bournville. Dort gründeten sie eine vorbildliche Arbeitersiedlung, die noch Dorfcharakter besitzt. Die Ausstellung informiert über die Geschichte von Schokolade seit der Azteken-Zeit, die Herstellung der verschiedenen Produkte, die Sozialgeschichte des Werks und die Entwicklung von Verpackung und Werbung für das Produkt Schokolade.

Eisenbahnfreunde kommen im **Birmingham Railway Museum** 3, 5 km südlich des Zentrums an der A 41, voll auf ihre Kosten. Hier kann man restaurierte Lokomotiven und Eisenbahnwaggons nicht nur sehen, sondern in Wochenendkursen lernen, eine Dampflok zu fahren. Die Bedeutung dieser Industrieregion in der Transportgeschichte wird auch im **National Motorcycle Museum** 4 gewürdigt. Die Sammlung, die über 600 Motorräder seit 1898 zeigt, befindet sich im Stadtteil Bickenhill an der A 45 Richtung Coventry.

Ausflüge von Birmingham

Dudley
Das **Black Country Museum** in Dudley 5, westlich des Ballungsgebiets von Birmingham gelegen, ist ein großflächiges Freilichtmuseum. Der Name ›Black Country‹ weist auf das schmutzige Metallverarbeitungsgewerbe hin, das seit Jahrhunderten in dieser Gegend ange-

Die Umgebung von Birmingham

siedelt ist. Das Museum zeigt Exponate aus der Welt der Arbeiter am Anfang des 20. Jh.. Zu den Höhepunkten gehören die Nachbildungen einer *Newcomen Engine* (Vorgänger der ersten Dampfmaschinen), Fahrten mit einer Straßenbahn der 1920er Jahre zu einer Kirmes, restaurierte Anlagen von Kohlegruben und Kalkbrennöfen und ein vollständig nachgebautes Dorf am Kanal. Das Dorf besitzt Pub, Kirche, Schmiede, Glasatelier, Wohnhäuser, Apotheke, Lebensmittel-, Eisen- und Süßwarengeschäft und vieles mehr, alles mit zeitgenössischer Einrichtung und Waren in ihrer ursprünglichen Verpackung. Museumspersonal in historischen Kostümen gibt Erklärungen und leitet Vorführungen. Die Kanalfahrt durch einen in die Hügel geschlagenen Tunnel zu den 200 Jahre alten Kalksteingruben ist ebenfalls interessant. Auf einem der Hügel steht **Dudley Castle,** eine Ruine des 13. und 16. Jh. Auch ein großer Zoo ist hier zu besichtigen.

Coventry

6 ist keine schöne Stadt mehr, obwohl einige Gebäude in den engen Straßen um die Kathedrale noch die Atmosphäre der Zeit erahnen lassen, als die Stadt ein blühendes Zentrum des Wollhandels war. Am 14. November 1940 zerstörte ein Angriff der deutschen Luftwaffe das gesamte mittelalterliche Stadtzentrum. Innerhalb von 10 Stunden wurde ein Drittel der Häuser von Coventry unbewohnbar gemacht. Es war der Anfang einer neuen Phase des Luftkriegs, für die deutsche Propagandastellen den Begriff ›Coventrieren‹ prägten, um die physische und psychologische Zerstörung einer ganzen Stadt zu bezeichnen. Die alte St. Michael's Cathedral wurde nach Kriegsende nicht wieder aufgebaut. Von dem spätmittelalterlichen Bau sind Teile

der Außenmauern und der 90 m hohe Turm erhalten. Eine Treppe führt von den Ruinen hinunter zur modernen Kathedrale, einem viel bewunderten Werk von Sir Basil Spence, die 1962 eingeweiht wurde. Die Architektur, vor allem die Glasfenster, symbolisiert Frieden und Versöhnung. Eine Wandtapete des Künstlers Graham Sutherland, eine Darstellung des thronenden Christus, bedeckt die gesamte Altarwand.

In der Straße Jordan Well, wenige Schritte von der Kathedrale entfernt, findet man im **Herbert Art Gallery and Museum** eine Ausstellung über die Stadtgeschichte sowie Sammlungen chinesischer Kunst und englischer Möbel.

Durch die hier ansässigen Firmen Jaguar, Rover und Peugeot ist Coventry ein Zentrum der Autoindustrie. Das **Museum of British Road Transport** besitzt eine Sammlung von über 400 Automobilen und Motorrädern, die die Geschichte des britischen Straßenverkehrs dokumentiert.

Neben Museen für Straßen- und Schienenverkehr gibt es schließlich am Flugplatz bei Baginton, südlich von Coventry, das **Midland Air Museum** 7, in dem vor allem Militärflugzeuge und frühe Düsenmaschinen zu sehen sind. Wer sich lieber außerhalb des Ballungszentrums aufhält, muss auch nicht weit fahren, denn Warwick und Stratford-upon-Avon (s. S. 78 und 71) liegen nur eine kurze Autofahrt südlich von Birmingham und Coventry entfernt.

Nördlich von Birmingham

Verlässt man Birmingham statt dessen in nördlicher Richtung, so sind zwei historische Kleinstädte zu besichtigen. **Lichfield** 8 besitzt die einzige englische Kathedrale mit drei Spitztürmen. Das hauptsächlich aus dem 13. und 14.

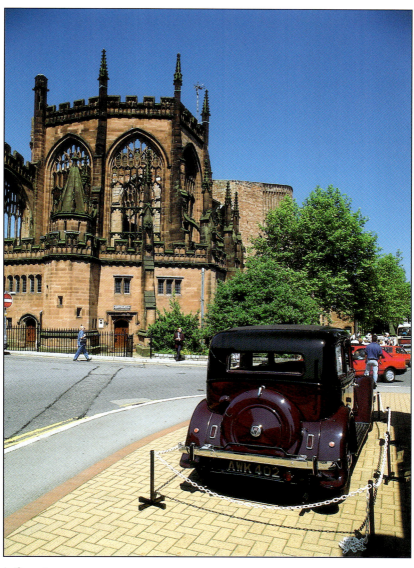

In Coventry

Jh. stammende Bauwerk wurde im Bürgerkrieg des 17. Jh. schwer beschädigt und musste umfassend restauriert werden. Im benachbarten **Tamworth** 9 steht noch die normannische Burg, deren Säle den Baustil und die Einrichtung aus verschiedenen Epochen von *Tudor* bis *Victorian* zeigen.

Wer war Robin Hood?

Er hat vielleicht nie existiert, aber der legendäre Robin Hood übt noch im 20. Jh. eine gewisse Faszination aus und hat die Fantasie vieler Generationen beflügelt. Hollywood feierte seine Taten in über 30 Filmen. Das Bild des antiautoritären, mit sozialem Gewissen ausgestatteten Rebellen aus dem Wald machte Robin zum geeigneten Helden für die umweltbewussten 90er Jahre.

Historiker können sich über den Ursprung der Legende nicht einigen. Die Lokalpatrioten von Nottingham dementieren die Behauptung, Robin käme aus dem südlichen Teil von Yorkshire, jedoch fehlen ihnen die Beweise. Laut Überlieferung lebte er im dichten, grünen Laubwald von Sherwood mit einer lustigen, vogelfreien Bande. Sie ernährten sich von Wild, bekämpften mit Pfeil und Bogen den grausamen Sheriff, Statthalter der königlichen Macht in der Grafschaft von Nottingham, und teilten mit den Armen die Beute ihrer Überfälle auf wohlhabende Prälaten. In den Geschichten kommen die Ressentiments des einfachen Volkes gegen die normannische Oberschicht und den Reichtum der Kirche zum Ausdruck. Robin ist treuer Untertan des Königs, kämpft aber gegen den Missbrauch seiner Macht. Robins fast übermenschliches Können im Umgang mit Pfeil und Bogen hat einen realen Hintergrund. Zur Sicherung der Landesverteidigung war es im Mittelalter Pflicht, sich im Gebrauch dieser Waffe zu üben, und die Fähigkeit der englischen Bogenschützen, auf große Entfernung mit ihren Pfeilen eine Ritterrüstung zu durchbohren, war entscheidend für den Ausgang des 100-jährigen Krieges gegen Frankreich. Seit dem 11. Jh. bestand das Forstgesetz, das im Interesse der Jagdleidenschaft der normannischen Könige die traditionelle Nutzung breiter Landstriche untersagte. In diesen Gebieten, zu denen Sherwood Forest gehörte, war die Jagd dem König vorbehalten. Weil die Wälder Nahrung – Honig, Wild und Eicheln für Schweine – sowie Holz als Brennstoff oder Baumaterial lieferten, wurden die neuen Gesetze als großes Unrecht empfunden. Robin Hoods freizügiges Leben im Wald verkörperte gleichzeitig die damalige Opposition gegen das Forstgesetz und den späteren Mythos von ›Merrie England‹, dem angeblich lustigen, unverdorbenen England des Mittelalters.

Sherwood Forest war auch im Mittelalter nicht durchgehend bewaldet, sondern eine mit Waldstücken übersäte Heidelandschaft. Heute gibt es noch einen ungefähr 200 ha großen Eichenwald um das Dorf Edwinstowe, 30 km nördlich von Nottingham. Hier findet man Wanderwege und das *Sherwood Forest Visitor Centre* mit einer Ausstellung zu dem Thema. Ausgeschildert für Spaziergänger ist eine riesige, mehrere hundert Jahre alte Eiche, *the major oak*, unter der sich Robin mit seiner Bande getroffen haben soll.

Nottingham und Umgebung

Karte S. 227
Tipps & Adressen S. 325

Nottingham

■ Die Stadt Nottingham bietet eine besuchergerechte Version von Sherwood-Forest: **Tales of Robin Hood** 1, ein kleines Disneyland, in dem Besucher die Welt des legendären Räubers hautnah erleben können. ›Tales‹ heißt Geschichten und die geisterbahnähnliche Fahrt in schwebenden Gondeln stellt verschiedene Szenen einer zusammenhängenden Story dar. Der Besucher wird als Reisender am Hof eines Adligen begrüßt. Nach einer Warnung vor dem Outlaw Robin Hood gelangt er in die Banketthalle, hört die Sagen eines Minnesängers, kommt in eine Kneipe, wird im Kerker vom Sheriff bedroht und entflieht mit Robin Hood. Er gelangt zu der Heldenbande über Umwege durch die Werkstätte eines Pfeilmachers, eines Töpfers und eines Schmieds, an einer Wassermühle und einem Rudel zähnefletschender Wölfe vorbei. Das Happy-End bildet die Darstellung eines Banketts in Sherwood Forest.

Der bei Schulklassen beliebte Ausflug bietet nicht nur leichte Unterhaltung, sondern beruht auf den Forschungen eines gelehrten Teams unter Leitung eines Geschichtsprofessors, Autor des Standardwerks über die Legende von Robin Hood. Lehrern wird ausführliches Begleitmaterial zur Verfügung gestellt, und eine geschichtliche Ausstellung über die Robin-Hood-Legende schließt sich der Gondelfahrt an. Vermutlich bleiben den meisten Besuchern dennoch die blutrünstigen Szenen oder die künstlich erzeugten Gerüche der mittelalterlichen Kloake und des kochenden Wild-

Nottingham
1 Tales of Robin Hood
2 Nottingham Castle
3 Brewhouse Yard Museum
4 ›Ye Olde Trip to Jerusalem‹
5 ›The Salutation‹
6 Lace Centre
7 Museum of Nottingham Lace
8 St. Mary's Church
9 Galleries of Justice
10 Museum of Costume and Textiles

brets im Wald eher in Erinnerung als der tatsächliche historische Hintergrund. Trotz einer schlechten Akustik sind die preisgekrönten Tales of Robin Hood besonders für Familien mit Kindern das richtige Urlaubserlebnis und ein weiterer Beweis für die Lebendigkeit der englischen Touristikbranche.

Nottingham Castle 2, eine königliche Burg, steht auf einem hohen Felsen und dominiert die Stadt. Von der mittelalterlichen Festung ist infolge der Zerstörung im Bürgerkrieg, der 1642 von Charles I. in Nottingham ausgerufen wurde, wenig geblieben. 1674 kaufte der Duke of Newcastle das Grundstück, um ein herzogliches Schloss zu errichten. Auch dieser Bau wurde zerstört, diesmal während der Unruhen im Zusammenhang mit der Ausdehnung des Wahlrechts 1831, und blieb bis 1875 eine ausgebrannte Ruine. Schließlich restaurierte die Stadt das Gebäude und richtete ein Museum ein. Neben audiovisuellen Vorführungen über die bewegte Geschichte von Stadt und Burg beherbergt das *Castle Museum* Sammlungen von Kunst und Kunsthandwerk.

Der lockere, krümelige Sandstein des Burgbergs ist von Höhlen und unterirdi-

Vielleicht der älteste Pub von England: Ye Olde Trip to Jerusalem in Nottingham

Real Ale

Bei der ersten Bierprobe in einem Pub stellt man fest, dass die Engländer einen anderen Geschmack haben. Es besteht kein Reinheitsgebot, das Bier wird nicht immer kühl serviert, und auf eine Schaumkrone wird wenig Wert gelegt. Das beliebteste traditionelle Bier ist das dunkle, obergärige *Bitter*. Zunehmend gewinnt das helle *Lager,* das an kontinental-europäisches Bier erinnern soll, an Boden. Lager ist im Gegensatz zu Bitter untergärig und in der Regel schwächer und etwas teurer. Der Haltbarkeit wegen werden Bitter und Lager in den großen Brauereien oft pasteurisiert. In den 1970er Jahren setzte jedoch eine Reaktion gegen diese Herstellmethode ein. Die Organisation CAMRA, *Campaign for Real Ale* (Ale ist ein Synonym für traditionelles Bier), kämpft erfolgreich um den Erhalt der verbleibenden ›reinen‹ Biersorten, die ohne Zusatz von Kohlensäure im Fass zur Reife gebracht und mit der Hand statt unter Gasdruck vom Keller hochgepumpt werden. Obwohl viele der regionalen Brauereien von den großen aufgekauft wurden, haben ihre recht vielfältigen Produkte überlebt, denn die CAMRA-Lobby hat auch bei den fünf marktbeherrschenden Braukonzernen ein Umdenken bewirkt.

Eine Hochburg der Brauindustrie ist die Stadt Burton-on-Trent, südlich von Stoke-on-Trent. Hier unterhält die größte englische Brauerei das **Bass Museum and Visitor Centre**. Auch in der Stadt Stamford ist ein **Brewery Museum** zu besichtigen. Die wichtigsten Recherchen zum Thema sollte man jedoch im Pub betreiben. Der Geschmack des englischen Real Ale ist zwar für manche Mitteleuropäer zuerst gewöhnungsbedürftig, die Mühe, ihn kennen zu lernen, lohnt sich aber.

Nottingham

225

schen Gängen durchzogen. *Mortimer's Hole,* ein 100 m langer Gang, führt vom Schloss hinunter zum Brewhouse Yard am Fuße des Bergs. Der Überlieferung nach benutzte Roger Mortimer, Liebhaber von Königin Isabella und Mörder ihres Mannes Edward II., diesen Weg 1330 bei dem vergeblichen Versuch, vor den Truppen des jungen Edward III., Sohn des Ermordeten, zu flüchten. Das **Brewhouse Yard Museum** [3], eine Gruppe von fünf Häusern aus dem 17. Jh., zeigt eine historische Ausstellung über das tägliche Leben und die Wirtschaft der Stadt. Unter anderem gibt es eine rekonstruierte Geschäftsstraße der 1930er Jahre, ein Schulzimmer und eine Spielwarenhandlung aus derselben Zeit und aus dem Stein gehauene Kellerräume, die in der Vergangenheit verschiedentlich als Lager, Küche und Luftschutzbunker genutzt wurden. Der Name Brewhouse Yard deutet darauf hin, dass sich die Schlossbrauerei ehemals hier befand; ebenfalls am Fuß des Burgfelsens liegt der Pub ›**Ye Olde Trip to Jerusalem**‹ [4], der 1189 erstmals urkundlich erwähnt wurde und der älteste Englands sein könnte. Das hintere Zimmer ist eigentlich eine Höhle im Felsen. Tatsächlich befinden sich unter vielen alten Häusern von Nottingham künstlich geschaffene Höhlen. Ein weiterer Pub, ›**The Salutation**‹ [5], 1420 gebaut, benutzt als Kühlraum für Bierfässer geräumige Keller auf mindestens zwei Ebenen mit Brunnen und Schornstein. Vor über 1000 Jahren war die unterirdische Anlage Teil eines sächsischen Bauernhofs.

Das bekannteste traditionelle Gewerbe der Stadt Nottingham ist die Herstellung von Spitze. Über die Geschichte des Handwerks informieren zwei sehenswerte Museen. Das **Lace Centre** [6] befindet sich gegenüber der Statue von Robin Hood unterhalb des Schlosses in einem wiederhergestellten Fachwerkhaus aus dem 14. Jh. das **Museum of Nottingham Lace** [7] in der Straße High Pavement ist eine ehemalige Kapelle, deren hervorragende Glasmalereien, Werke des präraffaelitischen Künstlers Burne-Jones, erhalten sind. In beiden Museen wird die Herstellung von Spitze vorgeführt, per Hand sowie an historischen Maschinen, und das Ergebnis zum Verkauf angeboten. Das interessante Viertel um die Lace Hall heißt Lace Market. Rund um die Pfarrkirche **St. Mary** [8] (15. Jh.) erstrahlt die bunte Stilmischung der viktorianischen Fabrik- und Lagerhallen nach einer Restaurierung seit einigen Jahren in neuem Glanz. Kleine Textilbetriebe sind immer noch hier ansässig. Nach einer längeren Flaute verkaufen sich Erzeugnisse aus Spitze wieder besser, und es gibt über 30 Firmen dieser Branche in Nottingham und der Umgebung. In den **Galleries of Justice** [9] neben Lace Hall kann man ein Gefängnis und Gerichtssäle des 19. Jh. besichtigen. In weniger romanti-

Newstead Abbey

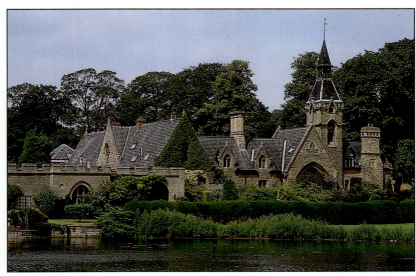

scher Weise als die Robin Hood-Attraktionen erhellt diese Ausstellung das Thema Verbrechen und Justiz über die Jahrhunderte.

Damit sind die Sehenswürdigkeiten von Nottingham nicht erschöpft. Für den Shopping-Bummel bietet die Stadt viel Abwechslung mit zwei großflächigen modernen Einkaufszentren und kleineren Geschäften in eleganten Bauten aus verschiedenen Perioden seit dem 18. Jh., insbesondere die Exchange Arcade am Old Market Square. Dieser Marktplatz bildete jahrhundertelang die Kulisse für einen der lebhaftesten Jahrmärkte Englands, die ›Goose Fair‹. Er findet noch jedes Jahr im Oktober statt, allerdings jetzt am Stadtrand und ist eine riesige Kirmes und keine gewerbliche Messe mehr.

Für ausgesprochene Museum-Fans bleibt noch an der Castle Gate das **Museum of Costume and Textiles** 10 mit historischer Kleidung.

Ausflüge in die Umgebung von Nottingham

Es gibt eine Reihe von empfehlenswerten Ausflugszielen außerhalb des Stadtzentrums von Nottingham. **Wollaton Hall** 1, ein elisabethanischer Herrensitz in einem ausgedehnten Park, wurde 1588 von Sir Thomas Willoughby mit dem Gewinn aus seinen Kohlebergwerken gebaut. Jetzt sind geologische und naturhistorische Sammlungen hier zu sehen und in den ehemaligen Stall- und Wirtschaftsgebäuden das *Industrial Museum*. Nördlich der Stadt, bei Ravenshead, liegt **Newstead Abbey** 2, Familiensitz des Dichters Lord Byron (1788–1824). Die im 12. Jh. im Stil der Gotik entstandene Abtei wurde im 16. Jh. zum Herrenhaus umgebaut. Zu sehen sind

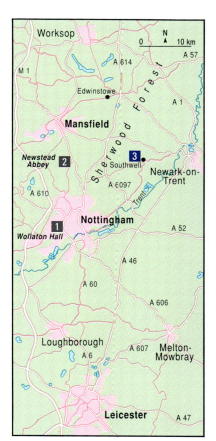

Die Umgebung von Nottingham

die Säle, die Byron bewohnte, andere Zimmer im Stil des 19. Jh., ein schöner Park und Gärten. Byrons Grab befindet sich in der Kirche des nahe gelegenen Ortes Hucknall Torkhard.

Das Fehlen eines Doms in Nottingham macht **Southwell Minster** 3 an der Straße A 612 Richtung Nordosten wieder wett. Die Kirche wurde 1108 im romanischen Stil begonnen, zeigt aber hauptsächlich gotische Elemente. Besonders schön sind der Lettner (14. Jh.) und der Chor.

Die Domstadt Lincoln

Tipps & Adressen S. 316

■ Steep Hill, steiler Hügel, heißt die enge Straße, die die Altstadt von Lincoln mit dem Kai unten am Fluss verbindet. Der Höhenunterschied zwischen dem Hafenbecken und der Turmspitze der Kathedrale beträgt 147 m. Vor dem Sturm, der im Jahre 1548 den hölzernen Spitzhelm des Vierungsturms in die Tiefe riss, waren es mehr. Der immer noch imposante Turm ist weithin sichtbar und kündigt dem Besucher an, dass er sich einer der schönsten historischen Städte Englands nähert.

48 n. Chr. etablierten die Römer eine Garnison an der Stelle, wo der Fluss Witham durch eine lange Hügelkette aus Kalkstein bricht. Die Siedlung, die sie vorfanden, hieß London. Der spätere römische Name, Lindum Colonia, wurde zu Lincoln verkürzt. Die Römer bauten die erste künstliche Wasserstraße Englands, *Foss Dyke,* um den Witham bei Lincoln mit dem River Trent zu verbinden und damit ihre Truppen im Norden des Landes mit Proviant von den fruchtbaren Äckern des Ostens versorgen zu können. Einige Kilometer westlich der Stadt kann man noch am Foss Dyke spazieren gehen. Im Mittelalter war der Hafen **Brayford Pool** 1 als Umschlagplatz des Wollhandels wieder einer der wichtigsten Englands. Obwohl noch viele Boote auf dem Witham und dem Kanal fahren, lebt der Hafen heute vom Bootstourismus und nicht mehr vom Handel. Im Sommer ist Brayford

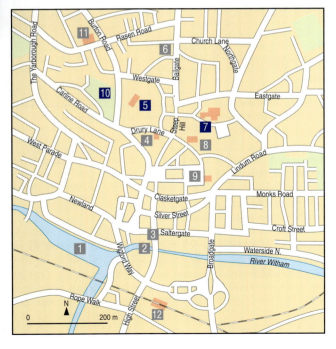

Lincoln
1 Brayford Pool
2 High Bridge
3 Stonebow
4 Jews' Houses
5 Lincoln Castle
6 Newport Arch
7 Kathedrale
8 Bischofspalast
9 Usher Art Gallery
10 The Lawn
11 Museum of Lincolnshire Life
12 Bahnhof

Lincoln, im Hintergrund die Kathedrale

Pool ausgesprochen lebhaft und ein guter Ausgangspunkt für eine Stadtbesichtigung. In Richtung High Street kommt man zur **High Bridge** 2, einer Brücke aus dem 12. Jh., auf der Fachwerkhäuser des 16. Jh. stehen. An der High Street liegt auch das südliche Stadttor, **Stonebow** 3, im 15. Jh. an der Stelle des römischen Tors errichtet. Im Obergeschoss, seit dem Mittelalter Versammlungsplatz des Rats, befindet sich die Guildhall, in der der Ratsschatz aufbewahrt wird.

Den Weg vom Hafen hinauf in die Altstadt säumen die **Jews' Houses** 4, steinerne, im 12. Jh. errichtete Wohnhäuser, die jüdischen Kaufleuten gehörten. In Lincoln gab es eine reiche jüdische Gemeinde, bis die Juden 1290 aus dem Königreich vertrieben wurden. Das Haus des Juden Aaron auf Steep Hill ist möglicherweise das älteste Wohnhaus Englands. In der ersten Etage des Nachbarhauses, Jew's Court, befand sich die Synagoge. Überall in den Gassen der Altstadt sind interessante Häuser aus Stein, Backstein oder Fachwerk und altmodische kleine Geschäfte zu sehen.

Als William I. versuchte, seine Macht im neu eroberten Inselreich zu sichern, ließ er 1068 auf dem Hügel von Lincoln 166 Häuser abreißen und eine Burg bauen. **Lincoln Castle** 5 ist teilweise noch gut erhalten, da der Bau bis ins 19. Jh. als Gefängnis diente. Sehenswert ist die *Gefängniskapelle,* deren Bänke durch Trennwände in einzelne Zellen aufgeteilt sind, so dass kein Mitglied der unfreiwillig anwesenden Gemeinde mit seinen Nachbarn kommunizieren konnte. Auf dem Dach des nordöstlichen Turms, Cobb Hall, befand sich der Galgen, an dem noch bis 1868 öffentliche Hinrichtungen durchgeführt wurden. Der älteste erhaltene Teil der

Die Kathedrale von Lincoln ▷

Lincoln, Highbridge

Burg ist der auf einem Erdhügel stehende *Lucy Tower* aus dem 12. Jh., in dem verstorbene oder hingerichtete Häftlinge begraben wurden. Einem angenehmeren Zweck diente der eckige *Observatory Tower,* der im 13. Jh. auf dem zweiten Erdhügel errichtet wurde. Ein an Astronomie interessierter Gefängnisdirektor ließ ihn im 19. Jh. zu einer Sternwarte umbauen. Von den Zinnen der Burg gibt es einen weiten Ausblick über die Ebene von Lincolnshire. Am Ende der Straße Bailgate, die von der Burg nach Norden führt, steht das römische Stadttor **Newport Arch** 6.

Die Hauptattraktion der Stadt ist die **Kathedrale** 7, eines der bedeutendsten gotischen Bauwerke Englands. Die Westfassade und die unteren Teile der beiden mächtigen Westtürme sind Reste eines romanischen Vorgängerbaus, der von Feuer und Erdbeben zerstört wurde. Die ungewöhnlich breite Fassade, die einen figurenreichen Schmuck besitzt, macht einen überwältigenden Eindruck auf den Besucher, der den abgeschlossenen Dombezirk durch das gotische Tor betritt. 1186 ernannte Henry II. Hugo von Avalon, den späteren Heiligen, zum Bischof. Er trieb den Bau der Kathedrale im gotischen Stil voran. Aus dieser Zeit stammt das Hauptschiff. Im nächsten Jahrhundert stürzte der gerade vollendete Vierungsturm ein, wurde aber schnell wieder aufgebaut. Das so genannte ›verrückte Gewölbe‹ des Chors aus dem 13. Jh. ist einmalig in der gotischen Baukunst. Die Steinrippen, die direkt den gegenüberliegenden Pfeilern entspringen, treffen sich nicht symmetrisch im Scheitel des Gewölbes, sondern sind seitlich versetzt, um eine Verbindung zu den Rippen der diagonal gegenüberliegenden Pfeiler herzustellen. Konventioneller und besonders schön ist die Erweiterung des Chors nach Osten, der *Angel Choir,* benannt nach den Engelfiguren, die mit ausgebreiteten Flügeln zwischen den Arkadenbögen schweben. Mit etwas Mühe erkennt man im Gewölbe des Ostchors eine kleine groteske Figur, die als ›Lincoln Imp‹ zum Wahrzeichen der Stadt geworden ist. Weitere architektonische Höhepunkte des Doms sind die Fensterrosen der Querhäuser, im Süden das *Bishop's Eye,* im *Decorated*-Stil des frühen 14. Jh. und im Norden das *Dean's Eye,* ca. 1200, beide mit mittelalterlichem Glas. Der Kreuzgang und das zehneckige Kapitelhaus stammen aus dem 13. Jh.

Im Schatten der Kathedrale liegen die Ruinen des **Bischofspalastes** 8. Die große Banketthalle macht deutlich, dass die Bischöfe von Lincoln im Mittelalter zu den Reichsten und Mächtigsten des Landes gehörten. Ihre Diözese erstreckte sich bis zur Themse. Im städtischen Weingarten an der südlichen Palastseite, sicherlich einem der nördlichsten Europas, werden Reben aus Neustadt an der Weinstraße, der Partnerstadt von Lincoln, kultiviert. Wenige Schritte bergab an der Lindum Road zeigt die **Usher Art Gallery** 9 Sammlungen von Glas, Porzellan und Uhren. Ein Saal gedenkt des aus Lincolnshire stammenden Hofdichters Lord Tennyson (1809–92).

Unbedingt zu empfehlen ist der Besuch von **The Lawn** 10, einem ehemaligen Krankenhaus in der Union Road, das in einer Parkanlage liegt. Hier befinden sich unter anderem eine archäologische Abteilung, ein schönes Gewächshaus mit der Pflanzensammlung von Sir Joseph Banks, Begleiter von Captain

Cook auf der Entdeckungsreise nach Australien, und ein interessantes Stück neuerer Geschichte: die Fahrradsammlung des **National Bicycle Museum.** Mehr zur Geschichte der Region findet man 5 Fußminuten von The Lawn entfernt im **Museum of Lincolnshire Life** 11, das Ausstellungen über das tägliche Leben der letzten 200 Jahre bietet.

Das Fahrradmuseum beherbergt eine erstaunliche Vielfalt an alten und neuen Konstruktionen, darunter etliche bizarre und gefährlich aussehende Modelle. Das älteste Fortbewegungsmittel der Sammlung ist das ›Hobby Horse‹ von 1818, mit dem junge Kavaliere der Oberschicht eine Zeit lang die Londoner Parks unsicher machten. Der entscheidende technische Durchbruch gelang 1839 einem schottischen Schmied, der ein Modell mit primitiven Pedalen baute. Über Eisenstangen trieben die Pedale das hölzerne Hinterrad an und ermöglichten es so dem Erfinder, die 40 Meilen von seinem Heimatdorf nach Glasgow zu fahren. Dieses Ausstellungsstück ist nachgebaut, aber die Exponate aus den Jahren ab 1870 sind seltene Originalmodelle, die in der Museumswerkstatt restauriert wurden. Der Besucher kann sich auf ein an der Wand befestigtes Hochrad setzen und eine breite Palette von Ein- bis Vierrädern in allen denkbaren Größen und Kombinationen bewundern. Zu den ausgefallensten Modellen gehören das 3,5 m hohe Eiffelturmrad, das unter den Füßen des Fahrers eine große Werbefläche hatte und ein Fünfsitzer aus dem Jahre 1896, mit dem Geschwindigkeiten bis zu 100 Stundenkilometern erreicht werden konnten.

Lincoln

233

Von Lincoln nach Peterborough

Karte S. 335
Tipps & Adressen
Horncastle S. 310, Tattershall Castle
S. 336, Boston S. 290, Spalding S. 333,
Grantham S. 303

Doddington Hall **1**, einige Kilometer
westlich von Lincoln, ist ein elisabethanischer Herrensitz mit schöner Inneneinrichtung und Parkanlage. Das ländliche
Lincolnshire wird von Touristen kaum
frequentiert und besitzt einen altmodischen Reiz, da Hektik hier ein Fremdwort
ist. Die Marktstädte **Louth** **2**, **Horncastle** **3** und **Spilsby** **4** liegen am Rande
der Lincolnshire Wolds, einer schönen
Gegend mit niedrigen Hügeln, Heimat
des beliebten englischen Dichters Lord
Alfred Tennyson. Er kam im Jahr 1809 in
Somersby zur Welt. Die meisten Häuser
in Horncastle stammen aus dem 18. oder
19. Jh., doch Reste einer römischen Mauer in der Bibliothek an der Wharf Road
zeugen von einer älteren Siedlungsge-
schichte. Bekanntester Sohn des kleineren Orts Spilsby war der Marineoffizier
und Polarforscher Sir John Franklin.

In dem reizvollen Marktflecken Louth
findet freitags der Viehmarkt statt, mitt-
wochs ein Markt mit unterhaltsamen
Versteigerungen. Im Gewirr der kleinen
Stadt sind schöne Bauten aus georgianischer Zeit zu finden. Viele wurden aus
rotem Backstein mit passenden Dachpfannen gebaut. Architektonisches Ju-
wel von Louth ist die Pfarrkirche St.
James mit einem 90 m hohen Spitzturm
aus dem frühen 16. Jh.

Weiter südwärts wird das Land
immer flacher. Wir nähern uns dem ehemaligen Sumpfgebiet, The Fens. Bei Coningsby, südlich von Horncastle, wird
die ländliche Ruhe öfter durch Fluglärm

unterbrochen. Die königliche Luftwaffe
ist in Lincolnshire zu Hause und bietet
sich sogar als Touristenattraktion an. Auf
dem Stützpunkt **Coningsby** **5** sind
flugtüchtige Jäger und Bomber aus dem
letzten Krieg zu besichtigen. Ein paar
Meilen weiter in **East Kirkby** **6** gibt es
ein regelrechtes Museum für Kriegsnos-
talgie, das ›Aviation Heritage Centre‹.

Wer das alles lieber vergisst, wird an
Tattershall Castle **7** bei Coningsby
mehr Freude haben. Diese riesige Back-
steinburg aus dem 15. Jh. sieht zwar auf
den ersten Blick wehrhaft aus, aber der
Bauherr, Ralph Cromwell, Schatzkanzler
von Henry VI., dachte offensichtlich nur
in zweiter Linie an Verteidigung, da er
große Fenster einsetzen ließ. Auf dem
Burggraben schwimmen Enten und
Schwäne, Pfauen stolzieren auf dem
Rasen innerhalb der jetzt abgerissenen
Außenmauern. Von der Innenausstattung ist nur wenig übrig geblieben.

Boston **8**, eine alte Hafenstadt an
der Witham-Mündung, gab der amerikanischen Großstadt in Massachusetts
ihren Namen, denn von hier aus segelten 1620 die so genannten ›Pilgerväter‹
auf der Suche nach religiöser Freiheit in
die Neue Welt. Im *Guildhall Museum,*
einem Bau aus dem Jahr 1450, sind die
Zellen zu sehen, in denen sie 1607 nach
einem Fluchtversuch nach Holland ein-
gesperrt wurden. Die Stadt wirkt jetzt
hübsch und verschlafen, aber die große
spätgotische Kirche, *Church of St. Bo-
tolph,* zeugt noch von früherem Reichtum. Sie besitzt einen weithin sichtbaren
Turm, genannt ›The Boston Stump‹.

An der sandigen Küste nördlich von
Boston liegen zwei Badeorte, **Skegness**

Von Lincoln nach Peterborough

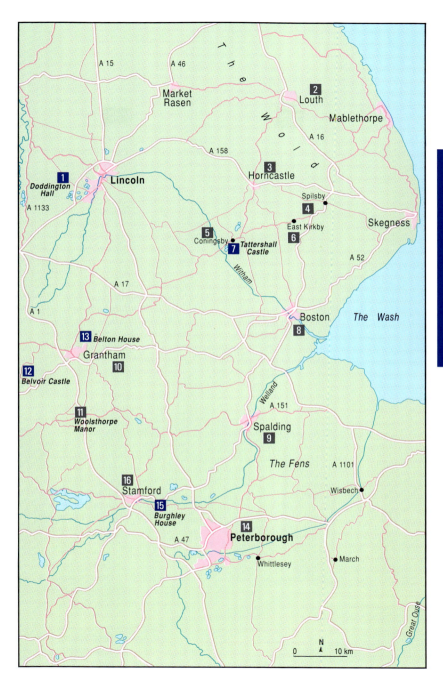

und **Mablethorpe**. Weiter südlich am Rand des großen Meerbusens, The Wash, trennen Deiche das fruchtbare Agrarland von Schlamm und salzigem Gras. Der Blick zum weiten Horizont wird nirgendwo von Hügeln oder hohen Bauten verdeckt, und es herrscht Stille.

Südlich von Boston in der Gegend um **Spalding** [9], dem Zentrum des Gartenbaus, blühen von April bis Mitte Mai viele Narzissen und Tulpen. **Grantham** [10] im Südwesten der Grafschaft erfreut sich eines doppelten Ruhms als Geburtsort des Wissenschaftlers und Mathematikers Sir Isaac Newton (1642–1727) und als der von Margaret Thatcher. Newton besuchte die *Grammar School,* ein Bau des 16. Jh. Sein Geburtshaus **Woolsthorpe Manor** [11], in dem er während der Pestjahre 1665–66 an seinen Theorien über Optik und Schwerkraft arbeitete, liegt 11 km südlich der Stadt.

10 km westlich der Stadt liegt **Belvoir Castle** [12], Sitz der Herzöge von Rutland. Das Schloss, das seine heutige Form durch viele Veränderungen während der letzten 300 Jahre erhielt, beherbergt eine Gemäldesammlung mit Werken von Rubens, Rembrandt, Holbein und englischen Malern. **Belton House** [13], 4 km nördlich von Grantham gelegen, gilt als schönster Landsitz des späten 17. Jh.

Von Peterborough bis Stamford

Tipps & Adressen
Peterborough S. 328, Stamford S. 333

[14] Die Moderne Industriestadt Peterborough wird vor allem wegen ihrer **Kathedrale** besucht. Die erste Kirche gehörte zu einer im Jahre 654 gegründeten

◁ *Burghley House*

Abtei, die nach der Zerstörung durch die Dänen im Jahre 975 neu errichtet wurde. Das heutige Bauwerk entstand im 12. Jh. im normannischen Stil, aber es sind spätere Änderungen, die am meisten Beachtung finden. Um 1220 erhielten Schiff und Querhäuser eine schöne, durch ungewöhnliches Glück erhaltene hölzerne Decke. In vielen Kirchen fielen solche Decken einem Brand zum Opfer oder wurden später durch Gewölbe aus Stein ersetzt. Der beeindruckendste Bauteil ist die im Jahre 1238 vollendete Westfassade. Die Gliederung dieser breiten Fassade mit ihren beiden Seitentürmen durch drei hohe, von Giebeln gekrönte Bogen ist in der gotischen Architektur einzigartig. Einen weiteren Höhepunkt stellt das Anfang des 16. Jh. fertig gestellte Fächergewölbe im Retrochor dar. Den Status einer Kathedrale verlieh Henry VIII. der Abtei, nachdem seine erste Königin, Katharina von Aragon, 1536 hier bestattet wurde. Ihr Grab befindet sich im nördlichen Seitenschiff des Chors gegenüber dem einer zweiten glücklosen Königin der Tudor-Zeit, Maria Stuart. Nach ihrer Enthauptung in der unweit gelegenen Burg Fotheringhay wurde sie hier bestattet. Ihr Sohn, der als James I. 1603 König von England wurde, ließ ihre Gebeine nach Westminster Abbey umbetten.

Als Elizabeth I. 1587 ihre Rivalin in Fotheringhay beseitigen ließ, hatte ihr treuester Diener und langjähriger Minister, William Cecil, den Bau eines der prächtigsten Paläste dieser Zeit eben vollendet. Noch heute befindet sich **Burghley House** [15], am Rande der kleinen Stadt Stamford gelegen, im Besitz der Cecil-Familie. Die drei reich ornamentierten Renaissance-Fassaden und prunkvolle Staatsräume dokumentieren die Macht des klugen Staatsmanns, der in einer Zeit von Krieg, Komplott und In-

Stamford

vasionsgefahr die Geschicke des Landes mitbestimmte. Ende des 17. Jh. gestaltete der 5. Earl of Exeter, ein begeisterter Kunstsammler, die Räume neu. Aus dieser Zeit stammen viele Barockgemälde sowie die von Laguerre und Verrio ausgeführten Deckenmalereien. Berühmt ist der *Heaven Room* mit Darstellungen der antiken Götter auf Wänden und Decke, nicht minder eindrucksvoll ist jedoch die riesige alte Küche, in der die Führung durch das Haus beginnt. Den großen Park schuf Capability Brown im 18. Jh.

Auch **Stamford** 16 lohnt den Besuch. Die fast ausschließlich aus braunem Kalkstein gebaute, im Mittelalter und in georgianischer Zeit wohlhabende Stadt wurde von der industriellen Revolution kaum berührt. Zu den bedeutendsten Bauwerken gehören fünf mittelalterliche Kirchen, darunter St. Martin's mit den Gräbern der Cecil-Familie und Browne's Hospital aus dem 15. Jh. Die Hauptstraßen säumen viele stattliche georgianische Häuser, bemerkenswerter jedoch als einzelne Bauten ist das Gesamtbild eines Stadtzentrums, das wie kein anderes in England im Zustand der Zeit vor Queen Victoria erhalten blieb.

Am Kanal in Norwich ▷

East Anglia

King's Lynn

Tipps & Adressen   S. 313

■ Keine englische Hafenstadt hat ihren historischen Charakter so bewahrt wie King's Lynn. Obwohl bis heute der Überseehandel floriert, haben weder Industrialisierung und Bombenkrieg noch gefühllose Sanierung die Stadt ihres Charmes beraubt. Die Sehenswürdigkeiten des alten Stadtkerns und die guten Ausflugsmöglichkeiten zu Herrensitzen und anderen Orten in Norfolk und dem Fenland machen King's Lynn zu einem empfehlenswerten Standquartier.

Das mittelalterliche King's Lynn bestand aus zwei Städten. Im 11. Jh. entstand eine Siedlung um drei Wasserläufe, genannt Fleets, die in den Strom Great Ouse münden. Der River Ouse, ehemals ein wichtiger Handelsweg, entwässert einen großen Teil des Fenlands und erreicht The Wash, einen Meerbusen der Nordsee, nördlich von King's Lynn. Durch den Handel mit den Niederlanden, den deutschen Hansestädten, Skandinavien und dem Balikum wurden die Kaufleute von Lynn reich. Sie bauten ihre erste Stadt dort, wo heute der Saturday Market Place liegt. Der sumpfige Boden bot für die Fundamente von **St. Margaret's Church** 1 nicht den solidesten Untergrund. Die Türme der um 1100 gegründeten Kirche sind schief, und am Portal lassen sich die Gefahren ablesen, denen eine Siedlung an einer flachen Küste mit feuchtem Hinterland ausgesetzt ist: Hochwassermarken zeigen die Höhe der Überschwemmungen an. Die Flut von 1953 war eine verheerende Katastrophe für die Gegend. 1978 stieg der Wasserspiegel noch höher, aber man war besser vorbereitet. Den Reichtum der Kaufleute zeigen zwei schöne Messinggrabplatten des 14. Jh. in der Kirche. Gegenüber der Kirche am Saturday Market Place liegen das Old Gaol House und die **Trinity Guildhall** 2. Die Guildhall besitzt eine schöne Fassade. Das schwarz-weiße, aus Flint und hellem Sandstein gearbeitete Schachbrettmuster findet sein harmonisches Gegenstück in den Erweiterungen der elisabethanischen und viktorianischen Epoche. Im **Old Gaol House,** einem ehemaligen Gefängnis, gibt es eine Ausstellung über Kriminalität und Strafen in vergangenen Jahrhunderten.

Eine Etage tiefer liegen unter der Guildhall in den **Regalia Rooms** die Schätze der Stadt, die vergoldeten Teller, Gefäße und Pokale der Patrizier. Zu den schönsten Stücken gehört der Nürnberg-Pokal, 1634 im Auftrag des Bürgermeisters von Lynn vom Hofgoldschmied Kaiser Rudolfs II. angefertigt. Das kostbarste Exponat ist *King John's Cup,* ein großer Liebespokal aus vergoldetem Silber. Sehenswert ist auch die Sammlung von *Charters,* den königlichen Urkunden, die die Verleihung von Stadtrechten und deren Bestätigung nach der Thronbesteigung eines neuen Monarchen festhalten. Von der ältesten aus dem Jahr 1204 bis zur Urkunde von Charles II. ist die Reihe vollständig.

Vom Saturday Market Place biegt man in die Queen Street ein. Zwischen dieser Straße und dem Kai hatten die Kaufleute ihre Niederlassungen. Auf den langen, engen Grundstücken befanden sich Wohnhäuser, Warenlager, Gärten, Ställe und Kontore. Die Fassaden auf Queen Street und ihrer Verlängerung nach Norden, der King Street, bestehen aus georgianischem Backstein, aber dahinter verbergen sich Fachwerk-

und Steinbauten der Tudor-Zeit und des Mittelalters. Am südlichen Ende des Kais, in der St. Margaret's Lane, liegt **Hanseatic Warehouse** 3, die ehemalige Niederlassung der Hanse, die 1428 gebaut wurde und bis 1750 in deren Besitz blieb.

Queen Street Nr. 46 ist das **Town House Museum of Lynn Life,** eine interessante Darstellung der Geschichte der Stadt und ihrer Einwohner. Queen Street führt zum schlammigen Flussarm Purfleet, wo das **Custom House** 4, ein 1683 im Renaissance-Stil erbautes Zollamt, steht. Nördlich davon befindet sich die zweite mittelalterliche Stadt, die im späten 12. Jh. an King Street und um den großen Tuesday Market Place entstand. Auch sie besaß Guildhall und Kirche. Die **Guildhall of St. George** 5 in King Street wurde Anfang des 14. Jh. gebaut und dient heute als Theater. Ebenfalls in King Street liegt das *Museum of Social History,* im Kern ein Kaufmannshaus des 16. Jh. Hier gibt es eine Ausstellung über das tägliche Leben in der Handelsstadt zu dieser Zeit. Den Tuesday Market Place säumen einige schöne Häuser, am auffälligsten ist das *Duke's Head Hotel* von 1685 und die viktorianische *Corn Exchange,* die ehemalige Getreidebörse. Die spätgotische **St. Nicholas Chapel** 6 in St. Anne's Street ist fast so schief wie St. Margaret's.

King's Lynn
1 St. Margaret's Church
2 Old Gaol House und Trinity Guildhall
3 Hanseatic Warehouse
4 Custom House
5 Guildhall of St. George
6 St. Nicholas Chapel
7 Bahnhof

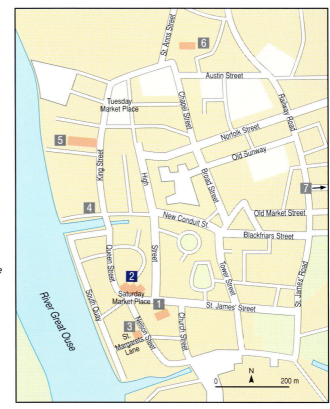

Ausflüge von King's Lynn

Schon der Name King's Lynn weckt königliche Assoziationen. Für ›Royal Watchers‹, die Fans der königlichen Familie, bietet sich eine ganz besondere Ausflugsmöglichkeit an. **Sandringham House** 1 15 km nordöstlich von King's Lynn, über die A 148 zu erreichen, ist einer der Landsitze der Queen. In den Sommermonaten werden einige Räume dem Publikum geöffnet. In Sandringham feiert der Hof Silvester und beginnt das Jahr mit Fasanenjagd im Park. Die Qualität dieses Jagdreviers reizte den ersten königlichen Besitzer von Sandringham, Edward VII., der noch Prinz von Wales war, als Königin Victoria ihm 1862 das Gut schenkte. 1870 ließ er anstelle des alten Hauses eine neue Residenz mit 365 Räumen errichten. In den 1970er Jahren wurde das Haus um ein paar Dutzend Räume verkleinert. Die Architektur ist nicht großartig, aber die Innenausstattung zeigt eine standesgemäße Eleganz. Im Museum stehen die Automobile, die die Windsor-Familie seit 1900 angeschafft hat. Vier Räume werden von Jagdtrophäen ausgefüllt, die meisten davon sammelten Familienmitglieder zwischen 1880 und 1930. Auch der Garten und der Park sind zugänglich.

Castle Rising 2, 1 km von der A 149 auf halbem Wege zwischen King's Lynn und Sandringham gelegen, zeigt die Wohnverhältnisse einer Königin, die weit weniger beliebt war als die jetzige. Die Französin Isabella und ihr Liebhaber Roger Mortimer ließen ihren Mann, König Edward II., umbringen. Edward III., Sohn von Isabella und dem Ermordeten, verbannte seine Mutter 1327 nach Castle Rising, wo sie 27 Jahre lang in Luxus weiterlebte. Erster Besitzer von Castle Rising war um 1140 William de Albini, der die Witwe von Henry I. geheiratet hatte. An den Blendarkaden und anderen Ornamenten der Ruine kann man erkennen, dass die Burg nicht nur zur Verteidigung diente. Durch das Portal gelangt man über die Steintreppe zu den Wohnräumen und zur Burgkapelle. Der grasbewachsene Burghof wird umgeben von einem mächtigen Erdwall und Graben. Schön ist der Blick von oben auf das Dorf, in dem eine hübsche, im 19. Jh. restaurierte normannische Kirche steht. Wenige Schritte von der

Fens, Breckland und Broads

Kirche entfernt liegen die Armenhäuser *Trinity Hospital,* die Henry Howard, Graf von Northampton, im Jahre 1614 stiftete. Der Ziegelsteinbau bietet Unterkunft für acht alte Frauen, die beim sonntäglichen Kirchenbesuch rote Umhänge im Stil des 17. Jh. tragen.

Houghton Hall 3, Sitz des Marquess of Cholmondely (sprich: Tschummli) liegt 22 km östlich von King's Lynn und ist von der A 148 aus ausgeschildert. Das 1735 vollendete Haus wurde für Sir Robert Walpole im Stil des Palladianismus gebaut. Walpole leitete über 20 Jahre lang bis 1742 die Regierung der aus Hannover stammenden Könige George I. und George II. Der machtbewusste und korrupte Spross einer kleinen Adelsfamilie baute sich eines der großartigsten Schlösser des Landes. William Kent, der führende Innenarchitekt der Zeit, gestaltete die Räume im Wesentlichen so, wie wir sie heute sehen. Seitdem haben Generationen von Walpoles und Cholmondelys viele Kostbarkeiten gesammelt: Gobelins, Möbel im chinesischen Stil, Familienporträts und 20 000 Zinnsoldaten.

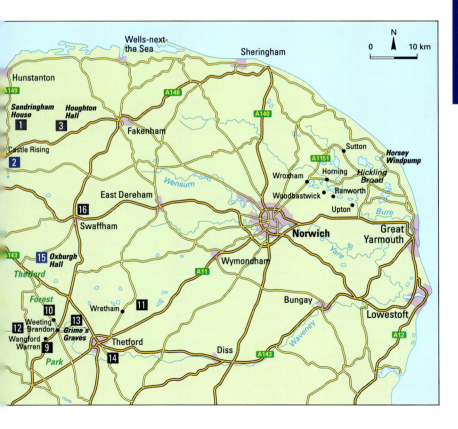

Der Mensch und die Landschaft: Fens, Breckland und Broads

Karten S. 244/245, 252

Im Osten Englands trifft man weder auf Berge noch auf größere Hügelketten, dennoch ist die Vielfalt an Landschaftstypen faszinierend. Sowohl die Vorteile als auch die Schattenseiten des Zusammenspiels von Natur und Menschenhand werden in dieser Region offensichtlich. Ostengland ist seit über 1000 Jahren dicht besiedelt. Die Böden sind fruchtbar, und das Klima ist sonniger als in anderen Landesteilen. Der kurze Seeweg sorgte für gute Handelsverbindungen zum Kontinent und lockte Einwanderer wie die Angeln, die vor 1500 Jahren hierher kamen. Das wirtschaftliche Wachstum der letzten Jahre, das in East Anglia besonders kräftig war, verstärkte den Druck auf die Natur. In manchen Gegenden, z. B. den Tälern der Flüsse Deben und Stour in Suffolk, scheinen moderne Landwirtschaft und Natur relativ harmonisch nebeneinander zu bestehen. Anderswo, besonders in der Kornkammer Norfolk, hat der Fortschritt die Landschaft zerstört. In Norfolk begann im 18. Jh. die so genannte Agrarrevolution, die durch verbesserte Methoden bei Viehzucht und Ackerbau die Erträge der Landwirtschaft erhöhte. In unseren Tagen geht der Prozess mit dem Einsatz von Pestiziden und Kunstdüngern weiter. Die Rodung von Hecken und einzelnen Bäumen, die Beseitigung von Teichen und Waldstücken sowie die Begradigung von Bächen schaffen große Weizenfelder, die ›rationeller‹ zu bewirtschaften sind. Viele Hecken sind einige hundert Jahre alt und werden mit zunehmendem Alter von immer mehr Pflanzenarten besiedelt. Wenn sie zerstört werden, verschwinden Insekten und Vögel, da sie keine Nahrung mehr finden.

Fenland

Tipps & Adressen Wicken Fen S. 338, Wisbech S. 339, Ely S. 302

The Wash heißt der Meerbusen, der die runden Konturen der Ostküste Englands unterbricht. Westlich und südlich der Küste erstreckt sich fruchtbares Ackerland, das im Süden fast bis nach Cambridge reicht. Auf der Landkarte fällt auf, dass Flüsse und Landstraßen hier gradlinig verlaufen. Wir sind in *The Fens,* ehemals ein riesiges Feuchtgebiet, heute eine Landschaft, die über zwei Jahrtausende von Menschenhand gestaltet wurde. *Fen* bedeutet tief liegendes Torfmoor im Gegensatz zu den Hochmooren von Nord- und Westengland, die *Moors* heißen.

Die Praxis, Land- und Wasserwege mit dem Lineal zu entwerfen, führten die Römer ein. Sie entwässerten Teile der Fens, doch wurden nach ihrem Abzug die Deiche nicht instand gehalten. Die bedeutendste Spur ihrer Arbeit ist Carr's Dyke, ein ursprünglich 150 km langer Kanal zwischen Lincoln und Cambridge, der kleinere Flüsse um die Fens herumleitete. Während der angelsächsischen Zeit und im Mittelalter wurde die Arbeit wieder aufgenommen. Schon zur Zeit der normannischen Eroberung gab es eine lang gezogene Reihe von Dörfern um The Wash herum, die sowohl zum Meer als auch zu den Fens hin durch Deiche geschützt waren. Im 13. Jh. ent-

In Wisbech

stand ein 100 km langer Deich um The Wash, der über 500 Jahre lang eine halbe Million Hektar Land vor Überschwemmungen schützte und die Gewinnung von Agrarland aus dem Sumpf möglich machte. Im hohen Mittelalter waren die Fens eine relativ wohlhabende Region, wie die großen Kirchen von March und Whittlesey bezeugen. Auch die Klöster besaßen viel Grund und Boden, aber ihre Bauwerke bestehen mit der Ausnahme der Kathedrale von Peterborough nicht mehr. Die Bewohner der Fens betrieben Schaf- und Rinderzucht, Fischfang, Jagd auf Wasservögel, Ackerbau auf den trockenen Flächen und den Verkauf von Torf und Reet. Diese ausgewogene Nutzung des Landes ist in den letzten 400 Jahren zunehmend verschwunden. Im 17. Jh. vereinten sich das Kapital des Herzogs von Bedford und die technischen Kenntnisse des Holländers Vermuyden zum ersten großflächigen Versuch, die Fens trockenzulegen. Bis ins 20. Jh. ging die Arbeit weiter, und sie wird nie enden, denn der Meeresspiegel steigt und der Boden wird Jahr für Jahr trockener und schrumpft. So müssen Deiche ständig erhöht und repariert werden. Unaufhörlich wird gepumpt, damit die Weizenfelder nicht wieder zum unwirtschaftlichen Feuchtgebiet werden.

Die Fens heute? Eine flache, teilweise einsame Landschaft fast ohne Hecken und Bäume, mit vereinzelten Gehöften und Entwässerungsgräben. Die schnurgeraden Straßen enden an Deichen und Kanälen oder biegen im rechen Winkel ab. An einigen Stellen, meist dort, wo die großen Drainageprojekte einen abgelegenen Winkel am Rande der Hügel nicht mit einbeziehen konnten, besteht ein Rest des alten Fen. **Wicken Fen** 4 zwischen Cambridge und Ely ist seit über 100 Jahren Naturschutzgebiet mit einer vielfältigen Pflanzen-, Insekten- und Vogelwelt.

Einige der ruhigen Fenland-Städte, besonders diejenigen südlich von The Wash, sind nicht ohne Reiz. In **Wisbech** 5, einer Hafenstadt am River Nene, lohnen das *Fenland Museum* und die *Church of St. Peter and St. Paul*, deren Baugeschichte bis in das 12. Jh. zurückgeht, einen Besuch. Viele stattliche Häuser aus georgianischer Zeit zeigen die frühere Bedeutung von Wisbech als Handelsplatz. Das 1722 errichtete *Peckover House* ist wegen der Rokokodekoration der Stuck- und Holzteile und eines viktorianischen Gartens sehenswert.

In **March** 6 befindet sich die *Church of St. Wendreda*. Die extravagante Holzdecke (frühes 16. Jh.), deren Balken mit 120 Engelsfiguren verziert sind, ist eine Spitzenleistung der Schreinerkunst. Auch die historische Stadt **Whittlesey** 7 besitzt eine schöne Kirche, *St. Andrew's*, mit einem hohen steinernen Spitzturm.

Der sehenswerteste Fenland-Ort ist **Ely** 8. Die kleine Domstadt, 25 km nördlich von Cambridge gelegen, leitet ihren Namen von den vielen Aalen ab, die einmal hier gefangen wurden. Ely war früher eine einsame Insel in den Fens, dem Sumpfgebiet zwischen Cambridge und dem Meerbusen The Wash. Hier leisteten 1070/71 die Angelsachsen unter ihrem Anführer Hereward letztmalig erbitterten Widerstand gegen die normannischen Eroberer.

Die *Kathedrale* von Ely geht auf eine Abtei zurück, von der nichts erhalten ist. Königin Etheldreda von Northumbria gründete das Kloster im Jahre 673, um sich hier von der Welt zurückziehen zu können. Nach ihrem Tod geschahen Wunder am Schrein von Etheldreda, und Ely wurde zu einer Pilgerstätte. Die Normannen bauten 1083 eine neue Kirche als Bischofssitz, die Ende des 12. Jh. fertig war. Die Größe des romanischen

Kathedrale von Ely, Blick in das Turmoktagon

Neubaus reichte angesichts des Pilgeransturms nicht aus, und Bischof Hugo verlängerte den Chor bis 1253 im frühgotischen Stil. Das heutige Aussehen der Kathedrale ist die Folge von zwei Unfällen. 1322 stürzte der Zentralturm samt Vierungspfeiler ein und wurde durch einen einmaligen Plan ersetzt: Anstatt die Pfeiler eines neuen viereckigen Turms zu bauen, wurde ein hölzernes Oktagon errichtet. In den Wäldern des ganzen Landes wurde nach Eichen gesucht, die Balken von der nötigen Länge liefern konnten. Das Oktagon, das eine achteckige Laterne trägt, ist die ehrgeizigste, vielleicht auch die schönste Holzkonstruktion Englands. Der zweite Unfall war weniger produktiv: 1701 brach das nordwestliche Querhaus zusammen und wurde nicht erneuert, so dass die Westfassade bis heute unsymmetrisch blieb. Die noch erhaltenen Abteigebäude, der Bischofspalast und die Grünflächen um die Kathedrale bilden zusammen eine reizvolle Gruppe mitten in der Marktstadt.

Das Breckland

Tipps & Adressen
Brandon S. 291, Thetford S. 336

Die Landkarte Ostenglands zeigt eine große Zahl von Siedlungen und ein dichtes Netz von kleinen Landstraßen. In der Mitte von East Anglia fällt eine Fläche ins Auge, die im Kontrast zur umliegenden Gegend leer aussieht. Dieses Gebiet um die Stadt Thetford heißt Breckland und hat eine ungewöhnliche Entstehungsgeschichte. *Breck* bedeutet Land, das durch intensiven Ackerbau ausgelaugt wurde, so dass es brachliegt und wieder zur Heide wird. Der leichte, sandige Boden ist für eine Kultivierung

mit primitivem Werkzeug geeignet, wird aber vom Wind schnell abgetragen.

Aber nicht nur der Ackerbau hat die Qualität des Bodens beeinträchtigt. Anfang des 12. Jh. wurde das Kaninchen von Frankreich oder Spanien nach England eingeführt, denn damals galt sein Fleisch als besondere Delikatesse. Auch die Pelze waren begehrt. Die trockene Heidelandschaft um Thetford war ideal für die Kaninchenzucht, und so schufen die Bischöfe von Ely und Äbte von Bury St. Edmunds großflächige Gehege, so genannte *Warrens*. Mittelalterliche Kaninchen waren allerdings nicht so zäh, wie es die heutigen sind. Erdwälle und Gräben zum Schutz gegen Füchse, Wildkatzen und Wiesel wurden gebaut, kleine Hügel aufgeschüttet, damit sie ihre Baue leichter graben konnten. Auch gegen gewalttätige Wildererbanden war Schutz nötig: Die Kaninchenhüter, *Warreners,* lebten in befestigten Häusern, in denen sie die wertvollen Felle und das Fleisch lagerten. Eins davon, Thetford Lodge, steht noch. Kaninchen und auch Schafe grasten das Land so ab, dass es wüstenähnlichen Charakter erhielt. Sandstürme verschütteten ganze Dörfer. Nach dem Bevölkerungsrückgang infolge der Pest im 14. Jh. wurde das weniger fruchtbare Land aufgegeben. In und um das Breckland hat man 28 verlassene Dörfer identifiziert. Bis zum Zweiten Weltkrieg bestand die Kaninchenzucht im Breckland noch, aber schon Anfang des 19. Jh. begann man, Tannen anzupflanzen, um die Bodenerosion einzudämmen. 1919 rief die Regierung die Forestry Commission ins Leben, um abgeholzte Landstriche wieder aufzuforsten, und Thetford Forest wurde zum größten Forstgebiet Englands. Öde Monokulturen von Nadelholzarten, die in der Gegend nicht heimisch sind, haben aus der ehemali-

Die Feuersteingruben Grime's Graves

Im Breckland-Gebiet von Norfolk, nördlich der kleinen Stadt **Brandon** 12, liegt eine offene, von Nadelwald umgebene Grasfläche. Mulden im Kreideboden und kleine Erhebungen prägen das Bild der Landschaft. Früher hielten die Menschen dieses Areal für ein Gräberfeld der alten Götter und nannten es **Grime's Graves** 13, nach Wotan, der auch den Namen Grim trug. 1868 wurde eine der Mulden ausgegraben und seitdem weiß man, dass es sich um eine der ältesten ›industriellen‹ Anlagen Europas handelt. Hier gruben vor 4000 Jahren die Menschen der Jungsteinzeit nach Feuerstein, dem ›Flint‹. Flint ist ein Silikatgestein, das in dünnen Schichten zwischen Kreideablagerungen vorkommt. Flint ist von einer weißen Kreidehülle umgeben und sieht innen glasig, fast schwarz aus.

Der Stein ist besonders hart, lässt sich aber spalten und schleifen und war deshalb das ideale Material für die Werkzeuge und Waffen des Neolithikums. Auf dem Gelände von Grime's Graves wurden die Flints zu Äxten, Messerklingen und Pfeilspitzen verarbeitet und in alle Landesteile exportiert. Archäologen schätzen, dass 20 Männer mit Spitzhacken aus Hirschgeweih 100 Tage benötigen, um die 14 m tiefen Schächte auszugraben. Auf dem 30 ha großen Gelände findet man über 700 solcher Schächte. Einer davon ist zu besichtigen. Es empfiehlt sich, alte Kleidung und gutes Schuhwerk mitzubringen, denn man steigt auf einer Leiter in ein dunkles Loch hinab. Unten schimmert gerade genug Licht, um die Flöze am Boden der Grube sichtbar zu machen.

Um 1000 v. Chr. wurden die Gruben verlassen, weil Werkzeuge aus Metall die Flint-Erzeugnisse ersetzten. Die Geschichte vom Flintabbau in dieser Gegend war aber damit noch nicht beendet: In den im 17. Jh. entwickelten Steinschlossgewehren kamen Feuersteine zum Einsatz. Sehr beliebt wegen der guten Qualität waren die Feuersteine aus Brandon, wo die geschicktesten Arbeiter, *Flint-knappers* genannt, ihre Werkstätte hatten. Ein guter Knapper konnte 300 Feuersteine pro Stunde anfertigen. Selbständig arbeitende Bergleute versorgten die Knapper mit Rohmaterial. Sie zahlten für jeden Schacht eine Miete und bauten

gen leeren Sand- und Heidelandschaft ein dünn besiedeltes Waldgebiet gemacht.

Im **Wangford Warren Nature Reserve** 9, südlich von Brandon, werden wieder Kaninchen gehalten, damit kein Wald auf dem Grasland wächst und die Blumenarten erhalten bleiben. Seit **Weeting Heath** 10, nördlich von Brandon, als offenes Heideland gepflegt

Heidelandschaft im Breckland bei Thetford

den Stein mit Methoden ab, die nicht grundlegend anders waren als im Neolithikum. Seine Glanzzeit erlebte dieser Industriezweig während der Napoleonischen Kriege, aber alte Gewehre, die bis in unsere Zeit in Kriegen der Dritten Welt in Gebrauch blieben, sorgten weiterhin für Nachfrage. Der letzte Bergmann arbeitete bis in die 30er Jahre des 20. Jh. Sein harter Beruf war ebenso ungesund wie der eines *Flint-knappers*, von denen viele in jungen Jahren an einer Staublunge starben. Nachdem die Splitter von einem Stück Flint abgeschlagen wurden, blieb ein Kern, der sich als Baumaterial eignete. Da guter Stein in der Region fehlte, benutzte man Flint in East Anglia für Bauernhäuser, die Stadtmauer und viele der Kirchen von Norwich, die römische Festung Burgh Castle bei Great Yarmouth, Klöster, Reihenhäuser in den Dörfern. Die Schwierigkeit, mit Flint Ecken zu bauen, mag ein Grund sein, warum viele der frühen Kirchen von East Anglia runde Türme haben. Es führte auch dazu, dass Flint mit Kalkstein verbunden wurde, eine Kunst, die im 14. Jh. ihre Blüte erreichte. Beispielhaft dafür ist das schwarz-weiße Schachbrettmuster, das die Fassaden der Guildhalls von King's Lynn und Norwich schmückt. Den Höhepunkt des Stils stellt eine aufwendige Bauweise namens ›Flushwork‹ dar, die mit Hilfe des Farbkontrastes zwischen *knapped Flint* und hellem Kalkstein die komplizierten Muster von gotischem Maßwerk nachbildet, zu sehen an der Kirche von Long Melford bei Sudbury (s. S. 265). Der Chor der Kathedrale in Bury St. Edmunds, der in den 1960er Jahren gebaut wurde, zeigt schließlich, dass diese Kunst noch nicht in Vergessenheit geraten ist.

wird, sind Brachvögel und Steinschmätzer zurückgekehrt. Im Naturschutzgebiet **Wretham Heath** 11, unweit der A 1075 nordöstlich von Thetford, gibt es einen Naturlehrpfad mit einem See. Die Forestry Commission bemüht sich mittlerweile um umweltfreundliche Wirtschaftsformen in den Nadelholzwäldern, die zunehmend für Besucher erschlossen werden.

Die Städte des Breckland sind klein. **Thetford** 14 war am Anfang des 2. Jahrtausends ein bedeutender Ort, der aber den Bischofssitz an Norwich verlor. Von der normannischen Burg blieb nur der Erdhügel, von mehr als 20 Kirchen des Mittelalters sind nur noch drei erhalten. Sehenswert sind die *Ruinen der Abtei,* 1103 für Mönche des kluniazensischen Ordens gegründet und das *Warren Lodge* westlich der Stadt. Das *Ancient House Museum* in einem Fachwerkhaus (15. Jh.) mit schönen Holzschnitzereien an den Deckenbalken bietet Ausstellungen u. a. über die Kaninchenzucht und die Flintindustrie.

Oxburgh Hall 15, abseits der A 134 zwischen Thetford und King's Lynn, gehört zu den sehenswertesten englischen Herrensitzen des späten Mittelalters. Die Bedingfield-Familie, die das von einem Wassergraben geschützte Haus im Jahre 1482 baute, residiert immer noch hier. Während ihres unfreiwilligen Aufenthalts in England wohnte Maria Stuart eine Zeitlang in Oxburgh Hall. Stickereien, an denen sie gearbeitet haben soll, werden gezeigt. Garten und Park laden zu einem Spaziergang ein.

25 km südöstlich von King's Lynn lohnt **Swaffham** 16, eine kleine Stadt mit einem großen dreieckigen Marktplatz, einen Besuch. Das *Market Cross* von 1783, ein offener Kuppelbau, stammt aus der Blütezeit der Stadt, als Swaffham Treffpunkt des Landadels von Norfolk war. Einige stattliche georgianische Häuser erinnern an diese Zeit. Das Ortsschild an der Nordseite des Marktplatzes stellt John Chapman, den ›Pedlar of Swaffham‹, dar. Der Legende nach träumte der Tuchhändler, dass er in London reich werden würde. Mit seinem Hund machte er sich auf den Weg und erreichte London Bridge, wo er einem Mann von seinem Traum erzählte.

Dieser berichtete seinerseits von einem Traum, in dem ein Mann namens Chapman einen Schatz unter dem Baum in seinem Garten in Swaffham findet. Chapman kehrte zurück, fand den Schatz und konnte den Bau der Kirche finanzieren. Die *Church of St. Peter and St. Paul* besitzt eine *Angel Roof,* eine mit Engeln verzierte Stichbalkendecke. Eine Ausstellung im kleinen *Museum* über der Town Hall ist dem anderen Schatzgräber von Swaffham gewidmet: Howard Carter (1873–1939), Entdecker des Grabes von Tutenchamun.

Die Norfolk Broads

Das flache Gebiet mit Flüssen und Seen *(Broads)* zwischen Norwich und der Küste ist ein sehr beliebtes Urlaubsziel. Tausende von Segelbooten und Kabinenkreuzern haben hier ihre Ankerplätze, Orte wie **Wroxham** 1 und **Horning** 2 sind im Sommer übervölkert. Es gibt 12 große und mehr als 30 kleinere Broads, die durch ein Labyrinth von

Die Norfolk Broads

Wasserwegen miteinander verbunden sind. Das System hat Zugang zur Nordsee über den River Bure und die Hafenstadt Great Yarmouth. Die Broads sind keine natürliche Seenplatte, sondern entstanden durch den Abbau von Torf im Mittelalter. Infolge des gestiegenen Meeresspiegels füllten sich die Gruben im 14. Jh. mit Wasser. Im größten Feuchtgebiet Englands finden sich seltene Wasserpflanzen, Vögel und Insekten, aber die Natur, die teilweise durch Menschenhand geschaffen wurde, ist von wirtschaftlichen Interessen bedroht. Die Bauern haben das Leben vieler Broads durch den Einsatz von Nitraten und Phosphaten getötet. Fische und Vögel verendeten, die Vielfalt der Pflanzen, die noch vor 30 Jahren bestand, geht immer mehr zurück. Der Entwässerung der Feuchtgebiete, die vor 200 Jahren begonnen hat und der Verseuchung durch industrielle und kommunale Abwässer wurde zwar Einhalt geboten, aber gegen die Landwirte und die Freizeitindustrie haben Naturschützer einen schweren Stand. Motorboote wühlen den Schlick auf, verursachen Ufererosion und beschleunigen somit den natürlichen Prozess, durch den die Broads seichter und kleiner werden.

Noch ist nicht alles verloren. Manche Broads sind für Boote gesperrt oder an das Netz der Felddrainagen nicht angebunden. Trotz der beschränkten Artenvielfalt bleibt die Schönheit der Landschaft und der Dörfer mit ihren am Wasser gelegenen Kirchen, Windmühlen und Pubs erhalten. Teile der Broads stehen unter Naturschutz. **Cockshoot Broad** 3 bei Woodbastwick wurde vom *Norfolk Naturalists' Trust* aufwendig wiederhergestellt. Das 50 ha große **Upton Fen** 4, zwischen der Straße B 1140 und dem River Bure gelegen, ist reich an Blumen, Schmetterlingen und Libellen. Auf dem **Hickling Broad** 5, einem großen See mit Marsch, Wald und feuchtem Weideland, überwintern viele Wasservögel. Über diese und andere Möglichkeiten, unzerstörte Natur zu sehen, informiert das schwimmende *Broadland Conservation Centre* auf **Ranworth Broad** 6.

Die Windmühlen, die die Fens trockenlegten, sind zu Denkmälern geworden, die vom *Norfolk Windmill Trust,* einem Verein freiwilliger Helfer, liebevoll gepflegt werden. Die vom National Trust wiederhergestellte **Horsey Windpump** 7, nahe an der Küstenstraße B 1159, war bis zu einem Blitzschlag im Jahre 1943 in Betrieb. In der neunstöckigen **Sutton Windmill** 8, der größten Englands, abseits der A 149 zwischen Hickling Broad und dem Dorf Stalham, wurde ein Heimatmuseum eingerichtet.

Norwich: »A fine city«

Karte S. 258
Tipps & Adressen S. 324

■ Die Stadt Norwich hat sich einen passenden Werbespruch ausgesucht. »A fine city« ist keine Übertreibung. Norwich, jahrhundertelang nach London und York die drittgrößte Stadt des Landes, war nie eine schmutzige Industriestadt, ist jedoch heute das Zentrum einer Region, die in den letzten Jahren eine wirtschaftliche Blüte erlebte. Norwich kann man als eine geglückte Verbindung von interessanter Vergangenheit und neuem Wohlstand bezeichnen. Die Stadt ist weder zu einem leblosen Schaustück für Touristen noch zu einem gesichtslosen Ballungszentrum geworden.

Der Name Norwich erscheint zum ersten Mal auf einer um 920 geprägten Münze. Die Normannen fanden 1066 eine blühende Handelsstadt mit ca. 10000 Einwohnern vor. Sie etablierten ihre Macht durch den Bau der Burg und der Kathedrale. Die Bedeutung von Norwich in den folgenden Jahrhunderten bezeugen 32 erhaltene Kirchen des Mittelalters, mehr, als jede andere englische Stadt aufzuweisen hat. Die Staatskirche hatte hier jedoch keine Monopolstellung. East Anglia war nach der Reformation eine Hochburg der Nonkonformisten, der nicht-anglikanischen Protestanten. Dies war zum Teil Folge der Einwanderung religiös Verfolgter aus den Niederlanden, die um 1580 ein Drittel der Bevölkerung stellten. Ein Jahrhundert später kamen weitere protestantische Flüchtlinge aus Frankreich. Auswanderer gab es auch: 1620 segelten 32 Menschen aus Nor-

Die Windmühle von Horsey

wich und Norfolk auf der »Mayflower« nach Amerika, um Kolonien in der Neuen Welt zu gründen.

Stadtrundgang

Viele, die heute nach Norwich kommen, werden zuerst das Viertel um den Market Place besuchen. Auf dem ältesten und größten Straßenmarkt Englands herrscht ein reges Treiben. In den vielen Gängen unter den Markisen kann man sich leicht verirren. Überblickt wird das Geschehen von Rathaus, der **City Hall** ■, einem schlichten Bauwerk aus den 1930er Jahren und der **Church of St. Peter Mancroft** ■. Die Kirche wurde in den Jahren 1430–55 im *Perpendicular-*Stil erbaut. Besondere Beachtung verdienen die Stichbalkendecke und das herrliche Ostfenster, dessen Glas aus dem 15. Jh. erhalten ist. Während die Obrigkeit in Burg und Kathedrale herrschte, bezog sich der Stolz der Bürger auf ihre Kirche am Marktplatz. Der gepflegte Zustand von St. Peter Mancroft zeigt, dass man diese schöne Kir-

che noch zu schätzen weiß. 1404 erhielt die Stadt das Recht, einen Bürgermeister zu wählen. Drei Jahre später begann der Bau der **Guildhall** 3 an der nordwestlichen Ecke des Marktplatzes. 500 Jahre lang befand sich die Stadtverwaltung in diesem Flintbau, der im 19. Jh. restauriert wurde und jetzt das Tourist Information Centre und die Insignien der Stadt beherbergt.

Seit 1910 besitzt Norwich zwei Kathedralen. Die neuere, römisch-katholische **Cathedral of St. John** 4, von der Guildhall aus über die Straße St. Giles zu erreichen, nimmt den höchsten Punkt im alten Stadtkern ein und bietet vom über 50 m hohen Turm einen guten Blick auf die Stadt. Östlich vom Marktplatz liegen die Hauptgeschäftsstraßen. In dem belebten Viertel zwischen London Street und St. Andrews Street ist der Besuch der Jugendstilpassage Royal Arcade beim Einkaufsbummel ein Muss. Reizvoll ist auch Elm Hill. Die Bomben, die 1940/41 große Schäden anrichteten, verschonten die Fachwerkhäuser und georgianischen Bauten dieser Geschäftsstraße. Hier findet man feinste Antiquitäten und einen reetgedeckten Pub, *The Britons Arms*.

Am Ende von Elm Hill biegt man nach rechts in Wensum Street, die zur Straße Tombland, dem Marktplatz in angelsächsischer Zeit, führt. Auf der Westseite von Tombland steht ein Bau aus Tudor-Fachwerk (Nr. 14), genannt **Augustine Steward House** 5. Zur Zeit des Bauernaufstands von 1549 versteckte sich Steward, Bürgermeister von Norwich, auf der obersten Etage, während Rebellen das Haus plünderten. Gegenüber führt das schöne **Erpingham Gate** von 1420 zur anglikanischen **Kathedrale** 6. Die Domfreiheit mit Häusern des

In der Einkaufspassage Royal Arcade

Flushwork an der Guildhall-Fassade

späten Mittelalters und des 18. Jh., bis 1535 der ummauerte Bezirk des Domklosters, ist heute ein friedliches Viertel. Dies war nicht immer so. 1272 drangen aufgebrachte Bürger ein und zerstörten die Gebäude der verhassten Mönche. Als Buße mussten sie das andere erhaltene Tor zur Domfreiheit, das reich verzierte **Ethelbert's Gate,** errichten.

Die normannische Kathedrale zeigt auch gotische Stilelemente. Der erste Bischof von Norwich, Herbert de Losinga, begann 1096 mit dem Bau, der schon Mitte des 12. Jh. einschließlich des Vierungsturms vollendet war. Infolge der kurzen Bauzeit ist der Stil sowohl innen als auch außen einheitlich. Die späteren Änderungen haben die Schönheit des normannischen Baus nicht beeinträchtigt, sondern wurden harmonisch hinzugefügt. Mitte des 15. Jh. wurden die hölzernen Dachstühle des Schiffs, des Chors und der Querhäuser nacheinander durch gotische Steingewölbe ersetzt. Gotisch sind auch das große Westfenster, der Turmhelm (mit 96 m nach dem von Salisbury Cathedral der höchste Englands) und die Fenster des Obergadens im Chor, die nach dem Brand von 1462 entstanden. Ein Besuch des Kreuzgangs auf der Südseite der Kathedrale ist unbedingt zu empfehlen, denn hier hat man die Chance, ein gotisches Gewölbe aus der Nähe zu betrachten. Der Bau des Kreuzgangs dauerte von 1297 bis 1430. Aus der ersten Periode stammt der Ostflügel mit dem schönen Zugang zum Schiff, zuletzt wurde der Nordflügel fertig gestellt. Die fast 400 farbigen Schlusssteine rund um den Kreuzgang stellen Szenen aus der Passionsgeschichte, der Apokalypse, dem Leben Mariens und den Legenden der Heiligen dar.

Im Osten hinter der Kathedrale führt Bishopsgate zu der einzigen erhaltenen mittelalterlichen Brücke von Norwich, **Bishop's Bridge** 7 (um 1340). Hier stößt man auf den Riverside Walk, einen Spazierweg am River Wensum, der flussaufwärts zurück zum Zentrum führt, flussabwärts zu **Pull's Ferry** 8, einem befestigten Tor aus dem 15. Jh. In der Gegend um Bishop's Bridge hat sich Vieles ereignet. Stadtauswärts über die

Norwich
1 City Hall   2 Church of St. Peter Mancroft   3 Guildhall   4 CAthedral of St. John
5 Augustine Steward House   6 Kathedrale   7 Bishop's Bridge   8 Pull's Ferry   9 Castle Museum   10 Bridewell Museum   11 Stranger's Hall   12 Church Museum and Brass Rubbing Centre   13 Dragon Hall   14 Sainsbury Centre for the Visual Arts   15 Bahnhof

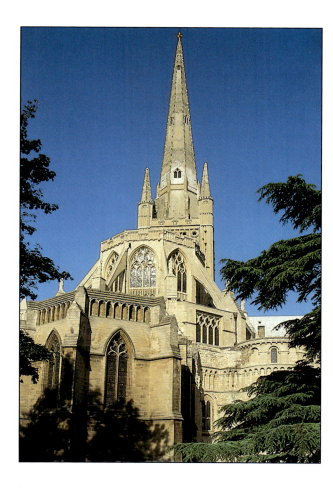

Norwich Cathedral

Brücke gingen Protestanten zum Scheiterhaufen Lollard's Pit, der sich hinter dem *Bridge House Inn* in der Riverside Road befand. Der Weg über die Brücke und nach links führt hinauf zu Mousehold Heath, jetzt ein Park mit Blick auf die Stadt, 1549 Lagerplatz der aufständischen Bauern unter ihrem Führer Robert Kett. Sie belagerten und besetzten Norwich nach erbitterten Kämpfen um Bishop's Bridge. Der Versuch, sie mit Hilfe italienischer Söldner zu vertreiben, misslang. Schließlich besiegten die deutschen Söldnertruppen des Grafen von Warwick die Rebellen. Der letzte große Bauernaufstand Englands endete mit blutigen Repressionen.

Museen in Norwich

Das **Castle Museum** 9 ist abwechslungsreich und unterhaltsam gestaltet. Sowohl die Burg als auch die Ausstellungen lohnen den Besuch. Nach der normannischen Eroberung wurden

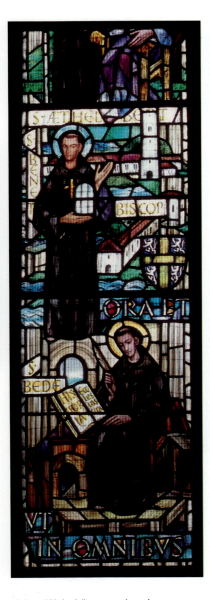

dominiert. Die elegante Verkleidung der Fassaden ist aber nicht das Werk der Normannen, sondern des Architekten Salvin, der zwischen 1833 und 1838 die Burg erneuerte. Bis zum Umbau für das 1894 eröffnete Museum diente sie 700 Jahre lang als Gefängnis. Burgführungen, die eine Besichtigung der Kerker mit einbeziehen, finden nur während der Schulferien statt, aber eine Fülle von Ausstellungen ist ganzjährig zu sehen.

In der Gemäldegalerie sind neben einer hervorragenden Sammlung von Werken der Norwich School (s. S. 262) auch französische und niederländische Landschaftsbilder sowie moderne englische Malerei vertreten. Außerdem gibt es geologische und naturhistorische Sammlungen und Ausstellungen über die Geschichte der Stadt: Waffen und Rüstungen, Kostüme der mittelalterlichen Prozessionen, Grabungsfunde der letzten Jahre usw. Informationen über die vielfältigen Verbindungen von Norwich zum europäischen Kontinent dokumentieren eine auf der Insel nicht überall anzutreffende Aufgeschlossenheit der EU gegenüber.

Ein Kaufmannshaus aus dem 14. Jh. beherbergt das **Bridewell Museum** 10, das sich dem wirtschaftlichen Leben von Norwich und dem Umland widmet. Noch zwei Jahre vor der Eröffnung des Museums 1925 wurde das Gebäude als Fabrik genutzt; davor war es ein *Bridewell*, ein Gefängnis für Bettler und Landstreicher. Das Museum zeigt eine breite Palette von Industrie- und Handwerksprodukten: Senf, Schokolade, Maschendraht, Schuhe, Textilien, Uhren, eine nachgebaute Schmiede u. v. a.

Im viktorianischen **Royal Arcade** betreibt die Firma Colman's, Senffabrikant seit über 150 Jahren und einer der bedeutendsten Arbeitgeber der Stadt, einen *Mustard Shop*. Hinter dem Ge-

viele Wohnhäuser abgerissen, um einem Erdhügel mit Holzbauten Platz zu machen, der wiederum nach 1100 dem massigen steinernen Bergfried weichen musste, der heute noch diesen Stadtteil

schäft befindet sich eine kleine Ausstellung über die Herstellung von Senf, die Geschichte der Firma und die Entstehung eines der bekanntesten Markennamen in England. Die Exponate von frühen Werbekampagnen zeigen erfrischenden Witz und Einfallsreichtum.

Die ältesten Teile von **Stranger's Hall** 11 in der Straße Charing Cross, einem *Museum of English Domestic Life,* stammen aus dem frühen 14. Jh., und seitdem wurde das Haus häufig erweitert. Die schöne *Great Hall* und 18 andere Räume gruppieren sich um drei Höfe. Wie der Bau, so auch der Inhalt: Die Räume zeigen anhand von Möbeln, Stickereien, Tapisserien, Musikinstrumenten usw. den Wohnstil verschiedener Epochen, von der Tudor-Zeit bis ins 19. Jh.

In der Kirche St. Peter Hungate befindet sich das **Church Museum and Brass Rubbing Centre** 12. Die im 15. Jh. erbaute Kirche besitzt einen für Ostengland typischen *Angel Roof,* eine Stichbalkendecke mit Engelsfiguren. In den Ost- und Westfenstern kann man noch die ursprünglichen Glasmalereien bewundern. Die Ausstellung beinhaltet Objekte der Kirchenkunst aus England und anderen Ländern, darunter Gewänder, Silberschätze, Bücher und Handschriften, russische Ikonen, einen Sarg mit Skelett aus der Norwicher Karmeliter-Abtei und Musikinstrumente. Das Brass-Rubbing Centre bietet die Gelegenheit, ein Andenken selbst anzufertigen: das Abbild einer Messingplatte *(Brass).* Man legt Spezialpapier auf das Metall und reibt mit Ölkreide darüber, bis die Figuren und Schmuckformen der Grabplatte auf dem Papier erscheinen.

Eindrucksvoll ist die Architektur, insbesondere die Dachkonstruktion, der **Dragon Hall** 13, King Street Nr. 115–123. In diesem Bauwerk des 15. Jh. wurden Tuche zum Verkauf angeboten,

heute informiert eine Ausstellung über diesen Handel.

Auf dem grünen Gelände der University of East Anglia im Westen der Stadt liegt das **Sainsbury Centre for the**

Die Aquarellmaler der Norwich-Schule

Während die Gemälde der aus East Anglia stammenden Maler Constable und Gainsborough (s. S. 266 ff.) in alle Welt verstreut sind, blieben die Werke einer Gruppe von ostenglischen Malern, die als Norwich School bezeichnet wird, zum größten Teil in der Provinz, wo sie entstanden. Ein Besuch in der Gemäldegalerie des Castle Museum in Norwich zeigt, dass die Qualität ihrer Werke über das hinausgeht, was von einer provinziellen Malerschule zu erwarten ist. Insbesondere die beiden bekanntesten Persönlichkeiten der Gruppe, John Sell Cotman und John Crome, führten die englische Aquarellmalerei zu einem Höhepunkt. Cotman (1782–1842) wurde in Norwich geboren. Er arbeitete ohne großen Erfolg in London und kam nach Norwich zurück, wo er viele Jahre sein Brot als Zeichenlehrer verdiente. Seine Kunst ist eng mit der Grafschaft Norfolk verbunden. Er malte in Öl, aber es sind vor allem die in seiner Heimatprovinz entstandenen Aquarelle, die spätere Generationen begeisterten. In leuchtenden Farben stellte er Bäume, Täler und Bauernhäuser, Szenen an den Flüssen und der Küste von Ostengland dar.

Cotmans Bilder strahlen eine Ruhe aus, die man auch bei der Betrachtung der Werke seines Freundeskreises empfindet. In dem halben Jahrhundert nach der Gründung der *Norwich Society of Artists* im Jahre 1803 erlebte die Stadt eine bemerkenswerte künstlerische Blüte. Cotmans Söhne Miles und John Joseph gehörten zu der Gruppe ebenso wie die drei Generationen der Stannard-Familie, der begabte John Thirtle und eine lange Reihe von weniger bekannten Namen. Sie kannten sich, beeinflussten sich gegenseitig und hatten auch wohlhabende Förderer, die sie ermutigten, die Landschaft und Denkmäler von Norfolk in Bildern festzuhalten. Sie malten ohne Affektiertheit und Sentimentalität. Obwohl manche der Aquarellfarben mit der Zeit etwas verblasst sind, zeigen sie noch den Reiz Ostenglands: die Dörfer, Mühlen und Flüsse der Norfolk Broads, die Fischerboote und den weiten Himmel an der Küste bei Yarmouth und Cromer, die Szenen des alltäglichen Lebens in Norwich vor 150 Jahren.

Visual Arts 14. Ein High-Tech-Bau (1974–78) von Norman Foster beherbergt diese bedeutende Privatsammlung primitiver und moderner Kunst, die die Sainsbury-Familie, Besitzer einer englischen Supermarktkette, der Universität stiftete. Skulpturen von Henry Moore und Epstein, Bilder von Picasso und Francis Bacon stehen Objekten anderer Kulturen, wie afrikanischer Kunst, Plastiken der Römer, Ägypter, Etrusker, Indianer und Inuit, gegenüber.

Eine Tour durch Suffolk

Karte S. 264/265
Tipps & Adressen Ipswich S. 311,
Nayland/Stoke-by-Nayland S. 322,
Hadleigh S. 305, Kersey S. 312,
Lavenham S. 314, Long Melford S. 319,
Clare S. 298, Cavendish S. 296,
Ickworth S. 311, Dedham S. 300,
East Bergholt S. 302, Sudbury S. 336

Westlich von **Ipswich** **1** führen
schmale kurvenreiche Landstraßen
durch die leicht hügelige Landschaft
Suffolks. Die tunnelartig wirkenden
Straßen werden zu beiden Seiten von
hohen Hecken mit altem Baumbestand
und grünen Böschungen begrenzt, die
im Frühling mit Teppichen aus Osterglocken und Schlüsselblumen bedeckt
sind. Die Häuser, deren Bauweise eine
wunderbare Vielfalt aufweist, machen
die rustikale Idylle perfekt. Es gibt Reet-
und Strohdächer in allen Variationen:
steile, runde, bemooste, gepflegte, un-
ordentliche, tief hängende. Auch Fachwerk ist reichlich vorhanden in schwarz-
weiß, grau-weiß, seltener sogar schwarz
und rosa. Eine Eigenart der Gegend ist
eine Farbe, *Suffolk Pink* genannt, die an
Zuckerguss erinnert und ursprünglich
durch Beimischung von Schweineblut
entstand. Um einen vornehmen Eindruck zu erwecken, erhielten manche
Stuckfassaden eine so genannte *parget-
ting*-Dekoration mit Blumenmustern,
Arabesken oder anderen Formen. Neben den traditionellen Bauformen gibt
es die wohlproportionierten Fassaden
georgianischer Häuser. Flint, roter Backstein und *white brick,* ein heller, grau-
gelber Ziegelstein, tragen noch zu der
Vielfalt bei.
Im späten Mittelalter und bis in das
16. Jh. erlebte Suffolk durch die Herstellung von Wolltuch eine Blütezeit. Blei-
bende Zeugnisse dieser Zeit sind riesige Kirchen, die in keinem Verhältnis
zur heutigen Bedeutung der Orte stehen
und aufwendige säkulare Bauten,
Wohnhäuser sowie die Zunfthäuser,
Guildhalls, der Tuchmacher. Die *Church
of St. James* in **Nayland** **2**, einem Dorf
am River Stour, erhielt viele Stiftungen
der Tuchhändler, darunter den schönen
Eingang von 1525 am Turm. Den Innenraum bereicherten sie mit *Brasses*
(Messinggrabplatten) und Holztäfelung.
Das Altarbild malte John Constable
1809. Am *Alston Court* im Zentrum des
Dorfes wurde vom 15. bis zum 18. Jh.
gebaut, was das Stilgemisch verrät.
Unter den vielen Fachwerkbauten sind
die beiden Gaststätten *Butchers' Arms*
und *Queen's Head* bemerkenswert, letztere mit einem Hof aus der Zeit des
Postkutschenbetriebs. Eine Meile weiter
auf dem Hügel liegt **Stoke-by-Nayland** **3**. Die Kirche im *Perpendicular*-
Stil besitzt einen hohen Turm und
schöne Messinggrabplatten. Nicht weniger sehenswert ist das Fachwerk der
Guildhall und der Mälzerei *(Maltings)*
vor der Kirche.
An der A 1071 zwischen Ipswich und
Sudbury liegt die Marktstadt **Hadleigh**
4, ebenfalls mit einer aus Flint gebauten Kirche. Gegenüber befindet sich die
Guildhall, 1430 gebaut und später erweitert, eine der größten und schönsten
von Suffolk. Die dritte Seite des Kirch-
hofs begrenzt der üppig verzierte Backsteinbau *Deanery Tower,* das Torhaus
(1495) zur ehemaligen Residenz der Dia-
kone. Sonst bietet Hadleigh wenig Sehenswertes, und die meisten Touristen
fahren ein paar Kilometer weiter nördlich nach **Kersey** **5**, einem bekannten

Suffolk

beauty spot abseits der A 1141. Das malerische Aussehen des Dorfes zieht an Sommerwochenenden viele Besucher an. Die Hauptstraße führt steil von der Kirche herunter zur Furt, wo gut genährte Gänse auf Häppchen warten und sich vom Autoverkehr wenig stören lassen. Die Straße steigt von der Furt wieder den Hügel hinauf, zu beiden Seiten von Fachwerkhäusern mit krummen Dächern gesäumt.

Die A 1141 führt in Richtung Nordwesten zum Fachwerkparadies **Lavenham** 6. Im 14. Jh. siedelten flämische Tuchmacher hier, und in den beiden folgenden Jahrhunderten wurde das blaue Tuch von Lavenham berühmt. Danach begann der langsame Niedergang der Stadt, da Orte im Westen und Norden des Landes seit dem 17. Jh. über mehr Wasser zum Walken des Tuches verfügten. Die Dampfkraft bedeutete das endgültige Aus für die Industrie von Lavenham. Da die Stadt, im Gegensatz zu benachbarten Orten, keine alternative Einkommensquelle fand, fehlte das Geld für Neubauten. So findet man heute ein im Wesentlichen mittelalterliches Stadtbild vor. Die 300 unter Denkmalschutz stehenden Häuser zeigen Fachwerkarchitektur von höchster Qualität. Das hervorragende Exemplar ist die Anfang des 16. Jh. erbaute *Guildhall of Corpus Christi* am Marktplatz mit reich verzierten Balken und Streben. Nach Auflösung der Gilden diente das Haus als Gefängnis, Armenhaus, Rathaus und Wolllager und ist jetzt ein Museum der Tuchindustrie. Das Haus nebenan, *The Old Chapel,* zeigt eine restaurierte Ladenfront der Tudor-Zeit. Das Kreuz auf dem Marktplatz steht seit 1502 dort. Eine zweite *Guildhall,* die der Mariengilde, ist heute Teil der ältesten Gaststätte im Ort, dem *Swan Hotel,* dessen Fachwerkbau während der Regie-

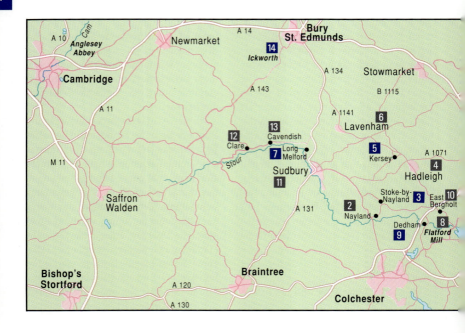

rungszeit der ersten Königin Elizabeth entstand, und, wie man bei genauer Betrachtung erkennt, zur Zeit der zweiten, noch lebenden Elizabeth erweitert wurde. Die *Church of St. Peter and St. Paul* steht am Ortsrand auf einem Hügel, wo der hohe Turm besonders gut zur Geltung kommt. Sie wurde 1444–1525 aus Flint und bestem Kalkstein errichtet.

Zu den großen *wool churches* gehört auch die von **Long Melford** 7 einige Kilometer südwestlich von Lavenham an der A 134. Besonders schön ist der Blick auf die lange Reihe von *Perpendicular*-Fenstern und *Flushwork*-Dekoration an der Südseite (s. S. 251). Auch diese Pfarrkirche, die zu den schönsten des Landes gezählt wird, finanzierten reiche Tuchhändler im späten 15. Jh. Dazu gehörten Mitglieder der Familie Clopton. In einem der Glasfenster wird der Stifter John Clopton abgebildet, in

Lavenham

die Steinplatten des Bodens sind Messinggrabplatten anderer Familienmitglieder eingelassen.

Die Cloptons waren Besitzer von **Kentwell Hall.** Dieser Herrensitz aus der Tudor-Zeit (ca. 1550), ein Backsteinbau mit Wassergraben, den man von der Hauptstraße über eine 300 Jahre alte Lindenallee erreicht, ist in Privatbesitz, wird aber nachmittags im Sommer zur Besichtigung geöffnet. Fast direkt gegenüber liegt ein anderes Tudor-Schloss, **Melford Hall,** das zur gleichen Zeit und in einem ähnlichen Stil gebaut wurde. Die hohen Schornsteine und achteckige Türmchen waren eine würdige Kulisse, als der Bauherr, Sir William Cordell, Elizabeth I. 1578 im großen Stil empfing. Aus Cordells Zeit stammt die Banquetting Hall, während andere

Eine Tour durch Suffolk

Kleine Pilgerfahrt für Freunde der Malerei: Auf den Spuren von Constable und Gainsborough

Unter den Gegenden Englands, die mit Kunst assoziiert werden, ragt eine im Bewusstsein der Engländer besonders hervor. Das Tal des River Stour, der die Grenze von Suffolk zu Essex bildet, ist allgemein als **Constable Country** bekannt. John Constable (1776–1837), neben Turner einer der beliebtesten Maler seines Landes, war kein Mitglied der High Society, obwohl er in London und Paris ausstellte und später in die Royal Academy aufgenommen wurde. Der Sohn eines wohlhabenden Müllers, Besitzer der Wassermühle Flatford Mill am Stour, fand seine schöpferische Kraft in der Natur, die er genau beobachtete, insbesondere in der Landschaft seiner Jugend. Das Haus der Familie stand im benachbarten East Bergholt, seine Schule im Dorf Dedham. Diese Orten wurden in seinen Bildern verewigt.

Flatford Mill 8 mit der alten Schleuse und einem restaurierten Trockendock, das einzig noch existierende an einem englischen Fluss, ist in der Tat malerisch. Constable malte diese Szene mehrmals als *working landscape*. Er stellte die kleine Bootswerft seines Vaters und die Treidelpferde auf dem Leinpfad dar. Sein berühmtestes Bild, »The Haywain«, zeigt einen Heuwagen vor dem Cottage seines Freundes Willy Lott. Das Cottage, ein Bau des frühen 17. Jh., steht noch gegenüber der Mühle.

Am Stour führt ein Weg durch die Flussauen nach Dedham. Das Tal wurde zum Naturschutzgebiet erklärt. Kühe weiden hier, Bäume säumen das Ufer des träge fließenden Flusses. **Dedham** 9 ist lohnendes Ziel einer kurzen Wanderung flussaufwärts. Die Häuser der breiten Hauptstraße zeigen den Wohlstand der Gegend zur Blütezeit der Tuchindustrie. Man leistete sich eine herrliche Pfarrkirche (16. Jh.) mit einem hohen, stattlichen Turm. Das *Sun Hotel*, ein Fachwerkbau, stammt aus dem 16. Jh., das *Marlborough Head Inn* aus der Zeit um 1500. Die Old Grammar School wurde 1732 gebaut.

Das benachbarte Dorf **East Bergholt** 10 wird vor allem wegen der im *Perpendicular*-Stil errichteten Kirche besucht. Zum Bau eines Turmes reichte das Geld nicht, laut Überlieferung hätte Kardinal Wolsey bezahlt, aber Henry VIII. ließ ihn enthaupten. Da in keiner englischen Pfarrkirche die Glocken fehlen dürfen, griff man hier zu einer ungewöhnlichen Lösung und baute 1531 als Turmersatz eine überdachte Holzkonstruktion im Kirchhof. Das Geburtshaus von Constable steht nicht mehr, und da in der ganzen Gegend kein Gemälde von ihm zu sehen ist, muss man zum städtischen Museum von Ipswich, Christchurch Mansion oder zur National

John Constable, Flatford Mill (1816/17; Tate Gallery, London)

Gallery nach London fahren, um die Bilder zu betrachten.

Flussabwärts von Dedham und Flatdorf liegt die Stadt **Sudbury** 11. Dieses einst blühende Zentrum der Wollindustrie am River Stour, heute unbedeutend geworden, ist nicht herausgeputzt wie die umliegenden Touristenorte, aber Sudbury besitzt eine Gedenkstätte für einen der größten englischen Maler: Thomas Gainsborough. Seine Statue blickt auf den Marktplatz herunter, von dem aus man das Geburtshaus, Gainsborough Street Nr. 43, in zwei Minuten zu Fuß erreicht. 1727 kam Gainsborough hier als eines von neun Geschwistern zur Welt. Sein Talent zeigte sich früh, und Vater Gainsborough schickte den 13-Jährigen nach London in das Atelier eines französischen Meisters. Mit 18 besaß Gainsborough sein eigenes Atelier in London, drei Jahre später kehrte er jedoch mit seiner Braut nach Sudbury zurück. Er liebte die Landschaft von Suffolk und malte sie oft, doch um gesellschaftlichen Erfolg zu erreichen, musste er einen anderen Weg einschlagen. Er zog als Porträtmaler nach Ipswich, dann nach Bath, wo sich alles, was Rang und Namen hatte, zur Erholung von den Strapazen des Londoner Großstadtlebens traf. In den folgenden Jahren malte Gainsborough Hunderte von Porträts, die nicht nur in den großen Museen der Welt, sondern auch in vielen englischen Herrensitzen hängen. Seine Spezialität war das Freilichtporträt, auf dem man hinter den elegant gekleideten, grazilen Figuren seiner Mäzene Parklandschaft sieht, wie sie der englische Adel im 18. Jh. gestalten ließ. Besonders charmant sind Gainsboroughs Kinderporträts, und im 20. Jh. fanden auch seine Landschaften die Anerkennung, die zu Lebzeiten des Malers nur seinen Society-Porträts galt.

Das *Gainsborough House* in Sudbury zeigt einige seiner Werke in einer intimen Umgebung. Zu sehen sind Porträts, Skizzen und Radierungen, auch einige persönliche Gegenstände wie sein Stockdegen. Der Unterhalt des Hauses, in dem Wechselausstellungen anderer Künstler stattfinden und die Akquisition seiner Werke werden von einem privaten Verein mit Spenden finanziert. Weitere Gemälde von Thomas Gainsborough befinden sich im Christchurch Mansion in Ipswich.

Räume im 18. und 19. Jh. für die späteren Besitzer, die Familie Hyde-Parker, renoviert wurden. Die Hyde-Parkers waren aus Familientradition Marine-Offiziere. Ihre Ahnenbilder hängen im Haus, ihre Denkmäler stehen in der Kirche. Von dem hübschen Gartenpavillon des Hauses mit seinen Tudor-Giebeln blickt man auf das *village green* und die lange Hauptstraße, wo ein Antiquitätengeschäft neben dem anderen steht. Für die Einnahme einer Erfrischung empfiehlt sich *The Bull,* ein Haus aus dem 15. Jh. mit geschnitzten Holzbalken, das seit 400 Jahren Gaststätte ist.

Westlich von Long Melford führt die A 1092 zu zwei weiteren malerischen Dörfern am Stour, **Clare** 12 und **Cavendish** 13.

Ickworth 14 im Norden der Grafschaft Suffolk, 5 km südwestlich von Bury St. Edmunds an der A 143 gelegen,

Cavendish

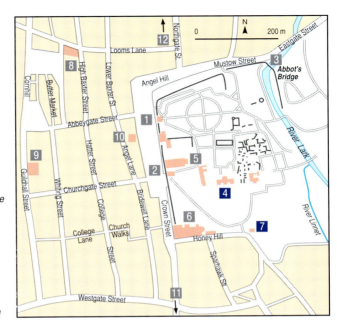

Bury St. Edmunds
1 Abbey Gate
2 Norman Gate
3 Abbot's Bridge
4 Abteiruinen
5 Kathedrale
6 St. Mary's Church
7 Manor House
8 Moyse's Hall
9 Guildhall
10 Athenaeum
11 Theatre Royal

gehört zu den imposantesten Herrensitzen des Landes. Der 4. Graf von Bristol, damaliges Oberhaupt der Hervey-Familie, die das Gut von Ickworth seit dem 15. Jh. besaß, ließ das Schloss ab 1794 bauen. Es wurde 30 Jahre nach seinem Tode 1803 vollendet, ein großer Rundbau mit weit ausladenden Seitenflügeln. Einen Flügel bewohnt heute noch die Hervey-Familie, der andere steht leer, aber die verbleibenden Teile, die Rotunde und die Verbindungstrakte zu den beiden Seitenflügeln, reichen schon als Palast aus. Der 4. Graf war ein begeisterter Kunstsammler, dessen Schätze die Räume schmücken. Auch die folgenden Generationen haben die Sammlung bereichert. Werke der besten englischen Porträtmaler des 18. und 19. Jh. – Gainsborough, Hogarth, Lawrence und Reynolds – hängen neben Gemälden von Velazquez, Tizian und anderen europäischen Meistern. Das Familiensilber steht abgeschlossen in Vitrinen, aber die Möbel sind so angeordnet, wie die Familie sie über Generationen benutzt hat, eher eindrucksvoll als wohnlich. Wie die Herveys heute wohnen, sieht man nicht, denn im Garten vor dem bewohnten Flügel stehen Schilder mit der Aufschrift: *Strictly Private*.

Bury St. Edmunds

Tipps & Adressen S. 292

■ Das Stadtwappen von Bury St. Edmunds zeigt einen Wolf und einen Menschenkopf. Der Kopf gehörte St. Edmund, dem Märtyrerkönig von East Anglia, der im 9. Jh. von den heidnischen Dänen hingerichtet wurde. Der Sage nach bewachte ein Wolf den abgetrennten Kopf, der im Wald gefunden wurde. Den Leichnam bestatteten Edmunds Gefolgsleute in Bury, wo seit dem 7. Jh. eine Holzkirche stand. An dieser Stelle wurde 1021 eins der großen Klöster des Mittelalters gegründet. Ab 1080 baute Abt Baldwin eine riesige Abteikirche, über 150 m lang und halb so breit und plante die Stadt mit regelmäßig angelegten Straßen. Die Stadt sollte nur ein Anhängsel des wirtschaftlich mächtigen Klosters bilden. 1327 rebellierten die unterdrückten Bürger gegen die Mönche, die ihre Klostermauer erhöhten und ein zweites starkes Torhaus bauten. Heute sind das 1353 vollendete **Abbey Gate** ▮ und das frühere **Norman Gate** ▮, 1120–48 gebaut und seit 1785 ein Glockenturm, die besterhaltenen Zeugen der Größe des Klosters. Die Auflösung erfolgte 1539, und in den folgenden Jahrhunderten verfielen die Klostergebäude, die die Bürger als Steinbruch benutzten. Die Westfassade ist teilweise erhalten, da hier seit dem 17. Jh. Häuser angebaut wurden. Im Osten schließt sich eine Parkanlage an. Auf der befestigten **Abbot's Bridge** ▮ (um 1200, im 14. Jh. verstärkt) über den kleinen River Lark ist die Außenmauer des Klosterbezirks erhalten.

Von der **Abtei** ▮ stehen noch stumpfartige Mauerstücke und Säulenreste, aber nur der Mauerkern aus Flint ist zu sehen, denn die Kalksteinverkleidung war gutes Baumaterial und wurde anderweitig verwendet. Eine Tafel markiert die Stelle, wo sich 25 Barone im Jahre 1214 versammelten und schworen, King John zur Unterzeichnung der Magna Charta zu zwingen. Eine geschichtsträchtige Stelle: Laut patriotischer Auslegung vergangener Historikergenerationen legten die Barone damit einen Grundstein der freiheitli-

chen Tradition, die das Vorbild aller Parlamente und die konstitutionelle Monarchie hervorbrachte.

Die **Kathedrale** ▮ von Bury St. Edmunds ist die ehemalige Pfarrkirche von St. James, die seit 1970 einen neuen Chor erhalten hat. Die Erweiterung wurde im *Perpendicular*-Stil ausgeführt und sollte mit dem spätmittelalterlichen Hauptschiff harmonisieren. Die Stichbalkendecke ist viktorianisch. Auch die andere mittelalterliche Kirche von Bury, **St. Mary's** ▮ besitzt eine schöne Stichbalkendecke. Einige Schritte von St. Mary's entfernt erreicht man das **Manor House** ▮, Nr. 5 Honey Hill, eine repräsentative Stadtresidenz, im Jahre 1736 errichtet für die Hervey-Familie, Bauherren von Ickworth. Das Haus beherbergt heute eine hervorragende Uhrensammlung. **Moyse's Hall** ▮ am Marktplatz ist eins der wenigen erhaltenen normannischen Häuser des Landes, 1180 von einem jüdischen Finanzier gebaut und jetzt Stadtmuseum. Die Fassade von Moyse's Hall hat unter späteren Restaurierungen gelitten; die **Guildhall** ▮ (15. Jh.) dagegen zeigt trotz späterer Erweiterungen noch einen schönen Eingang mit einem Schachbrettmuster aus Flint und Kalkstein.

Aus späteren Jahrhunderten hat die Stadt auch einiges zu bieten, denn Bury war ein wohlhabender Marktflecken und Versammlungspunkt des örtlichen Landadels. Zentrum des Geschehens war der Platz Angel Hill mit dem 1789 erbauten **Athenaeum** ▮, das einen überaus eleganten Ballsaal beherbergt. Das **Theater** ▮, das besichtigt werden kann, ist ein ungewöhnlich gut erhaltenes Beispiel für ein Schauspielhaus aus dem frühen 19. Jh.

Cambridge

Tipps & Adressen   S. 294

■ Nachdem die Beschreibung von Nord- und Mittelengland in einer berühmten Universitätsstadt, Oxford, begonnen hat, findet die Reise in einer anderen, Cambridge, ihren würdigen Abschluss. Cambridge hat mit Oxford das Verkehrschaos gemein – es empfiehlt sich also, das Auto auf einem Parkplatz am Rande des alten Stadtkerns stehen zu lassen. Beide Städte besitzen eine Konzentration von historischen Bauten, der man sonst selten begegnet. Die Unterschiede fallen zuerst weniger auf als die Gemeinsamkeiten. Cambridge hat eine offenere Bauweise, die Colleges sind nicht so zahlreich, aber geräumiger als in Oxford und öffnen sich nach hinten zum Fluss, statt ihre Schönheit hinter hohen Steinmauern zu verbergen. Die Colleges in Cambridge haben etwas liberalere Öffnungszeiten und sind eher geneigt, den Besucherstrom in ihre schönen Gärten zu lassen. Oxford ist fast ausschließlich aus gelbbraunem Cotswold-Kalkstein gebaut, während es in Cambridge an nahe gelegenen Steinbrüchen fehlte, so dass eine breite Palette von Baumaterialien benutzt wurde: Fachwerk, roter und weißer Backstein, Naturstein verschiedener Herkunft.

Das schönste Viertel von Cambridge befindet sich zwischen dem Cam und der Straße, die im Norden St. John's Street heißt, dann Trinity Street, King's Parade und schließlich im Süden Trumpington Street. Wir beginnen nordwestlich der Biegung des Cam in der Magdalen Street. **Magdalen College** 1, 1542 gegründet, hat zwei kleine, schöne Höfe hinter dem Toreingang aus dem Jahr 1585. Das Doppeltreppenhaus der Hall stammt aus dem frühen 18. Jh. Teile der

Blick auf den Marktplatz von Cambridge

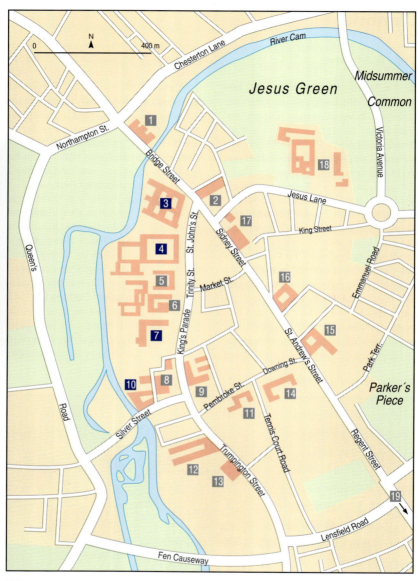

Cambridge 1 Magdalen College   2 Church of the Holy Sepulchre   3 St. John's College
4 Trinity College   5 Gonville and Caius College   6 Senate House   7 King's College
8 St. Catherine's College   9 Corpus Christi College   10 Queen's College   11 Pembroke College   12 Peterhouse   13 Fitzwilliam Museum   14 Museum of Archaeology and Anthropology   15 Emmanuel College   16 Christ's College   17 Sidney Sussex College
18 Jesus College   19 Bahnhof

Chapel stammen von einer Kirche, die im 14. Jh. zu einer Benediktinerherberge gehörte. Ein bekannter Ehemaliger des College, nach dem die in einem Renaissancebau untergebrachte Bibliothek benannt wurde, war Samuel Pepys, ein Staatsdiener im königlichen Marineamt im späten 17. Jh. Er schrieb in geheimer Kurzschrift ein sehr umfangreiches Tagebuch mit unterhaltsamen, manchmal zotenhaften Beschreibungen der Ereignisse in London zur Zeit Charles' II.

Über die Brücke gelangt man in die Bridge Street, kurz danach zweigt die St. John's Street nach rechts ab. Nahe der Kreuzung befindet sich eine seltene normannische Rundkirche, die **Church of the Holy Sepulchre** 2, die 1130 nach dem Vorbild der Grabeskirche in Jerusalem gebaut wurde. In der St. John's Street liegt gleich rechter Hand **St. John's College** 3, das drei großzügig angelegte Höfe besitzt. Das dreigeschossige Torhaus wurde kurz nach der Gründung 1511 durch Margaret Beaufort errichtet und trägt in seiner reichen heraldischen Verzierung die Wappen der Familie Beaufort und des Königs Henry VII., Sohn der Gründerin. Der erste Hof mit *Hall* und im 19. Jh. restaurierter *Chapel* ist der älteste. Der zweite mit seiner elisabethanischen Ziegelarchitektur gehört zu den schönsten in Cambridge. Von dem dritten, in dem sich die *Library* befindet, gelangt man zum Fluss und zur *Bridge of Sighs,* die der venezianischen Seufzerbrücke nachempfunden wurde.

Als Alternative zum ermüdenden Fußmarsch durch unzählige Höfe und Kapellen ist ein Ausflug auf dem Cam zu empfehlen. Die College-Gärten erstrecken sich bis zum Ufer, und die Bauten bilden eine romantische Kulisse, die man am besten vom Boot aus bewundert. Man mietet einen flachen Kahn

(punt), der mit einer Stake durch das seichte, sanft fließende Wasser bewegt wird. Für die Passagiere ist es ein entspannendes Erlebnis, an den alten Mauern vorbeizugleiten, für den, der stakt, kann der Ausflug heiß, nass und frustierend werden, aber mit etwas Übung ist die Aufgabe leicht zu bewältigen. Man kann auch ein Ruderboot mieten oder die Dienste eines Studenten in Anspruch nehmen, der gegen Entgelt Touristen im Punt befördert.

Neben St. John's liegt **Trinity College** 4, das größte in Cambridge, eine reiche, stolze Institution mit besten Verbindungen zur Oberschicht. Die Gründung im Jahre 1546 war eine der letzten Amtshandlungen von Henry VIII.: Der eitle, misstrauische, sechsmal verheiratete Monarch vollbrachte damit am Ende einer grausamen Regierungszeit noch eine gute Tat. Der riesige Great Court, ein quadratischer Hof mit 100 m langen Seiten, wurde Ende des 16. Jh. im Tudor-Gotik-Stil gebaut. Ein unter adligen Draufgängern vergangener Zeiten beliebtes Spiel war, nach einem ausgiebigen Dinner einmal um den Hof zu laufen und zwar in der Zeit, die die Glocke im King Edward's Tower braucht, um Mitternacht zu läuten. Die *Hall* von Trinity ist sehenswert, aber das prächtigste Gebäude im College ist die *Bibliothek* des späten 17. Jh., ein klassizistischer Bau mit Arkadengängen von Christopher Wren. Zu einer sehr langen Liste hervorragender Studenten von Trinity gehören der Philosoph Francis Bacon, die Dichter Lord Byron und Lord Tennyson und der Mathematiker und Naturwissenschaftler Sir Isaac Newton. Auf dem Rasen rechts zwischen der Straße und dem Eingangstor Great Gate steht ein Apfelbaum, ein Ableger des Baumes von Newtons Landhaus. Es wird überliefert, dass er das Prinzip der

Cambridge

Schwerkraft entdeckte, als er unter dem Baum meditierte und von einem herabfallenden Apfel am Kopf getroffen wurde.

Auf der anderen Seite der engen Trinity Lane liegt **Gonville and Caius College** 5, eine mittelalterliche Gründung, deren Gebäude hauptsächlich aus dem 19. Jh. stammen. Neben dem **Senate House** 6, Sitz des ›Universitätsparlaments‹, befindet sich **King's College** 7, eine königliche Gründung (1440) von Henry VI., dessen Statue im großen Hof steht. Die von weiträumigen Gartenanlagen umgebenen College-Gebäude entstanden überwiegend im 18. und 19. Jh. Die große Attraktion von King's College ist die *Chapel,* die sicherlich zu den schönsten Bauwerken Englands gehört. Der 1446 begonnene und erst 80 Jahre später fertig gestellte Raum mit viereckigem Grundriss ist fast 90 m lang und 25 m hoch. Die Fenster der Kirche sind so groß, dass sie fast nur aus Glas zu bestehen scheint. Atemberaubend ist der ununterbrochene Blick über die ganze Länge des Fächergewölbes, gebildet aus einer regelmäßigen Abfolge von Kreisen und strahlenförmigen Rippen. Der Chor von King's College gilt als einer der besten Männer- und Knabenchöre Englands; ein Gottesdienst oder sakrales Konzert in dieser Kapelle wird für Liebhaber der

King's College

Anfang des 16. Jh. arbeitete. Eine Kuriosität des Queens' College ist die Holzbrücke, die Mathematiker 1749 ohne Verwendung von Nägeln konstruierten.

Silver Street bringt uns zur Trumpington Street, der Verlängerung von King's Parade, zurück. Zum **Pembroke College** 11 auf der linken Seite gehören Gebäude aus verschiedenen Epochen. Besonders zu erwähnen ist die *Chapel*, 1663–65 von Christopher Wren erbaut. Auf der anderen Straßenseite befindet sich das älteste College der Stadt, das 1284 gegründete **Peterhouse** 12. Die Hall stammt aus dieser Zeit. Das **Fitzwilliam Museum** 13 an der Trumpington Street, ein aufwendiger frühviktorianischer Bau, beherbergt umfangreiche Sammlungen: antike Skulpturen, Bilderhandschriften des Mittelalters, Waffen, Münzen, Glas, Musikinstrumente und eine Gemäldegalerie mit Werken von Tizian, Tintoretto, Murillo, Poussin, Corot, Renoir, Pissarro, Cézanne, Matisse, Gainsborough, Turner, Constable usw. Um zu den Universitätsmuseen von Cambridge zu gelangen, kehrt man zum Pembroke College zurück, biegt dann rechts in die Pembroke Street und geht weiter zur Downing Street. Das **Museum of Archaeology and Anthropology** 14 zeigt archäologische Sammlungen aus allen Epochen bis zum Mittelalter und völkerkundliche Abteilungen mit Exponaten aus aller Welt. Themen der anderen Museen auf dem Gelände sind Geologie, Zoologie, Mineralogie und die Geschichte der Naturwissenschaft.

Dem gründlichen Besucher bleiben noch vier weitere Colleges, die an dem zum Ausgangspunkt dieses Stadtrund-

Kirchenmusik zum unvergesslichen Erlebnis.

Wir gehen die King's Parade entlang und treffen rechts auf **St. Catherine's College** 8, 1473 gegründet mit Höfen aus dem 17. und 18. Jh. Gegenüber liegt **Corpus Christi College** 9, dessen Old Court aus dem 14. Jh. der älteste Hof in Cambridge ist. Silver Street bringt uns über den Cam und zum unbedingt sehenswerten **Queen's College** 10, das wie kein anderes sein mittelalterliches Aussehen bewahrt hat. Im First Court aus rotem Backstein findet man *Hall*, *Library* und *Old Chapel*. Es folgen der alte Kreuzgang, Cloister Court und Erasmus Court, in dem Erasmus von Rotterdam

Punting auf dem River Cam ▷

Blick in den Innenhof von St. Catherine's College

gangs führenden Straßenzug, St. Andrews Street, Sidney Street und Bridge Street liegen. Am Ende von Downing Street stoßen wir auf **Emmanuel College** 15, das besonders schöne Gärten besitzt. Die Gebäude stammen hauptsächlich aus den zwei Jahrhunderten nach der Gründung 1584, aber Teile eines Dominikanerklosters, das ab dem 13. Jh. an dieser Stelle stand, wurden mit einbezogen. Hier studierte John Harvard, der später nach Amerika auswanderte und die gleichnamige Universität gründete. An ihn erinnern ein Fenster und eine Gedenktafel in der *Chapel*.

Christ's College 16, wie St. John's eine Gründung von Margaret Beaufort (1505), liegt ebenfalls inmitten schöner Gärten. Die Gebäude entstanden im 17. Jh. oder später. Sidney Street führt zum **Sidney Sussex College** 17, das 1596 von Frances Sidney, Gräfin von Sussex, gegründet wurde. Bekanntester Ehemaliger ist Oliver Cromwell, aber er würde die Höfe seines alten Colleges nicht mehr erkennen, da sie im 19. Jh. neu gebaut wurden. Mittelalterliches bietet dagegen ein Abstecher zum **Jesus College** 18, von Sidney Street aus über Jesus Lane zu erreichen. Jesus College entstand 1494 an der Stelle eines Nonnenklosters. Die Klosteranlagen wurden übernommen und im Laufe der Jahrhunderte erweitert. Besonders zu erwähnen sind die frühgotische *Chapel* und der Kapitelsaal des alten Klosters.

Hiermit sind noch nicht alle Colleges aufgezählt, denn außerhalb des historischen Stadtkerns liegen neuere Gründungen. Denjenigen, die nur Zeit für einen kurzen Besuch haben, sei ein verkürzter Weg von St. John's nach King's College und zurück am River Cam entlang empfohlen.

Ausflug von Cambridge

Im Dorf Lode, 10 km nordöstlich von Cambridge auf der B 1102, befindet sich der Herrensitz **Anglesey Abbey,** im Jahre 1600 an der Stelle einer ehemaligen Augustiner-Abtei errichtet. Das Haus ist vor allem wegen der wunderschönen Gartenanlagen und der Sammlungen von Möbeln und Gemälden sehenswert.

Tipps & Adressen

Tipps & Adressen

▼ Das erste Kapitel, **Tipps & Adressen von Ort zu Ort**, listet die im Reiseteil beschriebenen Orte in alphabetischer Reihenfolge auf. Zu jedem Ort finden Sie hier Empfehlungen für Unterkünfte, Restaurants und Pubs sowie Hinweise zu den Öffnungszeiten von Museen und anderen Sehenswürdigkeiten, zu Unterhaltungsangeboten, Aktivitäten, Verkehrsverbindungen etc. Piktogramme helfen Ihnen bei der raschen Orientierung.

▼ Die **Reiseinformationen von A bis Z** bieten ein Nachschlagewerk – von A wie Anreise über N wie Notfälle bis Z wie Zeitungen – mit vielen nützlichen Hinweisen, Tipps und Antworten auf Fragen, die sich vor und während der Reise stellen.

Bitte schreiben Sie uns, wenn sich etwas geändert hat!
Alle in diesem Buch enthaltenen Angaben wurden vom Autor nach bestem Wissen erstellt und von ihm und dem Verlag mit größtmöglicher Sorgfalt überprüft. Gleichwohl sind – wie wir im Sinne des Produkthaftungsrechts betonen müssen – inhaltliche Fehler nicht vollständig auszuschließen. Daher erfolgen die Angaben ohne jegliche Verpflichtung oder Garantie des Verlages oder des Autors. Beide übernehmen keinerlei Verantwortung und Haftung für etwaige inhaltliche Unstimmigkeiten. Wir bitten dafür um Verständnis und werden Korrekturhinweise gerne aufgreifen:
DuMont Buchverlag, Postfach 10 10 45, 50450 Köln
E-Mail: reise@dumontverlag.de

Inhalt

■ Adressen und Tipps von Ort zu Ort

Alnwick 284
Ambleside 284
Bakewell 285
Bamburgh 285
Barnard Castle 286
Baslow 286
Beamish 287
Belsay Hall 287
Berwick-upon-Tweed 287
Beverley 287
Bibury 288
Birmingham und Umgebung ... 288
Blackpool 289
Blenheim Palace 290
Boston 290
Bourton-on-the-Water 290
Bowness 290
Bradford 290
Brandon 291
Breckland 291
Broadway 291
Burford 292
Bury St. Edmunds 292
Buttermere 293
Buxton 293
Byland Abbey 293
Cambridge 294
Carlisle 295
Castle Howard 295
Castleton 295
Cavendish 296
Chatsworth 296
Cheltenham 296
Chester 297
Chipping Campden 298
Cirencester 298
Clare 298
Cockermouth 298
Coniston 299
Corbridge 299
Coventry 299
Cragside House 300
Craster/Dunstanburgh 300
Dedham 300
Dudley 301
Dunstanburgh 301
Durham 301
East Bergholt 302
Ely 302
Eyam 302
Gloucester 303
Grantham 303
Grasmere 304
Grassington 304
Hadleigh 305
Hadrian's Wall 305
Halifax 305
Haltwhistle 306
Hardwick Hall 306
Harrogate 306
Hawes 307
Hawkshead 307
Haworth 307
Hay-on-Wye 308
Hebden Bridge 308
Helmsley 308
Hereford 309
Hexham 309
Holker Hall 310
Horncastle und Umgebung 310
Ickworth 311
Ipswich 311
Ironbridge Gorge 311
Kedleston Hall 311
Kendal 311
Kenilworth 312
Kersey 312
Keswick 312
Killhope 313
King's Lynn und Umgebung .. 313
Lavenham 314
Leamington Spa 314
Leeds und Umgebung 315
Leyburn 316
Lincoln 316
Lindisfarne (Holy Island) 317

Little Moreton Hall 317	Shrewsbury 331
Liverpool und Umgebung 317	Skipton 332
Long Melford 319	Southport 332
Ludlow 319	Spalding 333
Manchester und Umgebung 319	Staithes 333
Masham 321	Stamford 333
Matlock und Matlock Bath 321	Stoke-on-Trent 334
Moreton-in-Marsh 322	Stow-on-the-Wold 334
Nayland und Stoke-by-Nayland 322	Stratford-upon-Avon 334
Newcastle-upon-Tyne und Umgebung 322	Sudbury 336
	Tattershall Castle 336
Norfolk Broads 323	Thetford 336
Norwich 324	Troutbeck 336
Nottingham 325	Ullswater 336
Oxford 326	Wakefield 337
Peterborough 328	Wallington 337
Pickering 328	Warkworth 337
Ravenglass.......................329	Warwick 337
Reeth 329	Wharfedale 337
Richmond 329	Whitby 338
Ripon 329	Wicken Fen 338
Robin Hood's Bay 330	Windermere 338
Ross-on-Wye 330	Wisbech 339
Rothbury 330	Woodstock 339
Scarborough 331	Worcester 340
Seahouses 331	York.............................340
Sherwood Forest 331	Yorkshire Sculpture Park 341

■ Reiseinformationen von A bis Z

Anreise 342
  Mit dem Auto 342
  Mit der Bahn 343
  Mit dem Bus 344
  Mit dem Flugzeug 344
Aktivurlaub 344
  Angeln 344
  Badeurlaub 344
  Bootsvermietung 345
  Golf 345
  Jagd 345
  Kanusport .346
  Klettern 346
  Radfahren .346
  Reiten 347
  Segeln 347
  Wandern 347
Apotheken 348
Ärztliche Versorgung 348
Autofahren 348
  Autovermietung 349
Behinderte 349
Cricket 350
Diplomatische Vertretungen 350
Einkaufen 351
Einreise- und Zollbestimmungen 351
Elektrizität 351
English Heritage 351
Essen und Trinken 351
  Restaurants 351
  Pubs 352
Feiertage 352
Geld 352
Heritage Pass 352
Information 352

Jugendliche .353
  Arbeit und Aktivurlaub 354
  Arbeitsgruppen für Umweltschutz-
  und andere Projekte 354
  Sommerkurse an Hochschulen 354
  Sport 354
Kinder 354
Küste 354
Literatur 355
Maße und Gewichte 355
Notfälle 355
Öffentliche Verkehrsmittel 355
  Eisenbahn .355
  Busverbindungen 356
  Flugzeug 356
Öffnungszeiten 356
Post 356
Preisniveau 356
Radio und Fernsehen 357
Reisezeit 357
Sprachkurse .357
Telefonieren .358
Trinkgeld 358
Unterkunft 358
  Hotels 358
  Bed and Breakfast 358
  Urlaub auf der Farm 359
  Ferienwohnungen 359
  Jugendherbergen 359
  Camping 359
Vogelschutzgebiete 360
Zeit 360
Zeitungen und Zeitschriften 360

Abbildungsnachweis 361

Register 362

Richtig Reisen
Service

Adressen und Tipps von Ort zu Ort

■ **Abkürzungen:**
EH = English Heritage
NT = National Trust (s. S. 40 f., 351)

■ **Unterkunft:**
Preiskategorie Hoteldoppelzimmer mit Frühstück:
Unter £ 50: günstig
£ 50–£ 80: moderat
£ 80–£ 120: teuer
Über £ 120: sehr teuer
Preiswerte B & B-Unterkunft, s. S. 358.
Viele der unten aufgeführten Pubs haben einige Fremdenzimmer.
Das Preisniveau ist in Großbritannien für Touristen im Allgemeinen recht hoch.

■ **Restaurants**
Dreigängiges Abendessen pro Person, inkl. Getränke:
Unter £ 15: günstig
£ 15–£ 25: moderat
£ 25–£ 40: teuer
Über £ 40: sehr teuer
Es ist selbstverständlich möglich, auch in guten Restaurants billiger als zu den hier angegebenen Preisen zu essen. Die im Folgenden erwähnten Gaststätten sind für ihre gute Qualität anerkannt. Will man weniger Geld ausgeben, so sei die Pub-Gastronomie empfohlen. Fast alle hier erwähnten Pubs bieten ein warmes Mittagessen an, viele auch Abendessen.

Alnwick

Lage: Vordere Umschlagkarte D9
Vorwahl: 0 16 65

Tourist Information Centre, The Shambles, Alnwick, Northumberland NE66 1TN, Tel. 51 06 65, Fax 51 04 47. Mo–Sa 9–17, So 10–16 Uhr.

Bondgate House Hotel, Bondgate Without, Alnwick NE66 1PN, Tel. 60 20 25, Fax 60 20 25, kenforbes@lineone.net, 8 Zimmer in schönem georgianischem Haus mitten in der Stadt. Günstig.
White Swan, Bondgate Within, Alnwick, NE66 1TD, Tel. 60 21 09, Fax 51 04 00. Alte Kutscherherberge, die Inneneinrichtung stammt zum Teil von der SS Olympic, dem Schwesterschiff der Titanic. Moderat.
The Famous Schooner Hotel, Northumberland St., Alnmouth NE66 2RS, Tel. 83 02 16, Fax 83 02 87, ghost@schooner.sagehost.co.uk. Alte Herberge mit Meeresblick und Gespenst, 100 m vom Strand. Gute Küche im Restaurant. Moderat.

 Alnwick Castle, Tel. 51 07 77. Ostern–Okt. Tägl. 11–17 Uhr.

 The Market Tavern, Fenkle St. Preiswerte Küche, gute Stimmung.

 Alnwick Medieval Fair, ein Spektakel im Stil des Mittelalters mit Jahrmarkt und Prozession. Letzte Juni-Woche.
1. Hälfte August: **Alnwick International Music Festival.**

 Bus ab Berwick oder Newcastle. Nächster Bahnhof: Alnmouth, ca. 30 Min. ab Newcastle.

Ambleside

Lage: Vordere Umschlagkarte B7
Vorwahl: 01 53 94
Einwohner: 3 000

Tourist Information Office, Central Buildings, Market Cross, Ambleside,

Cumbria LA22 9BS, Tel. 3 25 82, Fax
3 49 01. Tägl. 9–17.30 Uhr.

 Meadowbank, Rydal Road, Ambleside LA22 9BA, Tel. 3 27 10, Fax
3 27 10, catherine@meadowbank10.free
serve.co.uk. Freundliches B & B mit schönem Blick und gutem Frühstück. Günstig.
The Drunken Duck Inn, Barngates,
Ambleside LA22 0NG, Tel. 3 63 47,
Fax 3 67 81, info@drunkenduckinn.co.uk,
www.drunkenduckinn.co.uk. 11 individuell
eingerichtete Zimmer in einem wunderschön gelegenen alten Pub. Empfehlenswertes Pub-Essen. Moderat.
Rothay Manor, Rothay Bridge, Ambleside LA22 OEH, Tel. 01 53 94-3 36 05,
Fax 3 36 07, hotel@rothaymanor.co.uk,
www.rothaymanor.co.uk. Elegant, ruhig,
schön gelegen im eigenen Park. Gutes
Restaurant. Teuer bis sehr teuer.

 Townend (NT), Troutbeck, Tel.
3 26 28. Apr–Okt Di–Fr und So
13–17 Uhr.

 Markttag: Mittwoch. Glaswerkstatt
mit Vorführungen, Rydal Road.
Hayes Garden Centre, Lake Road mit
einem riesigen Angebot an Pflanzen.

 The Queen's Head im benachbarten Troutbeck. Kutscherherberge (17.
Jh.), für gute Küche bekannt.
The Golden Rule. Außerhalb, Ri. Kirkstone Pass. Garten, beliebt bei Wanderern.

 Aktivurlaub: s. S. 344 ff., 285,
Sportanbieter im Lake District.

 Mitte März: **Daffodil and Spring
Flower Show.** Für Freunde der
Wordsworth-Blume.
Anfang August: **Sports Day.** Bekannt sind
die schottischen Highland Games. Zur
Lake-District-Variante gehören viele Sportarten für Kraft, Ausdauer und Geschicklichkeit, z. B. Ringen und »Fell-running«.

 Bahn von London nach Windermere, dann Bus. Oder **Bus** direkt ab
London über Kendal.

Bakewell

Lage: Vordere Umschlagkarte D4
Vorwahl: 0 16 29

 Tourist Information Office, Old
Market Hall, Bridge St., Bakewell,
Derbyshire DE45 1DS, Tel. 81 32 27, Fax
81 32 27. Tägl. 9–17.30 Uhr.

 Castle Inn, Castle St., Bakewell
DE45 1DU, Tel. 81 21 03, Fax 8 14
83 06. Herberge aus dem 16. Jh. Mit Kaminfeuer, guter Ale-Auswahl und Bakewell
Pudding im Pub. Moderat.
Hassop Hall, Hassop, Bakewell, DE45
1NS, Tel. 64 04 88, Fax 64 05 77, hassop
hallhotel@btinternet.com. Ehemaliger Herrensitz mit nur 13 Zimmern. Teuer.

 Wheatsheaf, Bridge St. Pub-Essen
günstig.
Old Original Bakewell Pudding Shop.
Cream Tea und Bakewell Pudding. Bis 18
Uhr. Günstig.
Renaissance, Bath St., Tel. 81 26 87. Französisch. Moderat bis teuer.

 Pubs: Ashford Hotel, Ashford-in-the-Water: In einem Bilderbuchdorf
zwischen Buxton und Bakewell.
Castle Inn (s. oben).

 Haddon Hall, 4 km südöstlich von
Bakewell, Tel. 81 28 55. Tägl.
Apr–Sep 10.30–17 Uhr.

 Mai–September, verschiedene Orte
im Peak District: ›**Well-dressing**‹.
Tableaus und Bilder aus Blumen und Blättern schmücken den Dorfbrunnen. Terminliste in den Tourist Offices.

 Busse ab Manchester, Nottingham,
Derby.

Bamburgh

Lage: Vordere Umschlagkarte D9
Vorwahl: 0 16 68
Einwohner: 500

Burton Hall, East Burton, Bamburgh, NE69 7AR, Tel. 21 42 13, Fax 21 45 38, 9 Zimmer im Bauernhaus im Ort Burton, abseits der B 1341 bei Bamburgh. Günstig bis moderat.
Lord Crewe Arms, Front St., Bamburgh, NE 697BL, Tel. 21 42 43, Fax 21 42 73, lca@tinyonline.co.uk. Hotel und Pub neben der Burg. Moderat.

Bamburgh Castle, Tel. 21 45 15. Ostern–Okt tägl. ab 11 Uhr.

Bus ab Berwick oder Alnwick.

Barnard Castle

Lage: Vordere Umschlagkarte D7 bei Richmond
Vorwahl: 0 18 33

Tourist Information Centre, Fiatts Road, Barnard Castle, DL12 8EL, Tel. 69 09 09, Fax 69 09 09. Tägl. 10–18 Uhr.

The Homelands, 85 Galgate, Barnard Castle, DL12 8ES, Tel. 63 87 57. Kleines B&B Haus, das auch Abendessen bietet, auf der A67 nur 400 m von der Stadtmitte. Günstig.
Jersey Farm Hotel, Darlington Road, Barnard Castle, DL12 8TA, Tel. 63 82 23, Fax 63 19 88, jerseyfarmhotel@enta.net, www.jerseyfarmhotel.enta.net. Alter Bauernhof an der A 67, 2 km östl. der Stadt. Angeschlossen ist ein Carvery-Restaurant: Selbstbedienung zum Festpreis. Moderat.

Rose and Crown, Romaldkirk (an der B 6277 10 km nordwestlich von Barnard Castle), Tel. 65 02 13. Herberge aus dem 18. Jh. mit einfachem Pub-Essen (günstig) und anspruchsvollerem Restaurant (moderat bis teuer, moderne englische Küche).

Barnard Castle (EH), Tel. 63 82 12. Apr–Sep tägl. 10–18, Okt tägl. 10–16, Nov–März Mi–So 10–16 Uhr.

Bowes Museum, Tel. 69 06 06. Tägl. 11–17 Uhr.

Pub: The Old Well, 21 The Bank. Pub-Essen mit großen Portionen, Übernachtungsmöglichkeit.

Bus ab Richmond, Darlington, Bishop Auckland.

Baslow

Lage: Vordere Umschlagkarte D4 bei Bakewell
Vorwahl: 0 12 46
Einwohner: 1200

Devonshire Arms Hotel, Nether End Baslow, DE45 1SR, Tel. 58 25 51, Fax 58 21 16, devonshirearms@btinternet.com, 12 Zimmer zum erschwinglichen Preis in einer edlen Gegend. Moderat.
Cavendish Hotel, Baslow, DE45 1SP, Tel. 58 23 11, Fax 58 23 12, info@cavendish-hotel.net. Nahe Chatsworth House, wunderschön gelegen auf dem Gut der Herzöge von Devonshire. Sehr gutes Restaurant; preiswerter ist das Pub-Essen im Garden Room. Sehr teuer.

Fisher's Baslow Hall, Calver Road, Baslow, Tel. 58 32 59. Eine der besten Adressen des Landes. Sehr teuer. Einfachere Küche und Afternoon Tea im angrenzenden Café Max.

Chatsworth House, Tel. 58 22 04. Haus, Garten und Farm, tägl. Mitte März–Okt 11–17.30 Uhr.

Pub: In Pilsley: **The Devonshire Arms** in dem schönen Dorf nahe Chatsworth House ist wegen der Ales und seiner Küche empfehlenswert.

Anfang September: **Chatsworth Country Fair** im Park des Herrenhauses. Tontaubenschießen und andere »Country Sports«, Hundeschau, Heißluftballons, Militärmusik usw.

Busfahrplan im Tourist Office erfragen.

Beamish

Lage: Vordere Umschlagkarte D8 bei Newcastle
Vorwahl: 01 91

Tourist Information Office im Museum

 The North of England Open Air Museum, Beamish, County Durham DH9 0RG, Tel. 3 70 25 33. Tägl. 10–17 Uhr.

 Bus ab Durham oder Newcastle direkt zum Museum.

Belsay Hall

Lage: Vordere Umschlagkarte D8 bei Newcastle

 Belsay Hall, Castle and Gardens, Tel. 0 16 61-88 16 36. Apr–Sep tägl. 10–18, Okt–März 10–16 Uhr.

Bus 808 oder 508 (nur Sommer) ab Newcastle.

Berwick-upon-Tweed

Lage: Vordere Umschlagkarte C10
Vorwahl: 0 12 89
Einwohner: 13 000

Tourist Information Centre, The Maltings, Eastern Lane, Berwick-upon-Tweed, Northumberland TD15 1JS, Tel. 33 07 33.

 Old Vicarage Guest House, Church Road, Tweedmouth, Tel. 30 69 09. Schöne Zimmer in einem Haus mit Charakter. Günstig bis moderat.
Dervaig Guest House, 1 North Road, Berwick-upon-Tweed, TD15 1PW, Tel. 30 73 78, ervaig@btinternet.com. Schönes viktorianisches Haus nahe dem Bahnhof nördlich der Stadtmitte – mit Auto über die A 1, in die A 1167 (North Road) abbiegen. Moderat.
Queen's Head Hotel, Sandgate, Berwick-upon-Tweed, Northumberland TD15 1EP, Tel. 30 78 52, Fax 30 78 58. Kleines Hotel an der Stadtmauer. Moderat.

Foxtons, 26 Hide Hill, Tel. 30 39 39. Bistro mit moderner anglo-französischer Küche. Moderat.

 Berwick-upon-Tweed Barracks Museums and Art Gallery (EH), Tel. 30 44 93. Apr–Sep tägl. 10–18 Uhr, Okt tägl. 10–16, Nov–März Mi–So 10–16 Uhr.

Pub: The Rob Roy (in Tweedmouth) mit Fremdenzimmern. Meeresblick und gute Fischgerichte.

1. Mai: **Riding the Bounds of Berwick-upon-Tweed:** Traditioneller Ritt um die alte Garnisonsstadt.
Berwick Military Tattoo, Parade mit Militärmusik Anfang Sep.

Häufige **Züge,** da an der Hauptstrecke Newcastle–Edinburgh.
Busse ab Newcastle, die in den kleineren Küstenorten halten. Auskunft im Berwick Bus Shop, 125 Marygate, Tel. 30 72 83.

Beverley

Vorwahl: 0 14 82
Lage: Vordere Umschlagkarte E6
Einwohner: 23 000

Tourist Information Office, 34 Butcher Row, Beverley, HU12 0AB, Tel. 86 74 30, Fax 88 52 37. Mo–Fr 9.30–17.30, Sa 10–17 Uhr.

Eastgate Guest House, 7 Eastgate, Beverley, HU17 0DR, Tel. 86 84 64, Fax 87 18 99. Familienbetrieb mitten in der Altstadt mit 16 Zimmern. Günstig.
Beverley Arms, North Bar Within, Beverley, HU17 8DD, Tel. 86 92 41, Fax 87 09 07.

Mittelgroßes Hotel im georgianischen Baustil nahe dem Stadttor. Teuer.

The Manor House, westl. von Beverley auf der B 1230 im Ort Walkington, Tel. 88 16 45 (auch für Übernachtung). Stilvolles Country House Hotel mit französisch-englischer Küche. Moderat bis teuer.

Beverley Minster, Mo–Sa 9–17 (Mai–Sep bis 19), So 12–16.30 Uhr.
Beverley Friary, Tel. 88 17 81, Ostern–Sep Sa und So 14–16 Uhr. Klosterreste mit mittelalterlicher Wandmalerei. Heute eine Jugendherberge.

Pub: Tap and Spile, 1 Flemingate, mit guter Auswahl an Ale und Obstweinen, Küche einfach, aber gut, schöner Blick auf das Minster.

 Häufig Orgelkonzerte im Minster.

 Bahn ab Hull, 15 Min.

Bibury

Lage: Vordere Umschlagkarte C1 bei Cirencester
Vorwahl: 0 12 85
Einwohner: 500

The Swan, Bibury, GL7 5NW, Tel. 74 06 95, Fax 74 04 73, swanhot1@swanhotel-cotswolds.co.uk, www.swanhotel.co.uk. Stilvoller Luxus in einem der schönsten Cotswolds-Dörfer. Sehr teuer.

Pub: The Catherine Wheel. Altmodische Kneipe mit Biergarten und guter Küche.

Birmingham und Umgebung

Lage: Vordere Umschlagkarte C3
Stadtplan: S. 216/217
Vorwahl: 01 21
Einwohner: 1 024 000

Tourist Information Office, 2 City Arcade, Birmingham, West Midlands, B2 4TX, Tel. 6 43 25 14, Fax 6 16 10 38. Mo–Sa 9.30–17.30 Uhr.

Campanile Hotel, Aston Locks, Chester St., Birmingham, B6 4BE, Tel. 3 59 33 30, Fax 3 59 12 23. Am Kreisverkehr an der Kreuzung A 4540/A 3. 111 Zimmer nahe der Stadtmitte in modernem Hotel mit Bar und Restaurant. Günstig.
Robin Hood Lodge Hotel, 142 Robin Hood Lane, Hall Green, Birmingham, B28 0JX, Tel. 7 78 53 07, Fax 6 08 66 22. 8 km von dem Zentrum in einem Wohngebiet an der A 4040. 9 gut ausgestattete Zimmer, nur 5 mit Bad, Aufenthaltsraum mit Bar. Moderat.
Birmingham Marriott, 12 Hagley Road, Five Ways, Birmingham, B16 8SJ., Tel. 4 52 11 44, Fax 4 56 34 42. Luxushotel am Rande der Innenstadt mit Pool und Fitnessbereich, 2 Restaurants gehobener Klasse und Himmelbett auf Wunsch. Sehr teuer.

Asiatische Küche ist in Birmingham der besondere Genuss, z. B. die vielen indischen Restaurants an der Ladypool Road.
I am the King Balti, 230 Ladypool Road, Tel. 4 49 11 70. Für große Portionen bekannt. Günstig bis moderat.
Mongolian Bar, 24 Ludgate Hill, Tel. 2 36 38 49. Man wählt die Zutaten selbst aus und sieht, wie sie frisch gebraten werden. Moderat.
Chung Ying, 17 Thorpe St., Tel. 6 66 66 22. Großes kantonesisches Lokal, sehr beliebt unter Chinesen. Moderat.
Shimla Pinks, 214 Broad St., Tel. 6 33 03 66. Indische Küche auf gehobenem Niveau. Teuer.

Aston Hall, Trinity Road, Aston, Birmingham, Tel. 3 27 00 62. Apr–Nov tägl. 14–17 Uhr.
Birmingham Museum and Art Gallery, Chamberlain Square, Tel. 3 03 28 34. Mo–Sa 10–17, So 12.30–17 Uhr.

Birmingham Jewellery Quarter Dicovery Centre, 77–79 Vyse St., Hockley, Tel. 5 54 35 98. Mo–Fr 10–16, Sa 11–17 Uhr.
Birmingham Museum of Science and Industry, Newhall St., Tel. 3 03 22 00. Neueröffnung Sep. 2001 mit neuem Namen **Discovery Centre.**
Birmingham Railway Museum, 670 Warwick Road, Tyseley, Tel. 7 07 46 96. Sa und So 10–17 Uhr (Okt–März bis 16 Uhr).
Cadbury World, Bournville, Tel. 4 51 41 80. Feb–Okt tägl. 10–17.30 Uhr. Nov–Dez Di–Do, Sa, So 10–17.30.
National Motorcycle Museum, Bickenhill, Birmingham, Tel. 0 16 75-44 33 11. Tägl. 10–18 Uhr.

 Pubs: The Rope Walk, St. Pauls Squ. Angenehme Bedienung.
Fiddle and Bone, 4 Sheepcote St. am Kanal. Gute Küche und Live-Musik: Klassik, Folk, Jazz und mehr.
Ronnie Scott's Jazz Club, 258 Broad St., Tel. 6 43 45 25. Ableger eines berühmten Londoner Lokals.
Gay Village: die Gegend von Hurst St., südlich von New Street Station. Kneipen und Nachtklubs der Schwulen- und Lesbenszene.

City of **Birmingham Symphony Orchestra** – ein Orchester der Weltklasse, das im Convention Centre in der Broad Street spielt, Tel. 2 12 33 33.
Hippodrome, Hurst St., Tel. 6 22 74 86. Ballett, Oper, Konzerte.

Mehr Kanäle als Venedig besitze Birmingham, so behauptet das Tourist Office. Sie sind leider nicht ganz so schön wie die venezianischen, aber trotzdem sehenswert. Es werden Kanalspaziergänge (Broschüre im Tourist Office) mit Einkehr in einladende Kneipen und Cafés angeboten.

Durch die zentrale Lage hat Birmingham sehr gute **Bus-** und **Zug**verbindungen zu allen Landesteilen. Von Birmingham **International Airport** fahren häufig Züge zur New Street Station in der City.

Blackpool

Lage: B6
Vorwahl: 0 12 53
Einwohner: 144 000

 Tourist Information Office, 1 Clifton St., Blackpool, Lancashire FY1 1LY.

 Briar Dene Hotel, 56 Kelso Avenue, Thornton, Cleveleys, FY5 3JG, Tel. 85 23 12, Fax 85 11 90. Etwas außerhalb, daher ruhig, aber mit der Straßenbahn gut erreichbar. Günstig.
Savoy Hotel, Queen's Promenade, North Shore, Blackpool, FY2 9SJ, Tel. 35 25 61, Fax 59 55 49. Großes altes Hotel mit Meeresblick. Moderat bis teuer.

 Wenn nicht Fish and Chips, dann: **Kwizeen,** 47–49 King's St., Tel. 29 00 45. Moderne britische Küche. Moderat bis teuer.

 Blackpool Tower, Ostern–Okt tägl. 10–18, Nov–Ostern Sa und So 10–18 Uhr. Familienunterhaltung auf 7 Etagen mit Zirkus, Aquarien, Abenteuerspielen für Kinder, Tanz mit Live-Musik im sehenswerten Ballsaal.
Blackpool Pleasure Beach, größter Rummelplatz des Landes mit zahlreichen Karussells, darunter eine der schnellsten Achterbahnen der Welt. Apr–Okt tägl. geöffnet.
Blackpool Sea Life Centre, tägl. ab 10 Uhr. Haifische und vieles mehr.

 Blackpool Tower, s. oben.

 Blackpool Illuminations, abends im Sep und Okt. Auf 10 km Länge ist die Strandpromenade ein einziges Lichtermeer.

 Grand Theatre, Church St., Tel. 29 01 11. Musik, Tanz, Boulevardkomödie.
Winter Gardens and Opera House, Church St., Tel. 0 12 53-62 52 52. Varieté für Familienpublikum.

Im Pleasure Beach: Hot Ice Show: Eistanz, Tel. 47 82 22. Mo–Sa 9–17, So 10–15.30 Uhr.

 Gute Verbindungen mit **Bus** von London und anderen Großstädten. **Bahn:** 50 Min. nach Preston, dort nach Manchester, London umsteigen.

Blenheim Palace

s. Woodstock

Boston

Lage: Vordere Umschlagkarte F4
Vorwahl: 0 12 05

 Tourist Information Centre: Market Place, PE21 6NN, Boston, Tel. 35 66 56, Fax 35 66 56, Mo–Sa 10–17 Uhr.

 Boston Lodge, Browns Drove, Swineshead Bridge, Boston, PE20 3PX, Tel. 82 09 83, Fax 82 05 12, info@boston lodge.co.uk, www.bostonlodge.co.uk. 8 Zimmer außerhalb von Boston an der A 1121, 300 m von der Kreuzung mit der A 17. Günstig.
New England Hotel, Wide Bargate, Boston, PE21 6SH, Tel. 36 52 55, Fax 31 05 97. Einfaches Hotel direkt am Marktplatz. Moderat.

 Guildhall Museum, South St., Tel. 36 59 54. Mo–Sa 10–17, So nur Apr–Sep 13.30–17 Uhr.

 Markttag Mi (mit Versteigerungen) und Sa.

 Pub: Carpenters Arms, Witham St. Einfache traditionelle Kneipe mit Pub-Lunch und Fremdenzimmern.
Goodbarns Yard, Wormgate, preiswerte Küche, historisches Interieur und Terrasse am Fluss.

 Bootstour auf dem River Witham.

 Züge nach Peterborough oder Nottingham, 2 bis 2,5 St.

Bourton-on-the-Water

Lage: Vordere Umschlagkarte C2 bei Cheltenham
Vorwahl: 0 14 51
Einwohner: 3000

 Lansdowne House, Bourton-on-the-Water, Gloucestershire GL54 2AT, Tel. 82 08 12, Fax 82 24 84, lansdowne-house@ ukf.net, www.SmoothHound.co.uk/hotels/ lansdn1.html. Kleines B & B in einem schönen Cotswold-Haus. Günstig.
Dial House Hotel, High St., Bourton-on-the-Water, GL54 2AN, Tel. 2 22 44, Fax 81 01 26, info@dialhousehotel.com. Mit Antiquitäten möbliertes Bauernhaus aus dem Jahre 1698 mit einem guten Restaurant. Moderat bis teuer.

 Birdland, Tel. 82 04 80. Apr–Okt tägl. 10–18, Nov–März 10–16 Uhr.
Cotswold Motor Museum and Toy Collection, Tel. 82 12 55. Sehenswerte Old-Timer Autos und Motorräder, Spielzeug und alte Werbeschilder auf dem Gelände einer Wassermühle aus dem 18. Jh.
Model Railway, Tel. 82 06 86. Himmel für Eisenbahnfreaks.

 Pub: The Old Manse. Gute Ales, Garten am River Windrush.

 Busse nach Cirencester und Cheltenham. Bahnhof Kingham mit **Zügen** nach London ist 13 km entfernt.

Bowness

s. Windermere

Bradford

Lage: Vordere Umschlagkarte D6
Vorwahl: 0 12 74
Einwohner: 450000

Tourist Information Office, Central Library, Princes Way, Bradford, West Yorkshire BD1 1NN, Tel. 75 36 78, Fax 73 90 67. Mo–Fr 9–17.30, Sa 9–17 Uhr.

Cartwright Hotel, 308 Manningham Lane, Manningham, Bradford BD8 7AX, Tel. 49 99 08, Fax 48 13 09, info@cartwrighthotel.co.uk. 14 moderne Zimmer mit Bad nahe der Stadtmitte. Günstig bis moderat.

Mumtaz Paan House, 390 Great Horton Road, Tel. 57 18 61. Einfaches Restaurant 2 km von der Stadtmitte mit hervorragender Küche aus Pakistan. Kein Alkohol. Günstig.
Restaurant 19, 19 North Park, Heaton, Bradford (am Lister Park), Tel. 49 25 59. Moderne britische Küche. Eins der besten Restaurants der Region. Teuer.

Bradford Industrial Museum & Horses at Work, Moorside Road, Tel. 63 17 56. Wollspinnerei des 19. Jh. mit Vorführungen und Arbeitspferden. Di–Sa 10–17, So 12–17 Uhr.
National Museum of Photography, Film and Television, Prince's View, Bradford, Tel. 20 20 30. Tägl. 10.30–18 Uhr.
Salt's Mill, 1853 Gallery. Saltaire, Bradford, Tel. 53 11 63.

Kirkgate Centre, modernes Einkaufszentrum;
Wool Exchange, alte Wollbörse mit großer Buchhandlung und kleineren Geschäften.

Pubs: The Boathouse, Victoria Road. Pub am Fluss in Saltaire.
Freestyle and Firkin, Morley St. nahe Zentrum. Das Hallenbad wurde zu einer Kneipe mit Schwimmthema umgebaut.
Cock and Bottle, 93 Barkerend Road. Schöne Einrichtung im viktorianischen Stil mit verzierten Glasfenstern, Spiegeln, Holz.

Alhambra Theatre, Tel. 75 20 00. Musicals, Konzerte, Schauspiel.

Zug ab Leeds 20 Min., Manchester 90 Min.

Brandon

Lage: Vordere Umschlagkarte F3
Vorwahl: 0 18 42

Brandon Heritage Centre, George St., Tel. 81 37 07. Geschichte der lokalen Erwerbszweige seit dem Neolithikum: Feuerstein, Kaninchenfelle, Waldwirtschaft. Jun–Aug Do, Sa 10.30–17, So 14–17 Uhr.
Grime's Graves (EH), Tel. 81 05 65, Apr–Sep tägl. 10–18, Okt–März Mi–So 10–13 und 14–16 Uhr.

Radfahren auf Forstwegen. Radverleih: Forest Enterprise, Santon Dowenham, Brandon, IP27 0TJ, Tel. 81 02 71.

Zug ab Ely.

Breckland

s. Brandon, Thetford

Broadway

Lage: Vordere Umschlagkarte C2
Vorwahl: 0 13 86
Einwohner: 2 100

Southwold Guest House, Station Road, Broadway, WR12 7DE, Tel. 85 36 81, Fax 85 46 10, sueandnick. southwold@talk21.com. 8 Nichtraucher-Zimmer in einem B & B mit Familiencharakter. Günstig.
Broadway Hotel, The Green, Broadway, WR12 7AA, Tel. 85 24 01, Fax 85 38 79, bookings@cotswold-inns-hotels.co.uk. Historisches Ambiente, ehemaliges Gasthaus eines Klosters. Teuer.
Lygon Arms, High St., Broadway, WR12 7DU, Tel. 85 22 55, Fax 85 4470, info@the-lygon-arms.co.uk. Quintessenz des altenglischen Luxus, eines der berühmtesten Hotels im Lande mit einem entsprechend noblen Restaurant. Sehr teuer.

Snowshill Manor (NT), 5 km südlich von Broadway, Tel. 85 24 10. Apr–Okt Mi–So 12–17 Uhr.

Crown and Trumpet, Church St. Urtümliches Lokal mit Pub-Essen. **Snowshill Arms.** Sehr beliebter Treff zum Pub-Lunch.

 Bus ab Evesham, Moreton-in-Marsh.

Burford

Lage: Vordere Umschlagkarte D2 bei Oxford
Vorwahl: 0 19 93
Einwohner: 1 200

Tourist Information Office, The Brewery, Sheep St., Burford, Oxfordshire OX18 4LP, Tel. 82 35 58, Fax 82 35 90. Mo–Sa 9.30–17.30 Uhr.

The Old Bell Foundry, 45 Witney St., Burford, Oxfordshire OX18 4RX, Tel. 82 22 34, Fax 82 22 34. Kleines B & B, sehr freundlich mit gutem Frühstück. Günstig bis moderat.
Burford House Hotel, 99 High St., Burford, Oxfordshire OX18 4QA, Tel. 82 31 51, Fax 82 3240, stay@burfordhouse.co.uk. Hübsches Cotswold-Haus aus dem 16. Jh. Direkt an der schönen Hauptstraße. Teuer.

The Lamb Inn, Sheep St., Tel. 82 31 55. Traditionelle englische Küche mit französischem Einfluss in einem alten Cotswold-Haus. Für Sunday Lunch sehr beliebt. Moderat.

 Cotswold Wildlife Park, Tel. 82 30 06. Tägl. 10–17 Uhr (im Winter bis 15.30). Beliebter Tiergarten an der A 361 4 km südlich.

Bus ab Oxford.

Bury St. Edmunds

Lage: Vordere Umschlagkarte G2
Stadtplan: S. 269
Vorwahl: 0 12 84
Einwohner: 31 000

Tourist Information Centre, 6 Angel Hill, Bury St. Edmunds, Suffolk IP33 1UZ, Tel. 76 46 67, Fax 75 70 84. Mo–Sa 9.30–17.30, So 10–15 Uhr.

Butterfly Hotel, Symonds Road, IP32 7BW, Tel. 76 08 84, Fax 75 54 76, burybutterfly@lincone.net. Neues Hotel, Abfahrt Bury East von der 45. Moderat.
The Six Bells Country Inn, The Green, Bardwell IP31 1AW, Tel. 0 13 59-25 08 20, Fax 25 08 20, sixbellsbardwell@aol.com, www.sixbellsbardwell.co.uk. Altenglischer Stil in rustikaler Umgebung: 10 Zimmer in einer umgebauten Scheune nahe dem Dorfanger von Bardwell, 15 Min. Autofahrt nordwestlich von Bury St. Edmunds. Der Inn bietet auch gute Küche. Moderat.
Angel Hotel, Angel Hill, IP33 1LT, Tel. 75 39 26, Fax 75 00 92, sales@theangel. co.uk, www.theangel.co.uk. Eine berühmte Herberge – das efeubedeckte Haus wird seit 1452 ununterbrochen als Hotel genutzt, heute mit allem modernen Komfort. Beste Lage mitten in der Altstadt. Teuer.

Mortimer's, 31 Churchgate St., Tel. 76 06 23. Beliebtes Fischrestaurant. Moderat bis teuer.
Theobald's, 68 High St., Ixworth, Tel. 0 13 59-23 17 07. 10 km südlich von Bury St. Edmunds. Englische Küche im altenglischen Ambiente. Teuer.

 Abbey Visitor Centre, Tel. 76 31 10. Apr–Sep tägl. 10–17 Uhr. Ausstellung über die Abteigeschichte.
Manor House, Honey Hill, Tel. 75 70 72. Di–So 10–17 Uhr.
Moyse's Hall Museum, Cornhill, Tel. 75 74 88. Neueröffnung 2001 nach Renovierung.
Theatre Royal (NT), Westgate St., Tel. 75 51 27. Tägl. außer So 10–16 Uhr.

Pub: The Linden Tree, 7 Out Northgate St. Garten, gut besuchtes Restaurant.
The Nutshell in der Straße The Traverse – mit 13 qm Kneipefläche ist der Name Programm.

 Mitte Mai: **Arts Festival** mit Musik, Schauspiel und mehr.

 Bus oder **Zug** ab Cambridge.

Buttermere

Lage: Vordere Umschlagkarte B7 bei Grasmere
Vorwahl: 01 76 87
Einwohner: 100

 Bridge Hotel, Buttermere, CA13 9ZU, Tel. 7 02 52, Fax 7 02 15, enquiries@bridge-hotel.com. Die Lage am See in einem der herrlichsten Lake-District-Täler ist nicht zu überbieten. Moderat bis teuer.
Zum Hotel gehört auch ein Pub mit Essen ganztägig – Afternoon Tea besonders zu empfehlen.

 Rudern auf dem See oder 7 km langer **Rundgang**, nicht anstrengend.

 Bus 77 ab Keswick.

Buxton

Lage: Vordere Umschlagkarte C4
Vorwahl: 0 12 98
Einwohner: 21 000

Tourist Information Centre, The Crescent, Buxton, SK17 6BQ, Tel. 2 51 06, Fax 7 31 53. Tägl. 9.30–17 Uhr.

Coningsby, Macclesfield Road, Buxton SK17 9AH, Tel. 2 67 35, Fax 2 67 35, coningsby@btinternet.com. Viktorianisches B & B-Haus nahe dem Zentrum. Nur für Nichtraucher. Günstig.
Buckingham Hotel, 1 Burlington Road, Buxton, SK17 9AS, Tel. 7 04 81, Fax 7 21 86, fontdesk@buckinghamhotel.co.uk. Bequem und schön gelegen. Moderat.
Palace Hotel, Palace Road, Buxton SK17 6AG, Tel. 2 20 01, Fax 7 21 31. Imponierender viktorianischer Bau im eigenen Park mit Blick auf die Stadt. Teuer.

The Old Sun, High St., Tel. 2 34 52. Internationale Küche, einfallsreicher als normale Pub-Kost. Moderat.

Pub: The Railway. Gute Küche, Einrichtung für Eisenbahnfans.
The Old Sun, 33 High St. Gemütliche Einrichtung, gute Ales und Küche lohnen den Weg bergauf zu diesem Pub.

Mitte Juli: Während des **Buxton Arts Festival** mit Oper, klassischer Musik und Jazz kommt das wunderschöne Opernhaus zur Geltung.

Viele **Sportmöglichkeiten** im Peak District. Kontaktadressen über British Tourist Authority oder Nationalpark (s. Information, S. 352).

Busse ab Manchester, Derby, Nottingham; **Zug** ab Manchester stündl. oder öfter, 55 Min.

Byland Abbey

Lage: D6 bei Helmsley

Byland Abbey (EH), 3 km südlich der A 170 zwischen Thirsk und Helmsley, Tel. 0 13 47-86 86 14. Apr–Okt tägl. 10–13, 14–18 Uhr.

Pub: The Abbey Inn. Gutes Essen und zwei der besten Ale-Sorten aus Yorkshire, angenehm nach der Besichtigung von Byland Abbey.

Cambridge

Lage: Vordere Umschlagkarte F2
Stadtplan: S. 272
Vorwahl: 0 12 23
Einwohner: 101 000

Tourist Information Centre, Wheeler St., Cambridge CB2 3QB, Tel. 32 26 40, Fax 45 75 88. Mo–Fr 10–18, Sa 10–17, So 11–16 Uhr.

Jugendherberge YHA, 97 Tenison Road, CB1 2ND, Tel. 35 46 01, Fax 31 27 80. Reservierung empfohlen.
Acorn Guest House, 154 Chesterton Road, Cambridge, CB4 1DA, Tel. 35 38 88, Fax 35 05 27. Kleines B & B nahe dem Stadtzentrum. Freundlicher Empfang und gutes Frühstück. Günstig bis moderat.
Cristina's Guest House, 47 St. Andrews Road, Cambridge, CB4 1DH, Tel. 36 58 55, Fax 36 58 55. 9 Zimmer, 7 mit Dusche, im Wohngebiet. Die Colleges sind leicht erreichbar. Günstig bis moderat.
Arundel House, 53 Chesterton Road, CB4 3AN, Tel. 36 77 01, Fax 36 77 02. Nicht weit von den Colleges mit Blick auf Park und River Cam, gute Küche. Moderat bis teuer.
Cambridgeshire Moat House, Bar Hill, CB3 8EU, Tel. 0 19 54-24 99 88, Fax 78 00 10. Modernes Hotel an der A 604 am Stadtrand. Moderat bis teuer.
Garden House, Granta Place, Mill Lane, CB2 1RT, Tel. 25 99 88, Fax 31 66 05, revcgh@QueensMoat.co.uk. Am Fluss nahe dem Stadtzentrum. Sehr teuer.

7A Jesus Lane, Tel. 32 40 33. Gute, preiswerte Pizzas.
Brown's Restaurant, 23 Trumpington St. gegenüber Fitzwilliam Museum, Tel. 46 16 55. Belebtes großes Studentenlokal mit internationaler Küche. Moderat.
Twenty Two, 22 Chesterton Road, Tel. 35 18 80. Kleines Restaurant mit guter Weinkarte in einem viktorianischen Reihenhaus. Moderne britische Küche. Teuer.

 Colleges: generell zwischen 11 und 17 Uhr geöffnet, jedoch während der Examenszeit im Mai und Juni geschl. Führungen ab Tourist Information Office zweimal täglich, im Sommer viermal.
Fitzwilliam Museum, Trumpington St., Tel. 33 29 00. Di–Sa 10–17, So 14.15–17 Uhr.
King's College Chapel. Mo–Sa 9.30–16.30, So 10–17 (während des Trimesters bis 15.15) Uhr. Gottesdienst mit Chor während des Trimesters: Di–Sa 17.30, So 10.30 und 15.30 Uhr.
University Museum of Archaeology and Anthropology, Tel. 33 35 16. Mo–Fr 14–16, Sa 10–12.30 Uhr.
Anglesey Abbey and Garden (NT), 10 km nordöstlich von Cambridge, Tel. 81 12 00. Garten: Mi–So 11–17 Uhr, in den Sommerferien tägl. Haus: Apr–Mitte Okt Mi–So 13–17 Uhr.

 Markt in der Stadtmitte: Market Hill, Mo–Sa.
Bücher: Heffer's, 20 Trinity St., gehört zu den weltgrößten Buchhandlungen.
Antiquariat: G. David, St. Edward's Passage nahe dem Arts Theatre.

Pubs: The Anchor, Silver St. Biergarten am Fluss, viele Biersorten.
The Eagle, Benet St. Beliebte historische Kneipe (ca. 1600) in der Stadtmitte.
The Maypole, Park St. Raffinierte Cocktails für Intellektuelle.

Geistliche Musik: Gesungene Messe (Evensong) mit dem hervorragenden King's College Choir in der wunderschönen Kapelle: Di–Sa 17.30 Uhr.
Arts Theatre, St. Edward's Passage, Tel. 51 99 51. Schauspiel und Konzerte.
Arts Cinema, Market Passage, Tel. 50 44 44. Programmkino.

Anfang Juni: **Ruderrennen** der Colleges in Cambridge (»May week«).
Jahrmarkt in Park Midsummer Common: Strawberry Fair Anfang Juni, Midsummer Fair für eine Woche ab 21. Juni.
Film Festival und **Folk Festival** im Juli.

 Stadtrundfahrt, geführt: Guide Friday Bus mit offenem Oberdeck ab dem Bahnhof, Tel. 36 24 44;

auf eigene Faust mit gemietetem Fahrrad: Geoff's Bike Hire, 65 Devonshire Road, Tel. 36 56 29.
Punting (Stakkähne): Granta Inn Punt Hire, Newnham Road, Tel. 30 18 45.
Radfahren durch flache Landschaft. Der Cyclists' Touring Club (s. S. 346) hat eine 538 km lange Tour durch Ostengland ausgearbeitet, die in Cambridge beginnt und endet.

Häufige **Bus**verbindungen von London, ca. 2 St. Fahrzeit;
Zug 80 Min. zweimal pro Stunde ab London King's Cross oder Liverpool Street. Ab Stanstead **Airport** mit Bus oder Bahn.

Carlisle

Lage: Vordere Umschlagkarte B8
Vorwahl: 0 12 28
Einwohner: 70 000

Visitor Centre, Old Town Hall, Greenmarket, Carlisle, CA3 8JH, Tel. 62 56 00, Fax 62 56 04. Mo–Sa 9.30–17, So 10.30–16 Uhr.

Angus Hotel, 14 Scotland Road, Carlisle, CA3 9DG, Tel. 52 35 46, Fax 53 18 95, angus@hadrians-wall.fsnet.co.uk. Alt und neu vereint: Das Haus mit Bistro steht an der Stelle von Hadrian's Wall und bietet Internetanschluss. Nahe der Burg. Günstig bis moderat.
County Hotel, 9 Botchergate, Carlisle, CA1 1QP, Tel. 53 13 16, Fax 40 18 05, counth@cairn-hotels.co.uk. Mittelgroßes Hotel in der Stadtmitte. Moderat bis teuer.

Cathedral Treasury. An den Domschatz angeschlossenes Geschäft mit warmer Küche und Andenken.
Magenta's, Fisher St., Tel. 54 63 63. Lichtblick in einer kulinarisch unterbelichteten Stadt. Bistro mit kreativer Küche, stark vom Mittelmeer geprägt. Moderat bis teuer.

 Carlisle Castle, Tel. 59 19 22. Tägl. Apr–Sep 10–18, Okt–März 10–16 Uhr.

Cathedral Treasury Museum, Tel. 53 51 69. Mo–Sa 7.30–18.15, So 7.30–17 Uhr. Domschatz.
Tullie House, Castle St., Carlisle, Tel. 53 47 81. Mo–Sa 10–17, So 12–17 Uhr.

 Mitte Juli: **Cumberland County Show. Agrar-Messe** und **Volksfest** kombiniert.

Unterschiedliche **Bahn**verbindungen, z. B. London direkt bis zu 6,5 St., Newcastle 1,5 St., die berühmte, schöne Settle-Carlisle Railway (ab Leeds Fahrzeit 2,5 St.). **Bus**linien zum Lake District.

Castle Howard

s. York

Castleton

Lage: Vordere Umschlagkarte D5
Vorwahl: 0 14 33

Ramblers' Rest, Mill Bridge, Back St., Castleton, S33 8WR, Tel. 62 01 25, Fax 62 16 77, beter.d.m.gillott@btinternet.com. 5 Zimmer in einem alten Haus nahe der Burg. Günstig.
Castle Hotel, Castle St., Castleton, S33 8WG, Tel. 62 C5 78, Fax 62 29 02. Herberge aus dem 17. Jh. mit Restaurant, traditionellen Ales, Kaminfeuer und Gespenstern. Moderat.

 Peveril Castle (EH), Tel. 62 06 13. Apr–Sep 10–18, Okt–März 10–16 Uhr.
Speedwell Cavern, Tel. 62 05 12. Tägl. 10–17 Uhr. Bootstour in der gefluteten Höhle.
Treaks Cliff Cavern, Tel. 62 05 71. Führungen tägl. 9.30–17.30 Uhr.

 Aus **Blue John Stone** (Flussspat) gefertigte Souvenirs.

 Pubs: The Olde Nags Head: klein und gepflegt, Pub-Küche und Restaurant, auch Übernachtungsmöglichkeit.
The George: größer, mit jungem Publikum.

In Hope (bei Castleton): **The Poachers Arms.** Großer Pub mit vielen Gerichten auf der Karte.

Die Gegend **High Peak** ist ein Paradies für Abenteuersportler: Klettern, Kajak, Paragliding und vieles mehr. S. Aktivurlaub, S. 344 ff.
Wenn man es ruhiger mag: gefahrlose **Höhlenbesuche** in vier stillgelegten Flussspatminen bei Castleton.

Züge von Manchester nach Sheffield halten in Hope, 3 km entfernt.
Busse ab Bakewell, Matlock, Sheffield.

Cavendish

Lage: Vordere Umschlagkarte G2 bei Long Melford
Vorwahl: 0 17 87

The Red House, Stour St., Cavendish, Suffolk CO10 8BH, Tel. 28 06 11, Fax 28 06 11. Das Haus mit zwei Nichtraucher-Zimmern und Garten passt zum Bilderbuchdorf Cavendish. Günstig bis moderat.

Alfonso's, Tel. 28 03 72. Italienische Küche der besseren Klasse nahe dem Dorfanger in einem der schönsten Orte von Suffolk. Teuer.

Chatsworth

s. Baslow

Cheltenham

Lage: Vordere Umschlagkarte C2
Vorwahl: 0 12 42
Einwohner: 85 000

Tourist Information Centre, 77 Promenade, GL50 1PP, Tel. 52 28 78, Fax: 25 58 48/51 55 35. Mo–Fr 9.30–18, Sa 9.30–17, So 9.30–13.30 Uhr.

Parkview, 4 Pittville Crescent, Tel. 57 55 67. Große Zimmer in einem Haus der Regency-Zeit. Günstig.
Georgian House, 77 Montpellier Terrace Cheltenham GL50 1XA, Tel. 51 55 77, Fax 54 59 29, georgian_house@yahoo.com. Urtypisches Reihenhaus der Regency-Zeit, stilgemäß und bequem eingerichtet, in einem schönen Stadtviertel. Moderat.
The Greenway, Shurdington, GL51 5UG, Tel. 86 23 52, Fax 86 27 80, greenway@ btconnect.com. 5 km südwestlich der Stadt an der A 46. Luxushotel mit sehr gutem Restaurant und Park in einem Herrenhaus aus dem Jahr 1584. Sehr teuer.

The Daffodil, 18–20 Suffolk Parade, Montpellier, Tel. 70 00 55. Internationale Küche in einem umgebauten Art-Deco-Kino. Moderat.
Le Champignon Sauvage, 24–26 Suffolk Road, Tel. 57 34 49. Überregional bekanntes Restaurant mit hervorragender französischer Küche. Teuer bis sehr teuer.

Sudeley Castle, 10 km nördlich von Cheltenham, Tel. 60 23 08. März–Okt tägl. 10–17 Uhr.

Pub: The Cotswold, Portland St. Ganztägig geöffnet, gutes Essen.

Musik-Bar: Peppers, Regency St., Tel. 57 34 88. Freitags Blues, samstags Jazz.
Axiom Arts Centre, 57 Winchcombe St., Tel. 25 31 83. Theater und Musik.

Mitte März: **Pferderennen** – ein beliebter Termin im High-Society-Kalender
April: **Jazzfestival**
Anfang Juli: **International Music Festival** – hauptsächlich Klassik
Oktober: **Literary Festival**

Fahrradtour. Compass Holidays, 48 Shurdington Road, Tel. 25 06 42, vermietet Fahrräder.
Geführte **Wanderung** zu den Höhepunkten der georgianischen und Regency-Architektur. Auskunft im Tourist Office.

⇦ Einige Direktverbindungen mit dem **Zug** täglich ab London-Paddington, weitere über Bristol und Birmingham. **Bus**routen zu kleineren Cotswolds-Orten.

Chester

Lage: Vordere Umschlagkarte B4
Stadtplan: S. 107
Vorwahl: 0 12 44
Einwohner: 122 000

Chester Visitor Centre, Vicars Lane, Chester, CH1 1QZ, Tel. 40 21 11, Fax 40 31 88. Mo–Sa 9–17.30, So 10–16 Uhr. Nicht nur Tourist Information Office – auch Ausstellungen über die Stadt und Aktivitäten.

Castle House, 23 Castle St., CH1 2DS, Tel./Fax 35 03 54. Zentral gelegenes Haus aus dem 16. Jh. mit viel Charme. Günstig bis moderat.
Rowton Hall, Whitchurch Road, CH3 6AD, Tel. 33 52 62, Fax 33 54 64, rowtonhall@rowtonhall.co.uk. Das 1779 gebaute Haus steht auf einem ehemaligen Schlachtfeld des Bürgerkriegs, 5 km außerhalb der Stadt an der A 41. Moderat bis teuer.
Forte Posthouse, Wrexham, Road, CH4 9DL, Tel. 08 70-40 09 01, Fax 67 41 00. Modernes Hotel an der A 483, 3 km südlich. Teuer.
Chester Grosvenor Hotel, Eastgate St., CH1 1LT, Tel. 32 40 24, Fax 31 32 46, chesgrov@chestergrosvenor.co.uk, www.chestergrosvenor.co.uk. Eines der edelsten und teuersten Hotels in England. Sehr gute Küche. Sehr teuer.

Cathedral Refectory, St. Werburgh St., Tel. 31 31 56. Englisches Mittagessen (abends geschlossen) im alten Speisesaal der Mönche. Günstig.
Katie's Tea Rooms, Watergate St. Großes Lokal auf 3 Etagen, die führende Adresse für Afternoon Tea. Günstig.
Francs, 14 Cuppin St., Tel. 31 79 52. Belebtes Lokal im Brasserie-Stil mit vor-

wiegend französischer Küche. Günstig bis moderat.

Cheshire Military Museum, The Castle, Tel. 32 76 17. Tägl. 10–17 Uhr. Chester Cathedral. Tägl. 7.30–18.30 Uhr.
Chester Zoo, Tel. 38 02 80. Tägl. 10–17.30 (Winter 15.30) Uhr.
Chester Toy Museum, 13A Lower Bridge St., Tel. 34 62 97. Tägl. 10–17 Uhr.
Dewa Roman Experience, Pierpoint Lane, Tel. 34 34 07. Tägl. 9–17 Uhr.
Grosvenor Museum, 27 Grosvenor St., Tel. 40 20 12. Tägl. 10.30–17, So 14–17 Uhr.

Essbares Andenken: **Cheshire Cheese.** Seit Jahrhunderten ist die Grafschaft Cheshire für Käse berühmt.

Alexander's Jazz Theatre and Café Bar, 2 Rufus Court neben Northgate St., Tel. 34 00 05. Live Jazz und Küche des Mittelmeers.
Watergates Wine Bar, Watergate St. Gutes Essen in einer Krypta von 1270.
Pubs: The Boot, Eastgate Row North. Historisches Ambiente.
Old Harkers Arms, Russell St., Tel. 34 45 25, in einem alten Lager am Kanal. Interessante Einrichtung, gute Küche und herrliche Auswahl an Bier- und Malt Whisky-Sorten.

Öffentliche **Bekanntmachungen** durch den lungenstarken, livrierten *Town Crier:* Apr–Sep. Di–So tägl. um 12 Uhr am Cross in der Stadtmitte. Juni–Juli: mittelalterliche **Mystery Plays** an Wochenenden. Auskunft: Tourist Office. Ende Juni: **Midsummer Parade.**

Rundgang auf der Stadtmauer; geführte Wanderungen, auch abendliche **Ghost Walks,** ab Tourist Office (Auskunft Tel. 40 24 45).

Bus mehrmals tägl. ab Delamere Street nach London und Birmingham, häufig **Züge** nach Liverpool, Manchester und Crewe (umsteigen nach London), zwei Direktverbindungen tägl. nach London.

Tipps von Ort zu Ort

297

Chipping Campden

Lage: Vordere Umschlagkarte C2 bei Broadway
Vorwahl: 0 13 86
Einwohner: 2 000

M'Dina Courtyard, Park Road, Chipping Campden, GL55 6EA, Tel. 84 17 52, Fax 84 09 42, chilver@globalnet. co.uk. B & B mit moderner Ausstattung, ruhige Lage nahe der Hauptstraße. Moderat.
Noel Arms, High St., Chipping Campden, GL55 6AT, Tel. 84 03 17, Fax 84 11 36, bookings@cotswold-inns-hotels.co.uk. In diesem Bau aus dem 14. Jh. übernachtete König Charles II. im Jahre 1651. Teuer.

Hidcote Manor Garden (NT), 5,5 km nördlich von Chipping Campden, Tel. 85 53 70. Apr–Okt, Sa–Mo 11–18 Uhr (Jun–Jul auch Di).

Pubs: Zwei beliebte Pubs sind **The King's Arms** (16. Jh.) und **The Noel Arms** (Bierausschank seit 1360), beide mit guter Küche und überraschend großer Auswahl an Wein.
Auch sehr gemütlich ist **The Eight Bells** mit Gästezimmern nahe der Kirche.

The Cotswold Way, ein Fernwanderweg von Chipping Campden nach Bath. Auskunft über die Route und Unterkunft: Tourist Office in Cirencester.

Nächster **Bahnhof** Evesham oder Moreton-in-Marsh, dort **Busse.**

Cirencester

Lage: Vordere Umschlagkarte C1
Vorwahl: 0 12 85
Einwohner: 15 000

Tourist Information Office, Corn Hall, Market Place, Cirencester, GL7 2NW, Tel. 65 41 80, Fax 64 11 82. Mo–Sa 9.30–17.30 Uhr.

Wimborne House, 91 Victoria Road, Cirencester, GL7 1ES, Tel. 64 36 53, Fax 65 38 90, wimborneho@ aol.com. 9 geräumige Nichtraucher-Zimmer in einem Haus aus Cotswold-Stein nahe der Stadtmitte. Günstig bis moderat.
Corinium Hotel, 12 Gloucester St., Cirencester, GL7 2DG, Tel. 65 97 11, Fax 88 58 07, timmcg@waitrose.com. Kleines Hotel mit Bar und Restaurant in einer Wollhändler-Residenz des 16. Jh. Moderat.

The Slug and Lettuce, Pub-Küche und gute Stimmung am Marktplatz. Günstig.
Somewhere Else, 65 Castle St. Tagsüber Café-Restaurant, abends Bar mit Tapas.

Corinium Museum, Park St., Tel. 65 56 11. Apr–Okt Mo–Sa 10–17, So 14–17 Uhr.

Bus ab Swindon, Gloucester.

Clare

Lage: Vordere Umschlagkarte F2 bei Long Melford
Vorwahl: 0 17 87

Ship Stores, 22 Callis St., Clare, CO10 8PX, Tel. 27 78 34, shipclare@ aol.com. 5 angenehme Zimmer in einem Haus aus dem 17. Jh., das auch den Dorfladen beherbergt. Günstig.

Pub: The Bell. Fachwerkbau mit Übernachtungsmöglichkeit am Marktplatz.

Cockermouth

Lage: Vordere Umschlagkarte B7 bei Grasmere
Vorwahl: 0 19 00
Einwohner: 7 000

Manor House, 23 St. Helen's St., Tel. 82 24 16. Schön restauriertes

Haus von 1712, gastfreundliche Besitzer. Günstig.
Lakeside, Dubwath, Bassenthwaite, Lake Cockermouth, CA13 9YD, Tel. 01 76 87-7 63 58. Gästehaus mit 9 Zimmern und Ferienwohnung südlich von Cockermouth. Blick auf Lake Bassenthwaite und Berge. Lunchpaket für Wanderer und Abendessen. Günstig bis moderat.

 Quince and Medlar, 13 Castlegate, Cockermouth, Tel. 82 35 79. Anspruchsvolle vegetarische Küche. Moderat.

 Wordsworth House, Main St., Cockermouth (NT), Tel. 82 48 05. Apr–Okt Mo–Fr 10.30–16.30 Uhr (Jul–Aug auch Sa).

 **Pub: The Trout.** 17. Jh., neben Geburtshaus von Wordsworth. Garten am Fluss, deftige Küche, breites Angebot an Ale- und Malt-Whisky-Sorten.

 Abwechslung zu Wandern und Wordsworth: **Führung** durch Jennings Brauerei, Brewery Lane, Tel. 82 32 14.

 Bus ab Keswick.

Coniston

Lage: Vordere Umschlagkarte B7 bei Windermere
Vorwahl: 01 53 94

 Wheelgate Country Guesthouse, Little Arrow, Coniston, LA21 8AU, Tel. 4 14 18, Fax 4 11 14, wheelgate@conistoncottages.co.uk, www.wheelgate.co.uk. 2 km südlich von Coniston an der A 593. 5 Zimmer mit Bad, gutes Frühstück, gepflegter Garten. Günstig bis moderat.
Sun Hotel, Coniston, LA21 8HQ, Tel. 4 12 48, Fax 4 12 19, the sun@hotelconiston.com. Am Berghang mit Blick auf Dorf und Lake Coniston. Preiswertes Pub-Essen. Moderat.

 Brantwood House, Lake Coniston, Tel. 4 13 96. Mitte März–Mitte Nov tägl. 11–17.30 Uhr. Mitte Nov–Mitte März Mi–So 11–16 Uhr.

 Der steile Aufstieg zum Gipfel **Coniston Old Man** ist sehr lohnend. **Dampferfahrten** auf Lake Coniston: Mit dem Dampfboot »Gondola«. Apr–Okt tägl. ab 11 (Sa 12) Uhr ab Coniston Pier. Fahrplan: Tel. 4 19 62.

 Bus ab Ambleside.

Corbridge

Lage: Vordere Umschlagkarte C8 bei Hexham
Vorwahl: 0 14 34
Einwohner: 3000

 Riverside Guest House, Main St., Corbridge, NE45 5LE, Tel. 63 29 42, Fax 63 38 83, riverside@ukonline.co.uk. Das alte Haus steht mitten im Dorf mit Blick auf den River Tyne. 10 Zimmer, davon 7 mit Bad. Günstig bis moderat.

 The Valley, Station Road, Tel. 63 34 34. Indische Küche in renoviertem alten Bahnhofsgebäude. Moderat.
The Wheatsheaf, nördlich der Stadtmitte. Pub-Lunch ist hier sehr beliebt.

 Ende Mai: **Northumberland County Show,** Corbridge

 s. Hadrian's Wall.

Coventry

Lage: Vordere Umschlagkarte D3
Vorwahl: 0 24
Einwohner: 304 000

 Coventry Tourist Information Centre, Bayley Lane, Tel. 0 12 03-83 23 03, Fax 83 23 70.

Acacia Guest House, 11 Park Road, Cheyles More, Coventry, CV1 2LE, Tel. 76 63 36 22.
8 sehr gepflegte Zimmer mit Bad. Nahe der Stadtmitte mit Aufenthaltsraum. Auf Wunsch Abendessen. Günstig bis moderat.
Hotel Ibis, Abbey Road, Whitley, Coventry, CV3 4BJ, Tel. 76 63 99 22, Fax 76 30 68 98, H2094@accor-hotels.com. Lodge mit 50 Zimmern ca. 2 km südlich der Stadtmitte über A 46, dann A 423 Richtung London (Schildern zum Racquet Club folgen). Moderat.

Midland Air Museum, Coventry Airport, Baginton, Tel. 76 30 10 33. Apr–Okt Mo–Sa 10.30–17, So 11–18 Uhr. Nov–März tägl. 10.30–17 Uhr.
Museum of British Road Transport, St. Agnes Lane, Hales St., Coventry, Tel. 76 83 24 25. Tägl. 10–17 Uhr.

Old Windmill, Spon St. Fachwerkbau aus dem 15. Jh. mit charaktervollem Interieur. Pub-Lunch.

The Royal Show, nach Angaben des Veranstalters, der ehrwürdigen Royal Agricutlural Society, die führende europäische Messe für Lebensmittel, Agrikultur und Landschaft. Sie findet jährlich in der ersten Juli-Woche statt in Stoneleigh Park an der A 46 südlich von Coventry. Info: Tel. 76 69 69 69, Fax 76 69 69 00.

Zweimal stündlich **Züge** ab London Paddington, 100 Min.; häufig ab Birmingham, 20–30 Min.

Cragside House

s. Rothbury

Craster/Dunstanburgh

Lage: Vordere Umschlagkarte D9 bei Alnwick
Vorwahl: 0 16 65

Cottage Inn, Dunstan Village, Craster, Northumberland NE66 3SZ, Tel. 57 66 58, Fax 57 67 88. Moderat.

Craster Fish Restaurant am Hafen (nur Ostern–Sep).

Dunstanburgh Castle (EH), Tel. 57 62 31. Apr–Sep tägl. 10–18, Okt–März Mi–So 10–16 Uhr.

Kippers oder andere **geräucherte Fischsorten** von der Smokery in Craster.

Pub: Jolly Fisherman ist für vorzügliche Krebsfleisch-Sandwiches bekannt.

Klippenwanderung von Craster nach Dunstanburgh.

Auf der **Bus**route Alnwick–Bamburgh.

Dedham

Lage: Vordere Umschlagkarte G2
Vorwahl: 0 12 06
Einwohner: 2 100

The Marlborough, Mill Lane, Dedham, CO7 6DH, Tel. 32 32 50, Fax 32 23 31, themarlborough@fsmail.net. 3 B & B-Zimmer in einem Haus aus dem Mittelalter, seit 1704 Dorfherberge. Moderat.
Maison Tolbooth, Stratford Road, Dedham, CO7 6HP, Tel. 32 23 67, Fax 32 27 52, mbreception@talbooth.com. Sehr bequemes Hotel mit renommiertem Restaurant in schöner Landschaft. Teuer.

Fountain House, Dedham Hall, Brook St., Tel. 32 30 27. Herrensitz am Dorfrand, hübsch-rustikal. Moderat bis teuer.
Pub: The Marlborough Head (s. oben). Im Winter Kaminfeuer, im Sommer Tische im Garten. Afternoon Tea. Gutes Essen – man sollte früh kommen.

Bus ab Ipswich oder Colchester.

Dudley

Lage: Vordere Umschlagkarte C3

 Dudley Zoo and Castle, Tel. 0 13 84-21 53 13 24 01. Tägl. Apr–Okt 10–16.30, Nov–März 10–15.30 Uhr.

 The Black Country Living Museum, Dudley, Tel. 01 21-5 57 96 43. März–Okt tägl. 10–17, Nov–Feb Mi–So 10–16 Uhr.

 Züge zweimal stündlich ab Birmingham New Street.

Dunstanburgh

s. Craster

Durham

Lage: Vordere Umschlagkarte D7
Vorwahl: 01 91
Einwohner: 25 000

 Tourist Information Centre, Market Place, Durham, DH1 3 NJ, Tel. 3 84 37 20.

 Hillrise Guest House, 13 Durham Road West, Bowburn, Durham DH6 5AU, Tel. 3 77 03 02, Fax 3 77 03 02. B & B etwas außerhalb der Stadt, mit dem Auto gut erreichbar: von der A 1 Abfahrt 61 200 m links. Abendessen wird angeboten. Günstig.
Three Tuns Hotel, New Elvet, DH1 3AQ, Tel. 3 86 43 26, Fax 3 86 14 06, threetuns.swallow@whitbread.com, www.swallowthreetuns.ntb.org.uk. Bequemes Gasthaus aus dem 16. Jh. mit gutem Restaurant unweit der Kathedrale. Moderat bis teuer.
Royal County Hotel, Old Elvet, DH1 3JN, Tel. 3 86 68 21, Fax 3 86 07 04,
royal.county@swallow-hotels.co.uk. In einer Gebäudegruppe des 17. Jh. nahe der Kathedrale mit Blick auf den River Wear. Teuer bis sehr teuer.
Im Sommer kann man in Studentenzimmern der Universität übernachten:
St. Aidan's College, Windmill Hill, DH1 3LJ, Tel. 3 74 32 69, Fax 3 74 4749, aidan.conf@durham.ac.uk, www.st-aidans.org.uk. Günstig.
Trevelyan College, Elvet Hill Road, DH1 3LN, Tel. 3 74 37 65, Fax 374 3789, trev.coll@durham.ac.uk, www.dur.ac.uk/~dtr0www. Günstig.

 The Court, Court Lane. Schlichte Café-Küche. Günstig.
Shaheen's Indian Bistro. Beliebtes indisches Restaurant in der alten Post. Moderat.
Bistro 21, Aykley Heads, Tel. 3 84 43 54. Küche des Mittelmeers in einem alten Bauernhaus außerhalb der Stadt. Teuer.

 Durham Cathedral. Tägl. 9.30–20 Uhr (bis 18 Uhr im Winterhalbjahr).
Domschatz »Treasures of St. Cuthbert« Mo–Sa 10–16.30, So 14–15.30 Uhr.
Durham Castle, Tel. 3 74 38 63. März, Apr, Jul–Sep 10–12.30, 14–16.30 Uhr; alle anderen Monate Mo, Mi, Sa 14–16.30 Uhr.

 Museum of Archaeology, The Old Fulling Mill, The Banks, Tel. 3 74 36 23. Angenehmer Spaziergang am Fluss zu einem interessanten kleinen Museum mit Fundstücken aus Durham. Apr–Okt tägl. 11–16, Nov–März Do–Mo 12.30–15 Uhr.
Durham Heritage Centre, North Bailey, Tel. 3 84 55 89. Geschichte von Durham in umgebauter Kirche. Jun–Sep tägl. 14–16.30 (Jul–Aug ab 11) Uhr.
Durham University Oriental Museum, Elvet Hill, Tel. 3 74 79 11. Alt-Ägypten, islamische Kultur, Kunst aus Fernost. Mo–Fr 9.30–17, Sa–So 14–17 Uhr.

 Pubs: Studentenkneipen beherrschen die Szene.
Swan and Three Cygnets, Elvet Bridge: Pub am Fluss mit schönem Ausblick.

The Shakespeare, Sadler St. zwischen Market Square und Kathedrale. Pub-Essen, ganztägig geöffnet.
The City Inn, New Elvet. Renoviertes Haus des 17. Jh., große Auswahl an Gerichten.

 Konzerte in der **Kathedrale**; Musik und verschiedene kulturelle Veranstaltungen im **Durham Museum and Art Gallery,** Aykley Heads, Tel. 3 84 22 14.

 Anfang Juli: **Miners' Gala,** traditioneller Aufmarsch und Kundgebung der Kohlekumpel.
Mitte Juli: **Durham County Show.**

 Dampferfahrt oder **Ruderpartie** auf dem Wear an der Elvet Bridge.

 Bahn ab London, Newcastle, York (1 St.). **Busse** ab London, Newcastle.

East Bergholt

Lage: Vordere Umschlagkarte G2

 Bridge Cottage, Flatford, East Bergholt (NT), Tel. 0 12 06-29 82 60. Mai–Sep tägl. 10–17.30; Apr, und Okt Mi–So 11–17.30 Uhr.

Bus ab Bahnhof Ipswich oder Colchester.

Ely

Lage: Vordere Umschlagkarte F3
Vorwahl: 0 13 53
Einwohner: 12 000

Tourist Information, Oliver Cromwell's House, 29 St. Mary's St., Ely, Cambridgeshire CB7 4HF, Tel. 66 20 62, Fax 66 85 18. Mo–Sa 10–17.30 Uhr.

Old Egremont House, 31 Egremont St., Tel. 66 31 18. Schönes Haus aus dem 17. Jh. mit Domblick. Nur 3 Zimmer. Günstig.

Rosendale Lodge, 223 Main St., Witchford, Ely, CB6 2HAT, Tel. 66 77 00, Fax 66 77 99. Großzügiger Neubau im alten Stil mit 4 Zimmern, entsprechend möbliert. Das Dorf Witchford liegt westlich von Ely, über die A 142 erreichbar. Moderat.
Cathedral House, 17 St. Mary's St., Ely, CB7 4ER, Tel./Fax 66 21 24, farndale@cathedralhouse.co.uk, www.cathedralhouse.co.uk. Historisches Haus mit 3 Nichtraucher-Zimmern nahe der Kathedrale, schön restauriert und eingerichtet. Moderat.

Old Fire Engine House, 25 St. Mary's St., Tel. 66 25 82. Englische Küche mit Spezialitäten aus East Anglia. Moderat bis teuer.

Ely Cathedral, Apr–Okt tägl. 7.30–19, Nov–März 9.30–18 Uhr. Angeschlossen: **Stained Glass Museum** mit Ausstellungsstücken und Erklärungen zur Kunst der Glasmalerei. Mo–Sa 10.30–17, So 14–18 Uhr.

Zwei schön gelegene **Pubs: The Cutter** am Fluss, **The Prince Albert** gleich neben der Kathedrale.

Busse und **Züge** (schneller) ab Cambridge und King's Lynn.

Eyam

Lage: Vordere Umschlagkarte D5 bei Bakewell
Vorwahl: 0 14 33

The Old Rose and Crown, Main Road, Eyam, S32 5QW, Tel. 63 08 58, mdriver@free.uk.com. Ehemalige Dorfkneipe, jetzt B & B. Günstig bis moderat.

Pub: The Miners Arms. Historischer Pub, heute vor allem wegen der Küche frequentiert.

Eyam Museum, Hawkhill Road, Tel. 63 13 71. Geschichte der Pest. Apr–Okt Di–So 10–16.30 Uhr.

Busrouten und -fahrpläne: Broschüre »Peak District Bus and Train Timetables« im Tourist Office.

Gloucester

Lage: Vordere Umschlagkarte C2
Vorwahl: 0 14 52
Einwohner: 97 000

Tourist Information Centre, 28 Southgate St., Gloucester, Gloucestershire GL1 2DP, Tel. 42 11 88, Fax 50 42 73. Mo–Sa 10–17 Uhr.

Albert Hotel, 56–58 Worcester St., Gloucester, GL1 3AG, Tel. 50 20 81, Fax 31 17 38. Kleines Hotel nur 5 Fußminuten von der Stadtmitte. Günstig.
Forte Posthouse, Crest Way, Barnwood, GL4 7RX, Tel. 08 70-4 00 90 34, Fax 37 10 36. Großes modernes Hotel mit Fitnessbereich an der A 417 am Stadtrand. Moderat.
Hatherley Manor, Hatherley Lane, GL2 9QA, Tel. 73 02 17, Fax 73 10 32. Herrensitz des 17. Jh. in schönem Park. 3 km nördlich der Stadt, abseits der A 38. Moderat bis teuer.

Cathedral tägl. 8–17.30.

City Museum and Art Gallery, Brunswick Road, Tel. 52 41 31. Von Sauriern und Römern bis zu Aquarellen. Mo–Sa 10–17 (Jul–Sep auch So 10–16) Uhr.
Gloucester Folk Museum, 99 Westgate St., Tel. 52 64 67. Mo–Sa 10–17 (Jul–Sep auch So 10–16) Uhr.
Museum of Advertising and Packaging, Tel. 30 23 09. Mai–Sep tägl. 10–18, Okt–Apr Di–So 10–17 Uhr.
National Waterways Museum, Tel. 31 80 54. Tägl. 10–17 Uhr.

 Gloucester Antique Centre am Hafen: große Vielfalt auf 5 Etagen.

 Pubs: New Inn, Westgate St. Gebäude mit Hof aus dem Mittelalter, schön restauriert.

The Waterfront. Am Kanalbecken. Preiswerte Gerichte, viele Ale-Sorten.
The Linden Tree, Bristol Road, südlich der Stadtmitte. Gute, einfache Gerichte.

 Ende August: **Three Choirs' Festival.** Seit 1715 veranstalten die Chöre der Kathedralen von Gloucester, Hereford und Worcester dieses Musikfestival.

 Züge ab London Paddington stündlich, Fahrzeit 2 St.

Grantham

Lage: Vordere Umschlagkarte E4
Vorwahl: 0 14 76
Einwohner: 33 000

Tourist Information, The Guildhall Centre, St. Peter's Hill, Grantham, Lincolnshire NG31 6PZ, Tel. 4 06 16. Mo–Sa 9.30–17 Uhr.

Beechleigh Town House Hotel, 55 North Parade, Grantham NG31 8AT, Tel. 57 22 13, Fax 57 22 13. info@beechleigh.com. Kleines Hotel am Rande der Stadtmitte. Günstig bis moderat.
Swallow Hotel, Swingbridge Road, Grantham, NG31 7XT, Tel. 59 30 00, Fax 59 25 92. Modernes, bequemes Hotel nahe der Kreuzung A 1/A 607. Teuer.

Harry's Place, 17 High St., Great Gonerby (nordwestlich von Grantham an der B 1174), Tel. 56 17 80. Eigentümliches kleines Lokal, beschränkte Auswahl internationaler Gerichte und hervorragende Qualität. Sehr teuer.

Belton House (NT), Tel. 56 61 16. An der A 607 5 km nordöstlich von Grantham. Haus: Apr–Okt Mi–So 13–17.30 Uhr. Garten und Park: tägl. 11–17.30 Uhr.
Belvoir Castle, Tel. 87 02 62, 10 km westlich von Grantham, Apr–Sep Di, Mi, Do, Sa, So 11–17 Uhr.
Woolsthorpe Manor (NT), Tel. 86 03 38, 11 km südlich von Grantham. Apr–Okt Mi–So 13–17.30 Uhr.

Pub: The Beehive. Das Pub-Schild ist ein 200 Jahre alter Bienenstock. Angeblich wurde hier der Name »Ploughman's Lunch« (Brot und Käse mit Garnitur) erfunden.

Bahn ab London 2,5 St., Nottingham 40 Min.

Grasmere

Lage: Vordere Umschlagkarte B7
Vorwahl: 01 53 94
Einwohner: 1600

Tourist Information, Redbank Road, Grasmere, Cumbria LA22 9SW, Tel. 3 52 45, Fax 3 50 57. Tägl. 9.30–17.30.

Banerigg Guesthouse, Grasmere, Tel. 3 52 04. Direkt am See, 10 Fußminuten von der Dorfmitte. Im touristischen Ort Grasmere ungewöhnlich preiswert. Günstig.
Traveller's Rest, Grasmere, Cumbria LA22 9RR, Tel. 3 56 04. Einige Zimmer in einem gemütlichen alten Pub. Günstig bis moderat.
Michaels Nook Country House Hotel & Restaurant, Grasmere, Cumbria LA22 9RP, Tel. 3 54 96, Fax 3 56 45, m-nook@wordsworth-grasmere.co.uk. Hier lässt man sich verwöhnen – Hotel und Restaurant genießen landesweit einen hervorragenden Ruf. Sehr teuer.

Dove Cottage, mit Wordsworth-Museum, Grasmere, Tel. 3 55 44. Mitte Feb–Dez tägl. 9.30–17.30 Uhr.
Rydal Mount, 2 km südlich von Grasmere, Tel. 3 30 02. Tägl. März–Okt 9.30–17 Uhr. Nov–Feb 10–16 Uhr (außer Di).

Grasmere Gingerbread aus Sarah Nelson's **Gingerbread Shop.** Ein köstliches Gebäck, nach geheimem Familienrezept hergestellt, nur in diesem Geschäft zu kaufen.

Pubs: Travellers Rest. Gute Küche in historischer Herberge des 16. Jh.

In Elterwater (5 km westlich von Ambleside): **Britannia Inn.** Treffpunkt für durstige Wanderer.

Erster Sonntag im August: **Rushbearing.** Der Boden der Kirche wird mit Reet ausgelegt. Alte Erneuerungszeremonie aus der Zeit der Lehmfußböden.

Busse von London über Kendal und Ambleside nach Keswick halten in Grasmere. Auch lokale Buslinien.

Grassington

Lage: Vordere Umschlagkarte C6
Vorwahl: 0 17 56

National Park Centre, Colvend, Hebden Road, Grassington, North Yorkshire BD23 5LB, Tel. 75 27 74, Fax 75 33 58. Tägl. 9.30–17 Uhr.

Ashfield House, Summers Fold, Tel. 75 25 84. Alle Zimmer mit eigenem Bad, gutes Frühstück. Moderat.
Black Horse Hotel, Garrs Lane, Grassington, North Yorkshire BD23 5AT, Tel. 75 27 70, Fax 75 34 25. Traditionsherberge mit 15 komfortablen Zimmern. In der Bar werden sehr empfehlenswerte Ales gezapft. Moderat.

Old Hall Inn, Threshfield, 2 km westlich, Tel. 75 24 41. Moderat.

Upper Wharfedale Museum, 6 The Square. Ostern–Okt tägl. 10–16.30 Uhr (Jul–Aug 14–16.30 Uhr außer Mo). Geologie, Geschichte der Bleibergwerke und der Dales-Bewohner.

Wandern. Grassington liegt mitten in herrlicher Wanderlandschaft. Ein Höhepunkt der Dales-Gegend sind die Kalksteinformationen bei Malham, westlich von Grassington. Info: National Park Centre, Grassington.

 Busse ab Skipton, Leeds, Bradford.

Hadleigh

Lage: Vordere Umschlagkarte G2 bei Ipswich
Vorwahl: 0 14 73

 Edgehall Hotel, 2 High St., Hadleigh, IP7 5AP, Tel. 82 24 58, Fax 82 77 51. 9 Zimmer im Hotel direkt an der Hauptstraße. Gartenbenutzung und Abendessen. Günstig bis moderat.

 Guildhall, Market Place, Tel. 82 38 84. Jun–Sep Do, So 14–17 Uhr.

 Bus ab Ipswich.

Hadrian's Wall

Lage: Vordere Umschlagkarte C/D7

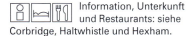 Information, Unterkunft und Restaurants: siehe Corbridge, Haltwhistle und Hexham.

Birdoswald Roman Fort, Tel. 01 69 77-4 76 02. Tägl. Apr–Okt 10–17.30 Uhr.
Chesters Fort (EH), An der B 6318, Tel. 0 14 34-68 13 79. Apr–Okt tägl. 9.30–18, Okt–März tägl. 10–16 Uhr.
Corbridge Roman Site (EH), 1 km nordwestlich der Stadt Corbridge, Tel. 0 14 34-63 23 49. Apr–Sep tägl. 10–18, Okt 10–16, Nov–März Mi–So 10–16 Uhr.
Housesteads (EH), An der B 6318, Tel. 0 14 34-34 43 63. Tägl. Apr–Sep 10–18, Okt–März 10–16 Uhr.
Vindolanda, bei Bardon Mill, zwischen A 69 und B 6318, Tel. 0 14 34-34 42 77. Mitte Feb–Mitte Nov, tägl. 10–17 Uhr.

Wanderweg entlang Hadrian's Wall.

 Hadrian's Wall **Bus** von Hexham nach Carlisle hält an allen Sehenswürdigkeiten: Ende Mai–Sept. drei- bis viermal tägl. in beiden Richtungen, Okt–Mai nur Carlisle bis Housesteads, kein Sonntagsverkehr. **Züge** von Newcastle über Corbridge, Hexham, Bardon Mill (für Housesteads und Vindolanda) und Haltwhistle nach Carlisle fahren stündlich Mo–Fr, jedoch nicht direkt entlang der Mauer.

Halifax

Lage: Vordere Umschlagkarte C5
Vorwahl: 0 14 22
Einwohner: 85 000

 Tourist Information Centre, Piece Hall, Halifax, West Yorkshire HX1 1RE, Tel. 36 87 25, Fax 35 42 64. Mo–Sa 10–17, So 11–17 Uhr.

 **The Hobbit Hotel,** Hob Lane, Norland, Sowerby Bridge, HX6 3QL, Tel. 83 22 02, Fax 83 53 81, info@hobbit-hotel.uk. Günstig bis moderat.
Holdsworth House, Holdsworth, HX2 9TG, Tel. 24 00 24, Fax 24 51 74, info@holdsworthhouse.co.uk. 5 km nördlich. Geschmackvoll eingerichtetes Haus aus dem 17. Jh in einem schönen Garten. Empfehlenswertes Restaurant. Teuer.

 Bentley's, 12 Wade House Road, Shelf, Tel. 0 12 74-69 09 92. Englische Küche mit internationalen Einflüssen in einem kleinen Dorf zwischen Halifax und Bradford. Beliebt, deshalb Tisch vorbestellen. Günstig bis moderat.
Design House, Dean Clough Mills, Tel. 38 32 42. Moderat bis teuer.

 **Piece Hall,** Halifax. Tägl. geöffnet, Markt im Hof Do, Fr, Sa.
The Dean Clough Galleries, Dean Clough, Halifax, Tel. 25 02 50. Vieles unter einem Dach in einer renovierten Fabrik: **Henry Moore Studio,** Galerien, Design Shop, Design Restaurant. Tägl. 10–17 Uhr.

Eureka, The Museum for Children, Discovery Road, Tel. 33 00 69. Tägl. 10–17 Uhr. Interaktives Museum über Technik und Gesellschaft, Lernen mit Spaß.

Piece Hall und **Dean Clough Galleries,** s. oben.

 Pub: The Shears, Boys Lane. Küche gut und preiswert.

 Bahn ab Manchester 1 St., Leeds 30 Min.

Haltwhistle

Lage: Vordere Umschlagkarte C5
Vorwahl: 0 14 34

Tourist Information Centre, Tel. 32 20 02, Fax 35 42 64. Mo–Sa 10–17, So 11–17 Uhr.

Vallum Lodge, Military Road, Twice Brewed, nahe Bardon Mill, Haltwhistle, NE47 7AN, Tel. 34 42 48, Fax 34 44 88, vallum.lodge@ukonline.co.uk. Schön gelegener B & B im Ort Once Brewed an der B 6318, 400 m westlich des National Park Visitors Centre. Günstig.
Ashcroft Guesthouse, Lantys Lonnen, Haltwhistle, Tel. 32 02 13. Große, bequeme Zimmer. Günstig bis moderat.
Riverside Guest House, Main St., Haltwhistle, Tel. 63 29 42. Einfaches B & B in Bahnhofsnähe. Günstig bis moderat.

 The Spotted Cow Inn, Castle St. für Pub-Küche.
Im Ort Once Brewed an der Mauer: **Twice Brewed Inn,** Tel. 34 45 34. Wärmende Gerichte für Wanderer und Imbiss.
In Cawfield: **The Milecastle.** An der B 6318 neben Hadrian's Wall. Gutes Essen in einem Bau aus dem 17. Jh.

 s. Hadrian's Wall.

Hardwick Hall

Lage: Vordere Umschlagkarte D4 bei Derby

 Hardwick Hall (NT), Tel. 0 12 46-85 04 30. Apr–Okt Mi, Do, Sa, So 12.30–17 Uhr. Garten Apr–Okt tägl. 12–17.30 Uhr.

 Bus ab Bahnhof Chesterfield (13 km).

Harrogate

Lage: Vordere Umschlagkarte D6
Vorwahl: 0 14 23
Einwohner: 69 000

Royal Baths Assembly Rooms, Crescent Road, Harrogate, North Yorkshire HG1 2RR, Tel. 53 73 00, Fax 53 73 05. Mo–Fr 9–18 Uhr.

The Crown, Crown Place, HG1 2RZ, Tel. 56 77 55, Fax 50 22 84. 1740 gebaute Herberge, zentral gelegen. Teuer.
Valley Hotel, 93–95 Valley Drive, Harrogate, HG2 0JP, Tel. 50 48 68, Fax 53 19 40, valley@harrogate.com, www.harrogate.com/valley. 16 Zimmern, alle mit Bad, zentral gelegen mit Blick auf die Gartenanlagen von Valley Gardens. Moderat.

Drum and Monkey, 5 Montpellier Gardens, Tel. 50 26 50. Beliebtes Weinlokal mit Fischrestaurant. Moderat.
The Courtyard, 1 Montpellier Mews, Tel. 53 07 08. Sehr gute französisch-italienische Küche. Moderat bis teuer.
Olivers 24, 24 King's Road, Tel. 56 86 00. Küche zwischen England und Mittelmeer. Moderat bis teuer.

Royal Pump Room Museum, Crown Place, Tel. 55 61 88. Geschichte des Kurorts, buchstäblich direkt an der Quelle. Apr–Okt, Mo–Sa, 10–17, So 14–17 Uhr.

Pubs: The Tap and Spile, Tower St. Einfacher Pub, reichhaltiges Mittagsmenü für wenig Geld.
The Regency, nahe East Parade. Angenehme Einrichtung, große Portionen.

 Ende April: **Harrogate Spring Flower Show**

Anfang–Mitte Juli: **Great Yorkshire Show**
Anfang August: **Harrogate International Festival** – Musik, Tanz, Oper, Theater
Mitte September: **Great Autumn Flower Show**

 Züge ab Leeds 35 Min., York 30 Min.

Hawes

Lage: Vordere Umschlagkarte C7 bei Leyburn
Vorwahl: 0 19 69
Einwohner: 1 100

Dales Countryside Museum, Station Yard, Hawes, North Yorkshire DL8 3NT, Tel. 66 74 50, Fax 66 71 65. Tägl. 10–17 Uhr.

Springbank House, Springbank, Townfoot, Hawes, North Yorkshire DL8 3NW, Tel. 66 73 76. 3 Zimmer nahe der Ortsmitte. Günstig.
Simonstone Hall, Hawes, North Yorkshire DL8 3LY, Tel. 66 72 55, Fax 66 77 41, email@simonstonehall.demon.co.uk. Wunderschön gelegenes Country House Hotel mit guter Küche. Teuer.

Hardraw Force – Wasserfall 3 km von Hawes.
Wensleydale Cheese Visitor Centre, Gayle Lane, Tel. 66 76 64. Alles über Käseherstellung.

Dales Countryside Museum, Hawes, Wensleydale, Tel. 66 74 50. März–Okt tägl. 10–17, Nov–Feb Sa und So 10–17 Uhr.

Wensleydale Cheese wird in Hawes hergestellt.

Pub: The Fountain am Marktplatz mit guten Ales und Imbiss.

Bus, z. B. ab Richmond. Fahrplan: »Dales Connections«.

Hawkshead

Lage: Vordere Umschlagkarte B7 bei Windermere
Vorwahl: 01 53 94

Yewfield Guest House, Yewfield, Hawkshead, Ambleside LA22 0PR, Tel. 3 67 65, Fax 3 67 65, derek.yewfield@btinternet.com, www.yewfield.co.uk. Zur Abwechslung kein englisches Frühstück: die Besitzer des imposanten Hauses mit Panorama-Blick bieten vegetarische Küche und setzen sich für ökologische Landwirtschaft ein. Günstig bis moderat.
Queen's Head Hotel, Main St., Hawkshead, Cumbria LA22 0NS, Tel. 3 62 71, Fax 3 67 22, enquiries@queensheadhotel.co.uk, www.queensheadhotel.co.uk. Pub-Hotel aus dem 16. Jh. in der verkehrsberuhigten Dorfmitte. Kaminfeuer, gute Ales und altenglische Einrichtung. Moderat.

 Grizedale Forest Park and Visitor Centre, Skulpturpfad, Mountain-Bike-Routen, Ausstellungen über Wald und Natur, Tel. 0 12 29-86 00 10. Apr–Okt tägl. 10–17, Nov–März 10–16 Uhr.

 The King's Arms. Schöner Pub in einem hübschen Dorf.

 Rudern und nach Forellen **angeln** auf Esthwaite Water.

 Bus 505 oder 506 zwischen Bowness-on-Windermere und Coniston.

Haworth

Lage: Vordere Umschlagkarte C6
Vorwahl: 0 15 35

Tourist Information Office, 2/4 West Lane, Haworth, Keighley, West Yorkshire BD22 8EF, Tel. 64 23 29, Fax 64 77 21. Tägl. 9.30–17.30 Uhr.

 Old White Lion Hotel, West Lane, Haworth, BD22 8DU, Tel. 64 23 13, Fax 64 62 22, enquiries@oldwhitelion hotel.com. 300 Jahre altes Haus nahe dem Brontë-Museum. Moderat.

Weavers, 15 West Lane, Haworth, Tel. 64 38 22. Nähe Brontë Parsonage Museum in einem alten Weberhaus. Moderat bis teuer. Gleichzeitig wird Unterkunft angeboten.

Brontë Parsonage, Tel. 64 23 23. Apr–Sep tägl. 10–17, Okt–März 11–16.30 Uhr.

Pubs: Worth Valley Railway am Bahnhof;
The Old Hall Inn, Sun St., mit Gastronomie und Unterkunft.

Nostalgie-Bahn-Fahrten: Keighley and Worth Valley Railway, Tel. 64 52 14, Fahrplan Tel. 64 77 77. Regelmäßige Fahrten unter Dampf von Keighley über Haworth nach Oxenhope. Mitte Jun–Sep tägl., Okt–Mai Sa und So.

Bahn von Leeds nach Keighley, von dort **Dampfeisenbahn** oder **Bus.**

Hay-on-Wye

Lage: Vordere Umschlagkarte B2
Vorwahl: 0 14 97
Einwohner: 1300

Old Black Lion Hotel, 26 Lion St., Hay-on-Wye HR3 5AD, Tel. 82 08 41. Alte Kutscherherberge mit 10 Zimmern, Restaurant und Möglichkeit zum Angeln. Moderat.

The Booksearch Café, Restaurant und Bar, The Pavement, Tel. 82 19 32. Café mit Internet und guter französischer Küche. Moderat bis teuer.

Blue Boar, Castle St., Pub mit Gastronomie;
Kilverts, Bull Ring, überdurchschnittliche Pub-Küche und Übernachtung (Tel. 82 10 42. Günstig).

 Hay Festival: Literaturfestival, jährlich Ende Mai–Anfang Juni, Tel. 82 12 17, Fax 82 10 66.

Bus ab Hereford.

Hebden Bridge

Lage: Vordere Umschlagkarte C5 bei Halifax
Vorwahl: 0 14 22

Nutclough House Hotel, Keighley Road, Hebden Bridge, HX7 8EZ, Tel. 84 43 61. Familienbetrieb mit 5 Zimmern, 5 Fußminuten von der Ortsmitte. Günstig.
Hebden Lodge Hotel, New Road, Hebden Bridge, HX7 8AD, Tel. 84 52 72. In der Ortsmitte nahe Kanalbecken. Moderat.

Naturschutzgebiet Hardcastle Crags: **»Little Switzerland«**.
Nachbardorf Heptonstall: **altes Wollweberdorf** am Berg mit sehenswerter Kirche.

Kunsthandwerk und Lädchen in alter Fabrik: **Walkley's Canalside Mill.**

Hare and Hounds, Billy Lane. Schöner Blick auf die Hügel und gute Pub-Küche.

 Ausflug am Kanal mit Zugpferd: Calder Valley Cruising, Tel. 84 55 57.

Zug ab Manchester 40 Min., Leeds 50 Min. **Bus** ab Halifax.

Helmsley

Lage: Vordere Umschlagkarte D6
Vorwahl: 0 14 39
Einwohner: 2000

Tourist Information Office, The Town Hall, Market Place, Helmsley, North Yorkshire YO62 5BL, Tel. 77 01 73, Fax 77 18 81. Mo–Fr 9.30–18, Sa–So 9.30–17.30 Uhr.

Carlton Lodge, Bondgate, Helmsley, YO62 5EY, Tel. 77 05 57, Fax 77 06 23, carlton.lodge@dial.pipex.com, dspace.dial.pipex.com/carlton.lodge. Gutes Frühstück und alle Zimmer mit Bad in einem viktorianischen Haus. Moderat.
Black Swan, Market Place, Helmsley, YO6 5BJ, Tel. 08 70-4 00 81 12, Fax 77 01 74. Traditionsreiches Haus mit viel Komfort direkt am Marktplatz. Teuer.
Feversham Arms, 1 High St., Helmsley, YO6 5AG, Tel. 77 07 66, Fax 77 03 46, reception@feversham-helmsley.fsnet.co.uk. Teuer.

Duncombe Park, Tel. 77 02 13. Herrensitz in schönem Park. Apr–Okt, So–Fr 11–16.30 Uhr.
Helmsley Castle (EH), Tel. 77 04 42, Apr–Sep tägl. 10–18, Okt–März Mi–So 10–16 Uhr.
Rievaulx Abbey (EH), 3 km westlich von Helmsley (Busverbindung) abseits der B 1257, Tel. 79 82 28. Apr–Sep tägl. 10–18, Okt–März 10–16 Uhr.

Pub: The Feathers, mittelalterlicher Bau am Marktplatz mit schönem Garten. Einige Fremdenzimmer (moderat).

Bus ab York oder Pickering.

Hereford

Lage: Vordere Umschlagkarte B2
Vorwahl: 0 14 32
Einwohner: 48 000

Tourist Information Centre: 1 King St., Hereford, HR4 9BW, Tel. 26 84 30, Fax 34 26 62. Mo–Fr 9–17, Sa–So 10–16 Uhr.

Green Dragon, Broad St., Hereford HR4 9BG, Tel. 08 70-4 00 81 13, Fax 35 21 39. Traditionsherberge gegenüber der Kathedrale. Moderat.
Aylestone Court Hotel, Aylestone Hill, Hereford, HR1 1HS, Tel. 34 18 91, Fax 26 76 91. Denkmalgeschütztes Haus, geschmackvoll zu einem Hotel umgebaut. Stadtmitte zu Fuß nur 5 Minuten. Moderat bis teuer.

Cafe At All Saints, High St., Tel. 37 04 15. Vegetarisches Mittagessen in ehemaliger Kirche. Abends geschlossen. Günstig.
Ancient Camp Inn, Ruckhall, nahe Eaton Bishop, Tel. 0 19 81-25 04 49. Die kurze Fahrt von Hereford lohnt sich: moderne britische Küche in guter Qualität und eine schöne Lage über dem River Wye. Moderat bis teuer.

Cathedral Treasury (Domschatz), Mappa Mundi und Chained Library. Mo–Sa 10–16 Ostern–Oktober, 11–15 Nov–Ostern, So 11–15 Uhr.
The Old House, Tel. 26 06 94. Di–Sa 10–17, So 10–16 Uhr.

Cider Museum, Pomona Place, Whitecross Rd, Tel. 35 42 07, Apr–Okt tägl. 10–17.30, Nov–März Di–So 11–15 Uhr.
St. John Mediaeval Museum at Coningby, Tel. 27 20 08, Ostern–Sep, tägl. außer Mo und Fr 14–17 Uhr.

Ende August: **Three Choirs' Festival.** Seit 1715 veranstalten die Chöre der Kathedralen von Gloucester, Hereford und Worcester dieses Musikfestival.

Cider, der englische Apfelwein, schmeckt vorzüglich. In Hereford kann man neben dem **Museum** (s. oben) auch eine **Fabrik** besichtigen: HP Bulmer Drinks Limited, Plough Lane, Hereford, HR4 0LE, Tel. 35 20 00.

Einige **Direktzüge** ab London Paddington, stündlich über Newport in Südwales, Fahrzeit 3 St.

Hexham

Lage: Vordere Umschlagkarte C8
Vorwahl: 0 14 34
Einwohner: 11 000

Manor Office, Hallgate, Hexham, NE46 1XD, Tel. 60 52 25, Fax 60 03 25. Mo–Sa 9–18, So 10–17 Uhr.

The Rose & Crown Inn, Main St., Slaley, Hexham, NE47 0AA, Tel. 67 32 63, Fax 67 33 05. Alte Herberge im Dorf Slayley oberhalb von Hexham über die B 6306. Restaurant und gute Ales in der Bar. Günstig bis moderat.
Royal Hotel, Priestpopple, Haltwhistle, Tel. 60 22 70. Traditionsherberge, schön restauriert, mit Restaurant. Moderat.
George Hotel, Chollerford, NE46 4EW, Tel. 68 16 11, Fax 68 17 27. Nähe Hexham, wunderbar gelegen am Ufer des North Tyne. Teuer.
Beaumont Hotel, Beaumont St., Hexham, NE46 3LT, Tel. 60 23 31, Fax 60 61 84, beaumont.hotel@btinternet.com. Kleines Hotel in der Stadtmitte. Teuer.

Dipton Mill Inn, Dipton Mill Road, 3 km außerhalb über B 6306 nach Slaley. Terrasse am Bach, Ales aus Hexham und preiswerte Pub-Küche.
General Havelock Inn, Ratcliffe Road, Haydon Bridge, Tel. 68 43 76. Nahe dem South Tyne River, westlich von Hexham. Wahlweise Pub-Küche oder anspruchsvollere internationale Cuisine im angeschlossenen Restaurant. Moderat bis teuer.

Hexham Abbey mit Krypta aus angelsächsischer Zeit. Tägl. 9–17 (Sommer bis 19) Uhr.

Border History Museum, The Old Gaol, Hallgate, Tel. 65 23 49. Grenzlandgeschichte. Ostern–Okt tägl. 10–16.30 Uhr, Dez–Jan geschlossen, Nov und Feb Sa, Mo, Di 10–16.30 Uhr.

Queen's Hall Arts Centre, Beaumont St., Tel. 60 72 72. Breit gefächertes Programm mit Musik, Theater, Kleinkunst.

 s. Hadrian's Wall.

Holker Hall

Lage: Vordere Umschlagkarte B7 bei Ulverston

 Holker Hall, Tel. 01 53 95-5 83 28. Apr–Okt tägl. außer Sa, 10–18 Uhr.

Erste Juni-Woche: **Garden Festival.**

Holy Island

s. Lindisfarne

Horncastle und Umgebung

*Lage: Vordere Umschlagkarte F4
Vorwahl: 0 15 07*

Tourist Information Office, The Trinity Centre, 52 East St., Horncastle, Lincolnshire LN9 6AA, Tel. 52 66 36, Fax 52 66 36, Mo–Sa 10–17, So 11–15 Uhr.

Admiral Rodney Hotel, North St., Horncastle, Tel. 52 31 31, Fax 52 31 04, admiralrodney@bestwestern.co.uk. Mittelgroßes Hotel in der Stadtmitte. Moderat.

Magpies, 73–75 East St., Horncastle, Tel. 52 70 04. Französische Küche mit einheimischen Zutaten. Moderat.

 R.A.F. Coningsby, Battle of Britain Memorial Flight, Tel. 0 15 26-34 40 41. Mo–Fr (außer Feiertage) 10–17, letzte Führung 15.30 Uhr.
Tattershall Castle (NT), Tel. 0 15 26-34 25 43. An der A 153, 16 km südwestl. von Horncastle, Apr–Okt Sa–Mi 10.30–17.30, Nov–Dez nur Sa und So 12–16 Uhr.

Pub: Coningsby: **The Leagate,** alte Gaststätte 1 km nordwestlich des Dorfes.

Ickworth

Lage: Vordere Umschlagkarte G2 bei Bury St. Edmunds

 Ickworth House (NT), Tel. 0 12 84-73 52 70. Haus Apr–Okt, Mi, Fr, Sa, So 13–17. Mo an Feiertagen geöffnet. Garten Apr–Okt tägl. 10–17 Uhr.

 Bus ab Bury St. Edmunds oder Colchester.

Ipswich

*Lage: Vordere Umschlagkarte G2
Vorwahl: 0 14 73
Einwohner: 119 000*

 Ipswich Posthouse Hotel, London Road, Ipswich, IP2 OUA, Tel. 08 70-4 00 90 45, Fax 68 04 12. Großes modernes Hotel 3 km von Ipswich an der A 1214 in Richtung London. Moderat.

 Mortimer's Seafood Restaurant, Wherry Quay, Tel. 23 02 25. Schöne Lage am Hafen. Moderat bis teuer.

 Christchurch Mansion, Christchurch Park, Ipswich, Tel. 43 35 54. Di–Sa 10–17, So 14.30–16.30 Uhr.

 Ende Mai: **Suffolk Show.** Jahrmarkt und Agrarmesse.
Mitte Juni: **Aldeburgh Music Festival** an der Küste von Suffolk in Aldeburgh, Wohnort des Komponisten Benjamin Britten.

 Bahn 1,5 St. ab London Liverpool Street.

Ironbridge Gorge

*Lage: Vordere Umschlagkarte C3 bei Telford
Vorwahl: 0 19 52*

 Tourist Information Office, The Wharfage, Ironbridge, Shropshire TF8 7AW, Tel. 43 21 66, Fax 43 22 04. Mo–Fr 9–17, Sa–So 10–17 Uhr.

 The Golden Ball Inn, 1 Newbridge Road, Ironbridge, Shropshire TF8 7BA, Tel. 43 21 79, Fax 43 31 23. Alte Dorfkneipe mit 3 Zimmern. Günstig bis moderat.
The Malthouse, The Wharfage, Ironbridge, Shropshire TF8 7NH, Tel. 43 37 12, Fax 43 32 98, malthse@globalnet.co.uk. Pub und Restaurant mit 6 Zimmern. Live-Musik am Wochenende. Moderat.

 Ironbridge Gorge Museum, Tel. 43 35 22. Tägl. 10–17 Uhr.

 Bus ab Telford oder Shrewsbury.

Kedleston Hall

Lage: Vordere Umschlagkarte D4 bei Derby

 Kedleston Hall (NT), Tel. 0 13 32-84 21 91. Apr–Okt Sa–Mi: Haus 12–16.30, Garten 11–18 Uhr.

Kendal

*Lage: Vordere Umschlagkarte B7 bei Windermere
Vorwahl: 0 15 39
Einwohner: 22 000*

 Tourist Information Office, Town Hall, Highgate, Kendal, Cumbria LA9 4DL, Tel. 72 57 58, Fax 73 44 57. Mo–Sa 9–17, So 10–16 Uhr.

Tranthwaite Hall, Underbarrow, Kendal, LA8 8HG, Tel. 6 82 85, b&b@tranthwaitehall.freeserve.co.uk. 2 Zimmer auf einem Bauernhof, der auf den 12. Jh. zurückgeht. Die Frühstückseier sind garantiert frisch, die Umgebung wunderschön. Im Ort Underbarrow zwischen der Autobahnausfahrt und Kendal. Günstig bis moderat.

Lane Head Country House Hotel, Helsington, Kendal, LA9 5RJ, Tel. 73 12 83, Fax 72 10 23. Ca. 5 km südwestlich der Stadt, Herrensitz des 17. Jh. mit nur 6 Zimmern. Moderat bis teuer.

Moon, 129 Highgate, Kendal, Tel. 72 92 54. Bistro mit internationaler Küche. Moderat.

Levens Hall, 8 km südlich von Kendal, Tel. 56 03 21, Apr–Sep So–Do 12–17 Uhr.
Sizergh Castle (NT), 6 km südlich von Kendal, Tel. 56 00 70, Jun–Okt So–Do 13.30–17.30 Uhr.

Abbot Hall Museum of Lakeland Life and Industry, Kirkland, Kendal (neben der Kirche) und **Kendal Museum of Natural History and Archaeology,** Station Road, Tel. 72 24 64. Apr–Okt tägl. 10.30–17 Uhr. Nov–März tägl. 10.30–16 Uhr (Januar geschlossen).

Brewery Arts Centre, Highgate, Tel. 72 51 33. Café, Bar, Ausstellungen und gemischtes Unterhaltungsprogramm.

Anfang–Mitte Juni: **Appleby Horse Fair,** Cumbria – traditionelle Veranstaltung der Roma und Sinti zum Pferdehandel in der nahe gelegenen Stadt Appleby.

Bus- und **Bahn**verbindungen aus Manchester (1,5 St.), London, weiter nach Windermere.

Kenilworth

Lage: Vordere Umschlagkarte D3
Vorwahl: 0 19 26
Einwohner: 21 000

Tourist Information Office, 11 Smalley Place, Kenilworth, Warwickshire CV8 1QG, Tel. 85 25 95/ 85 07 08, Fax 86 45 03. Mo–Fr 9.30–19, Sa 9.30–16 Uhr.

Victoria Lodge Hotel, 180 Warwick Road, CV81 HU, Tel. 51 20 20, Fax 85 87 03, www.victorialodgehotel.co.uk. Gemütliches kleines Hotel für Nichtraucher. Moderat.

Bosquet, 97a Warwick Road, Tel. 85 24 63, Französisches Restaurant. Moderat bis teuer.

Kenilworth Castle (EH), Tel. 85 20 78. Apr–Sep tägl. 10–18, Okt–März 10–16 Uhr.

Pubs: Virgins and Castle, High St., schöne altmodische Kneipe.

Busse ab Stratford und zwischen den **Bahnhöfen** Coventry und Leamington Spa.

Kersey

Lage: Vordere Umschlagkarte G2 bei Ipswich
Vorwahl: 0 17 87

Red House Farm, Wickerstreet Green, Kersey, IP7 6EY, Tel. 21 02 45. Farmhouse-Küche und Pool. Günstig bis moderat.

Pub: The Bell. Bau aus der Tudor-Zeit mit viel Charakter. Küche besser als das durchschnittliche Pub-Essen.

Bus ab Ipswich.

Keswick

Lage: Vordere Umschlagkarte B7 bei Grasmere
Vorwahl: 01 76 87
Einwohner: 6 000

Tourist Information Office, Moot Hall, Market Square, Keswick, Cumbria CA12 5JR, Tel. 7 26 45, Fax 7 50 43. Tägl. 9.30–17.30 Uhr.

Lane's End Guest House, 4 High St., CA12 5AQ, Tel. 7 44 36. Viele Bequemlichkeiten zu einem fairen Preis. Günstig.
Borrowdale Gates Country House Hotel, Grange-in-Borrowdale, Keswick CA12 5UQ, Tel. 7 72 04, Fax 7 72 54, hotel@borrowdale-gates.com, www.borrowdale-gates.com. Ein komfortables altes Haus mit Restaurant in herrlicher Lage am Derwentwater – die Wanderungen beginnen vor der Haustür. Teuer.

 Pubs: The George, St. Johns St. Altes Zimmer mit Kaminfeuer und Pub-Essen, angeschlossenes Restaurant.
In Bassenthwaite (7 km von Keswick): **The Sun.** Niedrige Balken, große Portionen.

 Castlerigg Stone Circle, 5000 Jahre alt mit 30 m Durchmesser. Nicht so groß wie Stonehenge – aber von der Lage her deutlich überlegen. 7 km hin und zurück, gut ausgeschildert.

 Keswick Pencil Museum, Tel. 7 36 26. Alles über den Bleistift.

 Markttag: Samstag. Verschiedene Geschäfte verkaufen Wander- und Kletterausrüstung in guter Qualität.

 Theatre by the Lake. Kleines Theater mit einem abwechslungsreiches Programm.

 Dampfertouren auf Derwentwater mit Wanderungen kombiniert, z. B. Boot nach Hawes End, von dort auf den Berg Cat Bells, keine 700 m hoch, aber sehr lohnend.
Abenteuersport: The Adventure Company, Low Grove Farm, Millbeck, Keswick, CA12 4PS, Tel. 7 53 51, Fax 7 57 63, www.theadventureco.com

 Bahn von London direkt nach Windermere oder Penrith, dann **Bus.** Viele örtliche Busverbindungen, auch Fernbusse von London und anderen Zielen.

Killhope

Lage: Vordere Umschlagkarte C8 bei Durham

 The North of England Lead Mining Museum, Cowshill, Weardale, Tel. 0 13 88-53 75 05. Apr–Okt tägl. 10.30–17 Uhr.

King's Lynn und Umgebung

Lage: Vordere Umschlagkarte F3
Stadtplan: S. 243
Vorwahl: 0 15 53
Einwohner: 42 000

 Tourist Information, The Custom House, Purfleet Quay, King's Lynn, Norfolk PE30 1HP, Tel. 76 30 44, Fax 77 72 81. Mo–Sa 9.30–17, So 10–17 Uhr.

 Buckingham Lodge, 29 Tennyson Avenue, King's Lynn, PE30 2QG, Tel. 76 44 69, Fax 76 44 69, hilda@bradden.demon.co.uk, www.braddick.co.uk. 6 Nichtraucher-Zimmer im Wohngebiet. Stadtmitte leicht zu Fuß erreichbar. Günstig.
Russet House Hotel, 53 Goodwin Road, Tel. 77 30 98. Reizvolles viktorianisches Haus mit Garten. Günstig bis moderat.
Globe Hotel, Tuesday Market Place, King's Lynn, PE30 1EZ, Tel. 77 26 17, Fax 76 13 15. Mittelgroßes altes Hotel mit Pub und Restaurant direkt in der Altstadt. Günstig bis moderat.
Knights Hill Hotel, Knights Hill, South Wootton, PE30 3HQ, Tel. 67 55 66, Fax 67 55 68, reception@knightshill.co.uk. Nordöstlich von King's Lynn, Kreuzung der A 148 und A 149. Zum großen Hotel mit Pool, Tennisplätzen und Fitnesscenter umgebauter Bauernhof aus dem 17. Jh. Teuer.

 Riverside, 27 King St., Tel. 77 31 34. Nachmittagstee auf der Terrasse am River Ouse, Abendkarte mit frisch gefangenem Fisch. Moderat.
Rococo, 11 Saturday Market Place, Tel. 77 14 83. Feine Küche, betont frische Zutaten aus der Umgebung. Teuer.

👁 **Castle Rising** (EH), ca. 7 km von King's Lynn, Tel. 63 13 30. Apr–Sep tägl. 10–18, Okt 10–17, Nov–März Mi–So 10–16 Uhr.
Houghton Hall, 22 km östlich von King's Lynn, Tel. 0 14 85-52 85 69. Ende Apr–Sep Do, So, 14–17.30 Uhr.
Oxburgh Hall (NT), ca. 15 km südlich von King's Lynn, Tel. 0 13 66-32 82 58. Apr–Okt Sa, So, Di, Mi 13–17 Uhr.
Sandringham House, 15 km nordöstlich von King's Lynn, Tel. 77 26 75. Mitte Apr–Sep tägl. 11–17 Uhr. Änderungen möglich, wenn Mitglieder des Königshauses anwesend sind.

🏛 **Guildhall of St. George** (NT), King St., Tel. 76 55 65. Mo–Sa 10–17 Uhr.
Lynn Museum, Market St., Tel. 77 50 01, Di–Sa 10–17 Uhr. Geschichte und Natur der Region.
Town House Museum of Lynn Life, 46 Queen St., Tel. 77 34 50. Mai–Sep Di–Sa 10–17, So 14–17; Okt–Apr Mo–Sa 10–16 Uhr.
Tales of the Old Gaol House and Trinity Guildhall Regalia Rooms, Saturday Market Place, Tel. 77 42 97. Apr–Okt tägl. 10–16.15, Nov–März Fr–Di 10–16.15 Uhr. Verbrechens- und Gefängnisgeschichte.
True's Yard Heritage Centre, 3–5 North St., Tel. 77 04 79. Tägl. 9.30–17 Uhr. Restaurierte Fischerhäuschen.

🛍 Di und Fr großer, belebter **Markt** am Tuesday Market Place: Lebensmittel- und Flohmarkt zugleich. Sa am Saturday Market Place: eher für Lebensmittel.
Old Granary Antiques Centre in der King's Staithe Lane.

🍸 **Pubs: The Tudor Rose,** St. Nicholas St. nahe Tuesday Market Place. Preiswerte Küche, Garten, Übernachtungsmöglichkeit.
The Globe, Tuesday Market Place. Komfortables Pub-Hotel mit Gastronomie.

🎭 **Arts Centre** in St. George's Guildhall (s. oben): Musik, Tanz, Theater, Ausstellungen.

🎪 Mitte–Ende Juli: **King's Lynn Festival:** klassische Musik, Jazz, Schauspiel, Literatur, Ausstellungen.

�⇄ **Zug**verbindungen stündl. nach Ely (30 Min.) und Cambridge (45 Min.), **Busse** nach Peterborough und Norwich.

Lavenham

Lage: Vordere Umschlagkarte G2
Vorwahl: 0 17 87
Einwohner: 1 700

ℹ Tourist Information, Lady St., Lavenham, Suffolk CO10 9RA, Tel. 24 82 07. Tägl. 10–16.30 Uhr

🏨 **Mount Farm House,** Thorpe Morieux, Lavenham, IP30 0NQ, Tel. 24 84 28, Fax 24 84 28, mntfarm@waitrose. com. 6 Zimmer, Tennis-Platz und beheiztes Schwimmbad. 3 km außerhalb. Moderat.
The Swan, High St., Lavenham, CO10 9QA, Tel. 08 70-40 081 16, Fax 24 82 86, heritagehotels_lavenham.swan@ forte-hotels.com, www.heritage-hotels.com. Wunderschönes, geschmackvoll eingerichtetes Fachwerkhaus. Teuer bis sehr teuer.

🍴 **Great House,** Market Place, Tel. 24 74 31. Französische Gerichte in einem Bau des 15. Jh. Moderat bis teuer.

👁 **Lavenham Guildhall** (NT). Tel. 24 76 46. Mai–Okt tägl. 11–17, März, Apr, Nov Sa–So 11–17 Uhr.

🍸 **Pub: The Angel,** Market Place, Tel. 24 73 88. Historisches Ambiente im Hotel mit Pub und Restaurant, feine Küche.

⇄ **Bus** ab Bury St. Edmunds oder Colchester.

Leamington Spa

Lage: Vordere Umschlagkarte D3
Vorwahl: 0 19 26
Einwohner: 55 000

Tourist Information, Jephson Lodge, Jephson Gardens, The Parade, Leamington Spa, Warwickshire CV32 4AB, Tel. 31 14 70, Fax 88 16 39.

Angel Hotel, 143 Regent St., Royal Leamington Spa, CV32 4NZ, Tel. 88 12 96, Fax 88 12 96. Altes Hotel mit neuem Anbau, 50 individuelle Zimmer in der Stadtmitte, Bar und Restaurant. Moderat.

Les Plantagenets, 15 Dormer Place, Tel. 45 17 92. Französische Küche in einem eleganten Regency-Haus. Teuer.
The Leamington Hotel & Bistro, 64 Upper Holly Walk, Tel. 88 37 77. Englische und französische Küche. Moderat.

 Jephson Gardens, wunderschöne Gärten in der Ortsmitte.

 Anfang Juli: **Warwick and Leamington Festival:** klassische Musik, Schauspiel, Ausstellungen.

 Bahn zweimal stündlich ab Birmingham, 30–40 Min.

Leeds und Umgebung

Lage: Vordere Umschlagkarte D6
Stadtplan: S. 194
Vorwahl: 01 13
Einwohner: 455 000

Tourist Information Office, The Arcade, City Station, Leeds, West Yorkshire LS1 4DG, Tel. 2 42 52 42, Fax 2 46 82 46. Tägl. 9.30–18 Uhr.

Aragon Hotel, 250 Stainbeck Lane, Leeds, LS7 2PS, Tel. 2 75 93 06, Fax 2 75 71 66. Kleines Hotel in einem ruhigen Wohngebiet. Günstig bis moderat.
42 The Calls, 42 The Calls, LS2 7EW, Tel. 2 44 00 99, Fax 2 34 41 00, hotel@ 42thecalls.co.uk. Luxus in einer umgebauten Getreidemühle. Sehr teuer.

 Sous le Nez en Ville, Quebec House, Quebec St. Schicker Kellerumbau, kreative Küche, gute Weine. Moderat.
Darbar, 16–17 Kirkgate, Tel. 2 46 03 81. Indische Küche. Moderat.
Brasserie Forty Four, 44 The Calls, Tel. 2 34 32 32. Ehemalige Getreidemühle am Fluss. Kreative Küche mit Einflüssen vom Mittelmeer, aus Fernost und Amerika. Moderat bis teuer.
Leodis, Victoria Mill, Sovereign St., Tel. 2 42 10 10. Traditionelle britische Küche mit kontinentalen Einflüssen in gelungenem Fabrikumbau. Moderat bis teuer.

 Kirkstall Abbey and Abbey House, Tel. 2 63 78 61. Mo–Sa 10–17, So 13–17 Uhr.
Harewood House, 12 km nördlich von Leeds, Tel. 2 18 10 10, www.harewood.org. Apr–Okt tägl. 11–17 Uhr.
Temple Newsam, Tel. 2 64 73 21. 8 km östlich von Leeds. Park tägl. ganztägig; Haus Di–Sa 10–17, So 13–17 Uhr (Nov, Dez, März nur bis 16 Uhr).
Thwaite Mills, Tel. 2 49 64 53. Apr–Okt Di–So 13–17 Uhr.

Leeds Industrial Museum Armley Mills, Canal Road, Leeds, Tel. 2 63 78 61. Di–Sa 10–17, So 13–17 Uhr.
Leeds City Art Gallery, Tel. 2 47 82 48. Mo–Sa 10–17, So 13–17 Uhr.
Royal Armouries Museum, Waterfront Walk, Tel. 5 10 66 66. Mo–Fr 10.30–16.30, Sa–So 10.30–17.30 Uhr.

 Empfehlenswert für den Shopping-Bummel sind die viktorianischen Einkaufspassagen am **Briggate,** das Erholungs- und Einkaufsviertel am **River Aire** (Kunsthandwerk), der große überdachte **Kirkgate Market** sowie die Cafés und kleinen Läden unter der schönen Kuppel des **Corn Exchange.** Am Wochenende: **Flohmarkt** am Granary Wharf.

Zwei gut erhaltene viktorianische **Pubs** mit preiswerten Mittagsgerichten: **Whitelocks,** Turks Head Yard, Briggate (Gasse gegenüber Debenhams Kaufhaus) und **The Victoria,** Great George St.

Tipps von Ort zu Ort

Leeds Grand Theatre & Opera House, 46 New Briggate, Tel. 2 45 60 14. Renommiertes Ensemble »Opera of the North«.
West Yorkshire Playhouse, Tel. 2 13 77 00. Klassisches und modernes Schauspiel.

Mitte–Ende Oktober: **Leeds International Film Festival**

 Gute **Bahn**- und **Bus**verbindungen zu anderen Großstädten sowie Regionalverkehr.

Leyburn und das westliche Wensleydale

Lage: Vordere Umschlagkarte D7
Vorwahl: 0 19 69

 Tourist Information, 4 Central Chambers, Market Place, Leyburn, North Yorkshire DL8 5BB, Tel. 62 30 69, Fax 62 28 33. Mo–So 9.30–17.30 Uhr

Richard III Hotel, Market Place, Middleham, North Yorkshire DL8 4NP, Tel. 62 32 40. Kleines Hotel in einem Haus aus dem 17. Jh. Günstig bis moderat.
The Priory, West End, Middleham, North Yorkshire DL8 4QG, Tel. 62 32 79. 8 Zimmer neben der Burg von Middleham. Günstig bis moderat.
Golden Lion Hotel, Market Place, Leyburn DL8 5AS, Tel. 2 21 61, Fax 2 38 36, AnneGoldenLion@aol.com. Altes Hotel am Marktplatz mit 15 Zimmern und einer eigenen Biersorte. Moderat.

Middleham: **The Black Swan.** Im Pub-Teil ein uriges Ambiente, die Fremdenzimmer sind aber bequem, whiteswan@easynet.co.uk, www.whiteswanhotel.co.uk. Neue britische Küche. Moderat.
Foresters Arms im Dorf Carlton bei Wensley. Anspruchsvolle Küche in einer Herberge des 17. Jh. Teuer.

Bolton Castle, Wensleydale, Tel. 62 39 81. März, Okt 10–16, Apr–Sep 10–17 Uhr.
Middleham Castle (EH), Wensleydale, Tel. 62 38 99. Apr–Okt tägl. 10–18, Nov–März Mi–So 10–13, 14–16 Uhr.

Pub: The Blue Lion am Dorfanger von East Witton, zwischen Leyburn und Ripon, sehr gute Küche.

 Busverbindungen sind selten. Details im Heft »Dales Connections«.

Lincoln

Lage: Vordere Umschlagkarte E4
Stadtplan: S. 228
Vorwahl: 0 15 22
Einwohner: 84 000

Tourist Information Centre, 9 Castle Sq., Lincoln LN1 3AA, Tel. 87 37 00, Fax 873701. Mo–Fr 9–17, Sa–So 10–17 Uhr.

Admiral Guest House, 18 Nelson St., LN1 1PJ, Tel./Fax 54 44 67. Nicht zentral, aber schöne Zimmer. Günstig.
White Hart, Bailgate, LN1 3AR, Tel. 08 70-4 00 81 17, Fax 53 17 98, HeritageHotels-Lincom.White-Hart@Forte-hotels.com. Seit 600 Jahren eine Herberge, 1387 übernachtete Richard II. hier. Moderat bis teuer.
D'Isney Place, Eastgate, LN2 4AA, Tel. 53 88 81, Fax 51 13 21, info@disneyplacehotel.co.uk. Kleines, gemütliches Familienhotel nahe der Kathedrale. Teuer.
The Castle Hotel, Westgate, Tel. 53 88 01, Fax 57 54 57. Umgebaute Schule nahe Burg und Kathedrale. Teuer.

Wig and Mitre, 29 Steep Hill, Tel. 53 51 90. Gut besuchte historische Herberge mit Restaurant nebenan, in dem man preiswert oder nobel essen kann. Günstig bis teuer.
Brown's Pie Shop, Steep Hill, Tel. 52 73 30. Spezialität: Pies. Günstig.
The Jew's House Restaurant, 15 The Strait, Tel. 52 48 51. Historisches Haus mit französischer Cuisine. Teuer.

Bishop's Palace (EH), Tel. 52 74 68. Apr–Okt, tägl. 10–17, Nov–März Sa, So 10–16 Uhr.
Lincoln Castle, Tel. 51 10 68. Mo–Sa 9.30–16.30, So 11–16.30 Uhr.
Stonebow und Guildhall, Tel. 42 64 54. Führungen alle zwei Wochen am Sa oder So – Auskunft im Tourist Office.
Doddington Hall, Tel. 69 43 08. 8 km westlich von Lincoln, Mai–Sep Mi und So 14–18 Uhr.

 The Lawn, Union Road, Tel. 87 36 22. Mo–Fr 9–17, Sa–So 10–17 (Okt–Apr bis 16) Uhr.
Museum of Lincolnshire Life, Burton Road, Tel. 52 84 48. Tägl. 10–17.30 (So Okt–Apr 14–17.30) Uhr.
Usher Art Gallery, Lindum Road, Tel. 52 79 80. Mo–Sa 10–17.30, So 14.30–17 Uhr.

 Pubs: Green Dragon, Waterside North. Tudor-Bau am Wasser.
The Straits, 9 The Strait, Tel. 52 08 14. Weinlokal.

 Theatre Royal, Clasketgate, Tel. 52 55 55. Gemischtes Programm mit Schauspiel, Tanz, Musik.

 Mitte Juli: **Lincoln Mystery Plays** – mittelalterliche Spiele.
Mitte August: **Early Music Festival.** Musik des Mittelalters und der frühen Neuzeit.

 Zugverbindungen nach Newark (umsteigen nach London King's Cross), Nottingham und Birmingham. Mit dem **Bus** direkt nach London (5 St.), Leeds, Manchester.

Lindisfarne (Holy Island)

Lage: Vordere Umschlagkarte D9
Vorwahl: 0 12 89

 Britannia House, Holy Island, Northumberland, Tel. 38 92 18. B & B. Günstig.
Lindisfarne Hotel, Holy Island, Northumberland TD15 2SQ, Tel. 38 92 73, Fax 38 92 84. Familienbetrieb, empfehlenswert auch wegen der Küche und des Whisky-Angebots, das durchgefrorene Ornithologen wiederbelebt. Moderat.

 Lindisfarne Castle (NT), Tel. 38 92 44. Apr–Okt tägl. außer Fr 13–17.30 Uhr.
Lindisfarne Priory (EH), Tel. 38 92 00. Apr–Sep tägl. 10–18, Okt–März 10–16 Uhr. Anfahrt: Überfahrt gezeitenabhängig: Information über Gezeiten von der Tourist Information in Berwick und Alnwick oder auf dem Schild am Straßenrand direkt vor der Überfahrt auf Holy Island.

 St. Aidan's Winery: Honigmet, Obstweine, Northumberland-Käse, Andenken.

 Pub: The Northumberland Arms, einfacher Pub mit Fremdenzimmern.

 Rundwanderung um die Insel. Für Ornithologen besonders interessant.

 Bus zweimal tägl. aus Berwick. Busse an der Küstenstraße halten im 7 km entfernten Beal.

Little Moreton Hall

Lage: Vordere Umschlagkarte C4

Little Moreton Hall, Tel. 0 12 60-27 20 18. Apr–Okt Mi–So 11–17.30, Nov u. Dez Sa/So 11.30–17.30 Uhr.

Liverpool und Umgebung

Lage: Vordere Umschlagkarte B5
Stadtplan: S. 111
Vorwahl: 01 51
Einwohner: 460 000

Tourist Information Centre, Atlantic Pavilion, Albert Dock, Liverpool, L3 4AE, Tel. 7 08 88 54, Fax 7 09 33 50. Tägl. 10–17.30 Uhr.

Aachen Hotel, 89–91 Mount Pleasant, Liverpool, L3 5TB, Tel. 7 09 34 77, Fax 7 09 11 26. Zentral gelegen und preiswert, gutes Frühstück. Günstig.
Campanile Hotel, Chaloner St., Queen's Dock, L3 4AJ, Tel. 7 09 81 04, Fax 7 09 87 25. Großes modernes Hotel am Mersey. Moderat.
Swallow Hotel, 1 Queen Square, Liverpool L1 1RH, Tel. 4 76 80 00, Fax 4 74 50 00, liverpool@swallow-hotels.co.uk. Modernes Hotel in der Stadtmitte mit allem Komfort.

Number Seven Café, 7 Falkner St., Tel. 7 09 96 33. Preiswert und gut für Frühstück, Mittagessen, Teatime und Abendessen. Viele vegetarische Gerichte. Günstig.
Jung Wah, 36 Nelson St., Tel. 7 09 12 24, und **Far East Restaurant,** 27 Berry St., Tel. 7 09 31 41. Chinesische Küche mitten in Chinatown. Günstig.
Bechers Brook, 29A Hope St., Tel. 7 07 00 05. Moderne internationale Küche. Beliebt unter Theaterbesuchern. Moderat bis teuer.

10 Forthlin Road, Beatles Story, Albert Dock, Tel. 7 09 19 63. Tägl. 10–18 (Nov–März 10–17) Uhr. Birthplace of the Beatles 20 Forthlin Road, Tel. 08 70-9 00 02 56. Apr–Okt Mi, Sa; Nov–März Sa; Öffnungszeiten: Auskunft im Tourist Office. Familienheim der McCartneys.
Liverpool Football Club Museum and Stadium Tour, Anfield Road, Tel. 2 60 66 77. Tägl. 10–17 Uhr. Blick hinter die Kulissen.
Speke Hall (NT), Tel. 4 27 72 31. Apr–Okt Di–So 13–17 Uhr, Nov–März Di–So 12–16 Uhr.
St. George's Hall, Tel. 7 07 23 91. Öffnungszeiten: Auskunft im Tourist Office.

Liverpool Museum and Planetarium, William Brown St., Tel. 4 78 43 99. Mo–Sa 10–17, So 12–17 Uhr. Wissenschaft und Technik, Regenwald, ägyptische Mumien.
Merseyside Maritime Museum, Albert Dock, Tel. 4 78 44 99. Tägl. 10–17 Uhr.

Museum of Liverpool Life, Albert Dock, Tel. 4 78 44 99. Tägl. 10–17 Uhr.
Tate Gallery Liverpool, Albert Dock, Tel. 7 02 74 00. Di–So 10–18 Uhr.
Walker Art Gallery, William Brown St., Tel. 4 78 41 99 . Mo–Sa 10–17, So 12–17 Uhr.
Andere Mersey-Seite:
Lady Lever Art Gallery, Port Sunlight, Tel. 4 78 41 36, Mo–Sa 10–17, So 12–17 Uhr.

Beatles Shop »From Me to You«, Mathew St.

Pubs: The Philharmonic, Hope St., zwischen den beiden Kathedralen. Eindrucksvolle Architektur und Dekoration der 90er Jahre des 19. Jh. inkl. viktorianische Toiletten.
The Pumphouse, Albert Dock. Gelungener Umbau eines Hafengebäudes.
Nation, Parr Street, Tel. 7 09 16 93. Großer Komplex mit dem landesweit bekannten Club Cream.

Bluecoast Arts Centre, School Lane, Tel. 7 09 52 97. Tanz, Jazz, Lesungen und mehr.
Empire Theatre, Lime St., Tel. 7 09 15 55. Oper, Schauspiel, Konzerte.
Everyman Theatre, 1 Hope St., Tel. 7 09 47 76. Tanz, Schauspiel, Konzerte.
Das **Royal Liverpool Philharmonic Orchestra** spielt in der Philharmonic Hall, Hope St., Tel. 7 09 37 98.

Ende März/Anf. April: **Grand National Pferderennen,** Tel. 5 23 26 00.
3. August-Woche: **Beatles Week.**

Mersey Ferries, Tel. 6 30 10 30. Tägl. ab 10 Uhr Rundfahrten auf dem Mersey ab Pier Head (vor dem Royal Liver Building).
Beatles Tour. Tägl. 14.20 Uhr ab Albert Dock.

Von London mit **Bus** 4–5 St., **Bahn** 3 St. Auch gute Verbindungen zu anderen Großstädten. Von **Liverpool Airport** im südlichen Stadtteil Speke hauptsächlich Inland-Flüge.

Long Melford

Lage: Vordere Umschlagkarte G2
Vorwahl: 0 17 87

The George and Dragon, Long Melford, Suffolk CO10 9JB, Tel. 37 12 85, Fax 31 24 28, geodrg@mail.globalnet.co.uk. Alte Dorfkneipe mit Restaurant und Fremdenzimmern. Moderat.
Bull Hotel, Hall St., Long Melford, CO10 9JG, Tel. 37 84 94, Fax 88 03 07. Haus aus dem 15. Jh., schön eingerichtet. Teuer.

Scutchers Bistro, Westgate St., Long Melford, Tel. 0 70 00-72 88 24. Britische Küche mit fernöstlichen Einflüssen, gegenüber Melford Hall. Moderat.

Kentwell Hall, Long Melford, Tel. 31 02 07. Wechselnde Öffnungszeiten, Auskunft telefonisch.
Melford Hall, Long Melford (NT), Tel. 88 02 86. Mai–Sep Mi, Do, Sa, So, Mo und Feiertag, 14–17.30, Apr und Okt Sa–So 14–17.30 Uhr.

Der Ort ist das regionale Zentrum des **Antiquitätenhandels.**

Juni–Juli: **Tudor-Zeit-Tage** in Kentwell Hall, Long Melford – Musik, Tanz, Schauspiel u. a. in Kostümen

Busverbindungen: stündlich direkt ab Bury St. Edmunds; ab Norwich und Cambridge in Sudbury umsteigen.

Ludlow

Lage: Vordere Umschlagkarte B3
Vorwahl: 0 15 84
Einwohner: 9 000

Tourist Information, Castle St., Ludlow, Shropshire SY8 1AS, Tel. 87 50 53, Fax 87 79 31. Tägl. 10–17 Uhr.

The Hen and Chickens Guesthouse, 103 Old St., Ludlow, SY8 1NU, Tel. 87 43 18, sally@hen-and-chickens.co.uk. Schon der Name kündigt einen freundlichen Empfang an. Am Stadtrand. Günstig bis moderat.
Feathers Hotel, Bull Ring, Ludlow, SY8 1AA, Tel. 87 52 61, Fax 87 60 30. Komfort hinter einer herrlichen Fachwerkfassade von 1620. Teuer.

 The Roebuck Inn Restaurant, Brimfield südl. von Ludlow, Tel. 71 12 30. Moderne englische Küche gehobener Qualität, Spezialität ist die Auswahl britischer Käsesorten. Teuer bis sehr teuer. Im Pub-Teil nebenan isst man billiger.
Overton Grange Hereford Road, Tel. 87 35 00. Sehr gute französische Küche. Teuer bis sehr teuer.

 Ludlow Castle, Tel. 87 33 55. Mai–Sep tägl. 10–17, Feb–März und Okt–Dez 10–16 Uhr, Jan geschlossen.

 Pubs: The Unicorn, Corve St. Gemütlicher Pub aus dem 17. Jh. mit Biergarten am Fluss und angeschlossenem Restaurant (günstig bis moderat).
The Church Inn, Church St., altes Gasthaus mit Fremdenzimmern.

 Ende Juni–Anfang Juli: vielseitiges **Festival** in der Burg mit Shakespeare, Musik, Oper, Lesungen, Ausstellungen.
Anfang Sept: **Kulinarisches Fest.**

Zug ab London Paddington über Newport (Südwales), 3 St.; 30 Min. ab Hereford oder Shrewsbury (dort Verbindung nach Birmingham).

Manchester und Umgebung

Lage: Vordere Umschlagkarte C5
Stadtplan: S. 122
Vorwahl: 01 61
Einwohner: 450 000 (Stadt Manchester); 2,5 Mio. (Ballungsraum Greater Manchester)

Tourist Information Centre, Town Hall Extension, Lloyd St., Manchester,

M60 2LA, Tel. 2 34 31 57, Fax 2 36 99 00. Mo–Sa 10–17.30, So 11–16 Uhr.

Green Gables Guest House, 152 Barlow Moor Road, M20 2UT, Tel. 4 45 53 65, Fax 4 45 63 63. Im grünen Vorort Didsbury, mit dem Bus Nr. 11 ist die Stadtmitte schnell erreichbar. Günstig.

Castlefield Hotel, Liverpool Road, M3 4JR, Tel. 8 32 70 73. Modernes Hotel am Kanal mitten im sanierten Castlefield-Viertel. Fitness-Club mit Pool und Sauna. Moderat bis teuer.

Palace Hotel, Oxford St., M60 7HA, Tel. 2 88 11 11, Fax 2 88 22 22. Herrliche viktorianische Architektur zu einem Luxushotel umgebaut, Nähe Stadtmitte. Teuer.

Holiday Inn, Crowne Plaza, Peter St., M60 2DS, Tel. 2 36 33 33, Fax 9 32 41 00, sales@mhccl.demon.co.uk. Aus der Zeit der großen Bahnhofshotels, jetzt aufwendig restauriert. Teuer bis sehr teuer.

Gaylord, Amethyst House, Spring Gardens, Tel. 8 32 60 37. Indische Küche gehobener Qualität. Moderat.

Koreana, 40 A King St. West, Tel. 8 32 43 30. Koreanisch. Moderat.

Yang Sing, 34 Princes St., Tel. 2 36 22 00. Eins der besten chinesischen Restaurants in England. Teuer. Preiswerter der **Little Yang Sing,** 17 George St., Tel. 2 28 77 22. Moderat. Gute chinesische Küche findet man fast überall im Chinatown-Viertel.

Mash and Air, 40 Chorlton St., Tel. 6 61 61 61. Zwei Lokale mit Kleinbrauerei unter einem Dach: **Mash** ist die Bar mit einfachen Gerichten wie Pizza, **Air** ein modisches Restaurant mit Designer-Einrichtung und -gerichten. Günstig bis teuer.

Sehenswertes in Manchester: **Manchester United Football Club,** Old Trafford, Tel. 8 68 86 31. Führung und Museum, tägl. 10–17 Uhr.

... in der Region um Manchester: Dunham Massey (NT), Tel. 9 41 10 25. Apr–Sep: Haus Sa–Mi 12–17, Garten tägl. 11–17.30 Uhr. Park jederzeit geöffnet.

Jodrell Bank Science Centre, Tel. 0 14 77-57 13 39. Mitte März–Okt tägl. 10.30–17.30, Nov–Mitte März Di–So 11–16.30 Uhr.

Lyme Park (NT), Tel. 0 16 63-76 20 23. Apr–Okt Fr–Di: Garten 11–17, Haus 13–17 Uhr.

Quarry Bank Mill (NT), Tel. 0 16 25-52 74 68. Apr–Sep tägl. 11–18, Okt–März Di–So 11–17 Uhr.

Tatton Park (NT), Tel. 0 16 25-53 44 00. Apr–Okt: Di–So 12–17, Park bis 18 Uhr. Nov–März: nur Garten und Park, tägl. 11–16 Uhr.

Wigan Pier, Tel. 0 19 42-32 36 66, Mo–Sa 10–17, So 11–17 Uhr.

Manchester City Art Gallery, Mosley St., Tel. 2 36 52 44. Mo–Sa 10–18, So 14–18 Uhr.

Manchester Museum, The University, Oxford Road, Tel. 2 75 26 34. Mineralien, Saurier und Fossilien, Biologie, Ethnologie, Alt-Ägypten und -Orient. Mo–Sa 10–17 Uhr.

Museum of Science and Industry, Tel. 8 32 18 30. Tägl. 10–17 Uhr, ganzjährig.

Pump House People's History Museum, Bridge St., Tel. 8 39 60 61. Di–So 11–16.30 Uhr. Sozialgeschichte und Arbeiterbewegung.

Das feine Kaufhaus ist **Kendall Milne** auf Deansgate. Im riesigen **Arndale Centre** sind alle Ketten mit kleinen und großen Läden vertreten, schickere Boutiquen gibt es in der Gegend um **St. Annes Square.** Im **Afflecks Palace,** 52 Church Street kleidet sich die junge schrille Szene ein.

Junge Mancunians behaupten, die neuesten Trends der Club- und Musikszene seien zuerst in Manchester, dann in London zu erleben. Mit der Programmzeitschrift »City Life« hält man sich auf dem Laufenden.

Planet K., 48 Oldham St., Tel. 8 39 99 41. Tagsüber Café und Galerie, abends Live-Musik und Disco.

Gay Quarter. Die zahlreichen Kneipen und Cafés entlang der Canal Street

werden nicht nur von Schwulen frequentiert.
Castlefield hat sich zu einem lebendigen Viertel entwickelt:
Dukes 92, Castle St., neben Römerfort. Schöner Umbau einer Stallung für Treidelpferde.
In den Backsteinbögen **Deansgate Locks** (unter der Eisenbahn an der Deansgate Station) zwei schicke Bars mit Gastronomie: **Society Café,** Tel. 8 33 42 22, und **Loaf,** Tel. 8 34 00 76.
Im **Einkaufsviertel: Sinclairs Oyster Bar,** Shambles Square (zwischen Deansgate und Corporation St., hinter Einkaufszentrum versteckt). Überraschendes 18.-Jh.-Ambiente. Der benachbarte Pub **Old Wellington** lohnt auch einen Besuch.

Bridgewater Hall, Lower Moseley St., Tel. 9 07 90 00. Klassische Konzerte des exzellenten Hallé Orchestra – auch andere Musikrichtungen.
Corner House, 70 Oxford St., Tel. 2 28 24 63. Galerie und Programmkino.
Opera House, Quay St., Tel. 2 42 25 60. Oper und Musicals.
Palace Theatre, Oxford St., Tel. 2 42 25 60. Tanz, Konzerte, Musicals.
Royal Exchange Theatre, St. Anne's Square, Tel. 8 33 98 33. Klassisches und modernes Schauspiel.
Royal Northern College of Music, Oxford Road, Tel. 9 07 52 78. Klassische Musik.
The Lowry, Pier 8 Salford Quays. Theater und Konzerte.

Anfang Februar: **Chinesisches Neujahrsfest** in Chinatown.
Ende Juni: **Jazz Festival**
September: **Castlefield Carnival.**
Straßentheater und vielfältige Veranstaltungen.

Gute **Bahn**- und **Bus**verbindungen in alle Landesteile – London Euston 3 St. Manchester International Airport ist der größte nordenglische **Flughafen,** von der Stadtmitte mit der Metrolink-Bahn schnell erreichbar.

Masham

Lage: Vordere Umschlagkarte D6
Vorwahl: 0 17 65

Floodlite, 7 Silver St., Masham, Tel. 68 90 00. Gute, erschwingliche Küche, *Sunday Lunch* besonders zu empfehlen. Über die A 6108 zu erreichen, 15 km nordwestlich von Ripon. Moderat.

Diese kleine Stadt ist Heimat einer Brauerei, die unter Real-Ale-Fans einen legendären Ruf genießt: **Theakstons.** Ein Sproß der Theakston-Familie war nicht einverstanden, als die anderen ihre Anteile an einen Großkonzern verkauften, und gründete eine eigene Brauerei unter dem sinnigen Namen **Black Sheep Brewery.**
Zwei sehr schöne **Pubs** bieten die lokalen Erzeugnisse: **The White Bear,** von der A 6108 ausgeschildert, und **The King's Head** am Marktplatz.

 Brauerei-Besichtigung: Black Sheep Brewery plc, Tel. 68 92 27, Theakston Brewery Visitor Centre, Masham, Tel. 68 43 33.

Bus ab Ripon.

Matlock und Matlock Bath

Lage: Vordere Umschlagkarte D4
Vorwahl: 0 16 29
Einwohner: 20 000

Tourist Information, The Pavilion, Matlock Bath, DE4 3NR, Tel. 5 50 82, Fax 5 63 04. Mo–Fr 9.30–16, Sa–So 10–16 Uhr.

Fountain Villa, 86 North Parade, Matlock Bath DE4 3NS, Tel. 5 61 95, Fax 58 10 57, enquiries@fountainvilla.co.uk. B & B in einem eleganten Haus aus georgianischer Zeit. Günstig bis moderat.
Temple Hotel, Temple Walk, Matlock Bath, DE4 3PG, Tel. 58 39 11, Fax 58 08 51.

Kleines Hotel, schön gelegen am bewaldeten Hang des Derwent-Tals. Moderat.
Riber Hall, Matlock, DE4 5JU, Tel. 58 27 95, Fax 58 04 75, info@riber-hall.co.uk. Haus des 16. Jh. mit Antikmöbeln, wunderschönen Gärten und einem überregional bekannten Restaurant. Sehr teuer.

 Arkwright's Mill, Cromford, Matlock, Tel. 82 42 97. Tägl. 9–17 Uhr.
The Heights of Abraham Cable Cars, Caverns and Country Park Tel. 58 23 65. Seilbahnfahrt über dem Derwent-Tal zum Park mit Höhlenbesuch. Apr–Okt tägl. 10–17 Uhr.
National Tramway Museum. Für Freunde des Schienentransports. Apr–Aug Mo–Fr 10.00–17.30 Uhr.
Gulliver's Kingdom, Temple Walk, Matlock Bath. Freizeitpark mit Kirmeskarussells. Tägl. Ostern–Okt.
Peak District Mining Museum, The Pavilion, Matlock Bath. Apr–Okt tägl. 10–17, Nov–März 11–15 Uhr. Anschauliche Darstellung des Bergbaus im Peak District für alle Altersgruppen, Abstieg in ein Bleibergwerk.
Temple Mine, Temple Road, Tel. 58 38 34, Rekonstruktion eines Bleibergwerks der 1920er Jahr. Apr–Okt tägl. 10–17, Nov–März 11–15 Uhr.

The Boathouse, 110 Dale Road, Matlock. Altmodische Kneipe mit preiswerter Pub-Küche.
The Midland, 1 North Parade, Matlock Bath. Garten am Fluss mit schönem Blick, gute Auswahl an Gerichten.

 Züge von London über Derby oder Nottingham, 3 St.

Moreton-in-Marsh

Lage: Vordere Umschlagkarte D2
Vorwahl: 0 16 08
Einwohner: 3 000

Aston House, Broadwell, Moreton-in-Marsh, GL56 0TJ, Tel. 0 14 51-83 04 75, fja@netcomuk.co.uk. Gepflegtes Haus mit 3 Zimmern im ruhigen Dorf Broadwell, 2 km von Moreton. Günstig bis moderat.
Manor House Hotel, High St., Moreton-in-Marsh, GL56 0LJ, Tel. 65 05 01, Fax 65 14 81. Stilvolles Hotel mit gutem Restaurant in einem alten Haus. Teuer.

 Marsh Goose, High St., Moreton-in-Marsh, Tel. 65 35 00. Eine der besten Adressen der mit hochklassigen Restaurants verwöhnte Cotswolds-Gegend. Teuer.

Pub: The White Hart Royal. Essen im Pub oder im angeschlossenen Restaurant.

Fast stündlich Verbindungen mit London-Paddington, Fahrzeit 100 Min.

Nayland und Stoke-by-Nayland

Lage: Vordere Umschlagkarte G2
Vorwahl: 0 12 06

Hill House, Gravel Hill, Nayland, CO6 4JB, Tel. 26 27 82, heigham.hillhouse@rdplus.net. Denkmalgeschütztes Haus aus dem 16. Jh. In sehr schöner, ruhiger Lage. Günstig.
Ryegate House, Stoke-By-Nayland, CO6 4RA, Tel. 26 36 79, ryegate@lineone.net. Kleines B & B in einem Bilderbuch-Dorf, preiswert, aber komfortabel. Günstig.

Angel Inn, Stoke-by-Nayland. Dorfkneipe mit ungewöhnlich guter Küche. Moderat bis teuer.
White Hart Inn, High St., Nayland, Tel. 26 33 82. Neue britische Küche. Moderat bis teuer.

Newcastle-upon-Tyne und Umgebung

Lage: Vordere Umschlagkarte D8
Stadtplan: S. 162
Vorwahl: 01 91
Einwohner: 204 000

Tourist Information Office, City Library, Princess Square, Newcastle-upon-Tyne, NE99 1DX, Tel. 2 61 06 10/2 61 06 91, Fax 2 21 01 15. Mo–Fr 9.30–17, Sa 9–17 Uhr.

Premier Lodge, The Quayside, Newcastle-upon-Tyne, NE1 3DW, Tel. 08 70-7 00 15 04, Fax 08 70-7 00 15 05. Die Lage direkt am Fluss zu einem erschwinglichen Preis ist der Vorteil dieses modernen Hotels. Günstig bis moderat.
Chirton House Hotel, 46 Clifton Road, Grainger Park Road, Newcastle-upon-Tyne, NE4 6XH, Tel. 2 73 04 07, Fax 2 73 04 07. Das Haus mit 11 Zimmern liegt im Wohngebiet. Moderat.
County Thistle, Neville St., NE99 1AH, Tel. 2 32 24 71, Fax 2 32 12 85, newcastle@thistle.co.uk. Viktorianisches Hotel am Bahnhof. Teuer.

Leela's, 20 Dean St., Tel. 2 30 12 61. Südindische Küche mit vielen vegetarischen Gerichten. Moderat.
21 Queen Street, Princes Wharf, Quayside, Tel. 2 22 07 55. Gutes französisches Restaurant. Moderat bis teuer.
Treacle Moon, 5–7 The Side, Tel. 2 32 55 37. Nahe Tyne-Kai. Gemütlich und stilvoll, franz. und englische Küche. Teuer.

Castle Keep, St. Nicholas St., Newcastle, Tel. 2 32 79 38. Tägl. außer Mo: Apr–Sep 9.30–17.30, Okt–März 9.30–16.30 Uhr.

Beamish North of England Open Air Museum, Tel. 0 12 07-23 18 11. Ostern–Okt tägl. 10–17 Uhr. Nov–Ostern tägl. außer Mo und Fr 10–16 Uhr. Anfahrt: über A 693 oder mit dem Bus von Newcastle und Sunderland.
Laing Art Gallery, Higham Place, Newcastle, Tel. 2 32 77 34. Mo–Sa 10–17, So 14–17 Uhr.
Museum of Antiquities, The University, Newcastle, Tel. 2 22 78 49. Mo–Sa 10–17 Uhr.
Newcastle Discovery, Blandford Square, Tel. 2 32 67 89. Mo–Sa 10–17, So 14–17 Uhr.

Trinity Maritime Centre, Quayside, Newcastle, Tel. 2 61 46 91. Apr–Okt Mo–Fr 11–16 Uhr.

Eldon Square Shopping Centre: alles unter einem Dach.

Pubs: Bridge Hotel, Castle Square. Belebter viktorianischer Pub mit Imbissangebot.
The Cooperage, The Close, Quayside. Denkmalgeschütztes Haus am Tyne-Ufer mit deftigen Gerichten und gutem Ale-Sortiment.

Tyne Theatre and Opera House, Westgate Road, Tel. 2 32 15 51. Gemischtes Programm.

Anfang Februar: **chinesisches Neujahr** im Chinatown-Viertel. April: **Northumbrian Gathering:** Brauchtum von Northumbria in der Stadt Morpeth, nordwestlich von Newcastle. Mitte–Ende Juni: **Newcastle Hoppings,** traditioneller Jahrmarkt in Newcastle-upon-Tyne.

Knotenpunkt für Regionalverkehr. Zweimal stündlich **Zug**verbindungen ab London, Fahrzeit 3 St. **Flüge** nach Hamburg und Inlandflüge ab Tyne-Tees-Airport.

Norfolk Broads

Lage: Vordere Umschlagkarte G3

The Staithe, Ranworth, Norfolk NR13 6HY, Tel. 0 16 03-27 04 53.

King's Head, 26 Wroxham Road, Coltishall, NR12 7EA, Tel. 73 74 26, Fax 73 65 42. Traditionsherberge am Ufer des River Bure, die man mit Auto oder Boot erreichen kann. Gutes Fischangebot im Restaurant. Moderat.
The Limes, 12 Wroxham Road, Coltishall, NR12 7EA, Tel. 73 80 60, gill@thelimescoltishall.freeserve.co.uk. Der große Garten des 300 Jahre alten Hauses endet am

River Bure. Nur 3 Zimmer, geschmackvoll eingerichtet, Möglichkeit zu Angeln. An der B 1354 nahe den Broads. Moderat.

Gastronomie auf der Terrasse im **Hotel Wroxham,** Tel. 0 16 03-78 20 61. Roast Beef mit Blick auf den Fluss. Moderat.

Broadland Conservation Centre, Ranworth, Tel. 0 16 03-27 04 79. Apr–Okt tägl. 10–17 Uhr.
Horsey Windpump (NT), Tel. 0 14 93-39 39 04. Apr–Sept, tägl. 11–17 Uhr.

Broads Museum, Stalham, Tel. 0 16 92-58 16 81. Apr–Okt tägl. 11–17 Uhr. Viele Boote, Entstehung und Tradition der Broads.

Bootstour auf den Broads. Auf eigene Faust: Bank Boats, Staithe Cottage, Wayford Bridge, Stalham, Tel. 0 16 92-58 24 57; oder s. S. 345, Bootsvermietung. Geführt: Broads Tours, The Bridge, Wroxham, Tel. 0 16 03-78 22 07.

Busverbindungen ab Norwich. Fahrplanauskunft: Norfolk Bus Information Centre, Tel. 05 00-62 61 16.

Norwich

Lage: Vordere Umschlagkarte G3
Stadtplan: S. 258
Vorwahl: 0 16 03
Einwohner: 173000

Tourist Information Centre, The Guildhall, Gaol Hill, Norwich, NR2 1NF, Tel. 66 60 71, Fax 76 53 89. Mo–Sa 9.30–17 Uhr.

Beaufort Lodge, 62 Earlham Road, Norwich, NR2 3DF, Tel./Fax 62 79 28. Elegantes viktorianisches Haus mit 4 Nichtraucher-Zimmern. Stadtmitte zu Fuß schnell erreichbar. Günstig bis moderat.
Earlham Guesthouse, 147 Earlham Road, Norwich, NR2 3RG, Tel. 45 41 69, Fax 45 41 69, earlhamgh@hotmail.com.

7 Zimmer, unterschiedlich groß, aber bequem eingerichtet und preiswert für die relativ zentrale Lage. Günstig bis moderat.
Georgian House Hotel, 32–34 Unthank Road, Norwich, NR2 2RB, Tel. 61 56 55, Fax 76 56 89, reception@georgian-hotel.co.uk, georgian-hotel.co.uk. Mittelgroßes Hotel in zentraler Lage. Moderat.
Hotel Nelson, Prince of Wales Road, NR1 1DX, Tel. 76 02 60, Fax 62 00 08. Modern, gegenüber dem Bahnhof neben dem River Wensum. Teuer.

The Treehouse, 14 Dove St. Vegetarisches Café. Tel. 76 32 58. Günstig.
Green's Seafood Restaurant, 82 Upper Giles St., Tel. 62 37 33. Zutaten frisch vom Hafen. Moderat bis teuer.
Adlard's, 79 Upper Giles St., Tel. 63 35 22. Landesweit bekannt für hochwertige französische Cuisine. Teuer bis sehr teuer.

Norwich Castle. Neueröffnung 2001 nach Renovierungen. Auskunft: Tourist Office.
Norwich Cathedral, tägl. 7.30–19 (Okt–Apr bis 18) Uhr.

The Bridewell Museum, Bridewell Alley, Tel. 66 72 28. Apr–Sep Di–Sa 10–17 Uhr.
Dragon Hall, 115–123 King St., Tel. 66 39 22. Apr–Okt Mo–Sa 10–16, Nov–März Mo–Fr 10–16 Uhr.
Sainsbury Centre for the Visual Arts, University of East Anglia, Tel. 45 60 60. Di–So, 11–17 Uhr.
St. Peter Hungate Church Museum, Princes St., Tel. 66 72 31. Apr–Sept Mo–Sa 10–17 Uhr.
Strangers' Hall Museum of Domestic Life, Charing Cross, Tel. 66 72 29. Apr–Dez, Mi und Sa Führungen um 11, 13, 15 Uhr.

Eine **Spezialität** von Norwich ist scharfer Senf: Mustard Shop, Royal Arcade. Market Square: der größte tägliche **Markt** in England, Mo–Sa.
Antiquitäten: Antiques Centre, Tombland an der Kathedrale, und in der Kirche St. Michael-at-Plea, Bank Plain.

Als Universitätsstadt bietet Norwich eine lebhafte Szene.
Disco und Live-Musik: The Waterfront, 139 King St., Tel. 63 27 17.
Pubs: Adam and Eve, Bishopgate. Älteste Kneipe der Stadt, mittags sehr beliebt. Bierausschank für Steinmetze der Kathedrale vor 700 Jahren.
The Ferryboat, King St. Charaktervoller Pub mit Garten am Fluss.
Gardener's Arms and Murderers' Café, 2–4 Timberhill, Tel. 62 14 47. Nicht nur ein unwiderstehlicher Name, auch gute Ales und Pub-Gerichte.

Theatre Royal, Theatre St., Tel. 63 00 00. Oper, Konzerte, Tanz, Schauspiel.
Norwich Playhouse, St. George's St., Tel. 76 64 66. Schauspiel und Musik.
Cinema City, St. Andrew's St., Tel. 62 20 47. Programmkino.

Royal Norfolk Show, Ende Juni. »Country Show«– d.h. teils Agrarmesse, teils Volksfest.

Bootsfahrt auf dem River Wensum, geführte **Wanderung:** im Sommer Mo, Mi, Fr, Sa 14.30, So 11 Uhr, oder **Abendtouren** mit thematischen Schwerpunkten. Auskunft: Tourist Office.

Norwich ist regionaler Knotenpunkt mit **Bus-** und **Bahn**verbindungen ins Umland, einschließlich Norfolk Broads, und der Küste. Bahn ab London Liverpool Street zweimal stündl., Fahrzeit 2,5 St.

Nottingham

Lage: Vordere Umschlagkarte D4
Stadtplan: S. 223
Vorwahl: ???
Einwohner: 280 000

Tourist Information Centre, 1–4 Smithy Row, Nottingham, NG1 2BY, Tel. 01 15-9 47 06 61. Sherwood Forest Visitor Centre, Church St., Edwinstowe, NG21 9HN, Tel. 0 16 23-82 32 02.

Tudor Lodge Hotel, 400 Nuthall Road Nottingham NG8 5DR, Tel. 9 24 92 44, Fax 9 24 92 43, tudorlodgehotel@commodoreinternational.co.uk. Am Stadtrand mit Garten. Günstig bis moderat.
Royal Moat House, Wollaton St., NG1 5RH, Tel. 9 36 99 88, Fax 9 47 56 67. Großes, modernes Hotel, in der Stadtmitte neben dem Theatre Royal. Teuer.
Rutland Square Hotel, St. James St., NG1 6FJ, Tel. 9 41 11 14, Fax 95 59 44, rutlandsquare@zoffanyhotels.co.uk. Neben der Burg. Teuer bis sehr teuer.

 Merchants Restaurant, 29/31 High Pavement, The Lace Market, Tel. 9 58 98 98. Schöne Einrichtung in altem Bürgerhaus, französisch-englische Cuisine. Günstig bis moderat.
Sonny's, 3 Carlton St. (nahe Lace Market), Tel. 9 47 30 41. Preiswertes Café, Restaurant anspruchsvoller – sehr beliebt, daher Tisch bestellen. Günstig bis teuer.

The Galleries of Justice, Shire Hall High Pavement, Lace Market, Tel. 9 52 05 55, www.galleriesofjustice.org.uk. Di–So 10–17 Uhr.
Mortimer's Hole Tour, Anmeldung im Castle.
Nottingham Castle, Tel. 01 15-9 15 37 00. Tägl. 10–17 Uhr.
Tales of Robin Hood, Maid Marian Way, Tel. 9 48 32 84. Tägl. 10–18 Uhr.
Newstead Abbey, Linby. 8 km nördlich von Nottingham. Tel. 06 23-45 59 00. Park ganzjährig geöffnet. Haus: Apr–Sep tägl. 12–17 Uhr.
Wollaton Hall, Am Südwestrand der Stadt, über die A 52 zu erreichen,

 Brewhouse Yard Museum, Tel. 9 15 36 00. Tägl. 10.30–16.30 Uhr.
The Museum of Nottingham Lace, 3–5 High Pavement, Tel. 9 89 73 65. Tägl. 10–17 (Jan–Feb bis 16) Uhr.
Industriemuseum: Tel. 9 15 39 10. Ende Apr–Okt tägl. 11–17.
The Lace Centre, Tel. 9 41 35 39. Mo–Sa 10–17 (Jan–März bis 16), So 11–16 Uhr.
Museum of Costume and Textiles, Castle Gate, Tel. 9 15 35 00. Mi–So 10–16 Uhr.

Tipps von Ort zu Ort

Pubs: The Olde Trip to Jerusalem. Nicht nur der Architektur wegen zu empfehlen.
Fellows Morton and Clayton, Canal St. nahe Kanalmuseum, eigene kleine Brauerei nebenan.

Nottingham Playhouse, Wellington Circus, Tel. 9 41 94 19. Schauspiel und Tanz.

Oktober (erster Do–Sa im Monat): **Goose Fair,** der größte traditionelle Jahrmarkt des Landes.

Führung durch das unterirdische Nottingham: The Caves of Nottingham, Drury Walk, Tel. 9 24 14 24. Mo–Sa 10–16.15, So 11–16 Uhr.

Gute **Bahn**verbindung ab London St. Pancras (stündl., Dauer 2 St.) und anderen Großstädten.

Oxford

Lage: Vordere Umschlagkarte D1
Stadtplan: S. 63
Vorwahl: 0 18 65
Einwohner: 116 000

Tourist Information Centre. The Old School, Gloucester Green (über die George St., die Verlängerung von der Broad St., zu erreichen), Tel. 72 68 71, Fax 24 02 61. Mo–Sa 9.30–17, So 10–15.30 Uhr. Täglich Stadtführungen.

Oxford Backpackers Hostel, 9A Hythe Bridge St., Oxford OX1 2EW, Tel./Fax. 72 12 61, oxford@yhostels. demon.co.uk, www.hostels.co.uk. Billig und zentral nahe dem Busbahnhof gelegen, mit Bar und großem Gemeinschaftsraum. Günstig.
Isis Guest House, 45–53 Iffley Road, Oxford, OX4 1EB, Tel. 74 10 24, Fax 24 34 92. Studentenunterkunft, von Ende Juni–September für alle offen. Günstig.
Green Gables, 326 Abingdon Road, Oxford, OX1 4TE, Tel. 72 58 70, Fax

72 31 15, green.gables@virgin.net, Gepflegtes B & B mit 9 Zimmern, davon 7 für Nichtraucher und mit Bad. Die Stadtmitte ist zu Fuß oder mit dem Bus bequem erreichbar. Günstig bis moderat.
Marlborough House Hotel, 321 Woodstock Road, Oxford, OX2 7NY, Tel. 31 13 21, Fax 51 53 29, enquiries@ marlbhouse.win-uk.net. Im schönen Wohngebiet von Nord-Oxford. Moderat bis teuer.
Randolph Hotel, Beaumont St., Oxford, OX1 2LN, Tel. 08 70-4 00 82 00, Fax 79 16 78. Imposante viktorianische Neugotik, das Traditionshotel in Oxford. Sehr teuer.

Café Moma, 30 Pembroke St., Tel. 72 27 33. Preiswertes Mittagessen im Museum of Modern Art.
Browns, 5–11 Woodstock Road, Tel. 51 19 95. Seit vielen Jahren sehr beliebtes Studentenlokal. Günstig.
Cherwell Boathouse, Bardwell Road, Tel. 5 27 46. Nördlich, am River Cherwell. Gut und preiswert. Moderat.
Bistro 20, 20 Magdalen St., Tel. 24 65 55. Internationale Küche im Keller des Randolph Hotel. Moderat.
Liaison, 29 Castle St., Tel. 24 29 44. Überdurchschnittliche chinesische Küche. Mittags gutes Dim-Sum-Angebot. Moderat.
Le Petit Blanc, 71–72 Walton St., Tel. 51 09 99. Design vom Habitat-Gründer Terence Conran, französische Küche vom Star-Koch Raymond Blanc, der südlich von Oxford bei Abingdon eins der besten Restaurants Großbritanniens betreibt. Teuer.

Bodleian Library, Mo–Fr 10.30–16 (Nov–Feb 14–16), Sa 10.30–12.30 Uhr.
Botanic Garden, High St. Tägl. 9–17 Uhr.
Carfax Tower, Apr–Okt, tägl. 10–17.30, Nov–März 10–15.30 Uhr.
Christ Church Picture Gallery, Oriel Square. Ostern–Sep tägl. 10.30–13, 14–17.30, Okt–Ostern Mo–Sa 10.30–13, 14–16.30 Uhr.
Colleges. Die 30 Colleges haben unterschiedliche Öffnungszeiten, die im Som-

mer meist großzügiger sind als während des Semesters. In der Regel sind Besuche nur zwischen 14 und 17 Uhr gestattet, aber manche sind schon ab 9 und andere bis 18 Uhr geöffnet. Einige Colleges, z. B. Christ Church (Mo–Sa von 9 bis 17, So 13–17 Uhr), Magdalen (tägl. 14–18 Uhr) und New College (tägl. 11–17 Uhr), verlangen Eintrittsgeld. Deshalb empfiehlt sich eine geführte Wanderung – tägl. 11 und 14 Uhr ab dem Tourist Office, Do 11 und Sa 11 und 14.30 ab der Buchhandlung Blackwell's, 50 Broad St.

The Oxford Story, Broad St., Tel. 72 88 22. Tägl. 9.30–17 (Nov–März 10–16.30) Uhr.
Sheldonian Theatre, Mo–Sa 10–12.30, 14–16.30 (Nov–Feb bis 15.30) Uhr.
University Church of St. Mary the Virgin mit Turmbesteigung. Tägl. 9–17 Uhr.

Ashmolean Museum, Beaumont St., Tel. 27 80 00. Di–Sa 10–17, So 14–17 Uhr.
Museum of the History of Science, Broad St. Di–Sa 12–16 Uhr.
Museum of Modern Art, 30 Pembroke St., Tel. 72 27 33. Di–So 11–18 (Do bis 21) Uhr.
Museum of Oxford, St. Aldate's, Tel. 25 27 61. Di–Sa 10–16, So 12–16 Uhr.
Pitt-Rivers Museum (Eingang durch University Museum), Tel. 27 09 27. Mo–Sa 13–16.30 Uhr.
University Museum, Parks Road, Mo–Sa 12–17 Uhr.

Unter den Buchhandlungen ist **Blackwell's,** 50 Broad Street, hervorzuheben. Hinter der bescheidenen Fassade verbirgt sich ein enormes Sortiment. Für **Oxford-Souvenirs** (T-Shirts, Bücher, Kaffeebecher usw.): **Bodleian Library Shop,** University of Oxford Collection, 1 Golden Cross, Cornmarket, und **Oxford Campus Stores,** 130 High St. Antiquitäten: **Oxford Antique Trading Co.** vereint 80 Händler unter einem Dach nahe dem Bahnhof (Park End St.).

 Pubs: The King's Arms, The Turf Tavern: s. S. 67.

The Bear, Alfred St. Klein und urig mit niedrigen Decken und einer riesigen Krawattensammlung.
The Head of the River, Folly Bridge (nahe Christ Church). Etwas touristisch, aber schön am Fluss gelegen.
The Eagle and Child, St. Giles. Preiswertes Essen, Einrichtung zeigt literarische Verbindungen (u. a. Tolkien).
Old Fire Station, 40 George St., Tel. 79 44 90. Hier gibt es alles: Disco, Restaurant, Theater, Kneipe und Ausstellungen.

 Oxford Playhouse, Beaumont St., Tel. 79 86 00. Klassische Dramen, Tanz, Musicals.
Apollo Theatre, George St., Tel. 08 70-6 06 35 00. Buntes Programm von Oper und Ballett bis Boulevard-Komödie und Rock-Konzert.

 1. Mai, **»May morning«:** um 6 Uhr singt der Chor von Magdalen College kaum vernehmbar auf dem hohen Kapellturm, dann gibt es überall in der Stadt Sektfrühstück.
Ende Mai: **Eights Week,** Ruderrennen der Colleges in Oxford (das berühmte Ruderrennen zwischen Oxford und Cambridge findet Anfang April auf der Themse in London statt)
Juni: **Studententheater** in den College-Gärten. Nicht professionell, aber oft sehenswert, nicht zuletzt der stimmungsvollen Umgebung wegen.

 »Punting«: an der Cherwell-Brücke neben Magdalen College und neben Folly Bridge südlich von Christ Church College können sich Mutige oder Erfahrene einen Stakkahn mieten.

Häufige **Bahn**verbindungen ab London-Paddington über Reading, Fahrzeit 1 St., weiter nach Birmingham; vom **Flughafen** Heathrow mit dem **Bus** »Rail-Air Link« nach Reading. Preiswerter als die Bahn und genauso schnell sind Busse ab Busbahnhof London-Victoria.

Peterborough

Lage: Vordere Umschlagkarte E3
Vorwahl: 0 17 33
Einwohner: 136 000

⊡ Tourist Information Office, 45 Bridge
St., Peterborough, PE1 1HA, Tel.
45 23 36, Fax 45 23 53. Mo–Fr 9–17 Uhr.

⊡ **Butterfly Hotel,** Thorpe Meadows,
Longthorpe Parkway, PE3 6GA, Tel.
56 42 40, Fax 56 55 38, peterbutterfly@
lincone.net Modernes Hotel am See. Moderat bis sehr teuer.
Abbey House, West End Road, Maxey,
Peterborough, PE6 9EJ, Tel. 0 17 78-34
46 42, Fax 34 27 06, info@abbeyhouse.
co.uk, www.abbeyhouse.co.uk. Das stilvolle Haus ist hauptsächlich georgianisch,
die Bausubstanz – wie auch die Eibe im
Garten – ist aber z.T. 800 Jahre alt. Die
Zimmer bieten aber einen modernen Standard. Das Dorf Maxey liegt zwischen Peterborough und Burghley House: 2 km südlich von Market Deeping abseits der A 15.
Günstig bis moderat.

⊡ **Charters,** Town Bridge, Tel.
31 57 00. Restaurant auf einem Boot.
Großer Pub-Garten nebenan. Günstig.

⊡ **Peterborough Cathedral,** Mo–Sa
8.30–17, So 12–17 Uhr.

⊡ **Peterborough Museum and Art
Gallery,** Priestgate, Tel. 34 33 29.
Di–Sa 10–17 Uhr. Geschichte und Natur
der Region, Wechselausstellungen.

⊡ **Brewery Tap,** 80 Westgate.
Sehenswerter Umbau des alten
Arbeitsamts mit eigener Brauerei und
thailändischer Küche.

⊡ **Züge** aus London King's Cross zweimal stündlich, 100 Min; Regionalverbindungen Bahn oder **Bus.**

Pickering

Lage: Vordere Umschlagkarte F6
Vorwahl: 0 17 51
Einwohner: 6 000

⊡ Tourist Information, Eastgate Car
Park, Pickering, North Yorkshire
YO18 7DU, Tel. 47 37 91, Fax 47 34 87.
Mo–Fr 9.30–18, Sa 9.30–17.30, So 10–17.30
Uhr.

⊡ **Eden House,** 120 Eastgate, Pickering, YO18 7DW, Tel. 47 22 89,
Fax 47 60 66, edenhouse@breathemail.
net, www.edenhousebandb.co.uk. Kleines
B & B in einem alten Cottage mit gutem
Frühstück. Günstig.
White Swan Hotel, Market Place, Pickering, YO18 7AA, Tel. 47 22 88, Fax 47 55 54,
welcome@white-swan.co.uk, www.white-swan.co.uk. Charaktervolle alte Herberge
mit einem guten Restaurant. Teuer.
Mallyan Spout Hotel, Goathland (zwischen Pickering und Grosmont), YO22
5AN, Tel. 0 19 47-89 64 86, Fax 89 63 27,
mallyan@ukgateway.net. Wunderschön
gelegen, Blick auf die Moore. Mit Pub,
gute Küche. Günstig.

⊡ **Mulberries,** 5 Bridge St., Tel.
47 23 37. Einfache internationale
Gerichte. Günstig bis moderat.

⊡ **Pickering Castle** (EH), Tel.
47 49 89, Apr–Sep tägl. 10–18, Okt
tägl. 10–16, Nov–März Mi–So 10–16 Uhr.

⊡ **Ryedale Folk Museum,** Hutton-le-
Hole (nördlich der A 170 zwischen
Pickering und Helmsley), Tel. 41 73 67.
Freilichtmuseum mit alten Dorfhäusern.
Ostern–Nov, tägl. 10–17.30 Uhr.

⊡ **Pub: Black Swan,** 18 Birdgate.
Preiswerter als der noble White
Swan.

⊡ North Yorkshire Moors Railway zwischen Pickering und Grosmont.
Dampfeisenbahnfahrt durch wunderbare Landschaft, Tel. 47 25 08.

Bus ab Scarborough oder York, weitere lokale Verbindungen, z. B. nach Helmsley.

Ravenglass

Lage: Vordere Umschlagkarte B7
Vorwahl: 0 12 29

 Muncaster Castle, 1,6 km östlich von Ravenglass, Tel. 71 76 14. Apr–Okt tägl. außer Sa 12–16 Uhr.

 Railway Museum, am Bahnhof in Ravenglass. Apr–Okt tägl. 9–18 Uhr.

 Eisenbahn-Nostalgie-Fahrten: Ravenglass and Eskdale Railway, Fahrplan: Tel. 71 71 71.

 Mitte September: **Egremont Crab Fair,** mit traditionellen Volkssportwettkämpfen: Ringen, »Fell-running« (Bergrennen), auch skurrile Wettbewerbe wie Pfeiferauchen und Fratzenschneiden. In der nahen Kleinstadt Egremont.

Reeth

Lage: Vordere Umschlagkarte C7 bei Richmond
Vorwahl: 0 17 48

 Tourist Information, The Green, Reeth, North Yorkshire DL11 6TE, Tel. 88 40 59, Fax 88 40 59. Tägl. 10–17 Uhr.

Burgoyne Hotel, The Green, Reeth, Tel./Fax 88 42 92. Klein und gemütlich, am Dorfanger mit schönem Blick auf das Swaledale. Moderat.

Swaledale Folk Museum, Reeth Green, Tel. 88 43 73. Ostern–Okt tägl. 10.30–17 Uhr. Leben in und Geschichte von Swaledale.

 Pubs: The King's Arms am Dorfanger, gute Küche.

The Farmers Arms in Muker, westlich von Reeth. Die deftige Küche ist bei Wanderern beliebt.

 Bus ab Richmond.

Richmond

Lage: Vordere Umschlagkarte D7
Vorwahl: 0 17 48
Einwohner: 7 000

 Tourist Information Centre, Friary Gardens, Richmond, North Yorkshire DL10 4AJ, Tel. 85 02 52, Fax 82 59 94. Mo–Fr 10–18 Uhr.

King's Head Hotel, Market Place, DL10 4HS, Tel. 85 02 20, Fax 85 06 35. Georgianischer Bau am Marktplatz. Moderat.

Richmond Castle (EH), Tel. 82 24 93. Apr–Okt tägl. 10–18, Nov–März tägl. 10–13, 14–16 Uhr.
Easby Abbey (EH), Apr–Okt tägl. 10–18 Uhr.

The Green Howards Regimental Museum, Tel. 82 21 33. Apr–Okt Mo–Sa 9.30–16.30 Uhr. Feb, März und Nov Mo–Fr 10–16.30 Uhr. Dez–Jan geschlossen.
Theatre Royal and Theatre Museum, Richmond, Tel. 82 30 21. Öffnungszeiten: Auskunft im Tourist Office.

Pub: The Black Lion, Finkle St. Preiswertes Essen; Übernachtungsmöglichkeit.

 Busse ab Leeds, York und in die Dales.

Ripon

Lage: Vordere Umschlagkarte D6
Vorwahl: 0 17 65
Einwohner: 15 000

Tipps von Ort zu Ort

Tourist Information Office, Minster Road, Ripon, HG4 1LT, Tel. 60 46 25, Fax 60 46 25. Mo–Fr 10–17 Uhr.

Ripon Spa Hotel, Park St., Ripon, HG4 2BU, Tel. 60 21 72, Fax 69 07 70. Ruhig, schöner Garten. Moderat.

Fountains Abbey and Studley Royal Water Gardens (NT), Tel. 60 88 88. Tägl. 10–17 (Apr–Sep bis 19) Uhr.
Ripon Cathedral, Apr–Okt Mo–Sa 8.30–18.30, So 8–19.30; Nov–März tägl. 8–17.30 Uhr.

Ripon Prison & Police Museum, 27 St. Marygate, Tel. 69 07 99. Das umfunktionierte viktorianische Gefängnis entlässt Besucher tägl. zwischen Ostern und Sep. um 16 Uhr (Einlieferung ab 10.30 Uhr).

Pubs: The Water Rat an der Brücke über den River Skell bietet großzügiges Essen und schönen Blick auf die Kathedrale.
Cragg Lodge in Wormald Green (an der A 61 zwischen Ripon und Harrogate): verfügt über fast 1000 Malt-Whisky-Sorten, wahrscheinlich das umfangreichste Angebot der Welt. Die Menükarte ist kürzer, dennoch empfehlenswert.

Bus ab Harrogate.

Robin Hood's Bay

Lage: Vordere Umschlagkarte E7
Vorwahl: 0 19 47

Pubs: The Laurel, ein Gasthaus so hübsch wie das ganze Dorf, Kaminfeuer ist angenehm an dieser stürmischen Küste;
The Olde Dolphin, große, alte Kneipe mit preiswerter Übernachtung.

Klippenwanderung nach Whitby.

Ross-on-Wye

Lage: Vordere Umschlagkarte B2
Vorwahl: 0 19 89
Einwohner: 9 000

Tourist Information, Swan House, Edde Cross St., Ross-on-Wye, Herefordshire HR9 7BZ, Tel. 56 27 68, Fax 56 50 57. Mo–Sa 9–17.30, So 13–16 Uhr.

Chase Hotel, Gloucester Road, Ross-on-Wye, HR9 5LH, Tel. 76 31 61, Fax 76 83 30. Schönes georgianisches Haus. Moderat.
The Feathers, High St., Ledbury, HR8 1DS, Tel. 0 15 31-63 52 66, Fax 63 20 01. 1564 erbaute Kutscherherberge in einem ruhigen Ort zwischen Malvern und Ross-on-Wye. Moderat bis teuer.

Faisan d'Or Brasserie, 52 Edde Cross St., Ross-on-Wye, Tel. 56 57 51. Moderat.

Goodrich Castle (EH), Apr–Okt tägl. 10–18, Nov–März 10–16 Uhr.

Pubs: The Rosswyn auf der High St., 15. Jh., schöner Garten.
Außerhalb, im Ort Wilton: **The Herefordshire Bull** mit empfehlenswerter Küche und Blick auf den Wye.

Kingfisher Cruises, Symonds Yat West, Tel. 0 16 00-89 10 63. Bootsausflug auf dem schönen River Wye. Tägl. März–Okt.

Bus ab Hereford oder Gloucester.

Rothbury

Lage: Vordere Umschlagkarte C9
Vorwahl: 0 16 69

Tourist Information, Northumberland National Park Centre, Church House, Church St., Rothbury, Northumberland NE65 7UP, Tel. 62 08 87, Fax 62 08 87. Tägl. 10–17 Uhr.

Newcastle Hotel. Bequemes viktorianisches Hotel am Dorfanger. Pub und Gastronomie angeschlossen. Moderat.

Cragside House and Country Park (NT), Tel. 62 03 33. Haus Apr–Okt tägl. außer Mo, 13–17.30 Uhr; Park 10–19 Uhr.

 Anfang Oktober: **Alwinton Border Shepherds Show** – Brauchtum der Schäfer im Tal Coquetdale, nordwestlich von Rothbury

Bus 416 ab Bahnhof Morpeth.

Scarborough

Lage: Vordere Umschlagkarte E7
Vorwahl: 0 17 23
Einwohner: 53 000

Tourist Information, Unit 3, Pavilion House, Valley Bridge Road, Scarborough, North Yorkshire YO11 1UZ, Tel. 37 33 33, Fax 36 37 85. Tägl. 9.30–18 Uhr.

Brooklands Hotel, Esplanade Gardens, South Cliff, YO11 2AW, Tel./Fax 37 65 76. Mittelgroßes altes Hotel in zentraler Lage. Moderat.

Golden Grid Fish Restaurant, 4 Sandside, Tel. 36 09 22. Beliebtes Lokal am Hafen. Günstig bis moderat.

Scarborough Castle. Eindrucksvolle Ruine. Apr–Sep tägl. 10–18, Okt–März Mi–So 10–16 Uhr.

Pub: Lord Rosebery, Westborough. Pub-Essen gut und preiswert. Günstig.

Bus oder **Bahn** (stündlich, 45 Min.) ab York, Busverbindungen weiter entlang der Küste und in die North York Moors.

Seahouses

Lage: Vordere Umschlagkarte D9 bei Bamburgh
Vorwahl: 0 16 65
Einwohner: 2 000

Tourist Information, Seafield Road Car Park, Seahouses, Northumberland NE68 7SR, Tel. 72 08 84, Fax 72 14 36. Tägl. 10–17 Uhr.

Olde Ship Hotel, 9 Main St., Seahouses, NE68 7RD, Tel. 72 02 00, Fax 72 13 83. Kleines Haus mit Blick auf Hafen und Farne-Inseln. Die Hotelbar dient als Dorfkneipe und bietet Pub-Essen. Moderat.

 Ausflüge: Boote zu den Farne-Inseln, Tel. 72 10 99. Apr–Sep tägl. 10.30–17 Uhr.

Sherwood Forest

s. Nottingham

Shrewsbury

Lage: Vordere Umschlagkarte B3
Vorwahl: 0 17 43
Einwohner: 87 000

Tourist Information Centre, The Music Hall, The Square, Shrewsbury, SY1 1LH, Tel. 35 07 61, Fax 35 53 23. Mo–Sa 10–18, So 10–16 Uhr.

Anton Guest House, 1 Canon St., SY2 5HG, Tel. 35 92 75. Freundliches B & B in einem geräumigen alten Haus. Günstig.
Prince Rupert Hotel, Butcher Row, Shrewsbury, SY1 1UQ, Tel. 49 99 55, Fax 35 73 06. Im alten Stadtkern. Moderat bis teuer.

Traitor's Gate, St. Mary's Water Lane, Tel. 24 91 52. Preiswert und stimmungsvoll im Backsteingewölbe aus dem 13. Jh. Günstig.
Ramna Balti House, 33 Wyle Cop, Tel. 36 31 70. Indische Küche, großzügige Portionen. Günstig.
The Armoury, Victoria Quay, Tel. 34 05 25. Gelungener Umbau eines Lagerhauses. Zum Essen gute Ales und Riesenauswahl an Malt Whisky. Moderat.

Castle, Tel. 35 85 16. Öffnungszeiten auf Anfrage.
Shrewsbury Abbey, Ostern–Okt 9.30–17.30, Nov–Ostern 10.30–15 Uhr.
The Shrewsbury Quest, Abbey Foregate, Tel. 24 33 24. Mo–So 10–17 (Nov–März bis 16) Uhr.

Rowley's House Museum, Tel. 36 11 96. Di–Sa 10–17, Mai–Sep auch So 10–17 Uhr.

Pubs: The Boathouse, mit Biergarten am Fluss. In der Straße Castle Gates: **The Bull's Head** mit Mittagsmenü.

Shrewsbury **International Music Festival,** Ende Juni–Anfang Juli.
Flower Festival, Mitte August.

Die umliegende Grafschaft Shropshire mit hübschen Dörfern und wenig frequentierten Landstraßen eignet sich gut für eine **Radtour.** Veranstalter: s. S. 346.

Busse ab London (5 St.) und Birmingham (2 St.), **Züge** ab Birmingham zweimal stündlich, Fahrzeit 45 Min., oder Wolverhampton (keine Direktverbindung von London).

Skipton

Lage: Vordere Umschlagkarte C6
Vorwahl: 0 17 56
Einwohner: 14 000

Tourist Information, The Old Town Hall, 9 Sheep St., Skipton, North Yorkshire BD23 1JH, Tel. 79 28 09, Fax 79 75 28. Mo–Sa 10–17 Uhr.

Bourne House, 22 Upper Sackville St., Tel. 79 26 33. B & B. Günstig.

Herbs, 10 High St., Tel. 79 06 19. Vegetarische Küche. Moderat.

Skipton Castle, Tel. 79 24 42. Mo–Sa 10–18 (Okt–Feb bis 16), So 14–16 Uhr.

Woolly Sheep Inn, Sheep St., Tel. 70 09 66. Gutes Pub-Essen und einige Fremdenzimmer (günstig).

Kanalfahrt durch das Pennine-Gebirge auf dem landschaftlich reizvollen Leeds-Liverpool-Canal. Kontaktadressen: s. S. 345.

Busse ab Leeds, York, Harrogate, Lake District. **Bahn** nach Leeds, Carlisle.

Southport

Lage: Vordere Umschlagkarte B5
Vorwahl: 0 17 04
Einwohner: 94 000

Tourist Information, 112 Lord St., Southport, Merseyside PR8 1NY, Tel. 53 33 33, Fax 0 15 19 34. Mo–Fr 9–17.30, Sa–So 10–16 Uhr.

Bold Hotel, 585 Lord St., Southport, PR9 0BE, Tel. 53 25 78, Fax 53 25 28. Familienbetrieb in guter Lage an der Hauptstraße. Moderat.

Martin Mere Wildfowl Trust (s. Vogelschutzgebiete, S. 360).

The Coronation, 12 King St. Großer viktorianischer Pub mit warmer Küche.

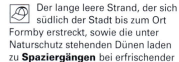 Der lange leere Strand, der sich südlich der Stadt bis zum Ort Formby erstreckt, sowie die unter Naturschutz stehenden Dünen laden zu **Spaziergängen** bei erfrischender Meeresbrise ein.
Golf: Southport besitzt sieben Golfplätze, darunter der Royal Birkdale, auf dem die Meisterschaft British Open oft ausgetragen werde. Auskunft: s. S. 345.

Gute **Zug**verbindungen nach Liverpool (30 Min.) und Manchester (1 St.).

Spalding

Lage: Vordere Umschlagkarte E4
Vorwahl: 0 17 75
Einwohner: 19 000

Tourist Information, Ayscoughfee Hall Museum, Churchgate, Spalding, Lincolnshire PE11 2RA, Tel. 72 54 68, Fax 76 27 15. Mo–Fr 10–16.30, Sa 10–17, So 11–17 Uhr.

Cley Hall Hotel, 22 High St., Spalding, PE11 1TX, Tel. 72 51 57, Fax 71 07 85, cleyhall@enterprise.net. Kleines Hotel am Fluss in einem Haus aus dem 18. Jh. Gute Küche in Theo's Bistro. Moderat.

Springfields, Camelgate, Tel. 72 48 43. Große Blütenpracht: Mitte März–Ende Apr, tägl. 10–18 Uhr.

 s. Tourist Information. **Ausstellungen** über das Fenland in einem spätmittelalterlichen Haus.

 Red Lion, Market Place. Einfache Pub-Küche, Jazz- und Blues-Abende.

 Blumenparade am letzten April-Wochenende.

 Stündlich nach Peterborough (1 St.), dort gute Verbindung nach London.

Staithes

Lage: Vordere Umschlagkarte E7
Vorwahl: 0 19 47

Endeavour, 1 High St., Staithes, Tel. 84 08 25. Fischspezialitäten direkt vom Hafen. Moderat bis teuer.

 Pub: The Cod and Lobster, spektakuläre Lage am Wasser unter den Klippen.

Captain Cook and Staithes Heritage Centre, Tel. 84 14 54. Geschichte des Seefahrers und dieser Küste.

Stamford

Lage: Vordere Umschlagkarte E3
Vorwahl: 0 17 80
Einwohner: 18 000

Tourist Information, Stamford Arts Centre, 27 St. Mary's St., Stamford, PE9 2DL, Tel. 75 56 11, Fax 75 56 11. Mo–Sa 9.30–17, So 10–15 Uhr.

George Hotel, 71 St. Martins, Stamford, PE9 2LB, Tel. 5 51 71, Fax 5 70 70. Berühmte Herberge aus den großen Tagen der Postkutschen von London nach York. Sehr gutes Restaurant, preiswerteres Pub-Essen. Teuer.

All Saints Brewery, Tel. 75 21 86. Mo–Fr 10–15 Uhr. Viktorianische Brauerei, noch in Betrieb.
Burghley House, Tel. 75 24 51, Apr–Sep tägl. 11–16.30 Uhr

Pubs: The Bull and Swan, High St. Gemütlich, billiger als The George gegenüber.
Preiswertes Mittagessen auch in **The Lord Burghley,** Broad St.

 Ende August–Anfang September: **Burghley Horse Trials.** Renommiertes Pferdeturnier im Park des Herrensitzes Burghley House.

 Bahn ab Peterborough (15 Min.).

Stoke-on-Trent

Lage: Vordere Umschlagkarte C4
Vorwahl: 0 17 82
Einwohner: 254 000

Tourist Information Centre, Quadrant Road, Hanley, Stoke-on-Trent, Tel. 28 46 00.

Schönere Übernachtungsmöglichkeiten als in der Stadt findet man im nahe gelegenen Peak District.
George Hotel, Swan Square, Burslem, ST6 2AE, Tel. 57 75 44, Fax 83 74 96, georgestoke@btinternet.com. Bequemes modernes Hotel nahe der Royal Doulton-Fabrik. Moderat bis teuer.
Haydon House Hotel, Haydon St., Basford, ST4 6JD, Tel. 71 13 11, Fax 71 74 70. Viktorianisch-stilvoll an der A 53. Moderat bis teuer.

Beide oben genannten Hotels haben ein gutes Restaurant.

 Shugborough Estate (NT), Tel. 0 18 89-88 13 88. Apr–Sep tägl. 11–17 Uhr.

Etruria Industrial Museum, Lower Bedford St., Tel. 23 31 44. Dampfbetriebene Mühle für Rohstoffe der Keramikindustrie. Mi–So 10–16 Uhr.
Gladstone Pottery Museum, Uttoxeter Road, Longton, Stoke-on-Trent, Tel. 31 92 32. Tägl. 10–17 Uhr.
Potteries Museum and Art Gallery, Bethesda St., Hanley, Stoke-on-Trent, Tel. 23 23 23. Mo–Sa 10–17, So 14–17 Uhr.

 Weitere Fabrikbesichtigungen (mit Einkaufsmöglichkeit):
Spode, Church St., Stoke-on-Trent, Tel. 74 40 11.

Royal Doulton, Nile St., Burslem, Stoke-on-Trent, Tel. 29 24 34. Mo–Sa 9.30–17, So 10.30–17 Uhr.

 Alton Towers, Freizeitpark, Tel. 09 90-20 40 60. Ostern–Okt tägl. 10–17, im Sommer bis 20 Uhr. Die meistbesuchte Attraktion Englands.

Zug ab London (2 St.) oder Manchester (45 Min.).

Stow-on-the-Wold

Lage: Vordere Umschlagkarte D2 bei Broadway
Vorwahl: 0 14 51
Einwohner: 2 000

The Pound, Sheep St., Tel. 83 02 29. Haus aus dem 16. Jh. mit niedrigen Decken. Günstig.
Grapevine Hotel, Sheep St., Stow-on-the-Wold, Tel. 83 03 44, Fax 83 22 78, enquiries@vines.co.uk, www.vines.co.uk. Komfort in einem Haus aus dem 17. Jh. Das Restaurant macht gute Werbung für die moderne britische Küche. Teuer.

Pubs: The Queen's Head am Marktplatz hat viel Charakter, Kaminfeuer und klassische Musik;
The Old Stocks ist ein gemütliches Hotel mit Pub.

 Bus ab Cheltenham oder Moreton-in-March.

Stratford-upon-Avon

Lage: Vordere Umschlagkarte D2
Stadtplan: S. 74
Vorwahl: 0 17 89
Einwohner: 21 000

Tourist Information Office, Bridgefoot, Stratford-upon-Avon, Warwickshire, CV37 6AU, Tel. 29 31 27, Fax 29 52 62. Mo–Sa 9–18, So 11–17 Uhr.

Stratford Backpackers Hostel, Greenhill St., CV37 6LE, Tel./Fax 26 38 38, stratford@hostels.demon.co.uk. 6 Mehrbettzimmer in Bahnhofnähe. Günstig.
Penshurst, 34 Evesham Place, CV37 6HAT, Tel. 20 52 59, Fax 29 53 22. Freundliches Haus mit 8 Zimmern, alle mit Bad. Günstig.
Stretton House Hotel, 38 Grove Road, Stratford-upon-Avon, CV37 6PB, Tel. 26 86 47, Fax 26 86 47. Kleines Familienhotel, vom Bahnhof und den Sehenswürdigkeiten aus schnell erreichbar. Günstig.
Dukes Hotel, Payton St., CV37 6UA, Tel. 26 93 00, Fax 41 47 00. Klein, gemütlich, zentral. Moderat.
Forte Posthouse, Bridgefoot, CV37 7LT, Tel. 26 67 61, Fax 41 45 47. In Theaternähe mit Blick auf den River Avon. Moderat.
Eastnor House Hotel, Shipston Road, Stratford-upon-Avon, CV37 7LN, Tel. 26 81 15, Fax 26 65 16, eastnor.house@tesco.net. Südlich des River Avon nahe Clopton Bridge. 9 Zimmer, alle mit Bad und ausgezeichnetem Frühstück. Moderat.
Shakespeare Hotel, Chapel St., CV37 6ER, Tel. 29 47 71, Fax 41 51 11. Bequem und stilvoll eingerichtet hinter einer Fachwerkfassade des 17. Jh. Teuer bis sehr teuer.

Sir Toby's, 8 Church St., Tel. 26 88 22. Öffnet um 17.30 Uhr für Abendessen vor der Theatervorstellung. Moderat.
Lambs of Sheep Street, 12 Sheep St., Tel. 29 25 54. Schwerpunkte Frankreich und Italien, beliebt unter Theaterbesuchern. Moderat.
The Opposition, 13 Sheep St., Tel. 26 99 80. Stimmung und Küche sind gleich gut in diesem Bistro. Moderat bis teuer.
The Boathouse, Swan's Nest Lane, Tel. 29 77 33. Das Bootshaus mit viel Holz und alten Balken nahe den Theatern ist ein passendes Ambiente für moderne französische Cuisine auf gehobenem Niveau. Teuer.

 Anne Hathaway's Cottage, Tel. 20 40 16. Apr–Sep Mo–Sa 9–17.30, So 9.30–17.30 Uhr. Okt–März Mo–Sa 9.30–16, So 10–16 Uhr.
Hall's Croft, Tel. 20 40 16. Apr–Sep Mo–Sa 9.30–17, So 10–17 Uhr. Okt–März Mo–Sa 10–16, So 10.30–16 Uhr.
Harvard House, Tel. 20 45 07. Mai–Okt Di–Sa 10–16.30, So 10–16 Uhr.
Holy Trinity Church. Tägl. geöffnet außer während des Gottesdienstes.
Mary Arden's House, Tel. 20 40 16. Apr–Sep Mo–Sa 9.30–17, So 10–17 Uhr. Okt–März Mo–Sa 10–16, So 10.30–16 Uhr.
New Place/Nash's House, Tel. 20 40 16. Apr–Sep Mo–Sa 9.30–17, So 10–17 Uhr. Okt–März Mo–Sa 10–16, So 10.30–16 Uhr.
Shakespeare's Birthplace, Tel. 20 40 16. Apr–Sep Mo–Sa 9–17.30, So 9.30–17 Uhr. Okt–März Mo–Sa 9.30–16, So 10–16 Uhr.

Pubs: The Slug and Lettuce, Guild St. Hier kann man vor dem Theaterbesuch gut essen.
The Black Swan, nahe Memorial Theatre. Theaterambiente, Haus aus dem 16. Jh.
Im Schauspielerlokal **The Dirty Duck,** Waterside, hängen signierte Fotos der großen Shakespeare-Interpreten. Elegant ist **The Shakespeare** in der Chapel Street, einfacher und belebter **The Garrick,** High Street.

 Aufführungen der **Royal Shakespeare Company** auf zwei Hauptbühnen, dem Royal Shakespeare Theatre und dem Swan Theatre, sowie im Studiotheater The Other Place (hier auch moderne Stücke).
Theaterkarten: Box Office, Royal Shakespeare Theatre, Stratford-upon-Avon, Warwickshire CV37 6BB, Tel. 29 56 23 (Reservierungen), Tel. 26 91 91 (Information).

Führungen im Royal Shakespeare Theatre: Tel. 29 66 55. Es gibt auch 30-minütige Führungen ab dem Künstlereingang direkt nach der Abendvorstellung.

Busse ab London, **Züge** ab London Paddington (2,5 St.) oder Birmingham Moor Street (50 Min.).

Sudbury

Lage: Vordere Umschlagkarte G2
Vorwahl: 0 17 87
Einwohner: 10 000

Tourist Information Centre, Sudbury Library, Market Hill, Sudbury, Suffolk CO10 6LW, Tel. 88 13 20.

The Old Bull Hotel & Restaurant, Church St., Sudbury CO10 2BL, Tel. 37 41 20, Fax 37 90 44. Herberge aus dem 16. Jh. Direkt an der Hauptstraße A161. Moderat.

Brasserie 47, 47 Gainsborough St., Sudbury, Tel. 37 42 98. Neue britische Küche neben dem Gainsborough House Museum. Moderat bis teuer.

Gainsborough's House, 46 Gainsborough St., Sudbury, Tel. 37 29 58. Di–Sa 10–17, So 14–17 (Nov–März bis 16) Uhr.

Züge ab London Liverpool Street über Colchester, 80 Min. (in Marks Tey umsteigen).

Tattershall Castle

s. Horncastle

Thetford

Lage: Vordere Umschlagkarte G3
Vorwahl: 0 18 42
Einwohner: 20 000

Tourist Information Centre, White Hart St., Thetford, Norfolk IP24 1AA, Tel. 75 25 99.

The Bell, King St., IP24 2AZ, Tel. 75 44 55, Fax 75 55 42. Historische Herberge mit Blick auf River Ouse, empfehlenswerte Pub-Küche. Moderat bis teuer.

Ancient House Museum, White Hart St., Thetford, Tel. 75 25 99. Mo–Sa 10–12.30, 13–17, Jun–Aug auch So 14–17 Uhr.
East Wretham Heath Nature Reserve. Tägl. 10–17 Uhr.

Züge stündlich ab Ely.

Troutbeck

Lage: Vordere Umschlagkarte B7 bei Windermere
Vorwahl: 01 53 94

Townend (NT), Troutbeck, Tel. 3 26 28. Apr–Okt Di–Fr und So 13–17 Uhr.

Pub: The Queen's Head. Kutscherherberge (17. Jh.), für gute Küche bekannt.

Ullswater

Lage: Vordere Umschlagkarte B7 bei Penrith

Tourist Information, Main Car Park, Glenridding, Penrith, Cumbria CA11 0PA, Tel./Fax 01 76 84-8 24 14. Mo–So 9–18 Uhr.

Sharrow Bay Hotel, Howtown, Ullswater, CA10 2LZ, Tel. 01 76 84-8 63 01, Fax 8 63 49. Gilt als das erste Country House Hotel. Wunderschön gelegen am Ufer von Ullswater. Nirgendwo kann man stilvoller wohnen und speisen als hier. Sehr teuer (aber das hervorragende Mittagsmenü in der Preisklasse teuer ist noch erschwinglich).

The Gate, Yanwath, Tel. 0 17 68-86 23 86. An der B 5320 zwischen Pooley Bridge und Penrith.

Aira Force – Wasserfall an der Nordseite, nahe der Kreuzung A 592 und A 5091.

 Dampfboote aus viktorianischer Zeit auf dem See zwischen Glenridding und Pooley Bridge. Auskunft: Tel. 0 15 39-72 16 26. Empfehlung: mit dem Dampfer von Glenridding nach Howtown, dann in ca. 3 St. zu Fuß zurück am See entlang.

 Busse ab Penrith (dort **Zug** nach London) oder Ambleside.

Wakefield

Lage: Vordere Umschlagkarte D5

 National Coal Mining Museum of England, Caphouse Colliery, Tel. 0 19 24-84 88 06. Tägl. 10–17 Uhr ganzjährig.

Wallington

Lage: Vordere Umschlagkarte C9 bei Rothbury

 Wallington (NT), Tel. 0 16 70-77 42 83. Haus: Apr–Sep tägl. außer Di 13–17.30, Okt bis 16.30 Uhr. Garten: tägl. 10–19 (Nov–März bis 16) Uhr.

Warkworth

Lage: Vordere Umschlagkarte D9

 The Hermitage, Castle St. Urtümlicher Pub mit einfacher Küche unten, Restaurant oben und Fremdenzimmern. Günstig.

 Warkworth Castle (EH), Tel. 0 16 65-71 14 23. Tägl. Apr–Sept 10–18, Okt–März 10–16 Uhr.

 Bus ab Newcastle Haymarket in Richtung Alnwick.

Warwick

Lage: Vordere Umschlagkarte D3
Vorwahl: 0 19 26
Einwohner: 22 000

 Tourist Information, The Court House, Jury St., Warwick CV43 4EW, Tel. 49 22 12, Fax 49 48 37. Tägl. 9.30–16.30 Uhr.

 Croft Guesthouse, Haseley Knob, Warwick CV35 7NL, Tel. 48 44 47, Fax 48 44 47, david@croftguesthouse.co.uk. 7 Zimmer, alle mit Bad, in einem ruhig gelegenen Neubau. Günstig bis moderat.

 Baddesley Clinton (NT), Tel. 0 15 64-78 32 94. 12 km nordwestlich von Warwick, März–Okt Mi–So 13.30–17 Uhr. **Lord Leycester Hospital,** Tel. 49 14 22. Di–So 10–17 (im Winter bis 16) Uhr. **Warwick Castle,** Tel. 40 66 00. Apr–Okt tägl. 10–18, Nov–März tägl. 10–17 Uhr.

 Warwick Doll Museum (Puppenmuseum), Mai–Okt Mo–Sa 10–17, So 11–17 Uhr.
Warwickshire Museum, Mo–Sa 10–17.30, Mai–Sep auch So 14–17 Uhr.

 Pub: The Tilted Wig, Market Place, Breite Auswahl an Ale-Sorten und typischen Pub-Gerichten.

 Anfang Juli: **Warwick and Leamington Festival:** klassische Musik, Schauspiel in der Burg, Ausstellungen

 Züge zweimal stündl. ab Birmingham Moor Street, 35 Min., auch ab London Marylebone (100 Min.).

Wharfedale

Lage: Vordere Umschlagkarte C6

Randell's Hotel, Keighley Road, Snaygill, Skipton, Tel. 0 17 56-

70 01 00, Fax 70 01 07. Am Kanal südlich der Stadt. Moderat bis teuer.
Devonshire Arms, Bolton Abbey, BD23 6AJ, Tel. 0 17 56-71 04 41, Fax 71 05 64. Luxusherberge, seit 1750 im Besitz der Herzöge von Devonshire, heute mit Hubschrauberlandeplatz. Zimmer mit Möbeln und Gemälden aus dem Familiensitz Chatsworth House. Sehr teuer.

Pub: The White Lion im Dorf Cray, an der B 6160 nördlich von Kettlewell. Hier kann man bei gutem Wetter am Bach sitzend essen.

Bolton Abbey. Von dem hübschen Dorf um die alte Abtei sind Spaziergänge am River Wharfe möglich. Abteikirche tägl. 8.30–18 (Fr bis 16) Uhr, im Winter bis zum Einbruch der Dunkelheit.

Whitby

Lage: Vordere Umschlagkarte E7
Vorwahl: 0 19 47
Einwohner: 14 000

Tourist Information Office, Langborne Rd., YO21 1YN, Tel. 60 26 74, Fax 60 61 47.

White Horse and Griffin, Church St., Tel. 6 04 85 70. Traditionsherberge mit preiswerten Zimmern und einem guten Restaurant. Günstig.
The Old Hall, Ruswarp, Whitby, YO21 1NH, Tel. 60 28 21. Hist. Haus von 1603, 2 km außerhalb von Whitby. Günstig.
Dunsley Hall, Whitby, YO21 3TL, Tel. 89 34 37, Fax 89 35 05. Schönes Landhaus mit großem Garten. Moderat.

Magpie Café, 14 Pier Road, Whitby, Tel. 60 20 58. Einfaches Fischlokal mit verlockendem Nachtischangebot. Günstig bis moderat.

Dracula Experience, 9 Marine Parade, Tel. 60 19 23. Kleines Grusel-

erlebnis. Apr–Okt tägl. 10–17 (Jul–Sep bis 22) Uhr.
Whitby Abbey (EH), Tel. 60 35 68. Apr–Sep tägl. 10–18, Okt–März tägl. 10–16 Uhr.

Captain Cook Memorial Museum, Grape Lane, Tel. 60 19 00. Das Leben des großen Seefahrers. Apr–Okt tägl. 9.45–10 Uhr.
Whitby Lifeboat Museum, Pier Road, Tel. 60 20 01. Ausstellung über Seerettungsdienst. Apr–Okt tägl. 10–16 Uhr.
Whitby Museum, Pannett Park, Tel. 60 29 08. Geologie, Archäologie, Schiffe, Brauchtum. Mai–Sep, Mo–Sa 9.30–17.30, So 14–17 Uhr; Okt–Apr, Di 10–13, Mi–Sa 10–16, So 14–16 Uhr.

Pubs: Mittagessen in **The Duke of York** am Hafen,
The Little Angel in der Straße Flowergate.

Bus ab York, **Bahn**verbindung über Middlesbrough (1,5 St.) oder Grosmont (North York Moors Railway).

Wicken Fen

Lage: Vordere Umschlagkarte F3

Unterkunft und Restaurants s. Cambridge, King's Lynn, Peterborough.

Wicken Fen (NT), Tel. 0 13 53-72 02 74. Immer zugänglich, Information Centre tägl. außer Mo 10–17 Uhr.

Windermere und Bowness-on-Windermere

Lage: Vordere Umschlagkarte B7
Vorwahl: 01 53 94
Einwohner: 8 000

Tourist Information, Glebe Road, Bowness-on-Windermere, LA23 3HJ, Tel. 4 28 95, Fax 8 80 05. Tägl. 9.30–17. 30 Uhr.

Tipps von Ort zu Ort

338

Broadlands Guest House,
19 Broad St., Windermere,
LA23 2AB, Tel. 4 65 32. Gepflegtes Haus,
5 Zimmer, Bahnhofsnähe. Günstig.
Fir Trees, Lake Road, Windermere,
LA23 2EQ, Tel. 4 22 72. Gepflegtes Haus,
gutes Frühstück. Moderat.
Gilpin Lodge, Crook Road, Bowness-on-Windermere, LA23 3NE, Tel. 8 88 18, Fax
8 80 58. Stilvolles Hotel mit empfehlenswertem Restaurant, im eigenen Park an
der B 5284 zwischen Bowness und Kendal.
Moderat bis teuer.

 Rastelli, Lake Road, Tel.
4 42 27. Pizza. Günstig.
Miller Howe Café, Lakeland Ltd,
Station Precinct, Windermere,
Tel. 4 67 32. Ableger des berühmten
Restaurants Miller's Howe (auch in
Windermere, Tel. 4 25 36, teuer bis
sehr teuer). Sehr beliebt, daher zeitig
ankommen. Günstig bis moderat.
Pubs: In Bowness-on-Windermere:
The Hole in t'Wall. Gute Küche und Ale-Sorten.
Roger's Restaurant, 4 High St., Windermere, Tel. 4 49 54. Französisch. Moderat
bis teuer.

 Windermere Steamboat Museum, Tel. 4 55 65. Ostern–Okt. tägl.
10–17 Uhr.

 Lakeland Ltd., am Bahnhof
von Windermere: edle
Küchenausrüstung und alles rund
um die Gastronomie.

 Segeln: s. S. 347.
Dampfer auf dem See, Tel. 4 33 60.
Nostalgie-Bahnfahrten: Lakeside and
Haverthwaite Railway, Tel. 01 53 95-
3 15 94. Tägl. Mai–Okt und in den Osterferien.

 Bus und **Bahn** – Direktverbindungen aus verschiedenen Städten,
z.B. Manchester 2,5 St. Von Windermere
Bus weiter durch den Lake District. Bus
599 vom Bahnhof Windermere nach
Bowness.

Wisbech

Lage: Vordere Umschlagkarte F3
Vorwahl: 0 19 45
Einwohner: 23 000

 Tourist Information Centre, District
Library, Ely Place, Wisbech, Cambridgeshire PE13 1EU, Tel. 58 32 63.

 Rose & Crown Hotel, Market
Place, Wisbech, PE13 1DG,
Tel. 58 98 00, Fax 47 46 10. Traditionsherberge in der Ortsmitte. Restaurant und
Café, manche Zimmer mit Himmelbett.
Moderat.

 Peckover House, Wisbech (NT),
Tel. 58 34 63. Apr–Okt Mi, Sa u. So
12.30–17 Uhr.

 Fenland Museum, Museum
Square, Wisbech, Tel. 58 38 17.
Di–Sa 10–17 (Okt–März bis 16) Uhr.

 Ende Juni: **Rose Fair,** Wisbech.
Großes Blumenfest mit Paraden.

 Bus ab Peterborough oder King's
Lynn.

Woodstock

Lage: Vordere Umschlagkarte D2
Vorwahl: 0 19 93
Einwohner: 3 000

 Tourist Information, Oxfordshire
Museum, Part St., Woodstock, Oxfordshire OX20 1SN, Tel. 81 32 76, Fax
81 36 32. Mo–Sa 9.30–17.30, So 10–17 Uhr.

**Blenheim Guest House and Tea
Rooms,** 17 Park St., Woodstock,
OX20 1SJ, Tel. 81 14 67. Kleines Gästehaus
in verwunschener Lage am Hintereingang
zum Blenheim Palace. Moderat.

The Bear Hotel, Park St., Tel.
4 00 82 02. Für eine Herberge, die
auf das 13. Jh. zurückgeht, ist die altengli-

sche Einrichtung ein Muss. Die Küche zeigt aber das moderne Qualitätsbewusstsein neuere britische Gstronomie. Teuer.

 Blenheim Palace, Tel. 81 13 25. Mitte März–Okt tägl. 10.30–17.30 Uhr. Park ganzjährig 9–17 Uhr.

 Häufige **Busse** nach Oxford.

Worcester

Lage: Vordere Umschlagkarte C2
Vorwahl: 0 19 05
Einwohner: 75 000

Tourist Information Centre, The Guildhall, High St., Worcester, WR1 2EY, , Tel. 72 63 11, Fax 72 24 81. Mo–Sa 10.30–17.30 Uhr.

Loch Ryan Hotel, 119 Sidbury, Worcester, WR5 2DH, Tel. 35 11 43, Fax 35 11 43. Kleines Hotel in ehemaliger Bischofsresidenz. Moderat.
Giffard Hotel, High St., WR1 2QR, Tel. 72 62 62, Fax 72 34 58, gm12402@ forte-hotels.com. Haus der 60er Jahre gegenüber der Kathedrale. Moderat.

Brown's, 24 Quay St., Tel. 2 62 63. Feine Küche in umgebauter Getreidemühle. Moderat bis teuer.

The Old Palace, Deansway, Tel. 2 05 37. Reste eines königlichen Palasts aus dem 13. Jh., Fassade 18 Jh. Mo–Fr 9–16.30 Uhr.
The Commandery, Tel. 36 18 21. Mo–Sa 10–17, So 13.30–17.30 Uhr.
Guildhall, Mo–Sa 8.30–16.30 Uhr.
Royal Worcester: **Porzellanfabrik** und **Dyson Perrins Museum,** Severn St., Tel. 2 32 21. Fabrikbesichtigung. Museum Mo–Sa 9–17.30, So 11–17 Uhr.

City Museum and Art Gallery, Foregate St., Tel. 2 53 71. Mo–Mi, Fr 9.30–17.30, Sa 9.30–17 Uhr.

Pubs: The Cardinal's Hat. Sehr alte Gaststätte mit selbst gebrautem Bier.
The Little Worcester Sauce Factory, London Road, 1 km von der Stadtmitte. Mit ungewöhnlicher Dekoration und deftiger Küche.

 Ende August: **Three Choirs' Festival.** Seit 1715 veranstalten die Chöre der Kathedralen von Gloucester, Hereford und Worcester dieses Musikfestival.

Bemalen Sie selbst einen Porzellanteller: s. oben, Royal Worcester.

 Bahn: stündlich ab London Paddington.

York

Lage: Vordere Umschlagkarte D6
Stadtplan: S. 188/189
Vorwahl: 0 19 04
Einwohner: 99 000

Tourist Information Centre, De Grey Rooms, Exhibition Square, York, YO1 2HB, Tel. 62 17 56, Fax 62 56 18. Tägl. 9–18 Uhr.

Queen Anne's Guesthouse, 24 Queen Anne's Road, YO30 7AA, Tel. 62 93 89. Ruhiges Haus mit 7 Zimmern, 10 Fußminuten vom Minster. Günstig.
Arnot House, 17 Grosvenor Terrace, YO3 7AG, Tel. 64 19 66. Nichtraucher-B & B mit guter Ausstattung in den Zimmern, einige Minuten vom Minster. Moderat.
Mount Royale, 119 The Mount, YO2 2DA, Tel. 62 88 56, Fax 61 11 71, mountroyale@ mountroyale.co.uk. Kleines, komfortables Hotel an der Hauptstraße außerhalb der Stadtmauer. Moderat bis teuer.
Dean Court Hotel, Duncombe Place, YO1 2EF, Tel. 62 50 82, Fax 62 03 05. Gegenüber der Westfassade des Minsters, ursprünglich als Wohnhaus für die Domherren gebaut. Teuer.

Betty's, 6–8 St. Helen's Square, Tel. 65 91 42. Große Tea-rooms in einem Jugendstilhaus, sehr gutes Kuchenangebot. Günstig.
St. William's College Restaurant, College St., Tel. 63 48 30. Im Gebäude des 15. Jh., im Sommer Tische im Hof, abends Jazz. Moderat.
Melton's, 7 Scarcroft Road, YO2 1ND, Tel. 63 43 41. Kreative anglo-französische Küche. Teuer.

Castle Howard, Tel. 0 16 53-64 84 44. 25 km nordöstlich von York. Tägl. Ostern bis Okt, Park ab 10, Haus und Kostümmuseum 11–17 Uhr. Bus 840 oder 842 ab York.
Clifford's Tower (EH), Tel. 64 69 40. Apr–Sept tägl. 10–18, Okt–März 10–16 Uhr.
Fairfax House (NT), Castlegate, Tel. 0 19 04-65 55 43. März–Sep Mo–Do, Sa 11–17, So 11.30–17 Uhr.
Jorvik Viking Centre, Coppergate, Tel. 64 32 11. Tägl. Apr–Okt 9–17.30, Nov–März 10–16.30 Uhr.
Merchant Adventurers' Hall, Fossgate, Tel. 65 48 18. Ostern–Sep. Mo–Sa 9.30–17, So 12–16; Nov–März Mo–Sa 9.30–15 Uhr.
Treasurer's House (NT), Minster Yard, Tel. 62 42 47. Apr–Okt tägl. außer Fr 10.30–17 Uhr.
York Minster. Tägl. 9–18, Jun–Sep bis 20.30 Uhr.

Castle Museum, Tel. 65 36 11. Tägl. 9.30–16.30, im Sommer bis 17.30 Uhr.
City Art Gallery, Exhibition Square, Tel. 55 18 61. Tägl. 9.30–16.30 Uhr.
National Railway Museum, Leeman Road, Tel. 62 12 61. Tägl. 10–18 Uhr.
Yorkshire Museum, Museum Gardens, Tel. 62 97 45. Tägl. 10–17 Uhr.

Newgate Market, Lebensmittel und mehr, tägl. außer So.
York Antiques Centre, 2 Lendal.
In **The Shambles,** einer berühmten Gasse mit Fachwerkhäusern, befinden sich viele kleine Läden – Bücher, Kleidung, Kunsthandwerk, Antiquitäten.

Pubs: The Olde Starre, Stonegate. Das Haus ist in Teilen über 1000 Jahre alt, Bierausschank gibt es erst seit 1644. Für Freunde von Real Ale und deftiger Küche.
The Tap and Spile, Monkgate. Hier kann man Yorkshire Pudding probieren.
The Punch Bowl Inn, Stonegate. Jazz und Blues live.

Bonding Warehouse, Skeldergate, Tel. 62 25 27. Musik – u. a. Jazz.
Theatre Royal, St. Leonard's Place, Tel. 62 35 68. Gemischtes Schauspiel-Programm.
York Arts Centre, Micklegate, Tel. 62 71 29. Theater, Musik, Lesungen, Kleinkunst.

Castle Howard: wechselndes Programm im Sommer, u. a. **Blumenfest, Freilichtkonzerte, Nachstellung historischer Schlachten.**
York: Anfang–Mitte Juli: **Early Music Festival** – Musik des Mittelalters und der frühen Neuzeit.

Im Tourist Office kann man viele geführte **Spaziergänge** buchen. Yorks Spezialität: Ghost Walks mit zahlreichen Gespenstergeschichten, tägl. 20 Uhr ab King's Arms Pub, Ousebridge.

2 St. **Bahn**fahrt von London St. Pancras, gute Verbindungen zu anderen englischen und schottischen Städten. **Bus** ab Rougier Street (neben Station Road) im Regional- und Fernverkehr.

Yorkshire Sculpture Park

Lage: Vordere Umschlagkarte D5

Yorkshire Sculpture Park, Tel. 0 19 24-8 30 13 02. Täglich 10–18 Uhr, im Winter bis 16 Uhr.

Reiseinformationen von A bis Z

Ein Nachschlagewerk – von A wie Anreise über N wie Notfälle bis Z wie Zeitungen – mit vielen nützlichen Hinweisen, Tipps und Antworten auf Fragen, die sich vor oder während der Reise stellen. Ein Ratgeber für die verschiedensten Reisesituationen.

Anreise

■ Mit dem Auto

Der Kanaltunnel
1994 wurde der Kanaltunnel zwischen Sangatte bei Calais und Folkestone fertig gestellt. Alle Fahrzeuge werden in einen Zug, »Le Shuttle«, geladen und am anderen Ende entladen. Man bleibt während der Fahrt im Fahrzeug oder bewegt sich im Waggon. Sowohl die Verladezeit als auch die Fahrtzeit (35 Minuten) ist wesentlich kürzer als bei der Überfahrt mit der Fähre. Das Ticket ist im Reisebüro oder an der Tunneleinfahrt erhältlich. Reservierungen im Voraus sind nicht möglich, aber bei bis zu vier Abfahrten pro Stunde tagsüber und mindestens einer Abfahrt pro Stunde nachts dürfte es keine Schwierigkeiten verursachen, einen Platz zu bekommen. Man bezahlt einen Festpreis pro Fahrzeug, unabhängig von der Anzahl der Passagiere, jedoch darf das Fahrzeug nicht länger als 6,5 m und nicht höher als 1,85 m sein.

Fähren
Als Reaktion auf die Konkurrenz durch den Kanaltunnel bemühen sich die Fährgesellschaften, die Schifffahrt als stilvollste Reisemöglichkeit attraktiver zu machen. Dem Autofahrer steht eine große Auswahl von Fähren über den Ärmelkanal oder die Nordsee zur Verfügung. Die kürzesten Routen führen von Calais nach Dover an der englischen Südküste. Für Urlauber, die auch London sehen möchten, sind diese Routen ideal. Wer jedoch Ost-, Mittel- oder Nordengland direkt ansteuern will, sollte auch die längere Überfahrt zur englischen Ostküste in Betracht ziehen, die nicht unbedingt teurer ist, wenn man die Kosten und Mühen der dabei ersparten Autobahnkilometer berücksichtigt.

Südküste
Hoverspeed Car Ferries, Calais – Dover (45 Min.), Boulogne – Folkestone (55 Min.), Ostende – Dover (2 St.):
P & O Stena Line Calais – Dover
Seafrance Sealink Calais – Dover

Ostengland
Hoek van Holland – Harwich (6,5 Stunden) mit Stena Line.
Hamburg – Harwich mit DFDS Seaways.

Nordengland
P & O North Sea Ferries fährt über Nacht von Zeebrügge und Rotterdam nach Hull, von wo Yorkshire und Nordengland schnell zu erreichen sind.
DFDS Seaways: Imuiden/Amsterdam – Newcastle-upon-Tyne

Adressen der Fährgesellschaften:
Hoverspeed Car Ferries,
Tel. 069-24 24 66 77, Fax 24 24 66 76, reservations@hoverspeed.de
Österreich:
Cosmos Internationales Reisebüro, Kärntner Ring 15, 1010 Wien,
Tel. 01-51 53 32 16, Fax 51 53 32 10, i.busche@cosmostravel.at
Schweiz:
PECO-Tours, Neumühle Töss, Agnesstr. 7, 8406 Winterthur,

Zugverbindungen von London nach Nord- und Mittelengland

Strecke	Reisezeit	Häufigkeit
London–Cambridge	1 Std.	4 pro Stunde
London–Oxford	1 Std.	1 pro Stunde
London–Liverpool	2 Std. 30 Min.	1 pro Stunde
London–York	1 Std. 45 Min.	2 pro Stunde
London–Birmingham	1 Std. 40 Min.	Mehrmals pro Stunde
London–Newcastle	2 Std. 35 Min.	2 pro Stunde

Tel. 0 52-2 09 07 07, Fax 2 09 07 00,
adm@peco-operating.ch

P & O Stena Line, Graf-Adolf-Str. 41,
40210 Düsseldorf, Tel. 02 11-3 87 06-0,
Fax 3 87 06-30, posl.sales@t-online.com
Österreich:
ÖAMTC Reisebüro, Schubertring 1–3,
1010 Wien, Tel. 01-7 11 99-14 15/-14 68,
Fax 7 11 99-14 69
Schweiz:
Cruise & Ferry Center, Chemin Curtils,
1261 Le Vaud, Tel. 0 22-3 66 42 55,
Fax 3 66 41 78, cruise@active.ch

Seafrance Sealink, Berliner Str. 31–35,
65760 Eschborn, Tel. 0 61 96-4 29 11/-13,
Fax 48 30 15

Stena Line, Hildebrandtstr. 4D,
40215 Düsseldorf,
Tel. 01 80-5 33 36 00,
Fax 01 80-5 33 36 05,
dialog@stenaline.com
Österreich:
ÖAMTC, s. oben
Schweiz:
Cruise & Ferry Center, s. oben

P & O North Sea Ferries,
Deutsches Reisebüro, Emil-von-Behring-
Str. 6, 60439 Frankfurt am Main,
Tel. 0 69-95 88 58 00, Fax 95 88 58 22
Österreich: ÖAMTC-Reisen, s. oben
Schweiz: PECO Tours, s. oben

DFDS Seaways, Van-der-Smissen-Str. 4,
22767 Hamburg, Tel. 0 40-38 90 371, Fax
38 90 31 41, post@scansea.de

■ **Mit der Bahn**

Anfahrt bis London
Durch den Kanaltunnel fahren Hochgeschwindigkeitszüge von Brüssel nach
London mit einer Gesamtfahrtzeit von nur
3 Stunden 15 Minuten. Für Tunnelhasser
empfehlen sich die Fährverbindungen
Ostende–Dover (4 Stunden Überfahrt mit
dem Schiff, 90 Minuten mit dem Jetfoil)
und Hoek van Holland–Harwich. Harwich
liegt schon günstig für die Erkundung
Ostenglands. Von beiden Häfen dauert die
Fahrt nach London etwa 90 Minuten.
Auskunft, Reservierungen und Tickets
von BritRail in Frankfurt (Tel. 0 69-
97 58 46 46, Fax 97 58 46 25) oder
www.eurostar.com.

**Weiterfahrt ab London nach Nord-
und Mittelengland**
Da die großen Londoner Bahnhöfe Kopf-
bahnhöfe sind, muss man das Zentrum
der Hauptstadt durchqueren, am besten
mit der U-Bahn, um weiter in Richtung
Norden zu fahren. Züge vom Kanaltunnel
kommen im Bahnhof Waterloo an, von
den Kanalhäfen im Bahnhof Victoria, von
Harwich im Bahnhof Liverpool Street.
Die Weiterfahrt erfolgt von folgenden
Bahnhöfen:
Nach East Anglia: Liverpool Street oder
Fenchurch Street Station.
Richtung Westen (Oxford, Wales):
Paddington Station.
Nach Birmingham, Manchester, Liverpool:
Euston Station.
Richtung Yorkshire und Nordosten: King's
Cross oder St. Pancras Station.

Infos von A bis Z

■ Mit dem Bus

Die billigste, aber langsamste Fahrt nach
England ist die Busfahrt. Von München,
Stuttgart, Nürnberg, Darmstadt, Frankfurt,
Mainz, Köln und Aachen fahren Linien-
busse nach London. Die Fahrt von München dauert 22 Stunden, von Köln 10 Stunden.

Infos in Deutschland:
Deutsche Touring GmbH,
Am Römerhof 17, 60486 Frankfurt/Main,
Tel. 0 69-7 90 32 40, www.deutsche-
touring.com
Österreich:
Eurolines Austria, Tel. 01-7 12 04 53
Schweiz:
Eurolines Eggman-Frey,
Tel. 0 61-7 35 97 97
Reservierungen in England:
Eurolines UK 0 15 82-45 60 55

■ Mit dem Flugzeug

Von allen internationalen Flughäfen in
Deutschland, Österreich und der Schweiz
gibt es Linienflüge nach London. Von
London aus fliegt man weiter zu allen
regionalen Flughäfen des Landes. Das Angebot der preiswerten Fluggesellschaften
wird ständig erweitert, z. B. fliegt Easyjet
(www.easyjet.com) von London-Luton und
-Stansted sowie von Liverpool nach Zürich
und Genf; Ryanair (www.ryanair.com) von
London-Stansted nach Frankfurt (Hahn)
und Hamburg. Außerdem gibt es folgende
Direktflüge von British Airways und/oder
Lufthansa:

Nordengland

Nach Manchester von Düsseldorf,
Frankfurt, Hamburg, Hannover und
München.

Mittelengland

Nach Birmingham von Berlin, Düsseldorf,
Frankfurt, Hamburg, München und Stuttgart.

Ostengland

Mit der Fluggesellschaft Go: Von Düsseldorf, Frankfurt und München nach Stansted (östlich von London).

Aktivurlaub

Ein vielfältiges Angebot an Hobbyferien
und Reisen mit bestimmten thematischen
Schwerpunkten findet man in Broschüren
der British Tourist Authority. Zu den Themen gehören: Antiquitäten, Architektur, Eisenbahn, Geschichte und Konservation,
Gourmetreisen, Kunstgeschichte, Literatur,
Malkurse, militärische Geschichte, Musik
und Tanz, Naturkunde, Radfahren, Sport,
Theater, Wandern.

■ Angeln

Für das Angeln in Flüssen und Seen (nicht
aber im Meer) braucht man überall eine
Erlaubnis. Zuerst muss man von der für
die betreffende Region zuständigen Was-
serbehörde eine *rod licence* einholen. Zusätzlich braucht man die Genehmigung
des Besitzers der Fischereirechte, denn die
meisten Binnengewässer sind in Privatbesitz. Die örtlichen *Tourist Information Offices* geben Auskunft.

Es wird bei der Süßwasserfischerei zwischen *Game Fishing,* d. h. Angeln auf
Lachs und Forelle, und *Coarse Fishing,* alle
anderen Fischarten, unterschieden. Unter
vielen beliebten Lachsflüssen seien erwähnt: der River Wye an der walisischen
Grenze, die Flüsse Lune und Eden im
Nordwesten und der Coquet im Nordosten. Die Schonzeit für Lachs und Forelle
ist regional unterschiedlich. Für *Coarse
Fishing,* bei dem die Schonzeit meist von
März bis Juni läuft, sind vor allem die Ge-
wässer Ostenglands, die Fens und die Broads, beliebt.

Auskunft über den Verein National Fede-
ration of Anglers, www.the-nfa.org.uk.

Lizenzen für Coarse Fish oder Salmon
und Sea Trout für einen Tag, 8 Tage oder
ein Jahr kauft man im Postamt.

■ Badeurlaub

Die englische Küste ist schön, aber nicht
überall sauber. Es gibt immer noch Gemeinden, die keine Kläranlage besitzen,
und ihren ungeklärten Schlamm von der
Kanalisation über verlängerte Pipelines direkt ins Meer pumpen. Hinzu kommen an
manchen Stellen industrielle Abwässer

und die Folgen von Verklappung in der
Nordsee und in der Irischen See.
Auskunft über die Wasserqualität unter
www.goodbeachguide.co.uk.

■ Bootsvermietung:
Kanäle und Flüsse
Das Angebot beinhaltet die traditionellen
Narrow Boats (s. S. 47 ff.) sowie moderne
Kabinenkreuzer. Auch auf den *Narrow
Boats* kann man mit einer bequemen Ausstattung rechnen, sofern der Platz dies erlaubt. Je nach Größe sind 2 bis 12 Schlaf-
plätze vorhanden. Man muss sich mit pas-
sender Kleidung eindecken und dabei
bedenken, dass das Bedienen von Schleusen im Regen einen guten Wetterschutz erfordert. Gleitsichere Schuhe mit Gummi-
profil soll man auf jeden Fall mitnehmen.
Wer nicht selbst in der kleinen Küche
(Galley) kochen will, findet meist eine Gaststätte unweit der Anlegestelle. Die Boots-
vermieter weisen Unerfahrene ein und
können im Falle einer Panne oder Havarie
helfen (im Gegensatz zum Straßenverkehr
fährt man auf den Wasserwegen rechts).
Karten der Route sollten an Bord vorhanden sein; bei der Planung soll man mit der
Kilometerzahl nicht zu ehrgeizig sein, besonders wenn viele Schleusen zu überwin-
den sind. Man kann direkt in England oder
über Agenturen in Deutschland Broschüren
anfordern und buchen.

Westengland und Wales:
Anglo Welsh Waterway Holidays,
5 Pritchard Street, Bristol BS2 8RH,
Tel. 01 17-9 24 12 00,
Fax 9 24 02 02,
AWGP@AOL.Com,
www.anglowelsh-group.plc.uk

Norfolk Broads, auch Segelboote:
Blakes International Travel Ltd
Wroxham, Norwich,
NR12 8DH, boats@blakes.co.uk,
www.blakes.co.uk,
Tel. 0 16 03-73 94 00,
Fax 78 28 71,
oder
Hoseasons Holidays,
Dept B0090, Sunway House, Raglan Road,

Lowestoft, NR32 2LW,
Tel. 0 15 02-50 10 10,
Fax 58 67 81,
www.hoseasons.co.uk,
mail@hoseasons.co.uk

Vertreter in Deutschland:
Arns GmbH Charteryachten,
42801 Remscheid,
Tel. 0 21 91-92 62 40,
Fax 2 38 03

GB Touristik, Berger Strasse 81,
60316 Frankfurt am Main,
Tel. 0 69-94 35 52 44,
Fax 94 35 52 55

Ferienbootcharter Koehler (FBC)
Feichtmayrstr 27, 76646 Bruchsal,
Tel. 0 72 51-8 83 70
Hausbootferien Georg Reinwald,
Kleinheide 10, 51515, Kürten
Tel. 02 20 796880

■ Golf
Diese Sportart hat ihren Ursprung in
Schottland, doch gibt es auch in England
eine Vielzahl schön gelegener Golfplätze.
Golf ist dort Massensport und keine Be-
schäftigung der Wohlhabenden. Wenn
man es aber exklusiv haben will, dann gibt
es Golfschulen und gediegene Golfhotels,
die jedem Anspruch genügen.
Übersicht über britische Golfplätze:
www.golfcourses.org und
www.golfshot.co.uk.
Anbieter von Komplettangeboten:
Golf Vacations UK, ›Glenmuir‹, Pinecroft,
Newfield, Carlisle, CA3 0DB,
Tel./Fax 0 12 28-54 76 21,
sales@golfvacationsuk.com,
www.golfvacationsuk.com.

■ Jagd
Mit *Hunting* meinen Engländer die meist
berittene Fuchsjagd mit Meute. Andere
Jagdarten heißen *Shooting* oder, bei Rot-
und Rehwild, *Stalking*. Obwohl *Deer-stal-
king* in Nordengland möglich ist, fährt
man dafür in der Regel nach Schottland. In
den Bergen von Nordengland werden vor
allem Moorhühner *(grouse)* erlegt, in allen

Infos von A bis Z

Landesteilen Fasane und Rebhühner.
Über Schonzeiten, Lizenzen und Hotels,
die Jagdurlaub anbieten, informiert der
Verein der britischen Jäger:
British Field Sports Society,
59 Kennington Road, London SE1 7PZ,
Tel. 0 20-79 28 47 42. Weitere Informatio-
nen: Country Pursuits Ltd., Roebuck
House, 33 Broad Street, Stamford, Lincs,
PE9 1RB, Tel. 0 17 80-75 49 00, Fax 75 47 74,
countrypursuits@compuserve.com,
www.countrypursuits.co.uk.

■ Kanusport
England hat viele Flüsse und Kanäle, die
ausgezeichnete Freizeitmöglichkeiten für
Kanufreunde bieten. Auskunft von: British
Canoe Union, Adbolton Lane, W. Bridgford,
Nottingham NG2 5AS, Tel. 01 15-9 82 11 00,
www.bcu.org.uk.

■ Klettern
Das Pennine-Gebirge und die Berge des
Lake District bieten gute Klettermöglichkei-
ten.
Auskunft über: British Mountaineering
Council, 177–179 Burton Road, Manches-
ter, M20 2BB, Tel. 0161-4 45 47 47, Fax
4 45 45 00, office@thebmc.co.uk.

■ Radfahren
Die kurzen Entfernungen zwischen sehenswerten Orten begünstigen einen Fahrrad-
urlaub. Da es relativ wenige Radwege gibt,
sollte man Karten kaufen, die auch kleine
Landstraßen zeigen, um das dichte Straßennetz voll auszunutzen, ohne auf die
viel befahrenen A-Straßen angewiesen zu
sein.
Für diejenigen, die ein Gebiet näher erforschen möchten, sind die Karten im
Maßstab 1:50 000 des offiziellen Vermes-
sungsamtes Ordnance Survey, die jeweils
ein Gebiet von 40 mal 40 km abdecken,
gut geeignet. Abseits der asphaltierten
Straßen darf auf den mit blauen Pfeilen
markierten Saumpfaden,»Bridleways«,
geradelt werden.
Flug- und Fährgesellschaften befördern
Fahrräder kostenlos oder gegen einen ge-
ringen Aufpreis. In Eisenbahnzügen können Fahrräder meist kostenlos mitgenom-

men werden; bei manchen Strecken und
zu bestimmten Stoßzeiten gibt es Einschränkungen und Gebühren.
Folgende Veranstalter bieten Fahrrad-
verleih oder organisierten Radurlaub:

Acorn Activities,
P.O. Box 120,
Hereford, HR4 8YB,
Tel. 0 14 32-83 00 83,
Fax 83 01 10,
info@acornactivities.co.uk,
www.acornactivities.co.uk.

CTC (Cyclists' Touring Club),
69 Meadrow, Godalming,
Surrey GU7 3HS,
Tel. 0 14 83-41 72 17,
Fax 426994,
cycling@ctc.org.uk.

Grafschaft Warwickshire und Cotswolds:
Compass Holidays,
48 Shurdington Road,
Cheltenham Spa, GL53 0JE,
Tel.0 12 42-25 06 42,
Fax 52 97 30,
Compass.Holidays@bigfoot.com,
dspace.dial.pipex.com/town/road/xdt51/.

Suffolk Cycle Breaks,
Bradfield Hall Barn,
Alder Carr Farm,
P.O. Box 82,
Needham Market,
Suffolk IP6 8BW,
Tel. 0 14 49-72 15 55,
Fax 72 17 07,
infovb@cyclebreaks.co.uk,
www.cyclebreaks.co.uk.

Grafschaften Cheshire und Shropshire
Byways Bike Breaks,
25 Mayville Road,
Liverpool L18 0HG,
Tel. 01 51-7 22 80 50,
Fax 7 22 80 50,
byways@cybase.co.uk,
www.byways-breaks.co.uk.

Oxford, Cotswolds:
Orchard Cycle Tours,

»Follow the Country code« – Regeln zum Wandern

– Enjoy the countryside and respect its life and work	– Genießen Sie das Land und respektieren Sie Leben und Arbeit dort
– Guard against all risk of fire	– Vermeiden Sie jede Brandgefahr
– Fasten all gates	– Schließen Sie alle Gatter
– Keep your dogs under close control	– Überwachen Sie Ihre Hunde
– Keep to public paths across farm land	– Bleiben Sie beim Überqueren von landwirtschaftlich genutztem Gelände auf öffentlichen Wegen
– Use gates and stiles to cross hedges, fences and walls	– Benutzen Sie Gatter und Treppen, um Hecken, Zäune und Mauern zu überqueren
– Leave livestock, crops and machinery alone	– Hände weg von Vieh, Pflanzungen und Maschinen
– Take your litter home	– Nehmen Sie Ihren Müll mit
– Help to keep all water clean	– Halten Sie das Wasser sauber
– Protect wildlife, plants and trees	– Schützen Sie Tiere und Pflanzen
– Take special care on country roads	– Seien Sie auf Landstraßen vorsichtig
– Make no unnecessary noise	– Machen Sie keinen unnötigen Lärm

1 The Orchard, Appleton,
Oxfordshire OX13 5LF,
Tel. 0 18 65-86 37 73,
Fax 86 57 83.

Cotswolds und Lake District
Country Lanes,
9 Shaftesbury Street,
Fordingbridge,
Hampshire, SP6 1JF,
Tel. 0 14 52-65 50 22,
Fax 65 51 77,
bicycling@countrylanes.co.uk,
www.countrylanes.co.uk.

■ Reiten
Reitschulen bieten eine große Auswahl
an Urlaubsmöglichkeiten, vom Anfängerkurs bis zum mehrtägigen Trekking.
Empfehlenswert sind die Veranstalter,
die von der British Horse Society kontrolliert werden: The British Horse Society,
British Equestrian Centre, Stoneleigh,
Kenilworth, Warwickshire CV8 2LR,
Tel. 0 87 01-20 22 44, Fax 0 19 26-70 78 00,
www.bhs.org.uk.

■ Segeln
Auf jeder Küstenstrecke und vielen Binnengewässern gibt es Segelclubs. Entsprechend groß ist auch das Angebot an Segelkursen.
Auskunft: Royal Yachting Association
(RYA), RYA House, Romsey Road,
Eastleigh, Hampshire, SO50 9YA,
Tel. 0 17 03-62 74 00, Fax 62 99 24,
www.rya.org.uk,
www.uksail.com (viele Infos).

■ Wandern
Viele Engländer wandern gern, und die
Insel ist mit einem gut ausgeschilderten
Netz von Wanderwegen überzogen. Darunter sind über 50 **Fernwanderwege**
oder *Long Distance Footpaths.* Der bekannteste ist der mittlerweile überbeanspruchte *Pennine Way,* der vom Peak District bis zur schottischen Grenze führt. Zu
den längeren gehören der *Coast to Coast
Path,* von St. Bees an der Irischen See in
Cumbria nach Robin Hood's Bay an der
Nordsee, und der *Offa's Dyke Footpath*
entlang der 1300 Jahre alten Grenze zu
Wales. Es gibt kaum ein historisches Ge-

Infos von A bis Z

biet und kaum einen Landschaftstyp, der sich nicht auf einem Fernwanderweg erkunden ließe, sei es *Robin Hood's Way* durch Sherwood Forest, der *Viking Way* von den East Midlands bis zum Fluss Humber oder der *Norfolk Coast Path* in Ostengland. Wer nur eine Tageswanderung unternehmen will, findet überall eine Möglichkeit.

Wegerecht *(right of way)* hat man auf Public Footpaths, die meistens als solche ausgeschildert sind. *Right of way* ist ein historisch überliefertes Recht, das sich nur auf den Weg selber, also nicht auf das benachbarte Grundstück, bezieht. Wenn der Weg das Land eines Bauern überquert, sollte man sich streng an den Weg halten. Der Wanderverein Ramblers' Association kämpft um die Erhaltung der Wege, die manchmal von uneinsichtigen Bauern gesperrt oder gepflügt werden: Ramblers' Association, 87–90, Albert Embankment, London SE1 7TW, Tel. 0 20-73 39 85 00.

Wanderkarten und Wanderführer
Unter dem sehr großen Angebot an Wanderkarten und -führern, die in englischen Buchhandlungen erhältlich sind, ist die Taschenbuchreihe »Walkers' Britain« (Verlag: Pan Books) zu empfehlen.

Das Vermessungsamt Ordnance Survey gibt hervorragende Landkarten heraus. Die Reihe im Maßstab 1:50 000 deckt alle Landesteile ab, während die beliebten Wandergebiete wie Lake District, Peak District und Yorkshire Dales mit Karten im Maßstab 1:25 000 zu erforschen sind. Für begeisterte Lake-District-Wanderer ist die bemerkenswerte Bücherreihe von A. Wainwright wie eine Bibel. Über Jahrzehnte widmete Wainwright seine ganze Freizeit der Aufgabe, sämtliche Wege des Gebirges von Cumbria zu beschreiben. Die Bücher sind in seiner eigenen Handschrift mit seinen schönen Zeichnungen und Karten gedruckt.

Apotheken

Apotheken heißen *Dispensing Chemist* oder *Pharmacy.* Sie sind weder so zahlreich noch so edel eingerichtet wie in Deutschland. Dafür ist der Begriff »Apothekerpreise« in England unbekannt. Der größte und bekannteste Apotheker des Landes ist die Firma Boot's, die Hunderte von Drogeriegeschäften besitzt, die meisten davon mit einer Apotheke. Nichtrezeptpflichtige Produkte, auch Aspirin, können in den Drogeriemärkten gekauft werden.

Ärztliche Versorgung

Der staatliche Gesundheitsdienst bietet Besuchern sowohl bei niedergelassenen Ärzten als auch in den Unfallstationen der Krankenhäuser kostenlose ambulante Behandlung. Rezepte und stationäre Behandlung müssen bezahlt werden, es sei denn, man führt als Bürger eines EU-Landes die entsprechenden Krankenversicherungspapiere mit. Da die Wartezimmer der Ärzte oft überfüllt sind, kann es von Vorteil sein, vor Antritt der Reise eine Reisekrankenversicherung abzuschließen, die die Kosten einer Privatbehandlung übernimmt. Die meisten Arztpraxen werden von Allgemeinmedizinern geführt, die die erste Untersuchung und routinemäßige Behandlungen vornehmen und nur in schwierigeren Fällen an den Facharzt überweisen.

Adressen der ortsansässigen Ärzte und Krankenhäuser über kostenlose Auskunft Tel. 1 00.

Autofahren

Die englische Fahrweise ist, von London abgesehen, weniger aggressiv als die deutsche. Man gewöhnt sich schnell an den Linksverkehr. Nur bei Überholmanövern auf Landstraßen ist der Fahrer eines kontinentaleuropäischen Wagens deutlich benachteiligt. Das Aufkleben eines schwarzen Dreiecks oder eines Abdeckbands auf den Scheinwerfern verhindert, dass der entgegenkommende Verkehr geblendet wird.

Vorfahrtsregeln: Rechts vor links gilt in England nicht. Abbiegende Fahrzeuge

haben Vorfahrt gegenüber Fußgängern, die die Fahrbahn überqueren. Beim Kreisverkehr *(roundabout)* hat derjenige Vorfahrt, der sich schon im Kreis befindet.
Geschwindigkeitsbegrenzungen: innerhalb geschlossener Ortschaften 30 Meilen (48 km/h), auf Landstraßen 60 (96 km/h), auf Autobahnen 70 (112 km/h).
Parken: Die doppelte gelbe Linie am Straßenrand bedeutet absolutes Halteverbot. Eine einzelne Linie, durchgezogen oder unterbrochen, bedeutet eingeschränktes Parkverbot, dessen Zeiten ausgeschildert sind. Man darf in beiden Fahrtrichtungen parken. Das Parkproblem wird auch in englischen Städten immer schlimmer, und Maßnahmen gegen rücksichtsloses Parken werden dementsprechend verschärft. Es bleibt nicht bei der Verteilung von Strafmandaten, sondern in manchen Städten werden die PKW abgeschleppt oder durch das Anbringen von »*clamps*« (Parkkrallen) an den Rädern festgesetzt. Auch ausländische Parksünder bleiben nicht verschont.
Benzin: *unleaded* = Bleifrei
3 Star (regular) = Normalbenzin
4 Star (super) = Superbenzin
Orientierung: Das Straßennetz ist gut ausgebaut und im Allgemeinen gut beschildert. Es gibt vier Kategorien von Straßen: Autobahnen *(Motorways),* die mit M nummeriert sind; die nummerierten A- und B-Straßen und die unklassifizierten. *Dual Carriageway* heißt eine Straße mit zwei Spuren je Richtung und einem Mittelstreifen. Wer die Landschaft abseits der Hauptstraßen entdecken möchte, sollte sich im Lande oder auf der Fähre einen guten Straßenatlas kaufen. Der »Ordnance Survey Motoring Atlas of Great Britain« und ähnliche Bände kosten kaum mehr als die üblichen Faltkarten, die im deutschen Buchhandel erhältlich sind, und enthalten wesentlich genauere Informationen.
Pannenhilfe: Die beiden Organisationen AA (Automobile Association, Fanum House, Basingstoke, Hampshire, RG21 2EA, Tel. 0 12 56-2 01 23, Fax 49 33 89. Allgemeine Information Tel. 09 90-500 600, customer.services@theaa.com) und RAC

(Royal Automobile Club, RAC Motoring Services, RAC House, 1 Forest Road, Feltham, TW13 7RR. Auskunft 0 87 05-72 27 22, Pannenhilfe 08 00-0 82 82 82) bieten ihren Mitgliedern Pannenhilfe an, sind aber nicht verpflichtet, anderen Verkehrsteilnehmern zu helfen. So empfiehlt es sich, vor Antritt der Reise einen im Ausland gültigen Schutzbrief zu erwerben. Deutsche und englische Automobilklubs haben Vereinbarungen über gegenseitige Hilfe abgeschlossen.
Dokumente: Personalausweis oder Reisepass, Wagenpapiere und nationaler oder internationaler Führerschein sind erforderlich. Eine grüne Versicherungskarte ist nicht Pflicht, jedoch ratsam.

■ Autovermietung
Die bekannten internationalen Autovermieter sind in England fast überall vertreten. Buchungen über deutsche Reisebüros sind möglich. Preiswerter sind die kleineren Anbieter im Lande.

Behinderte

Die British Tourist Authority gibt den »Disabled Visitors' Guide« mit Informationen für Behinderte heraus. Weitere Informationen von:

The Royal Association for Disability and Rehabilitation (RADAR), 12 City Forum, 250 City Road, London EC1V 8AF, Tel. 0 20-72 50 32 22, Fax 72 50 02 12, radar@radar.org.uk.
British Sports Association for the Disabled, Solecast House, 13–27 Brunswick Place, London N1 6DX. Tel. 0 20-74 90 49 19.
Holiday Care Service, 2 Old Bank Chambers, Station Road, Horley, Surrey RH6 9HW, Tel. 0 12 93-77 45 35, Fax 78 46 47, holiday.care@virgin.net.
Disability Helpline der Automobile Association: Tel. 08 00-26 20 50.

Die regionalen *Tourist Boards* veröffentlichen Broschüren über Urlaubsangebote und Sehenswürdigkeiten, die für Behinderte geeignet sind. Besonders informativ

Infos von A bis Z

349

ist ein Blatt des East Anglia Tourist Board, »Information on East Anglia for People with Special Needs«.

Cricket

Auf Dorfangern kann man im Sommer häufig dieses rätselhafte und gemächliche Spiel beobachten. An warmen Sommertagen dient das Spiel den Zuschauern als Anlass, einen Nachmittag in der Sonne mit einem Picknick zu verbringen. Internationale Spiele dauern bis zu fünf Tagen und werden nicht selten nach diesem Zeitraum abgebrochen, weil die Zeit zu kurz ist, um zu einem Ergebnis zu kommen. Es wurde behauptet, dass Gott dieses Spiel erfand, um den Engländern eine Vorstellung von Ewigkeit zu vermitteln. Kenner und Puristen bedauern die Einführung der schnellen Version des Spiels, die nur einen Tag dauert und dem echten Cricket angeblich nur noch so ähnelt, wie Fast Food einem mehrgängigen Dinner. Der Spruch »It's not cricket« bedeutet »Das ist kein Fair Play«. Der Ausdruck wird heute nur noch als Scherz verwendet, da auch Cricket im Zeitalter des hoch bezahlten Profisports nicht mehr das elegante, zivilisierte Spiel von einst ist. Trotzdem kommt diese Sportart dem Besucher zu Recht wie ein Überbleibsel des Old England vor.

Cricket wird nach so komplizierten Regeln gespielt und ist taktisch so raffiniert, dass nur diejenigen, die von Kindheit an mit dem Spiel vertraut sind, die Feinheiten wirklich verstehen können. Zwei von elf weiß gekleideten Spielern einer Mannschaft versuchen, Punkte zu erzielen, indem die Spieler ein aus drei Holzstäben bestehendes Tor mit einem Schläger verteidigen. Wenn der harte Lederball das Tor trifft, muss der Spieler, der den Schläger trägt, das Feld verlassen. Gelingt es ihm, den Ball wegzuschlagen, rennt er zwischen den beiden Toren, die etwa 20 m auseinander liegen, hin und her. Für jede zurückgelegte Länge gewinnt er einen Punkt. Die im Feld stehenden Gegner versuchen, den Ball einzufangen und zurückzuwerfen, bevor er das andere Tor erreicht hat.

Diplomatische Vertretungen

■ … in England

Botschaft der Bundesrepublik Deutschland:
23, Belgrave Square,
London SW1X 8PZ,
Tel. 0 20-78 24 13 00.

Österreichische Botschaft:
18, Belgrave Mews West,
London SW1X 8HU,
Tel. 0 20-72 35 37 31.

Schweizer Botschaft:
16–18 Montagu Place,
London W1H 2BQ,
Tel. 0 20-76 16 60 00.

■ Britische Botschaften

Bundesrepublik Deutschland:
Wilhelmstr. 70,
10117 Berlin,
Tel. 0 30-20 45 7-0,
Bonner Büro:
Argelander Str. 108 a,
53115 Bonn, Tel. 02 28-9 16 70.

Schweiz:
Thunstr. 50,
3005 Bern,
Tel. 0 31-33 59 77 00.

Österreich:
Jauresgasse 12,
1030 Wien,
Tel. 01-7 16 13-0.

■ Britische Generalkonsulate

Schweiz:
Rue de Vermont 37–39,
1211 Genf,
Tel. 0 22-9 18 24 00.

Deutschland:
Yorckstr. 19,
40476 Düsseldorf.
Tel. 02 11-94 48-0, Fax 48 63 59.

Einkaufen

◼ Andenken

Es gibt unzählige Töpfereien und andere *Craft Shops,* die Kunsthandwerk anbieten. Auch die *Gift Shops,* die man in jedem Museum und Herrensitz findet, bieten attraktive Andenken, denn die Briten betrachten eine Besichtigung nicht nur als Bildung, sondern auch als Möglichkeit zum Shopping.

◼ Antiquitäten

Früher waren überall Schnäppchen zu finden. Mittlerweile sind die Preise kräftig angestiegen, auch in den weniger wohlhabenden Landesteilen. Das Angebot an Besteck, Schmuck und Ornamenten bis hin zu größeren Möbelstücken ist jedoch nach wie vor äußerst reichhaltig.

◼ Lebensmittel

Eine breite Auswahl bei zuverlässiger Qualität bieten die landesweit vertretenen Supermarktketten wie Sainsbury und Tesco. Für Selbstversorger, die nicht viel Zeit am Herd verbringen möchten, sind die Fertiggerichte der Kette Marks & Spencer empfehlenswert.

Einreise-und Zollbestimmungen

Für Deutsche, Schweizer und Österreicher genügt der Personalausweis, wobei Nicht-EU-Bürger eine Besucherkarte an der Grenze ausfüllen müssen.

Eine Aufenthaltsgenehmigung ist erst bei mehr als 6 Monaten Aufenthalt erforderlich. Die Mitnahme von Tieren ist nur unter strengen Auflagen möglich. Hunde und Katzen, denen nach der Impfung gegen Wildtollwut ein Zeugnis ausgestellt und ein Mikrochip implantiert wurde, dürfen einreisen. Bei der British Tourist Authority ist ein Informationsblatt erhältlich. Ein- und Ausfuhr von Zahlungsmitteln unterliegen keinerlei Einschränkungen.

◼ Zollbestimmungen

Seit der Einführung des europäischen Binnenmarktes bestehen nur noch Einfuhrbeschränkungen aus EU-Ländern für Tabakwaren und Alkoholika in Mengen, die den persönlichen Bedarf übersteigen: 800 Zigaretten, 400 Zigarillos, 20 Zigarren und 1 kg Tabak sowie 10 Liter Spirituosen, 20 Liter weinhaltige Getränke, 90 Liter Wein (davon maximal 60 Liter Sekt), 110 Liter Bier.

Für außerhalb der EU zollfrei eingekaufte Waren gelten folgende Freimengen: 2 Liter Wein, 1 Liter Spirituosen über 22 % oder 2 Liter andere Getränke unter 22 % oder zusätzlich 2 Liter Wein, 250 g Tabak oder 50 Zigarren oder 200 Zigaretten oder 100 Zigarillos, 60 ml Parfüm, 250 ml Eau de Toilette, andere Waren im Wert von £ 145.

Elektrizität

Das britische Netz liefert Wechselstrom mit 240 V/50 Hz. Elektrogeräte mit 220 V können benutzt werden, aber man sollte sich vor Reiseantritt einen Adapter besorgen, da kontinentaleuropäische Stecker nicht in englische Steckdosen passen.

English Heritage

Die für Denkmalschutz zuständige Behörde heißt »English Heritage« (EH). EH verwaltet über 400 historische Stätten. Während der National Trust sich eher um möblierte oder zumindest überdachte Häuser kümmert, ist English Heritage für sehr viele Ruinen (Burgen und Klöster) zuständig. Wer in Yorkshire oder Northumbria reist, wird zahlreiche vom English Heritage gepflegte Sehenswürdigkeiten besuchen können (s. S. 41). Informationen: www.english-heritage. org.uk, www.nationaltrust.org.uk.

Essen und Trinken

◼ Restaurants

Unter vielen nützlichen Restaurantführern sind zwei jährlich erscheinende Standardwerke hervorzuheben: »The Good Food Guide«, von The Consumers' Association (2 Marylebone Rd., London NW1 4DF) und »AA Restaurant Guide« (über Britain Direct

Infos von A bis Z

erhältlich, s. Stichwort Information). Einzelne Restaurants s. Adressen und Tipps von Ort zu Ort, S. 284 ff.

■ Pubs

Die Öffnungszeiten der Pubs sind Ausländern ein Rätsel und Einheimnischen ein ständiges Ärgernis. Obwohl Gaststätten seit 1988 durchgehend von 11 bis 23 Uhr öffnen dürfen, nehmen manche diese Freiheit noch nicht in Anspruch, sondern servieren alkoholische Getränke nur mittags von 11 bis 15 Uhr und abends von 18 bis 23 Uhr. Abends ist die Gesetzgebung eisern: Kurz vor elf Uhr wird eine Glocke geläutet, der Wirt ruft »Last orders, please!«, und man drängt sich an die Theke für ein letztes Bier. Punkt elf Uhr wird »Time gentlemen, please!« gerufen, Bestellungen werden nicht mehr entgegengenommen, und den Gästen wird zehn Minuten Zeit gegönnt, auszutrinken. Dann fängt das Personal an, Gläser wegzuräumen und Stühle auf die Tische zu stellen.

In der räumlichen Aufteilung vieler Pubs spiegelt sich die Klassengesellschaft noch wider: die *Public Bar* hat einfachere Möblierung und eine weniger wohlhabende Kundschaft, die *Saloon Bar* ist dagegen komfortabler. Dieser Unterschied verschwindet jedoch zunehmend. Es gibt keine Tischbedienung: Um zu bestellen, muss man sich zur Theke drängeln und um Aufmerksamkeit kämpfen. Das disziplinierte Schlangestehen, das an Ladentheken und Bushaltestellen zu beobachten ist, funktioniert im Pub nicht. Wenn man in einer Gruppe in den Pub geht, gibt jeder der Reihe nach eine Runde aus. Früher war der Pub meistens Bier trinkenden Männern vorbehalten, aber die Zeiten ändern sich. Das Angebot an Getränken ist in den letzten Jahren größer geworden. Wein ist überall erhältlich, obwohl die Qualität nicht immer hoch ist. Heute kann man im Pub in der Regel auch Kaffee bestellen.

Feiertage

1. Januar (New Year's Day), Karfreitag (Good Friday), Ostermontag (Easter Monday), erster und letzter Montag im Mai, letzter Montag im August, 1. und 2. Weihnachtstag (Christmas Day und Boxing Day)

Geld

100 Pence = 1 Pound (£). Pence wird abgekürzt p, ausgesprochen »Pi«. Es gibt Münzen zu 1, 2, 5, 10, 20 und 50 Pence sowie 1 und 2 Pfund, Scheine im Wert von 5, 10, 20 und 50 Pfund. Die üblichen Kreditkarten werden fast überall genommen. Deutsche EC-Karten werden von den meisten Geldautomaten akzeptiert. Euroschecks werden nicht in allen Geschäften gern genommen, aber immer in Banken. Ein- und Ausfuhrbeschränkungen für Devisen bestehen nicht. Öffnungszeiten der Banken: Mo–Fr 9–15.30 Uhr (manche Zweigstellen auch Sa vormittags). Die Building Societies sind nicht nur Bausparkassen, sondern dürfen auch die Dienstleistungen einer normalen Bank anbieten.

Heritage Pass

Über 500 Attraktionen des National Trust und English Heritage sowie berühmte Herrenhäuser und Gärten im Privatbesitz sind mit dem sehr empfehlenswerten »Great British Heritage Pass« zugänglich. Das Ticket hat eine Gültigkeitsdauer von 7, 15 oder 30 Tagen und ist zu beziehen von:
Britain Direct GmbH,
Ruhbergstrasse 8, 69242 Mühlhausen, Tel. 0 62 22-6 78 05-0, Fax 6 78 05-19, britain.direct@t-online.de.

Information

■ Allgemeine Auskünfte

Das Britische Fremdenverkehrsamt **(British Tourist Authority, BTA)** verschickt auf Anfrage informative Broschüren über Unterkunftsmöglichkeiten, Sehenswürdigkeiten und spezielle Urlaubsangebote. Außerdem ist die Website der British Tourist Authority (www.visitbritain.com) eine unerschöpfliche Informationsquelle mit vielen Links. Adressen der BTA-Büros:

Deutschland:
Urlaubsservice Großbritannien,
Westendstr. 16–22,
60325 Frankfurt/Main,
Tel. 0 1801-46 86 42 (Ortstarif),
Tel. 0 69-97 11 23
Fax 0 69-97 11 24 44,
Faxabruf (Britfax) 0 69-97 11 25 50.
Telefonische Beratung: Mo–Do 10–12 und
14-16 (Fr bis 15) Uhr.

Schweiz:
Limmatquai 78,
8001 Zürich,
Tel. 01-2 66 21 66,
Fax 2 66 21 61,
ch-info@bta.org.uk.
Telefonische Beratung: Mo–Fr 10–12 und
14–16 Uhr.

Österreich:
Britain Visitor Centre,
c/o The British Council,
Schenkenstr. 4,
1010 Wien,
Tel. 01-5 33 26 16 81,
Fax 5 33 26 16 85,
tourist.information@britishcouncil.at.
Beratungszeiten (persönlich und telefonisch): Mo–Fr 11–13 Uhr.

Für Bücher, Karten, Bahnpässe und vieles mehr:
Britain Direct GmbH,
Ruhbergstrasse 8,
69242 Mühlhausen,
Tel. 0 62 22-6 78 05-0, Fax 6 78 05-19,
britain.direct@t-online.de

■ **Auskünfte über bestimmte Regionen**
Diejenigen, die sich schon ein Urlaubsgebiet ausgesucht haben, erhalten umfangreiche Informationen von den regionalen *Tourist Information Offices* in England:
Cumbria Tourist Board, Ashleigh, Holly Road, Windermere, Cumbria LA23 2AQ, Tel. 0 1 53 94-4 44 44 App. 45, Fax 4 40 41 (für Lake District)

East Anglia Tourist Board, Toppesfield Hall, Hadleigh, Suffolk IP7 5DN, Tel. 0 14 73-82 29 22, Fax 82 30 63
Heart of England Tourist Board, Woodside, Larkhill Road, Worcester, WR5 2EF, Tel. 0 19 05-76 34 36, Fax 76 34 50 (Gebiet Cotswolds, Stratford-on-Avon, walisische Grenze, West Midlands, Derbyshire, Lincolnshire, Nottinghamshire)
North West Tourist Board, Swan House, Swan Meadow Road, Wigan Pier, Wigan, WN3 5BB, Tel. 0 19 42-82 1 2 22, Fax 82 00 02, info@nwtb.u-net.com (Gebiet um Chester, Manchester, Liverpool, Peak District)
Northumbria Tourist Board, Aykley Heads, Durham, DH1 5UX, Tel. 0191-3 75 30 00, Fax 3 86 08 99, enquiries@ntb.org.uk (Nordosten)
Yorkshire and Humberside Tourist Board, 312 Tadcaster Road, York, YO2 2HF, Tel. 0 19 04-70 79 61, Fax 70 14 14.

Auch über die Websites der **Nationalparks** findet man viel Nützliches:
Lake District National Park:
www.lake-district.gov.uk
Northumberland National Park:
www.nnpa.org.uk
North York Moors National Park:
www.northyorkmoors-npa.gov.uk
Peak District National Park:
www.peakdistrict.org
Yorkshire Dales National Park:
www.yorkshiredales.org.uk

Jugendliche

■ **Arbeit und Aktivurlaub**
Working holidays für Jugendliche sind eine Gelegenheit, Ferien mit Sport, Bildung oder einer nützlichen Betätigung zu kombinieren. Info über:
GIJK Gesellschaft für Internationale Jugendkontakte, Baunscheidtstr. 11, 53113 Bonn, Tel. 02 28-9 57 30-0, Fax 9 57 30-10, gijk@gijk.de.
Über das British Council, Information Centre, Hackescher Markt 1, 10178 Berlin, Tel. 0 30-31 10 99 10, Fax 31 10 99 46, infocentre.berlin@britcoun.de, erhält man

Infos von A bis Z

353

eine Übersicht der verschiedenen Anbieter und Informationsstellen.

■ Arbeitsgruppen für Umweltschutz- und andere Projekte

Praktische Naturschutzarbeit
British Trust for Conservation Volunteers, 36 St. Mary's Street, Wallingford, OX10 OEU, Tel. 0 14 91-83 97 66, Fax 83 96 46, International@btcv.org.uk, www.btcv.org.uk.
The National Trust, P.O. Box 39, Bromley, Kent, BK1 3XL, Tel. 0181-3 15 11 11.

Restaurierung von Kathedralen und Kirchen
Cathedral Camps, 16 Glebe Avenue, Flitwick, Bedfordshire, MK45 1HS, Tel. 0 15 25-71 62 37, admin@cathedralcamps.org.uk, www.cathedralcamps.org.uk.

■ Sommerkurse an Hochschulen
Informationen über British Council (s. oben) und: Deutscher Akademischer Austauschdienst, Kennedyallee 50, 53175 Bonn, Tel. 02 28-8 82-0, Fax 8 82-4 44, www.geist.de/daad/.

■ Sport
Verschiedene Aktivitäten bieten folgende Organisationen:
Outward Bound Trust, Chestnut Field, Regent Place, Rugby, CV21 2PJ.
Youth Hostels Association Northern Region, P.O. Box 11, Matlock DE4 2XA, Tel. 09 90-13 42 27.
Über die Website der British Tourist Authority findet man Links mit Kontaktadressen von vielen Anbietern von Aktivurlaub, beispielsweise unter:
www.lakedistrictoutdoors.co.uk.

Kinder

Gaststätten sind in England nicht immer kinderfreundlich. Manche Besucher machen gute Erfahrungen in Restaurants, die Kindermenüs anbieten und Hochstühle bereitstellen, während andere Gäste über einen kühlen Empfang berichten. Zu Pubs hat man laut der kaum eingehaltenen Gesetzgebung erst ab 14 Jahren Zutritt, auch in Begleitung. Tatsächlich kann man in die meisten Pubs, die Essen servieren, auch Kinder mitnehmen. Viele ländliche Pubs haben einen schönen Garten, in dem sich bei gutem Wetter auch Familien mit Kindern aufhalten können. Fast Food- und billige Restaurant-Ketten haben ihre Speisekarten und Einrichtungen den Wünschen von Kindern angepasst.

An kindergerechten Unterhaltungsmöglichkeiten fehlt es nicht. Die unzähligen Burgen, Dampfeisenbahnen, kleinen und großen Tierparks seien an erster Stelle erwähnt. Viele Museen, insbesondere die Industriemuseen, sind kinderfreundlich gestaltet, wie z. B. das Black Country Museum in Dudley und das North of England Open Air Museum in Beamish. Auch viele Herrensitze bieten Attraktionen wie eine Farm oder einen Abenteuerspielplatz. Der größte Zoo Nordenglands ist Chester Zoo. Die bekannteste disneylandähnliche Attraktion ist Alton Towers bei Stoke-on-Trent; weitere sind Lightwater Valley, 5 km nördlich von Ripon in Yorkshire (Tel. 0 17 65-63 53 68) und Lowther Leisure Park am östlichen Rand des Lake District, 8 km südlich von Penrith (Tel. 01 93 12-5 23).

Küste

Jede Küstenstrecke hat ihren Reiz, aber es gibt besonders schutzwürdige Küsten, die als »Heritage Coast« ausgezeichnet sind. In England und Wales stehen 1350 Küstenkilometer unter diesem Schutz, darunter sieben Gebiete, die in der in diesem Band beschriebenen Region liegen.
Suffolk zwischen Lowestoft und Felixstowe: eine sich ständig verändernde Küste mit Salzmarsch, niedrigen Klippen und gewundenen Flüssen, die meilenlang parallel zur Küste fließen, ehe sie ins Meer münden.
North Norfolk: eine sumpfige, wegen ihrer reichen Pflanzen- und Vogelwelt bemerkenswerte Küste zwischen den Orten Holme-next-the-Sea und Weybourne.

Spurn Head: eine lang gezogene, flache Landzunge aus Sand und Kies, die von unzähligen Zugvögeln aufgesucht wird. Von den Fähren nach Hull hat man einen guten Blick auf Spurn Head.

Flamborough Head: dramatische Kreideklippen, bis 130 m hoch, an der Küste von Yorkshire südlich von Scarborough.

Küste von North Yorkshire und Cleveland: hohe Klippen und tief eingeschnittene Buchten mit kleinen Fischerorten. Für Geologen und Fossiliensammler besonders interessant.

Northumberland zwischen Berwick-upon-Tweed und Amble-by-the-Sea. Mit Burgen gekrönte Klippen, relativ leere Sandstrände und eine besonders reiche Vogelwelt, wie z. B. auf den Farne Inseln und Holy Island.

St. Bees Head, Cumberland, an der Westseite des Lake District. Eine Landzunge mit Klippen aus rotem Sandstein.

Literatur

Botting, Douglas: Wege in die Wildnis – Großbritannien, Braunschweig 1990.

Brontë, Charlotte: Jane Eyre.

Brontë, Emily: Sturmhöhe.

Bryson, Bill: Reif für die Insel. München 1999.

Fischer, Paul: Kleines England-Lexikon. Beck-Verlag 1995.

Gelfert, Hans Dietrich: Typisch englisch. Wie die Briten wurden, was sie sind. München 1998.

Heineberg. H.: Perthes Länderprofile – Großbritannien. Stuttgart 1997.

Kluxen, Kurt: Geschichte Englands. Stuttgart 2000.

Maletzke, Elsemarie: Das Leben der Brontës. Frankfurt/Main 1992.

Maurer, Michael: Geschichte Englands. Stuttgart 2000.

Nonnenmacher, Peter: Insel sucht Anschluß. Frankfurt/Main 1997.

Paxman, Jeremy: The English, Portrait of a People. London 1998.

Pückler-Muskau, Hermann von: Reisebriefe aus England und Irland. Berlin 1992.

Schäfke, Werner: Englische Kathedralen. Köln 1989.

Stoker, Bram, Dracula. Frankfurt/Main 1988.

Voss, Karl: Reiseführer für Literaturfreunde: England und Wales. Berlin 1989.

Maße und Gewichte

Seit Jahren gewinnt das metrische System langsam an Boden, auf die alten **Maßeinheiten** trifft man aber immer noch.

1 inch (in)	= 2,54 cm	
1 foot (ft)	= 12 inches	= 30,48 cm
1 yard	= 3 feet	= 91,44 cm
1 mile	= 1,61 km	
1 acre	= 0,4 Hektar	
1 pint	= 0,57 Liter	
1 gallon	= 8 pints	= 4,55 Liter
1 ounce (oz)	= 28,35 g	
1 pound (lb)	= 16 ounces	= 454 g
1 stone	= 14 pounds	= 6,4 kg

Temperatur:

0 Grad Celsius = 32 Grad Fahrenheit
100 Grad Celsius = 212 Grad Fahrenheit
Um Fahrenheit in Celsius umzurechnen, muss man 32 abziehen, durch 9 dividieren und mit 5 multiplizieren. Wettervorhersagen in Zeitungen, Fernsehen und Radio benutzen Celsius, aber die meisten Engländer denken immer noch in Fahrenheit.

Notfälle

Polizei, Feuerwehr, Krankenwagen: Notruf 9 99

Öffentliche Verkehrsmittel

s. Karte hintere Umschlaginnenklappe; Fahrplanauskunft und Links für alle Verkehrsmittel unter: www.pti.org.uk.

■ Eisenbahn

Auf den Hauptstrecken sind die Bahnen zu bestimmten Zeiten überfüllt und es gibt häufig Verzögerungen infolge von Gleisar-

Infos von A bis Z

355

beiten. Hochgeschwindigkeitszüge wie der
französische TGV oder der deutsche ICE
fehlen, aber die Inter-City-Züge verkehren
häufig mit Geschwindigkeiten bis zu
200 km/h. Viele Strecken, insbesondere in
Nordengland, sind landschaftlich sehr reizvoll.
Fahrplanauskunft in England Tel. 0 84 57-
48 49 50, aus anderen Ländern Tel. 0 13 32-
38 76 01, oder: http://railtrack.co.uk.

Ermäßigte Fahrkarten
British Rail bietet Bahnreisenden innerhalb
Englands unter dem Namen *BritRail-Pass*
eine Auswahl von Sonderfahrkarten. Es
gibt Tickets für das gesamte Netz mit einer
Gültigkeit von 4, 8, 15, 22 oder 30 Tagen,
sowie den *Flexipass,* der entweder 4 Reisetage innerhalb von 8 Tagen oder 8 Reisetage innerhalb von 15 Tagen oder 15
Reisetage innerhalb eines Monats bietet.
Die Pässe, die auf allen fahrplanmäßigen
Zügen gültig sind, müssen vor Reiseantritt
gekauft werden, sind also nicht in Großbritannien erhältlich. Junge Leute im Alter
unter 26 Jahren und Senioren über 60
Jahre erhalten ermäßigte Pässe. Näheres
von größeren DB-Bahnhofen, DER Reisebüros oder von BritRail in Frankfurt (Tel.
0 69-97 58 46 46, Fax 97 58 46 25).

■ **Busverbindungen**
Überlandbusse verbinden alle Landesteile
und sind wesentlich preiswerter als die Eisenbahn. Expressbusse verkehren zwischen London und vielen Städten, aber andere Verbindungen sind oft recht langsam.
Bei vielen Routen muss man in Birmingham umsteigen, was meistens mit einer
längeren Pause verbunden ist. Den Fahrplan »Express Coach Guide« erhält man
von: National Bus Company, 1 Vernon
Road, Birmingham B16 9SJ. Eine Ermäßi-
gung mit der *National Express Discount
Coachcard* für Studenten, junge Menschen
unter 26 Jahren, Familien und Passagiere
über 50 Jahre ist über DER Reisebüros erhältlich.
Fahrplanauskunft:
National Express
Tel. 09 90-80 80 80 oder
www.gobycoach.com.

■ **Flugzeug**
Verschiedene Fluggesellschaften, z. B.
British Airways, British Midland, Ryanair,
Go und Easyjet, verbinden die wichtigsten
Städte der Insel in Nord- und Mitteleng-
land. Flughäfen: Birmingham, East Mid-
lands (nahe Nottingham), Stansted (östlich
von London), Norwich, Manchester, Liver-
pool, Leeds-Bradford und Newcastle
(Nordosten).

Öffnungszeiten

Geschäftszeiten sind Mo–Sa 9–17.30 Uhr,
in Vororten an einem Tag der Woche (ört-
lich verschieden) bis 13 Uhr. Viele Super-
märkte und größere Ketten haben an mindestens einem Tag in der Woche bis 19
Uhr oder später geöffnet. Die Öffnungszeiten werden immer großzügiger und deh-
nen sich sogar auf Sonn- und Feiertage
aus. Kleine Lebensmittelgeschäfte, die
häufig Immigrantenfamilien gehören,
haben fast immer auf (»Eight till late«).

Post

Öffnungszeiten der Postämter: Mo–Fr
9–17.30, Sa 9–12.30 Uhr. Briefmarkenhefte
sind auch in Läden erhältlich, die durch
das Schild »Stamps sold here« kenntlich
gemacht sind. Seit das Fernmeldewesen
von der Post abgetrennt und privatisiert
wurde, kann man von Postämtern nicht
mehr telefonieren.

Preisniveau

England ist kein billiges Reiseland. Wie
teuer die Reise wird, hängt von der Stärke
des britischen Pfunds gegenüber dem
Euro ab. Im Jahr 2000 lag der Kurs bei 1 £
= 1,60 € im Durchschnitt – beinahe 50 %
teurer als der Tiefpunkt des Pfunds fünf
Jahre zuvor. Vor allem die Leistungen, die
Touristen in Anspruch nehmen, sind häufig teuer: Hotels, Eisenbahnfahrten, Eintritt
zu Sehenswürdigkeiten, Restaurants. Es
gibt im Lande ein deutliches Preisgefälle:

Von London leicht erreichbare Regionen wie die Cotswolds und Suffolk sind recht teuer, Nordengland ist dagegen ein relativ preiswertes Reiseziel.

Radio und Fernsehen

Die etablierten Fernsehkanäle sind: BBC 1, der älteste Kanal; BBC 2, der kulturell anspruchsvollere Sendungen ausstrahlt, aber auch Seifenopern; ITV, ein kommerzieller Sender (Werbung alle 15 Minuten), der wie BBC 1 eine Mischung aus leichter Unterhaltung, Reportagen, Dokumentarfilmen und mitunter qualitativ hochwertigen Serien anbietet; Channel 4, dessen Programm sich zum Teil an den Interessen von Minderheiten orientiert und der etwas experimentierfreudiger ist als der Schwestersender ITV; und Channel Five, der neueste, der zwischen Sensationslust und Anspruch auf Seriosität schwenkt. Die privaten Kabel- und Satellitensender haben sich mittlerweile auch gut etabliert.

Auch Radio ist längst kein BBC-Monopol mehr. Die beliebtesten landesweit ausgestrahlten Sendungen sind nach wie vor die Programme des BBC, aber die regionalen Sender, sowohl die privaten als auch die der BBC, haben an Boden gewonnen.

Reisezeit

Es gibt keine Jahreszeit, die für Urlaub in England überhaupt nicht in Frage kommt. Im März und April kann es auf der Insel frühlingshaft sein, während es auf dem Kontinent noch friert, aber letztendlich ist das Wetter Glückssache. Wer es ruhig liebt, sollte die Hauptsaison der Schulferien im Sommer meiden: etwa vom 20. Juli bis Anfang September.

Sprachkurse

Vom Niedergang vieler englischer Industriezweige blieb eine Branche verschont: Die englische Sprache ist im Exportgeschäft ein Dauerrenner. Insbesondere die Städte der Südküste werden im Sommer von einer Flut junger Sprachschüler überschwemmt. Diese sind für viele Familien ein wichtiger Nebenverdienst, was nicht heißt, dass die jungen Gäste nicht gerne aufgenommen werden und sich nicht wohl fühlen. Jedoch bestehen bessere Chancen, Sprachkenntnisse in einer normalen Familienumgebung zu erwerben, eher in anderen Landesteilen.

Für den Uneingeweihten ist die Vielfalt des Angebots völlig unüberschaubar. Bei der Wahl eines Sprachkurses sind folgende Punkte zu beachten: Wie viele Teilnehmer sind in jeder Klasse? Haben die Sprachschüler unterschiedliche Muttersprachen (wenn die Gruppe nur aus dem deutschsprachigen Raum stammt, sind die Lernerfolge oft gering)? Wie viele Stunden pro Woche werden angeboten? Beinhaltet der Preis Unterkunft, Mahlzeiten und Ausflüge? Bei Familienunterkunft: Wie viele Schüler pro Familie? Welcher Teilnehmerkreis wird angesprochen? – Es gibt Kurse für Geschäftsleute, Teenager, Erwachsene, Prüfungskandidaten, usw. Wird die Schule im Prospekt namentlich genannt (manche Vermittler nehmen zahlreiche Buchungen entgegen und teilen ihre Kunden erst später einer bestimmten Schule zu) und ist diese Schule Mitglied der Organisation Arels-Felco? Arels ist ein Berufsverband, dessen Mitglieder sich den eingehenden Qualitätsprüfungen des British Council unterziehen und sich dazu verpflichten, einen Verhaltenskodex über Kundenbetreuung, Transparenz der Informationen und Kosten usw. einzuhalten. Eine vollständige Liste der über 350 vom British Council anerkannten Schulen erhält man vom British Council oder von ARELS:

ARELS, 56 Buckingham Gate, London SW1E 6AG, Tel. 0 20-78 02 92 00 Fax 78 02 92 01, www.arels.org.uk, Deutschland: British Council, Information Centre, Hackescher Markt 1, 10178 Berlin, Tel. 0 30-31 10 99 10, Fax 31 10 99 46, infocentre.berlin@britcoun.de (Zweigstellen auch in Hamburg, Köln, Leipzig und München).

Infos von A bis Z

357

Österreich:
The British Council, Schenkenstraße 4,
1010 Wien,Tel. 01-5 33 26 16, Fax
5 33 26 16 85, bc.vienna@britishcouncil.at.
Schweiz:
The British Council, P.O. Box 532,
Sennweg 2, 3000 Bern 11, Tel. 0 31-
3 01 41 01, education@britishcouncil.ch.

Telefonieren

Die Vorwahl für GB ist 00 44, wobei die anfängliche Null der englischen Ortsvorwahl
entfällt. Ländervorwahlen von Großbritannien aus: Deutschland 00 49; Österreich
00 43; Schweiz 00 41. Auskunft Inland 1 92,
Auskunft Ausland 1 53, Störungen (Operator) 1 00. Auch hier entfällt die anfängliche
Null der Ortsvorwahl.
Telefonzellen: Mindestbetrag 10p. 20p,
50p und £ 1 Münzen sind auch nützlich.
Wer viel telefoniert, sollte eine *Phone-Card*
im Wert von £ 2 bis £ 20 kaufen. Um das
Telefon zu benutzen: Hörer abnehmen, bei
Freizeichen Münzen einwerfen oder Telefonkarte einstecken, Nummer wählen.
Wenn Geld nachzuwerfen ist, ertönt ein
Warnsignal.

Trinkgeld

Ein Trinkgeld von 10 % ist in Restaurants
und bei Taxifahrten üblich. In Restaurants
sollte man darauf achten, ob Bedienung
und Mehrwertsteuer *(VAT)* bereits im Preis
inbegriffen sind.

Unterkunft

Broschüren über Unterkunft aller Kategorien erhält man von der British Tourist
Authority und den Tourist Information
Centres in England. Über Britain Direct
sind Führer der Automobile Association
für Bed and Breakfast, Hotels und Camping zu beziehen. Über Internet:
www.visitbritain.com oder
www.theaa.com mit umfangreichen
Adressenlisten.

■ Hotels

Jede Preisklasse ist vertreten, darunter die
so genannten »Country House Hotels«, die
die Atmosphäre eines kleinen Landsitzes
vermitteln, im besten englischen Geschmack
eingerichtet sind und nicht selten eine hervorragende Küche bieten. Neben den auf
den Seiten »Adressen und Tipps von Ort
zu Ort« aufgeführten Hotels finden müde
Autofahrer eine preiswerte (£ 40–50) und
bequeme Übernachtung in den so genannten Lodges, verkehrsgünstige moderne
Herbergen, die an den wichtigen Landstraßen und am Rande vieler Städte liegen. Die meisten gehören einer der beiden
großen Ketten *Travel Inn* (Broschüre und
Zimmerreservierung Tel. 0 15 82-
41 43 41) und *Travelodge* (Tel. 0 13 84-
55 50 00).
Die bekannteste Hotelkette der oberen
Preisklasse ist *Forte Hotels* (Reservierungen Tel. 0 13 45-40 40 40, Fax 0 12 96-
8 13 91). Die bequemen *Swallow Hotels*
sind besonders im Nordosten gut vertreten (Reservierungen Tel. 01 91-4 19 46 66,
Fax 4 15 17 77). Der English Tourist Board
veröffentlicht jährlich einen nützlichen
Führer: »Hotels and Guesthouses in England«.

■ Bed and Breakfast

Bed and Breakfast, auf vielen Schildern
»B & B« abgekürzt, ist meistens billiger als
das Übernachten in Hotels, aber auch hier
gibt es verschiedene Preisklassen. B & B-
Guesthouses haben kein Restaurant oder
Schwimmbad, aber der Komfort der Zimmer steht dem eines guten Hotels manchmal kaum nach. Andere Bed-and-Breakfast-Zimmer sind dagegen recht einfach.
Fast immer ist *Full English Breakfast* ein
Genuss, so reichlich wie ein gutes Abendessen. Außerdem ist Bed and Breakfast
eine gute Möglichkeit, Land und Leute
kennen zu lernen. Man bekommt einen
Eindruck, wie die Engländer leben und
kommt bei ihnen zu Hause mit ihnen ins
Gespräch.
Über die britische Fremdenverkehrszentrale erhält man die jährlich neu erscheinende Veröffentlichung des English Tourist
Board, »Bed and Breakfast, Farmhouses,

Inns and Hostels«, und kostenlose Broschüren für die verschiedenen Regionen mit einer kurzen Beschreibung der Unterkunft. Ebenfalls empfehlenswert ist der »Bed and Breakfast Guide« der Automobile Association, erhältlich über Britain Direct (s. oben, Stichwort Information).

Wer nicht vor Reiseantritt buchen möchte, kann im Lande in den meisten Tourist Information Centres den Zimmervermittlungsdienst in Anspruch nehmen. Die Guesthouses werden regelmäßig geprüft und nach einem Punktesystem (1 bis 5 Kronen) ausgezeichnet. Darüber hinaus werden die Prädikate »approved« (gut), »commended« (empfehlenswert) und »highly commended« (sehr empfehlenswert) vergeben. Eine einfache Unterkunft mit nur einer Krone kann »highly commended« sein, während eine teure mit 5 Kronen kein Prädikat erhält: Es kommt nicht auf den Umfang der Leistung, sondern auf das Preis-Leistungs-Verhältnis an.

■ Urlaub auf der Farm
Unterkunft in Farmhäusern ist eine weitere Möglichkeit, das Land näher kennen zu lernen. Darüber informiert die Britische Fremdenverkehrszentrale und Farm Holiday Bureau (UK) Ltd, National Agricultural Centre, Stoneleigh Park, Warwickshire CV8 2LZ, Tel. 0 24-76 69 69 09, Fax 76 69 66 30, info@farmholidays.co.uk, www.farm-holidays.co.uk.

■ Ferienwohnungen
Self-catering, d. h. sich selbst verpflegen, und *Country Cottages,* Landhäuschen, sind hier die Schlüsselbegriffe. Ferienwohnungen, die nicht selten sehr reizvoll gelegen sind, kann man über verschiedene Veranstalter mieten. Über die britische Fremdenverkehrszentrale BTA erhält man eine Liste von deutschen Anbietern. Zwei ungewöhnliche Unterbringungsmöglichkeiten mit Stil und geschichtlichem Hintergrund:
– restaurierte Landhäuser des National Trust: National Trust Holiday Cottages, P.O. Box 536, Melksham, Wiltshire SN12 8SX. Tel. 0 12 25-79 11 33, www.nationaltrust.org.uk/ntcottages.htm.

– denkmalgeschützte Gebäude, manche von großem historischem Interesse, von: Landmark Trust, Shottesbrooke, Maidenhead, Berkshire SL6 3SW, Tel. 0 16 28-82 59 25, www.landmarktrust.co.uk.

■ Jugendherbergen
Die Youth Hostels Association (YHA) unterhält über 300 Jugendherbergen. Informationen von: YHA, 8 St. Stephens Hill, St. Albans, Herts AL1 2DY, Tel. 08 70-8 70 88 08, Fax 0 17 27-84 41 26, customerservices@yha.org.uk, www.yha.org.uk, oder Deutsches Jugendherbergswerk, Bismarckstr. 8, 32756 Detmold, Tel.0 52 31-74 01-0, Fax 74 01-74, service@djh.de.

In den Wandergebieten ist das Netz der Jugendherbergen besonders dicht. Auch Nicht-Mitglieder des YHA werden aufgenommen. Die YHA organisiert aktiven Urlaub mit einer breiten Palette von Sportarten. Eine weitere preiswerte Gelegenheit ist die Unterkunft in Studentenwohnheimen während der Trimesterferien (Ostern, Jul–Sep). Auskunft: British Universities Accommodation Consortium, P.O. Box 1116, University Park, Nottingham, NG7 2RD. Tel. 0 1159-50 45 71, oder Connect, 36 Collegiate Crescent, Sheffield S10 2BP, Tel. 01 14-2 49 30 90.

■ Camping
Eine Reihe von Publikationen gibt Auskunft über die Campingplätze des Landes, die sehr dicht gesät und oft mit Restaurant, Lebensmittelgeschäft, Sport- und Unterhaltungsmöglichkeiten ausgestattet sind. In Deutschland erhältlich ist eine jährliche Veröffentlichung der British Tourist Authority mit deutschsprachigen Erklärungen, »Camping and Caravan Parks in Britain«, die Campingplätze nach einem 5-Punkte-System bewertet. Der Royal Automobile Club gibt einen nützlichen »Camping and Caravaning Guide« heraus. In beliebten Feriengebieten, z. B. im Lake District, können die Campingplätze im Sommer überfüllt sein. Eine vorherige Anmeldung ist deshalb ratsam. Wildes Campen ist nicht erlaubt. Bestimmungen für Wohnwagen im Straßenverkehr: maxi-

Infos von A bis Z

359

male Länge 7 m, maximale Breite 2,30 m. Höchstgeschwindigkeit 80 km/h auf Landstraßen, 96 km/h auf Autobahnen und vierspurigen Straßen. Auf dreispurigen Autobahnen ist die Benutzung der äußeren Spur für Autos mit Wohnwagenanhängern untersagt.

Vogelschutzgebiete

England ist ein Paradies für Ornithologen. Der Vogelschutzverein Royal Society for the Protection of Birds (RSPB) unterhält über 100 Vogelschutzgebiete: RSPB, The Lodge, Sandy, Bedfordshire SG19 2DL, Tel. 0 17 67-68 05 51, www.rspb.org.uk.

Eine Privatinitiative, der Wildfowl and Wetlands Trust (www.wwt.org.uk), pflegt Naturschutzgebiete für Wasservögel, die mit Informationszentren für Besucher, Lehrpfaden und Beobachtungsständen eingerichtet sind. Fünf dieser *Wildfowl Centres,* in denen viele Arten in ihrer natürlichen Umgebung zu beobachten sind, liegen in Nord- und Mittelengland: Slimbridge, südlich von Gloucester (ausgeschildert von der Autobahn M 5); Welney und Peakirk im Fenland bei Peterborough; Martin Mere nördlich von Liverpool (ausgeschildert von der Autobahn M 6); und Washington im Nordosten, westlich von Sunderland. Alle sind täglich 9.30–17.30 (16.30 Uhr im Winter) geöffnet. Weitere Hinweise für Vogelfreunde s. S. 354 f. (›Küste‹).

Zeit

Bei Ankunft in England stellt man die Uhr um eine Stunde zurück. Die 24-Stunden-Zeitrechnung ist in England selten. Statt dessen verwendet man a. m. für die Kennzeichnung der Stunden zwischen Mitternacht und Mittag, und p. m. für die Nachmittags- und Abendstunden, d. h. 4 p. m. = 16 Uhr, 4 a. m. = 4 Uhr.

Zeitungen und Zeitschriften

Die nationale Presse ist für Urlauber interessanter als die regionalen Zeitungen, die sich zum größten Teil mit Lokalem beschäftigen. Am Format erkennt man die Ansprüche der englischen Zeitungen. Zu den Kleinformatigen, genannt *Tabloids,* zählen die auflagenstärksten Blätter »Daily Mirror« und »The Sun«. Der »Daily Mirror« steht politisch links, »The Sun« rechts, aber beide widmen ihre Spalten lieber Sport und Sex als dem politischen Geschehen. Die rechtsgerichteten »Daily Mail« und »Daily Express«, beide im *Tabloid*-Format, sind ein wenig anspruchsvoller. Seriöser sind die großformatigen Zeitungen: von rechts nach links »The Daily Telegraph«, »The Times«, »The Independent« und »The Guardian«. Für Geschäftsleute gibt es »The Financial Times«. Wöchentlich erscheinende Zeitschriften, die etwa mit »Stern« oder »Der Spiegel« zu vergleichen wären, fehlen. Dafür erscheinen kiloschwere Samstags- und Sonntagsausgaben der seriösen Zeitungen.

Abbildungsnachweis

Bildarchiv Preußischer Kulturbesitz, Berlin   S. 34, 53, 73, 196
Max Grönert, Köln   S. 3, 4, 5, 6, 7, 15, 28, 29, 46, 57 unten, 61, 94/95, 100, 102/103, 109, 112/113, 116, 119, 127, 146/147, 156, 158, 159, 163, 168, 169, 177, 184, 201, 206/207, 211, 213, 214, 229, 236/237, 239, 240/241, 251, 253, 259, 265
Udo Haafke, Ratingen   S. 9, 17, 19, 21, 22, 25, 42/43, 48, 67, 84/85, 86, 89 oben, 129, 130, 151, 178, 200, 215, 226, 230, 231 oben, 232, 247, 257, 260/261, 268, 278
Helga Heinrich, Bonn   S. 70 (unten), 154
Loy, Köln   S. 49, 51, 218, 224, 255, 256
David Lyons, Loughrigg (Cumbria)   Titel, S. 202/203
Kai Ulrich Müller, Berlin   S. 2, 3, 5, 6, 13, 38, 45, 56, 57 oben und Mitte, 58/59, 64/65, 68, 70 oben, 75, 76, 78/79, 80, 83, 88, 89 unten, 99, 101, 104/105, 106, 137, 140/141, 145, 161, 167, 174/175, 180, 186, 192, 209, 221, 231 unten, 248, 254, 271, 274/275, 276/277
Karl-Peter Oeder, Heimstetten-München   S. 124
Jitka Skupy, München   S. 135, 144
Paul Smit/IMAGO, Leiden   S. 2, 4, 8, 11, 132/133, 136, 138, 142, 149 oben und unten, 182/183, 190
John Sykes, Köln   S. 123
Frank Tophoven/laif, Köln   Umschlagklappe hinten, Umschlagrückseite
Ullstein Bilderdienst, Berlin   S. 114/115

Kartographie:
Berndtson & Berndtson Productions GmbH, Fürstenfeldbruck,
© DuMont Buchverlag, Köln

Register

■ **Personen**

Adam, Robert 195, 211
Aidan 155
Albini, William de 244
Alcuin 156, 187
Alexander III., schott. König 191
Alfred der Große, König 30, 68
Angeln 16, 30, 246
Anne, Königin 32, 69
Antonius Pius, röm. Kaiser 148
Arden, Mary 75
Arkwright, Richard 209
Armstrong, William 157, 160, 164
Arthur, Prinz 97

Bacon, Francis, Maler 262
Bacon, Francis, Philosoph 273
Beatles, The 33, 110, **114f.**
Beaufort, Margaret 273, 278
Beda 156, 166
Bedford, Herzog von 247
Bess of Hardwick 210
Blücher 33
Bodley, Sir Thomas 64
Bonifatius 156
Boudica, Königin 30
Bowes, John 172
Brigantes 148
Brindley, James 49, 51
Brontë, Familie 198f.
Brown, Ford Madox 119
Brown, Lancelot ›Capability‹ 42, 69, 160, 195, 207, 239
Brunel, Isambard Kingdom 55
Burne-Jones, Edward 218, 226
Byrd, William 31
Byron, George Gordon Lord 227, 273

Cadbury, Familie 219
Caesar, Julius 30
Canaletto 160
Canova 208
Carr of York, John 195
Carter, Howard 252
Cavendish, Familie 207, 210
Caxton, William 31
Cecil, William 238
Cézanne, Paul 275
Chapman, John 252
Charles I., König 15, 28, 60, 87, 97, 106, 225
Charles II., König 15, 28, 32, 97, 242
Charles, Prinz 60, 216
Chippendale 195
Cholmondely, Marquess of 37, 245
Churchill, John Herzog von Marlborough 69
Churchill, Winston 33, 69
Clive, Robert 103
Clopton, Familie 265
Columban 155
Constable, John 15, 263, **266,** 275
Cook, Captain James 66, 182, 184
Cordell, Sir William 265
Corot, Camille 275
Cotman, John Sell 262
Cranach, Lucas 216
Crome, John 262
Cromwell, Oliver 28, 32, 82, 97, 166, 278
Cromwell, Ralph 234
Curzon, Robert 211
Cuthbert, hl. 156, 161, 165, 166

Dänen 30, 183, 191, 269
Darby, Abraham 102
Darwin, Charles 102f.
Defoe, Daniel 132
Douglas, schottischer Anführer 153
Edmund, hl. 269
Edward I., König 31, 102, 145, 152
Edward II., König 31, 93, 102, 152, 225, 244
Edward III., König 31, 94, 192, 225, 244
Edward IV., König 173
Edward VII., König 80, 244
Edwin, König 187
El Greco 172

Elizabeth I., Königin   31, 32, 79 f., 82, 145,
   213, 238, 265
Engels, Friedrich   33, 128
Epstein   262
Erasmus von Rotterdam   275
Etheldreda, Königin v. Northumbria   248

Foster, Norman   262

Gainsborough, Thomas   **267,** 269, 275
Garrick, David   71
Geordies   163 f.
George I., König   245
George II., König   245
George III., König   86
Berry and the Pacemakers   114
Gibbon, Edward   63 f.
Gibbs, James   64
Goya, Francisco   172
Greg, Robert   128
Greg, Samuel   126
Grey, Lady Jane   94
Grey, Sir Ralph   157

Hadrian, röm. Kaiser   148
Hals, Frans   208
Harold, König   31
Harvard, John   71, 278
Hathaway, Anne   72, 74, 75
Hawksmoor, Nicholas   69, 185
Heathcote, Paul   124
Henry I., König   244
Henry II., König   191, 232
Henry III., König   191
Henry IV., König   92, 158
Henry V., König   31
Henry VI., König   157, 234, 274
Henry VII., König   176, 273
Henry VIII., König   31, 62, 87, 97, 179, 238,
   266, 273
Hepworth, Barbara   196
Hereward, angelsächs. Anführer   248
Helda, hl.   183
Hockney, David   201
Hogarth, William   269
Holbein, Hans   238
Howard, Charles   185
Hugo von Avalon   232
Hyde-Parker, Familie   265

Iren   118
Isabella, Königin   31, 225, 244

James I., König   36, 73, 87, 153, 238
James II. König   32
Johanna von Orléans   31
John ›Lackland‹, König   97, 110, 270
John, Bischof von York   186
Juden   31, 229
Jüten   30

Karl der Große   156, 187
Katharina von Aragon, Königin   31, 62,
   97, 238
Katharina II., Zarin   212
Kelten   98
Kent, William   42, 245
Kett, Robert   259
Konstantin der Große, Kaiser   189

Laguerre   239
Lancaster, Geschlecht von   31,
   157
Lawrence   269
Le Notre   43
Leicester, Earl of   82
Leonardo da Vinci   62
Lever, William   129 f.
Llewellyn   102
Losinga, Herbert de   257
Lowry, L. S.   120 f.
Lutyens, Edwin   155

Major, John   54
Maria Stuart   31, 145, 175, 208, 209, 210,
   238, 252
Marlowe, Christopher   31
Marx, Karl   33
Mary I. (›Bloody Mary‹), Königin   31
Mary Tudor   94
Mathews, Stanley   212
Matisse, Henri   275
Maugham, William Somerset   26
Michelangelo   62
Middleton, Familie   153
Moore, Henry   193, 196, 217, 262
Morris, William   88
Mortimer, Roger   225, 244
Murillo   216, 275

Napoleon I.   33, 40
Nelson, Lord   33
Neville, Anne   176
Newton, Isaac   238, 273
Normannen   16, 31, 248, 255

Personenregister

363

Offa, König   98
Orwell, George   129
Oswald, König   155, 156
Owen Glendwr   31

Palladio, Andrea   36
Parr, Katherine   87
Parsons, Charles   164
Paulinus, Bischof von York   187
Paxton, Joseph   207
Pepys, Samuel   273
Percy, Familie   160
Percy, Harry Hotspur   153
Picasso, Pablo   262
Pissarro, Camille   275
Poussin, Nicolas   275
Präraffaeliten   217
Pückler-Muskau, Hermann von   81
Pugin, Augustus   218

Raleight, Sir Walter   31
Rembrandt   208, 238
Renoir, Auguste   275
Repton, Humphrey   43
Reynolds, Joshua   195, 269
Richard II., König   31, 92, 160
Richard III., König   31, **176**
Robert Curthose, Herzog der Normandie
   93
Robin Hood   185, 222, 223, 226
Rodin, Auguste   217
Roger Montgomery   101
Rolling Stones, The   33
Römer   16, 30, 92, 93, 98, 106, 107, 143,
   148, 155, 187, 228, 247
Royce, Henry   28
Rubens, Peter Paul   238
Rudolf II., Kaiser   242
Rushdie, Salman   16
Ruskin, John   143

Sachsen   16, 30
Salt, Titus   200, 201
Salvin, Anthony   160, 260
Sandwich, Earl of   26
Scargill, Arthur   196
Schneider, Henry William   144
Schotten   151, 153, 165
Scott, Giles Gilbert   20, 116
Scousers   114, 118
Scrope, Familie   175
Shakespeare, William   31, 44, 71, **72 f.**, 176

Shaw, Norman   160
Shelley, Percy Bysshe   90 f.
Sidney, Frances, Gräfin von Sussex   278
Spence, Basil   220
Spenser, Edmund   31
Spode, Josiah   212
Stannard, Familie   262
Stephenson, George   53, 164
Stephenson, Robert   53, 54, 164
Stoker, Bram   182, 184
Stuart, Charles   Edward (›Bonny Prince
   Charlie‹)   145

Sutherland, Graham   220
Swan, Joseph   164

Telford, Thomas   50
Tennyson, Alfred Lord   233, 273
Thatcher, Margaret   34, 54, 196, 238
Thirtle, John   262
Thomas, Earl of Lancaster   160
Tiepolo   172
Tintoretto   62, 208, 275
Tizian   160, 269, 275
Trevelyan, Familie   153
Trevithick, Richard   52
Turner, William   15, 55, 275

Vanbrugh, John   69, 185
Van Dyck, Anthonis   62, 160, 208, 216
Velazquez, Diego   269
Vermuyden   247
Verrio   239
Victoria, Königin   33, 54, 82, 193

Waliser   98, 102
Walpole, Sir Robert   32, 245
Werwick, Graf von   173, 176, 259
Waterhouse, Alfred   119
Watt, James   33, 52
Wedgwood Josiah   212
Weizsäcker, Richard von   60
Wellington, Duke of   33, 86
Wikinger   136, 151, 156, 165, 187
Wilde, Oscar   63
Wilfrid, hl.   151, 178
William I., der Eroberer   30 f., 78, 93, 101,
   152, 165, 180, 192, 229
William II., König   145
William of Orange (Wilhelm von Oranien;
   König William III. von England)   32,
   118

William of Wayneflete, Bischof von Winchester 63
William of Wykeham, Bischof von Winchester 66
William, hl. 188
Willibrord 156
Willoughby, Sir Thomas 227
Wintour, Sir John 98
Wolsey, Kardinal 62, 266
Wordsworth, William 132, 142
Wren, Christopher 66, 273, 275
Wyatt, James 100

York, Geschlecht von 31, 157

■ Orte

Aintree 117
Aira Force (Wasserfall) 143
Alnham 152
Alnwick 160, 284
Alton Towers 214
Ambleside 143, 145, 284 f.
Anderton Boat Lift 52
Anglesey Abbey 278
Arkengathdale 173
Armley Mills Industrial Museum 47, 194
Aston Hall 218
Avon 52, 82
Avon Ring 52
Aysgarth 175

Baddesley Clinton 82
Bakewell 208, 285
Bamburgh 157, 285 f.
Barlaston s. Stoke-on-Trent
Barnard Castle 172, 286
Baslow 207, 286
Beamish Open Air Museum 45, 47, 53, **164,** 323
Belsay Hall 43, 153, 287
Belton House 238
Belvoir Castle 238
Berwick-upon-Tweed 152, 153 f., 287
Beverley 186, 287
Bibury 88 f., 288
Bickenbill b. Birmingham 219
Biddulph Grange 46
Bingley 51
Birdoswald 148, 150
Birmingham 10, 14, 51, 52, **216–218,** 288 f.

Birmingham Railway Museum 219
Bishop Auckland 166
Black Country Museum s. Dudley
Blackpool 130, 131, 289 f.
Blenheim Palace 36, 43, **69,** 339
Bonton Abbey 177
Bolton Castle 175
Boston 234, 290
Bournville 218
Bourton-on-the-Water 88, 290
Bowness 144, 290
Bradford 16 f., 170, 193, **200 f.,** 285 f., 290 f.
Brandon 249, 250, 291
Brantwood 143
Breckland 249–252
Bridgewater Canal 49
Broadway 87, 291 f.
Burford 88, 292
Burghley House 35, 43, **238**
Burnley 51
Burton-on-Trent 225
Bury St. Edmunds 249, 251, **269 f.,** 292 f.
Buttermere 143, 293
Buxton 208, 286 f.
Byland Abbey 180, 293

Cadbury World 218
Calderdale 196
Cambo 153
Cambridge 14, 35, 60 f., **272–278,** 294
– Bridge of Singhs‹ 273
– Christ's College 278
– Church of the Holy Sepulchre 273
– Corpus Christi College 275
– Emmanuel College 278
– Fitzwilliam Museum 275
– Gonville and Caius College 274
– Jesus College 278
– King's College 274
– Magdalen College 271
– Museum of Archaeology and Anthropology 275
– Pembroke College 275
– Peterhouse 275
– Queen's College 275
– Senate House 274
– Sidney Sussex College 278
– St. Catherine's College 275
– St. John's College 273
– Trinity College 273 f.

Ortsregister

365

Canterbury 30
Caphouse Colliery 196
Carlisle 55, **145,** 152, 295
Carr's Dyke 246
Castle Howard 185, 340 f.
Castle Rising 244
Castlerigg Stone Circle 35, 138
Castleton 204, 295 f.
Cavendish 268, 296
Chat Moss 54
Chatsworth House 36, 43, 207 f.
Cheltenham 36, 86, 296 f.
Chester 13, 30, 35, 45, 106–108, 179, 215, 297
Chesterholme 148
Chesters 151
Cheviot Hills 12, 152
Chilterns 52
Chipping Campden 87, 298
Cirencester 35, **89 f.,** 298
Clare 268, 298
Cleveland Hills 180
Cockermouth 142, 298 f.
Cockshoot Broad 253
Coningsby 234
Coniston (See) 137, 143, 144;
(Ort) 143, 299
Consett 162, 163
Corbridge 148, **151**
Cotswold Wildlife Park 88
Cotswolds 13, 14, **84–92**
Coventry 220, 299 f.
Cragside House 160 f., 331
Craster 157, 160, 300
Cromford 209
Cumbria s. Lake District

Darlington Railway Museum 53
Dedham 266, 300
Dee 98, 106, 129
Derby 210, **211**
Derbyshire 204
Derwentwater 137, 143
Didcot Railway Centre 55
Doddington Hall 234
Dudley 219 f., 301
Dunham Massey 123
Dunstanburgh 157, 160, 300
Durham 35, **165–167,** 301 f.
East Bergholt 266, 302
East Kirkby 234
East Midlands 14

East Witton 175
Edale 204
Edensor 36, 207
Edwinstowe 222
Elsdon 152, 153
Ely 248 f., 302
Eskdale (Lake District) 55, 143, 144
Eskdale (Yorshire) 182
Evesham 52, 82
Eyam 206, 302 f.

Farne Islands 161
Fenland 14, 247 ff.
Flatford Mill 266
Forest of Dean 99
Fosse Way 87
Fotheringhay 238
Fountains Abbey 179

Gloucester 13, 30, 35, **93 ff.,** 179, 303
Goodrich Castle 98
Grand Junction Canal 49
Grand Union Canal 51 f.
Grantham 238, 303 f.
Grasmere 142, 304
Grassington 176, 304
Great Malvern 95
Great Yarmouth 251
Greenhead 150
Grime's Graves 35
Grizedale Forest 138
Grosmont (Yorkshire) 182
Guiseley 197

Haddon Hall 208
Hadleigh 263, 305
Hadrian's Wall 30, 35, 145, **148–151,** 305
Halifax 47, **196 f.,** 305 f.
Haltwhistle 148, 306
Hambleton Hills 180
Handsworth (Birmingham) 17
Harbottle 152
Hardknott Pass 143
Hardwick Hall 35, **209,** 210, 306
Harewood House 195
Harrogate 179, 306 f.
Hawes 175, 307
Hawkshead 138, 307
Haworth 198 f., 307 f.
Hay-on-Wye 100, 308
Hebden Bridge 196, 308
Helmsley 181, 308 f.

Helvellyn   137
Hereford   13, 99 f., 309
Hexham   35, **151,** 309 f.
Hickling Broad   253
Hidcote Manor Garden   46, 87
Holker Hall   139, 310
Holy Island   s. Lindisfarne
Horncastle   234, 310
Horning   252
Horsey Windpump   253
Houghton Hall   245
Housesteads   151
Humber   47
Ickworth   268 f., 311
Ingleborough   11
Iona   155
Ipswich   **263,** 267, 311
Ironbridge Gorge   45, 47, **102 f.,** 311

Jarrow   35, 156, 166
Jervaulx Abbey   175
Jodrell Bank   129

Kedleston Hall   211, 311
Keighley and Worth Valley Railway   199
Kendal   138, 311 f.
Kenilworth   82, 312
Kentwell Hall   265
Kersey   263, 312
Keswick   47, 138, 312 f.
Kielder Water   152
Killhope   172, 313
Kinder Scout   11, 204
King's Lynn   **242 f.,** 251, 313 f.
Kings Norton   52
Kirkstall Abbey   194
Kirkstone Pass   143

Lake District   12, 14, 15, 38, 39, **132–144**
Lakeside and Haverthwaite Railway   144
Lancaster   130
Lavenham   314
Leamington Spa   36, 52, **82,** 298, 314
Lechlade   90 ff.
Leeds   10, 170, **193 f.,** 315 f.
Leeds-Liverpool Canal   51
Levens Hall   43, 139
Leyburn   173, 316
Lichfield   220 f.
Lincoln   14, 30, 35, **228–233,** 316 f.
Lindisfarne   **155 f.,** 161, 165, 167, 317
Little Malvern   97

Little Moreton Hall   215, 317
Liverpool   10, 14, 16, 106, **110–118,** 317 f.
– Albert Dock   111 f.
– Anglican Cathedral   116 f.
– Metropolitan Cathedral   117 f.
– Walker Art Gallery   116
Llangollen Canal   51
Lode   278
Long Melford   251, **265,** 319
Longridge   124
Louth   234
Ludlow   100 f., 301, 319
Lyme Park   125

Mablethorpe   238
Macclesfield   47, 125
Malham   176
Malvern Hills   95 f.
Manchester   10, 14, 28, 33, **119–122,**
   124, 127, 319 ff.
– Air and Space Gallery   121
– Chinatown   29, 121, 122
– City Art Gallery   121
– John Rylands Library   119
– Kathedrale   121
– Museum of Science and Industry   53,
   121
– Pumphouse People's History Museum
   122
– Royal Exchange   119
– Town Hall   119
March   247, **248**
Masham   321
Matlock Bath   209, 321 f.
Mersey   47, 52, 129
Middleham   173 f., 176
Middlesborough   163
Monkwearmouth   35, 155
Moreton-in-Marsh   87, 322
Muncaster Castle   144

Nantwich   51
National Coal Mining Museum for England
   47, 196, 337
National Motorcycle Museum   219
Nayland   263, 322
Nene Valley Railway   55
Newcastle-upon-Tyne   10, 14, 45, 54, 161,
   162 ff., 322 f.
Newstead Abbey   227
Norfolk Broads   252 f., 262, 323 f.
North York Moors   11, 38, **180 ff.**

Ortsregister

367

North Yorkshire Moors Railway 182
Northumberland 152, 155
Northumbria National Park 11, 38, 152
Norwich 35, 251, **255–262,** 324 f.
– Augustine Steward House 257
– Bishop's Bridge 258
– Bridewell Museum 260
– Castle Museum 259 f., 262
– Cathedral of St. John 257
– Church Museum and Brass Rubbing
  Centre 261
– Church of St. Peter Mancroft 255
– City Hall 255
– Dragon Hall 261
– Erpingham Gate 257
– Guildhall 251, 255 f.
– Kathedrale 257
– Pull's Ferry 258
– Royal Arcade 257
– Sainsbury Centre for the Visual Arts
  261 f.
– Stranger's Hall 261
Nottingham 14, 97, 222, **223–227,** 325 f.
– Brewhouse Yard Museum 225
– Canal Museum 227
– Museum of Costume and Textiles 227
– Castle 224
– Lace Centre, Museum of Nottingham
  Lace 226
– ›The Salutation‹ 226
– Tales of Robin Hood 44, 45, 223

Offa's Dyke 98
Otterburn 152, 153
Oxburgh Hall 252
Oxford 14, 45, 60 f., **62–68,** 326 f.
– All Souls College 64
– Ashmolean Museum 66 f.
– Balliol College 66
– Bodleian Library 64 f.
– Botanical Garden 63
– Carfax Tower 62
– Christ Church College 62
– Corpus Christi 62
– Divinity School 66
– Examination Schools 63
– Exeter College 66
– Jesus College 66
– Kathedrale 62
– King's Arms 67
– Lincoln College 66
– Magdalen College 63

– Markthalle 66
– Merton College 62 f.
– Museum of Oxford 62
– Museum of the History of Science 66
– New College 66
– Oriel College 62
– The Oxford Story 66
– Pitt-Rivers Museum 66
– Queen's College 64
– Radcliffe Camera 64
– Sheldonian Theatre 66
– Turf Tavern 67
– University Church of St. Mary the Virgin
  64
– University Museum 66
Oxford Canal 52

Peak District 14, 38, **204–211**
Pen-y-Ghent 11
Pennine 14, 170, 204
Pennine Way 170, 204
Penrith 143
Pershore 82
Peterborough 35, 55, **238,** 247, 328
Pickering 181, 328
Pisley 36, 207
Pontcysyllte 50
Port Sunlight 129 f.
Potteries 52, 212

Quarry Bank Mill 47, 125, **126 ff.**

Ranworth Broad 253
Ravenglass 144, 329
Ravenglass and Eskdale Railway 55,
  144
Reeth 173, 329
Richmond 173, 329
Rievaulx Abbey 180
Ripon 35, 177 f., 179, 329 f.
Robin Hood's Bay 185, 330
Rochdale Canal 196
Ross-on-Wye 98, 330
Rothbury 330 f.
Rousham Park 42

Salford s. Manchester
Saltaire s. Bradford
Sandringham House 244
Scafell 137
Scafell Pike 11, 132, 137
Scarborough 185, 331

Schottland 152
Seahouses 161, 331
Settle 55
Severn 11, 13, 47, 52, 93, 98
Sherwood Forest 222
Shrewsbury 13, 45, **101 ff.,** 215, 331 f.
Shropshire Union Canal 106
Shugborough 214
Sizergh Castle 139
Skegness 234
Skeldale 179
Skiddaw 137
Skipton 51, 177, 332
Southport 130, 332 f.
Spalding 238, 333
Speke Hall 130
Staithes 182, 333
Stalham 253
Stamford 225, 239, 333 f.
Stoke Bruerne 52
Stoke-by-Nayland 263, 322
Stoke-on-Trent 212 ff., 334
Stoke-on-the Wold 87, 334
Stowe 42
Stratford-upon-Avon 14, 52, **71–76,** 220, 334 f.
– Almshouses 74
– Anne Hathaway's Cottage 75
– Clopton Bridge 75
– Falcon Hotel 71
– Garrick Inn 71
– Guild Chapel 74
– Hall's Croft 74
– Harvard House 71
– Mary Arden's House 75 f.
– Nash's House 71 f.
– New Place 71
– Royal Shakespeare Theatre 74 f.
– Shakespeare Hotel 71
– Shakespeare's Birthplace 71
Stratford Canal 52, 75
Styal 125, 128
Sudbury 267, 336
Sudeley Castle 87
Suffolk 14
Sunderland 156, 163
Sutton Windmill 253
Swaffham 252
Swaledale 173
Swindon 55
Symonds Yat 98

Tamworth 221
Tan Hill 173
Tattershall Castle 234
Tatton Park 123
Teesdale 170 f., 311
Telford 102
Temple Newsam House 195
Tewkesbury 52, **82**
Themse 11, 47, 61
Thetford 249, **252,** 336
Thirsk 180
Thwaite Mills 195
Tintern Abbey 98
Townend 142
Toxteth (Liverpool) 17, 118
Trent 11, 47, 52
Trent and Mersey Canal 52
Troutbeck 142, 336

Ullswater 137, 143, 144, 336 f.
Upton Fen 253

Vindolanda 151

Wakefield 337
Wales 31, 98
Wallington 153, 337
Wangford Warren Nature Reserve 250
Wansford 55
Warkworth 160, 337
Warwick 52, **78–80,** 220, 337
Warwick Castle 43, 44, **78–80,** 81
Wasdale Head 143
Wast Water 143
Weardale 170 f.
Weeting Heath 250
Wensleydale 27, 173 f., 307, 316
West Burton 175
West Midlands 14
Wharfedale 176, 337 f.
Whernside 11
Whitby 14, 30, **182 ff.,** 338
Whittlesey 247, **248**
Wicken Fen 247, 338
Wigan 129
Wigan Pier 47, 129
Wilmcote 52
Windermere (See) 11, 137, 144
Windermere 144, 338 f.
Wisbech 248, 339
Wollaton Hall 227
Woodhead 130

Ortsregister

369

Woolsthorpe Manor   238
Woodstock   339
Worcester   13, 52, **97,** 315, 340
Wretham Heath   251
Wroxham   252
Wrynose Pass   143
Wye   13, **98 f.**

York   14, 30, 35, 152, 179, **187–192,** 340 f.
– All Saints Pavement   191
– The Arc   191
– Barley Hall   191
– Castle Museum   192
– City Art Gallery   191
– Clifford's Tower   192

– Fairfax House   192
– Jorvik Viking Centre   44, 45, 191
– Merchant Adventurers' Hall   191
– Minster   187–191
– National Railway Museum   53, 192
– The Shambles   191
– Stadtmauer   192
– St. Mary's Church   192
– Treasurer's House   190
– Yorkshire Museum   190
Yorkshire   14, 169–201
Yorkshire Dales National Park   11, 38,
    173–177
Yorkshire Moors   196
Yorkshire Sculpture Park   196, 341

DUMONT
RICHTIG REISEN

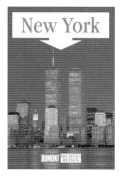

»Den äußerst attraktiven Mittelweg zwischen kunsthistorisch orientiertem Sightseeing und touristischem Freilauf geht die inzwischen sehr umfangreich gewordene, blendend bebilderte Reihe ›Richtig Reisen‹. Die Bücher haben fast schon Bildbandqualität, sind nicht nur zum Nachschlagen, sondern auch zum Durchlesen konzipiert. Meist vorbildlich der Versuch, auch jenseits der ›Drei-Sterne-Attraktionen‹ auf versteckte Sehenswürdigkeiten hinzuweisen, die zum eigenständigen Entdecken abseits der ausgetrampelten Touristenpfade anregen.«
Abendzeitung, München

»Die Richtig Reisen-Bände gehören zur Grundausstattung für alle Entdeckungsreisenden.«
Ruhr-Nachrichten

Weitere Informationen über die Titel der Reihe DUMONT Richtig Reisen erhalten Sie bei Ihrem Buchhändler oder beim
DUMONT Buchverlag • Postfach 10 10 45 • 50450 Köln • www.dumontverlag.de

DUMONT
KUNST-REISEFÜHRER

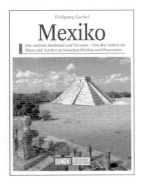

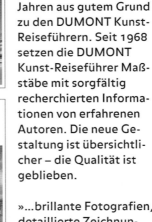
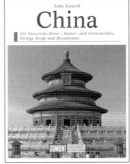

Der Klassiker – neu in Form: »Man sieht nur, was man weiß« – wer gründlich informiert reisen will, greift seit Jahren aus gutem Grund zu den DUMONT Kunst-Reiseführern. Seit 1968 setzen die DUMONT Kunst-Reiseführer Maßstäbe mit sorgfältig recherchierten Informationen von erfahrenen Autoren. Die neue Gestaltung ist übersichtlicher – die Qualität ist geblieben.

»...brillante Fotografien, detaillierte Zeichnungen und farbige Karten machen den neuen zu einem würdigen Nachfolger des alten Kunst-Reiseführers. Wer ihn benutzt, wird keinen zusätzlichen Museumsführer oder Ortsplan brauchen. Der gelbe Teil mit reisepraktischen Tipps wurde ausgeweitet.« *Die Zeit*

Weitere Informationen über die Titel der Reihe DUMONT Kunst-Reiseführer erhalten Sie bei Ihrem Buchhändler oder beim
DUMONT Buchverlag · Postfach 10 10 45 · 50450 Köln · www.dumontverlag.de

DUMONT
REISE-TASCHENBÜCHER

»Was den DUMONT-Leuten gelungen ist: Trotz der Kürze steckt in diesen Büchern genügend Würze. Immer wieder sind unerwartete Informationen zu finden, nicht trocken eingestreut, sondern lebhaft geschrieben... Diese Mischung aus journalistisch aufgearbeiteten Hintergrundinformationen, Erzählung und die ungewöhnlichen Blickwinkel, die nicht nur bei den Farb- und Schwarzweißfotos gewählt wurden – diese Mischung macht's. Eine sympathische Reiseführer-Reihe.«

Südwestfunk

»Zur Konzeption der Reihe gehören zahlreiche, lebendig beschriebene Exkurse im allgemeinen landeskundlichen Teil wie im praktischen Reiseteil. Diese Exkurse vertiefen zentrale Themen und sollen so zu einem abgerundeten Verständnis des Reiselandes führen.« *Main Echo*

Weitere Informationen über die Titel der Reihe DUMONT Reise-Taschenbücher erhalten Sie bei Ihrem Buchhändler oder beim
DUMONT Buchverlag · Postfach 10 10 45 · 50450 Köln · www.dumontverlag.de

DUMONT
VISUELL-REISEFÜHRER

»Wer einen der atemberaubenden Reiseführer aus der Reihe ›DUMONT visuell‹ wie unsere Rezensentin in der Badewanne aufschlägt, der sollte sich vorsichtshalber am Rand festhalten, denn was einem in diesen Bänden geboten wird, verführt den Leser geradezu, in das Land seiner Träume einzutauchen.«
Kölner Illustrierte

»Sehfreude wird provoziert, Neugierde geweckt, Leselust angeheizt...«
Rheinischer Merkur

»Faszinierend sind die detailgetreu gezeichneten Ansichten aus der Vogelperspektive, die Form, Konstruktion und Struktur von Stadtlandschaften und architektonischen Ensembles auf einzigartige Weise vor Augen führen.«
Hamburger Abendblatt

Weitere Informationen über die Titel der Reihe DUMONT visuell erhalten Sie bei Ihrem Buchhändler oder beim
DUMONT Buchverlag · Postfach 10 10 45 · 50450 Köln · www.dumontverlag.de

DUMONT EXTRA

DM 72.90

Die Reiseführer
mit dem gewissen Extra

»Es handelt sich hier um kompakte Reiseführer mit verlässlichen, topaktuellen Tipps und wirklich lohnenden, originellen Routenbeschreibungen. Außerordentlich ist die jährliche Neuauflage! Insgesamt bietet ›DUMONT Extra‹ Tipps, Tipps und nochmals Tipps; und diese dann auch garantiert Jahr für Jahr neu.«
Nordbayerischer Kurier

Weitere Informationen über die Titel der Reihe DUMONT EXTRA erhalten Sie bei Ihrem Buchhändler oder beim DUMONT Buchverlag
Postfach 10 10 45 · 50450 Köln
www.dumontverlag.de

Umschlagvorderseite: Cumbria/Esthwaite
Umschlagklappe hinten: Hafen Ambleside, Northumbria
Umschlagrückseite: Crummock Water, Lake District

Für Barbara

Über den Autor: John Sykes, 1956 in Southport an der Nordwestküste Englands geboren, studierte Geschichte in Oxford und Betriebswirtschaft in Manchester. Seit 1979 lebt und arbeitet er in Deutschland.

With thanks to André, Edwin, Fiona and Jolyon for generous help and hospitality.

Die Deutsche Bibliothek - Cip Einheitsaufnahme

Sykes, John:
Nord- und Mittel-England / John Sykes. -
Köln : DuMont, 2001
(Richtig Reisen)
ISBN 3-7701-5856-3

© DuMont Buchverlag 2001
Alle Rechte vorbehalten
Druck: Rasch, Bramsche
Buchbinderische Verarbeitung: Bramscher Buchbinder Betriebe

Printed in Germany   ISBN 3-7701-5856-3